Le Routard

Roussillon et Aude

2023-2024

Cofondateurs : Philippe GLOAGUEN et Michel DUVAL

Directeur de collection et auteur
Philippe GLOAGUEN

Secrétaire général
Gavin's CLEMENTE-RUIZ

Rédacteurs en chef
Amanda KERAVEL (France)
Benoît LUCCHINI (Étranger)

Directrice administrative
Bénédicte GLOAGUEN

Conseiller à la rédaction
Pierre JOSSE

Responsable voyages
Carole BORDES

Direction éditoriale
Élise ERNEST

Rédaction
Isabelle AL SUBAIHI
Emmanuelle BAUQUIS
Mathilde de BOISGROLLIER
Marie BURIN des ROZIERS
Camille CAMPET
Véronique de CHARDON
Laura CHARLIER
Florence CHARMETANT
Fiona DEBRABANDER
Anaëlle HASCOËT
Géraldine LEMAUF-BEAUVOIS
Alain PALLIER
Anne POINSOT
Alexia POULAIN

hachette

TABLE DES MATIÈRES

PRÉAMBULE

COMMENT Y ALLER ? 34

BON À SAVOIR AVANT LE DÉPART 40

LES PYRÉNÉES-ORIENTALES ... 46

Pictogrammes du *Routard*

Établissements

- Hôtel, auberge, chambre d'hôtes
- Camping
- Restaurant
- Terrasse
- Pizzeria
- Boulangerie, sandwicherie
- Pâtisserie
- Glacier
- Café, salon de thé
- Café, bar
- Bar musical
- Club, boîte de nuit
- Salle de spectacle
- Boutique, magasin, marché

Infos pratiques

- Office de tourisme
- Poste
- @ Accès Internet
- Hôpital, urgences
- Adapté aux personnes handicapées

Sites

- Présente un intérêt touristique
- Point de vue
- Plage
- Spot de surf
- Site de plongée
- Recommandé pour les enfants
- Inscrit au Patrimoine mondial de l'Unesco
- Pas de côté

Transports

- Aéroport
- Gare ferroviaire
- Gare routière, arrêt de bus
- M Station de métro
- T Station de tramway
- P Parking
- Taxi
- Taxi collectif
- Bateau
- Bateau fluvial
- Piste cyclable, parcours à vélo

« OSONS LE PAS DE CÔTÉ »

Le surtourisme ? Tous concernés. Et pourtant, à l'écart des grands flux touristiques, il existe des pépites méconnues, souvent oubliées des circuits trop encombrés. Ici un site ignoré ; là un quartier secret ; plus loin un village caché au charme discret, avec un troquet d'une autre époque. Autrement dit, une infinité de lieux peinards que l'on a envie de mettre en avant avec ce pictogramme. Un vagabondage au calme favorisé aussi par les **visites aux heures creuses.** Vive le *slow trip* !

#osonslepasdecote

☎ **112 :** c'est le numéro d'urgence commun à la France et à tous les pays de l'UE, à composer en cas d'accident, agression ou détresse. Il permet de se faire localiser et aider en français, tout en améliorant les délais d'intervention des services de secours.

Toulouse
TARN
(81)
Castres
D 612
D 2
A 61
E 9
Mazamet
D 622
HAUTE-GARONNE
(31)
E 80
Canal
du
Midi
D 820
A 66
Montolieu
Castelnaudary
CARCASSONNE
Fanjeaux
D 119
D 118
D 623
Pamiers
AUDE
p. 160
Limoux
N 20
Alet-les-Bains
Foix
D 117
D 14
Rennes-le-Château
ARIÈGE
(09)
Quillan
D 613
Axat
Puilaurens
N 20
E 9
N 20 E 9
Molitg-les-Bains
Formiguères
Prades
Villefranche-de-Conflent
Les Angles
Lac des Bouillouses
ANDORRE
Parc naturel régional
des Pyrénées catalanes
Font-Romeu
Vernet-les-Bains
Saint-Martin-du-Canigou
Dorres
Targassonne
Llívia
Eyne
Llo
Bourg-Madame
La Prest
ESPAGNE

LE ROUSSILLON ET L'AUDE

LA RÉDACTION DU ROUTARD

© R. Delalande et E. Dessons

La saga du *Routard* : en 1971, 2 étudiants, Philippe et Michel, avaient une furieuse envie de découvrir le monde. De retour du Népal germe l'idée d'un guide différent qui regrouperait tuyaux malins et itinéraires sympas, destiné aux jeunes fauchés en quête de liberté. 1973. Après 19 refus d'éditeurs et la faillite de leur 1re maison d'édition, l'aventure commence vraiment avec Hachette. Aujourd'hui, le *Routard*, c'est plus d'une cinquantaine d'enquêteurs impliqués et sincères. Ils parcourent le monde toute l'année dans l'anonymat et s'acharnent à restituer leurs coups de cœur en toute indépendance.

Merci à tous les routards qui sont solidaires de nos convictions : liberté et indépendance d'esprit ; découverte et partage ; sincérité, tolérance et respect des autres.

NOS SPÉCIALISTES

Amanda, Mathilde et Marie : quand l'une arpente les routes bretonnes en quête de la meilleure pâte à crêpes, l'autre explore le bocage normand à coups de gorgées de cidre, pendant que la 3e chausse les skis pour dégoter le meilleur refuge alpin. La curiosité, l'enthousiasme et la gourmandise sont leur meilleur sonar, que complètent 2 décennies d'expérience à user leurs semelles sur les routes de l'Hexagone. Un trio complice et indépendant qui essaie, entre 2 voyages, de garder la ligne.

Nous dédions ce guide à notre collaborateur Dimitri qui n'a levé le pied que pour nous quitter pour toujours. Pendant 15 ans, il a arpenté l'hexagone avec enthousiasme pour dénicher les pépites qu'il aimait partager. Les dernières sont en Hérault. Nous rendons hommage au voyageur insatiable qu'il était.

Thierry Bessou : ses origines agricoles auraient pu l'amener à cultiver la terre, finalement il la sillonne. Pourtant, il a peur de prendre l'avion ! En équilibre précaire sur un éléphant, les doigts gelés au pied d'un glacier, de marchés en musées, ses antennes restent déployées. C'est dans la Ville Rose qu'il écrit, inspiré par mille lieux foulés, mille regards croisés.

Camille Campet : nourrie par les récits de voyage de sa grand-mère, elle développe très jeune une passion pour l'inconnu. Pour assouvir sa curiosité, elle sort des sentiers battus et emprunte des routes moins fréquentées, préservées et authentiques. Ses adresses préférées ? Les petites pépites secrètes qui échappent au 1er coup d'œil.

UN GRAND MERCI À NOS AMI(E)S SUR PLACE

Pour cette nouvelle édition, nous remercions particulièrement :

- **Stéphane Gondoin** de nous transmettre sa passion pour l'histoire.

Pour l'Aude

- **Caroline Combis et toute l'équipe** du CDT de l'Aude ;
- **Christophe Varennes et Anna Cathala,** de l'office de tourisme de Carcassonne ;
- **Virginie Sire,** de l'office de tourisme de Narbonne.

Pour les Pyrénées-Orientales

- **Rémy Vernier, Ghislaine Coronat et Julien Folcher,** de l'ADT des Pyrénées-Orientales ;
- **Marie-Claire Baills,** de Perpignan Méditerranée Tourisme ;
- **Dominique Fabre,** de l'office de tourisme de Collioure ;
- **Antoine Mascunano et l'équipe** de l'office de tourisme de Banyuls-sur-Mer ;
- **Clémentine Pelissier,** de l'office de tourisme Conflent Canigó ;
- et tous les bureaux d'infos et autres offices de tourisme du département pour leur aide précieuse et leur collaboration active.

NOS ENQUÊTEURS-FURETEURS

Nous tenons à remercier tout particulièrement Loup-Maëlle Besançon, François Chauvin, Grégory Dalex, Fabrice Doumergue, Cédric Fischer, Carole Fouque, Guillaume Garnier, Nicolas George, Michelle Georget, Claude Hervé-Bazin, Emmanuel Juste, Fabrice de Lestang, Éric Milet, Pierre Mitrano, Olivier Page, Jean-Sébastien Petitdemange, André Poncelet, Thomas Rivallain, Dominique Rolland et Jean Tiffon pour leur collaboration régulière.

Jean-Jacques Bordier-Chêne, Jean-Paul Collet, Julie Coupet, Philippe Coupy, Jeanne Debats, Agnès Debiage, Jérôme Denoix, Tovi et Ahmet Diler, Clélie Dudon, Alain Fisch, Adrien et Clément Gloaguen, Stéphane William Gondoin, Carla Le Nouÿ, Martine Partrat, Odile Paugam et Didier Jehanno, Orianne Pouchard, Prakit Saiporn, Lucas Truffier-Blanc.

DU CÔTÉ D'HACHETTE LIVRE

Direction : Sidonie Chollet

Direction éditoriale : Élise Ernest

Édition : Tony De Sousa et **Julie Dupré**

Cartographie : Frédéric Clémençon et **Aurélie Huot**

Fabrication : Nathalie Lautout, Liza Sacco et **Aude Cauchet**

Relations presse : COM'PROD, **Fred Papet** et **Laëtitia de Cerval.** ☎ 01-70-69-04-69. • info@comprod.fr • **Martine Levens** (Belgique) ☎ +32-47-568-35-76.

Contact Partenariats : Jérôme Denoix • jeromedenoix@gmail.com •

Contact Partenariats et régie pub : Florence Brunel-Jars • fbrunel@hachette-livre.fr •

Silhouette du Routard : Clément Gloaguen (d'après Solé) ; **couverture : le-bureau-des-affaires-graphiques.com** ; **logo des « 50 ans » (couverture) : So BAM** ; **maquette intérieure : le-bureau-des-affaires-graphiques.com, Thibault Reumaux** et **npeg.fr**

Collioure

« La boussole, elle est con : elle indique le Nord alors que tout le monde préfère le Sud. »
Michèle Bernier

Un pied dans la Grande Bleue, l'autre dans les Pyrénées : l'Aude et les Pyrénées-Orientales, ces 2 départements méridionaux de la région Occitanie, couvrent un territoire d'**une extraordinaire diversité.** Depuis le Cabardès, sur les rebords du Massif central jusqu'à la **prodigieuse Côte vermeille** en traversant la plaine fertile du **Lauragais,** berceau du catharisme ou l'époustouflant massif des **Corbières, au cœur du pays cathare** en se faufilant à travers les vignes, on comprend qu'on fera plusieurs voyages, dans les pas des camisards comme dans celui des peintres.

D'où cette mixture inédite de boulistes et de cassoulet, de tourisme fluvial sur le canal du Midi et d'œnotourisme à la recherche de crus gouleyants, de cloîtres mozarabes et de fiestas espagnoles, cimentée par **2 langues cousines, le catalan et l'occitan.** Du port de Narbonne à Perpignan, capitale du royaume de Majorque, le territoire fut un fameux brasseur d'horizons, qui brilla sur l'échiquier européen jusqu'aux jours de l'annexion française. Les vieilles pierres des forteresses et des abbayes ont une histoire à raconter.

Voilà, on vous annonce la couleur. Et les peintres ne s'y étaient pas trompés : la lumière du Sud est fascinante. **Ici, le soleil dore** et découpe les villages au scalpel. Sauter de la mer à la montagne dans la même journée est un immense privilège ! Les randonneurs de tout poil sont récompensés de leurs efforts en saluant la Méditerranée du haut de sa majesté le mont Canigó, à 2 784 m. Comme tous les curieux qui s'aventurent dans **un arrière-pays sauvage et de toute beauté.**

Anchois au vinaigre

NOS COUPS DE CŒUR

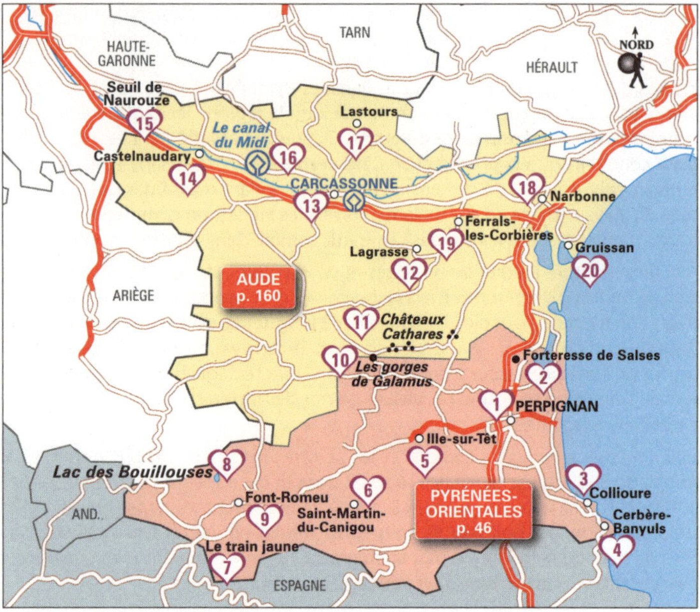

1 **Se poster en haut de la tour de l'Hommage à Perpignan pour découvrir un fantastique panorama sur la plaine du Roussillon, les Pyrénées et, au pied, la vieille ville.**

Cette tour est l'entrée du palais des rois de Majorque, l'imposante citadelle qui domine Perpignan. Construit à la fin du XIIIe s, ce palais fut édifié après que Jacques le Conquérant eut décidé de faire de la ville la capitale continentale du royaume de Majorque. Ne manquez pas non plus le musée Hyacinthe-Rigaud dont les collections sont exposées dans les hôtels de Mailly et de Lazerme. *p. 57, 61*

2 **Se familiariser à l'architecture militaire en suivant une passionnante visite guidée à la forteresse de Salses, érigée au XVe s pour défendre le royaume d'Aragon.**

Lieu emblématique des Pyrénées-Orientales, la forteresse a été définitivement conquise par les Français avant d'être rattachée à la France avec l'ensemble du Roussillon en 1642. *p. 65*

3 **Flâner sur le port de Collioure pour admirer son église-phare et son fier château.**

« Joyau de la Côte vermeille », Collioure fut à Matisse et Derain la muse que Cadaquès était à Dalí. Aujourd'hui, l'ancienne ville espagnole fait les délices des touristes et de quelques pinceaux qui croquent les rues dès l'arrivée des beaux jours. Il faut bien avouer qu'avec sa plage de galets, ses cafés animés, sa promenade dallée, son château royal et sa superbe église les pieds dans l'eau, Collioure possède un charme fou. *p. 84*

4 Enfiler palmes, masque et tuba pour en prendre plein les mirettes dans la réserve naturelle maritime Cerbère-Banyuls, le long du sentier sous-marin, à quelques mètres à peine de la plage de Peyrefite.

Original de se faufiler discrètement entre les poissons tout en écoutant les commentaires audio (grâce à un tuba FM immergé à louer sur place) sur la faune et la flore maritimes. La randonnée aquatique est sécurisée mais il est nécessaire de savoir nager : on n'a pied qu'au début du sentier de 250 m de long. *p. 96*

***Bon à savoir :** prévoir une combinaison (éventuellement).*

© Didier Fioramonti - Réserve Marine de Cerbère Banyuls

5 S'émerveiller devant les orgues d'Ille-sur-Têt, étonnantes cheminées de fée qui semblent surgies d'une autre planète !

Un amphithéâtre minéral de toute beauté à travers lequel déambuler au gré des sentiers, en observant sous tous les coutures ces colonnes dressées vers le ciel. *p. 118*

© Guiziou Franck/hemis.fr

6 **S'élever à 1050 m d'altitude et rester bouche bée devant l'imposante abbaye Saint-Martin-du-Canigou, fleuron de l'architecture romane, véritable nid d'aigle perché entre ciel et montagne.**
Un lieu propice à la méditation ! *p. 128*

7 **Embarquer à bord du « train jaune » et se lancer hardiment à l'assaut des pentes de la Cerdagne.**

Édifiée au début du XXe s, la ligne ferroviaire qui relie Villefranche-de-Conflent (427 m) à Latour-de-Carol (1 231 m) est la colonne vertébrale de la Catalogne. Elle est parcourue par un petit train tout jaune qui gravit poussivement des pentes ardues, franchit d'improbables viaducs, se jette dans de longs tunnels et s'agrippe à des corniches au-dessus du vide. Et s'il va moins vite que le TGV (30 km/h en moyenne !), il monte bien plus haut, Bolquère étant la plus haute gare de France (1 592 m d'altitude) ! Par beau temps, certains wagons sont « cabriolet », pour profiter encore mieux des paysages de montagne. *p. 136*

8 **Parcourir les sentiers au départ du lac des Bouillouses, posé dans un écrin naturel de toute beauté au pied du massif du Carlit.**

On s'élève dans un paysage de haute montagne sauvage où s'égrènent des lacs d'altitude aux eaux scintillantes. *p. 141*

Bon à savoir : en juillet-août et les week-ends de juin et septembre, il faut laisser sa voiture au parking Pla de Barrès, à 12 km du lac. Une navette payante assure la liaison.

9 En hiver, dévaler à skis les pentes enneigées du domaine skiable des Neiges Catalanes.

Il compte 300 km de pistes réparties sur 8 domaines dont Font-Romeu, Les Angles, Formiguères. *p. 146, 149, 151*

10 Passer un moment rafraîchissant dans le décor spectaculaire des gorges de Galamus.

Des gorges somptueuses, parmi les plus belles de la région, qui ont un pied dans l'Aude, l'autre dans les Pyrénées-Orientales. Au fond d'un ravin vertigineux, le torrent a creusé des marmites géantes dans lesquelles il laisse reposer quelque temps ses eaux turquoise. La pratique de la rando, du canyoning et de l'escalade est aussi possible. *p. 154, 222*

Bon à savoir : *en juillet-août, la circulation est alternée par des feux. Possibilité de laisser la voiture aux parkings à chaque extrémité, puis accès à pied ou en petite navette électrique.*

© Rieger Bertrand/hemis.fr

11 Monter à l'assaut des châteaux du pays cathare.
« Citadelles du vertige », les châteaux ponctuent les crêtes du sud de l'Aude, dominant le magnifique vignoble des Corbières. Une véritable flotte de vaisseaux, suspendus entre ciel et terre, dans lesquels les cathares trouvèrent refuge au XIIIe s, avant d'être exterminés lors de la croisade contre les Albigeois. Aujourd'hui, ces ruines blanchies par le temps sont fascinantes dans leur dénuement et se confondent avec les montagnes. Parmi les plus emblématiques : Peyrepertuse, Quéribus, Puilaurens et aussi Montségur, en Ariège (traité dans le *Routard Midi toulousain*). *p. 221, 224, 227*

© Azam Jean-Paul/hemis.fr

12 Faire le tour de certains des plus beaux villages de France : Lagrasse (Aude), Castelnou, Eus, Villefranche-de-Conflent (également inscrit au Patrimoine mondial de l'Unesco), Évol et Mosset dans les Pyrénées-Orientales et établir votre propre palmarès des villages de charme.
p. 116, 120, 121, 133, 137, 230

13 **Sillonner les ruelles de la Cité de Carcassonne tôt le matin, ou tard le soir, pour les avoir rien que pour soi.**

Inscrite au Patrimoine mondial de l'Unesco, Carcassonne est la plus importante cité médiévale d'Europe. 2 enceintes parfaitement conservées, près de 3 km de murailles, 52 tours, un château et une basilique aux rosaces considérées comme les plus belles du Midi… inspirèrent Walt Disney pour le décor de *La Belle au bois dormant*. Il est vrai qu'avec les éclairages du soir, on se promène dans un véritable décor de cinéma ! *p. 174*

14 **À Castelnaudary, sentir le fumet du cassoulet…**
Et contempler les haricots dorés qui ont mijoté dans la *cassole* et qui pointent leurs rondeurs dorées parmi la brune saucisse et la cuisse de canard confite et dodue. Il n'y a plus qu'à savourer… *p. 195*

15 **Au seuil de Naurouze, rejoindre les berges du canal du Midi en cheminant sous l'imposante allée de platanes, et penser à l'ingéniosité de Pierre-Paul de Riquet.**

C'est ici que passe la ligne de partage des eaux entre bassins méditerranéen et atlantique. C'est là aussi que la rigole de la Plaine creusée par Pierre-Paul de Riquet se déverse dans le canal. *p. 202*

16 **Jouer le marin d'eau douce en louant un bateau pour naviguer sur le canal du Midi.**

Inscrit au Patrimoine mondial de l'Unesco, le canal du Midi relie Toulouse à Sète, en parcourant 240 km, sous quelques frais tunnels d'arbres. Un ouvrage unique et grandiose pour un voyage délicieusement reposant… à la vitesse d'un homme au pas ou d'une feuille sur l'eau ! Le chemin de halage se prête aussi bien aux balades à vélo. *p. 42, 178*

17 **Depuis le belvédère à Lastours, contempler les ruines des 4 châteaux qui se détachent magiquement sur la colline d'en face, avec la Montagne noire en toile de fond !**

Ce fut l'une des forteresses les plus audacieuses du catharisme. Le moment est vraiment inoubliable, hors saison, lorsqu'on profite du tableau, dans un silence saisissant. *p. 190*

18 Se promener dans les rues de Narbonne, et partir à la recherche des vestiges de son passé gallo-romain et médiéval.

Cette cité, la plus vieille colonie romaine à avoir été fondée en dehors de l'Italie, était la capitale de la Gaule méridionale avant de devenir un important port de pêche au XIVe s. Il fait bon se promener le long du canal de la Robine, poumon vert de la ville. Au sommet du palais des archevêques, la vue sur la ville est à couper le souffle. *p. 236*

19 **À Ferrals-les-Corbières, embarquer dans l'univers *street art* de Spi-K-tri, et voyager sur 18 planètes peuplées de créatures et d'œuvres réalisées à partir d'objets de récup'…**

Un lieu hors du commun et unique dans l'Aude, aménagé dans les anciens bâtiments d'une cave coopérative désaffectée. *p. 235*

20 Près de Gruissan ou de Sigean, découvrir les marais salants à trottinette électrique.

Prise en main instinctive, batterie dans le sac à dos, rien de mieux pour sillonner des sentiers sauvages sans faire de bruit, ni perturber les flamands roses. *p. 251*

© JM Cornu Trottup

L'ermitage Saint-Antoine de Galamus, dans les gorges de Galamus

ITINÉRAIRES CONSEILLÉS

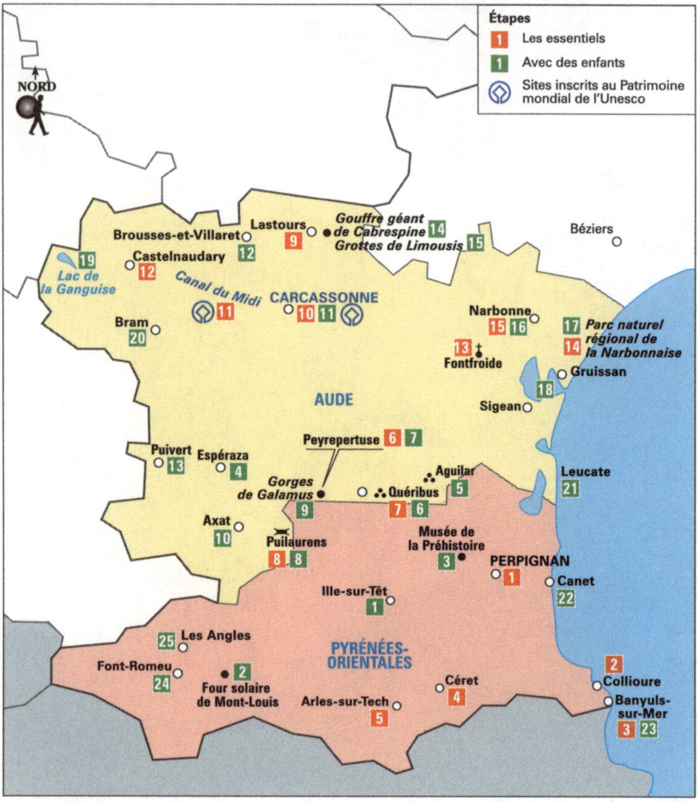

Les essentiels

Top départ à **Perpignan (1),** pour humer l'atmosphère toute catalane de la ville et visiter le Musée d'art Hyacinthe-Rigaud, avant de descendre sur le port de **Collioure (2),** dont on s'entiche spontanément. Presque à la frontière espagnole, ponctuant la délicieuse Côte vermeille, voici **Banyuls (3),** patrie d'Aristide Maillol, célèbre pour ses vins doux naturels, à goûter directement dans les domaines.

Quittez le littoral pour **Céret (4),** capitale du Vallespir pour emboîter le pas aux cubistes, dont les toiles sont exposées au musée d'Art moderne. Si vous n'êtes pas à Céret pour les ferias mi-juillet, essayez d'y tomber le samedi, jour de marché !

Avant de filer au Canigó, classé Grand Site de France, une halte se justifie à **Arles-sur-Tech (5),** pour son ancienne abbaye bénédictine autant que pour ses fameuses rousquilles (biscuits ronds au citron).

En remontant dans l'Aude, attaquez-vous aux impressionnants **châteaux du pays cathare** que sont **Peyrepertuse (6),** le plus emblématique, **Quéribus (7)** ou encore **Puilaurens (8),** ou encore **Lastours (9)** qui cumule 4 châteaux sur une ligne de crête, avant de rejoindre la magnifique cité médiévale de **Carcassonne (10)** protégée par sa double enceinte. Et juste au pied de la forteresse, partez voguer en péniche (sans permis) sur le **canal du Midi (11).** Étape incontournable le long du canal, **Castelnaudary (12)** est la capitale du cassoulet : c'est ici qu'il faut le goûter ! Parmi les abbayes, c'est **Fontfroide (13),** blottie dans la garrigue des Corbières maritimes, qu'il faut privilégier. On est déjà dans le **parc naturel régional de la Narbonnaise (14),** site naturel protégé qui abrite une biodiversité rare bordé par 50 km de littoral. Quant à **Narbonne (15),** au carrefour des grandes voies antiques, on y flâne avec plaisir pour découvrir son passé 2 fois millénaire.

Avec des enfants

Les enfants sont gâtés dans le Roussillon et dans l'Aude. À **Ille-sur-Têt (1),** une étonnante curiosité géologique : les **orgues,** amphithéâtre naturel de 4 millions d'années. Les scientifiques en herbe seront impressionnés par les démonstrations au **four solaire de Mont-Louis (2).** Des prouesses technologiques éloignées de l'homme de **Tautavel,** âgé de 450 000 ans, qu'on découvre au **musée de la Préhistoire (3).** À compléter par le **musée-parc des Dinosaures d'Espéraza (4)** dans l'Aude, où vous sera présentée Eva, un ampelosaure bien conservé pour ses 72 millions d'années ! Pour jouer au chevalier dans les **châteaux cathares,** cap sur **Aguilar (5), Quéribus (6), Peyrepertuse (7)** et **Puilaurens (8),** proches des somptueuses **gorges de Galamus (9)** ! Dans le coin, les enfants aiment bien une excursion à vélorail depuis la **gare d'Axat (10)** ! Sinon, l'épopée médiévale se poursuit immanquablement à **Carcassonne (11)** avec des chasses au trésor (coffret vendu à l'office de tourisme). L'appli mobile « Castrum, Le Jeu », gratuite, dévoile aux gamins les secrets d'une vingtaine de lieux historiques en pays cathare. À une quinzaine de kilomètres au nord, à **Brousses-et-Villaret (12),** on peut fabriquer ses propres feuilles de papier dans le dernier moulin à papier d'Occitanie. Quant au **musée des arts et traditions populaires du Quercob,** niché dans une belle demeure de **Puivert (13),** il présente non seulement la vie et les métiers d'autrefois mais initie aussi à la musique médiévale.

Et pour plonger dans les entrailles de la terre, c'est au **gouffre géant de Cabrespine (14)** qu'il faut aller, ou aux **grottes de Limousis (15),** moins connues mais très colorées.

Pensez à une **petite croisière à bord d'un bateau** sans permis sur le canal du Midi à Castelnaudary, **Trèbes, Homps** ou sur le canal de la Robine à **Narbonne (16).**

Côté littoral audois, on s'initie en famille à une foule d'**activités nautiques,** comme le kitesurf, la planche à voile, le catamaran, l'Optimist, le canoë-kayak, etc. ; à pratiquer au cœur du magnifique **parc naturel régional de la Narbonnaise (17).** Là, partez aussi pour un safari à la **réserve africaine de Sigean (18)** où les animaux évoluent entre garrigue et étangs, dans une végétation qui rappelle la plaine africaine. Une virée à trottinettes électriques (à partir de 12 ans) à **Gruissan (18)** est top pour découvrir marais salants et flamants roses. Les lacs font aussi l'affaire pour pratiquer la voile comme au **lac de la Ganguise (19).** On peut même pratiquer le ski nautique sur le **lac de Buzerens à Bram (20).** Mais pour décoiffer vraiment, c'est au Mondial du Vent à **Leucate (21)** pendant les vacances de Pâques qu'il faut admirer le ballet aérien des *wingfoil.* Pour voir ce qui se passe sous l'eau, une belle aventure contemplative vous attend au récent **aquarium Oniria de Canet (22)**

tandis que celui de **Banyuls (23)** a une approche aussi scientifique que pédagogique. Et pour contempler les poissons dans leur milieu naturel en snorkelling, le **sentier sous-marin de la réserve naturelle marine de Cerbère-Banyuls (23)** est un must !

En hiver, on file tout schuss dans les Pyrénées catalanes où les stations d'altitude de **Font-Romeu (24)** et des **Angles (25)** sont estampillées Famille +. Après le ski, la glisse continue avec la *Lou Bac Mountain,* une luge sur rail de 2 km aux Angles. Les contemplatifs préféreront surprendre l'œillade d'un cerf pour sa biche au parc animalier !

Pas de vacances sans Histoire

Des vestiges gallo-romains aux imposants **châteaux cathares (1)** qui nous replongent dans les croisades en passant par les chefs-d'œuvre de l'art roman, l'histoire du Languedoc et du Roussillon, riche et intense, ne date pas d'hier…

Véritable forteresse dans la forteresse, le château comtal de **Carcassonne (2),** entouré de remparts, est le plus bel exemple d'architecture militaire médiévale, classé à l'Unesco. À **Narbonne (3)** ne pas manquer le spectaculaire musée Narbo Via, qui redonne vie à la 1re capitale romaine en Gaule ! À **Perpignan (4),** l'imposant **palais des rois de Majorque,** dominant la ville, rappelle qu'elle a été capitale du royaume de Majorque. Imposant exemple d'architecture militaire du XVe s, la **forteresse de Salses (5)** était réputée imprenable. Vauban ne s'y est pas appesanti. En revanche, il a remodelé l'enceinte médiévale de **Villefranche-de-Conflent (6)** dont les fortifications et le fort Libéria sont aujourd'hui classés au Patrimoine mondial de l'Unesco. Devoir de mémoire oblige, le **mémorial du camp de Rivesaltes (7)** est le témoin du destin de 6 000 réfugiés pendant plusieurs conflits du XXe s.

Amateurs d'art roman, les abbayes foisonnent : **Saint-Michel-de-Cuxa (8), Saint-Martin-du-Canigou (9),** les **prieurés de Marcevol et de Serrabone (10),** dans les Pyrénées-Orientales. **L'abbatiale Saint-Pierre-et-Saint-Paul à Caunes-Minervois (11), Fontfroide (12), Lagrasse (13)** et l'**abbaye-cathédrale de Saint-Papoul (14)** dans l'Aude sont de véritables joyaux. À **Cabestany (15),** qui a laissé son nom à un mystérieux artiste du XIIe s, on touche de fascinantes reproductions au Centre de sculpture romane. Et pour les amateurs d'histoires un peu curieuses, le trésor de l'abbé Saunière à **Rennes-le-Château (16)** n'a pas encore été percé.

Un peu de rando

Les randonneurs aguerris arpenteront les Pyrénées avec leur nature presque vierge, du **pic du Canigó (1)** aux vallées perdues du **haut Conflent (2)** et des hauts plateaux de **Cerdagne (3)** aux confins du **Vallespir (4).** Le massif offre aux randonneurs de nombreux panoramas, des routes spectaculaires, des gorges, des torrents, des sentiers, des refuges… Et le GR 10 relie la mer à l'océan en gravissant hardiment les Pyrénées au départ de **Banyuls (5),** dans les Pyrénées-Orientales… Pour des balades moins engagées mais à la beauté spectaculaire, on repère le balisage jaune du **sentier du littoral** qui longe la mer depuis la réserve naturelle du mas Larrieu près d'**Argelès (6)** jusqu'à **Cerbère (7).** On quitte le bleu de la mer pour le vert de la **forêt de la Massane (8),** où le sentier, qui part de Sorède, chemine à travers les hêtres. La vue panoramique depuis la tour récompense les marcheurs ! De vignes en châteaux, c'est aussi dans les **Corbières (9),** dans l'Aude, qu'on ira user ses godillots, ou encore dans le **massif de la Clape (10)** qui borde la Méditerranée et abrite une flore resplendissante. Parmi les itinéraires mythiques, le sentier cathare (GR 367) passe par les **« citadelles du vertige » (11)** à travers crêtes rocheuses et garrigues.

Fatigués du relief ? Le terrain est plat sur le chemin de halage le long du **canal du Midi (12)** !

Lac des Camporells

Couple de flamants roses

Interview #experienceroutard

Par la rédaction du *Routard*

En quoi cette destination est-elle unique ?

Cette destination semble bénie des dieux ! Bordée par la Méditerranée, elle conjugue un ensoleillement exceptionnel à une histoire plurielle, enracinée entre Catalogne et pays occitan. Des sites légendaires racontent son passé : vestiges gallo-romains à Narbonne ou Amélie-les-Bains, inexpugnables châteaux cathares, impressionnante cité médiévale de Carcassonne, majestueuses abbayes romanes... Côté baignade, une centaine de kilomètres de littoral méditerranéen depuis la Côte vermeille jusqu'à Narbonne-Plage, aux portes du parc naturel régional de la Narbonnaise en Méditerranée, lui assurent la cote auprès des familles. En s'éloignant de la Grande Bleue, les amoureux de solitude s'aventurent vers les Corbières ou dans les Albères, sur les contreforts des Pyrénées, pour un grand bol de nature !

Une chose à faire absolument ?

Chaussez vos godillots pour une randonnée dans les Pyrénées à travers les vallées encaissées du Vallespir et du Conflent, les hauts plateaux de la Cerdagne et du Capcir. De vallons d'une aride beauté en hameaux traditionnels, on croise parfois des animaux sauvages au détour des sentiers.

Un souvenir inoubliable ?

Naviguer sur le canal du Midi, le plus ancien et le plus célèbre canal d'Europe. Avec ses rives plantées d'arbres, il chemine paresseusement sur 240 km entre Toulouse et l'étang de Thau. Un parcours parsemé de 350 ouvrages d'art, écluses et ponts qui remontent au règne de Louis XIV et à la création du canal par le Biterrois Pierre-Paul de Riquet. Classé au Patrimoine mondial de l'Unesco, le canal du Midi suit un itinéraire jalonné de cités, de vignobles, de châteaux : Castelnaudary, Carcassonne, Béziers, les 9 écluses de Fonséranes... Ceux qui préfèrent le vélo au bateau se feront une joie de pédaler en longeant le canal.

Une rencontre privilégiée

Les « festijaïre » des ferias de Nîmes lors de la feria de Pentecôte ou des Vendanges. 2 événements particulièrement festifs autour de la tauromachie rassemblent dans les rues des *aficionados* qui ne manqueraient pour rien au monde l'abrivado (lâcher de taureau). L'occasion de jouer les intrépides en bravant le taureau ! Sans être partisan de la corrida, point d'orgue de ces ferias, on se sent happé par cette ferveur populaire autour de traditions solidement ancrées : course camarguaise, tournoi de joutes, spectacles équestres. Au son des *bandas*, les joyeux refrains s'enchaînent au même rythme que les rencontres... Olé !

La spécialité culinaire à goûter absolument ?

Impossible de passer à Collioure sans goûter la spécialité locale, l'anchois. Il se déguste sous toutes ses formes : mariné, à l'huile, en crème ou en anchoïade à tartiner. Faites vos jeux, 2 maisons aussi recommandables l'une que l'autre se partagent la vedette : Desclaux et Roque. Incontournable dans le Lauragais, le cassoulet mitonné avec des haricots lingots vous lestera pour la journée ! Quant aux becs sucrés, ils se pourlèchent les babines d'une inimitable crème catalane.

COMMENT Y ALLER ?

EN TRAIN

Nous recommandons le TGV, moyen de transport plus simple et moins polluant. Une manière de voyager et d'agir pour l'environnement.

Au départ de Paris

➢ Au départ de la ***gare de Lyon,*** des TGV directs pour ***Montpellier*** (3h15), ***Nîmes*** (2h50), ***Béziers*** (4h10), ***Narbonne*** (4h30), ***Perpignan*** (5h), ***Agde*** (3h50) et ***Sète*** (3h40). Également des liaisons directes depuis les gares ***Aéroport-Charles-de-Gaulle – TGV*** et ***Marne-la-Vallée – Chessy.***

➢ Au départ de la ***gare de Marne-la-Vallée – Chessy,*** des TGV directs pour ***Montpellier Sud-de-France*** (6 km du centre-ville ; 3h45 de trajet) et ***Montpellier Saint-Roch, Nîmes-Centre*** et ***Pont-du-Gard*** (3h20).

Au départ de la province

➢ Quelques TGV directs relient ***Lille*** à Montpellier (5h) et Nîmes (4h30). Également des liaisons depuis ***Toulouse*** et 1 train Intercités/j. entre Béziers et ***Clermont-Ferrand*** (6h30).

➢ Vous pouvez aussi rejoindre directement Montpellier et Nîmes au départ de ***Lyon*** (1h50), ***Bordeaux*** (4h30) et ***Strasbourg*** (6h).

Pour voyager au meilleur prix

La SNCF propose des services et tarifs adaptés à chacun de vos voyages.

➢ ***Prem's :*** des petits prix disponibles toute l'année. Billets échangeables et remboursables (offres soumises à conditions). Impossible de poser des options de réservation sur ces billets : il faut les payer immédiatement.

➢ ***Les cartes de réduction :*** pour ceux qui voyagent régulièrement, profitez de 30 % de réductions avec les cartes *Avantage Famille, Jeune, Week-end* ou *Senior* + (49 €, valables 1 an). Bon plan : la carte Avantage Adulte permet aussi à un accompagnant de bénéficier de la réduction.

Renseignements et réservations

– ***Internet :*** • *sncf-connect.com* •
– ***Téléphone :*** ☎ *36-35 (appel gratuit).*
– Également dans les gares, les boutiques SNCF et les agences de voyages agréées.

Comment circuler dans la région Occitanie ?

La région et SNCF Voyageurs vous amènent visiter l'Occitanie à petit prix grâce au réseau de trains et cars régionaux liO. Les jeunes de moins de 18 ans à 26 ans voyagent a minima à - 50 % et peuvent même voyager gratuitement avec l'offre +=0. Pour les 27-59 ans, de nombreux petits prix sont proposés pour découvrir la région avec des trajets à partir de 1 €. Les + 60 ans voyagent à tarif réduit avec l'offre +=-.

– ***Infos et résas :*** • *trainlio.sncf.com* • *ou sur WhatsApp au* 📱 *06-24-77-80-84 ou au* ☎ *0800-31-31-31 (services et appels gratuits).*

PAR LA ROUTE

En bus

Le réseau de ***bus longue distance*** s'étant intensifié ces dernières années, le plus pratique est de consulter le comparateur de billets d'autocars • *comparabus.com* • qui regroupe et compare les prix des différentes

bsp-auto.com
+33 1 86 26 90 80
7j / 7
DES PRIX FOUS NÉGOCIÉS POUR VOTRE
LOCATION DE VOITURE EN ROUSSILLON !
SIXT
Hertz
dollar.
Thrifty
Budget
enterprise
AVIS
Europcar
EMISE DE 5% SUR TOUTES VOS RÉSERVATIONS AVEC LE CODE ROUTARD23
0€
J-5
LOMÈTRES
ASSURANCES
ANNULATION
PAYEZ 5 JOURS
'ZÉRO FRANCHISE'

compagnies présentes en France. À vous de voir en temps réel les liaisons existantes. Un lien vers les compagnies permet d'acheter ses billets en direct.

En voiture

➢ ***Autoroute A 6 :*** la fameuse autoroute du Soleil. Sortir de Paris par la porte d'Orléans. Renommée A 7 à partir de Lyon, elle se divise en 2 à la hauteur d'Orange. Prendre l'A 9, qui dessert Nîmes (710 km de Paris), Montpellier (760 km), Béziers (822 km), Narbonne (847 km) et Perpignan (909 km). Près de Narbonne, la bretelle A 61 part vers l'ouest pour desservir Carcassonne et Toulouse.
➢ ***Autoroute A 20 :*** depuis Vierzon (80 km au sud d'Orléans), l'A 20 descend directement vers Toulouse (Montauban) via Limoges, Brive et Cahors. À Toulouse, A 61 vers Carcassonne et Narbonne.
➢ ***Autoroute A 71*** *(à partir d'Orléans)* ***puis autoroute A 75 :*** depuis Clermont-Ferrand, l'A 75 vous dé pose en Lozère puis permet de relier la côte.
➢ ***Par la nationale :*** prendre la N 6 ou la N 7 jusqu'à L lyon, puis la N 7, qui descend la vallée du Rhône jusqu'à Avignon. Ensuite, suivre la D 6086, qui conduit à Nîmes. Les moins pressés peuvent prendre la N 7 jusqu'à Moulins puis emprunter la N 9, qui passe par Clermont-Ferrand et dessert, plus au sud, Narbonne et Perpignan.

Le covoiturage : le principe est économique, écologique et convivial. Il s'agit de mettre en relation un chauffeur et des passagers afin de partager le trajet et les frais, que ce soit de manière régulière ou occasionnelle. L'inscription est gratuite. *● blablacar.fr ●*

Tarifs autoroutiers

● autoroutes.fr ● Le portail des autoroutes bien utile pour préparer son voyage en France et en Europe. Renseignements sur les temps de trajet, conditions de circulation et prix sur tous les tronçons autoroutiers de l'Hexagone.

Location de voiture

■ ***BSP Auto :*** ce courtier propose, sur son moteur de réservation en ligne, les locations de véhicules des grandes compagnies de location, assurant un très bon niveau de service. Les prix comparés sont attractifs et comprennent les assurances et, le plus souvent, le kilométrage illimité. Le plus : vous ne payez votre location que 5 jours avant le départ. *☎ 01-43-46-20-74 (tlj 9h-21h30, w-e 9h-20h). ● bsp-auto.com ● Réduc de 5 % aux lecteurs de ce guide avec le code « routard23 ».*

EN AVION

✈ ***Aéroport de Perpignan-Rivesaltes :*** *à 6 km au nord de la ville. ☎ 04-68-52-60-70. ● aeroport-perpignan.com ●* Liaisons vers le centre-ville par bus. Toute l'année, et notamment de Noël à mi-mars, navettes *Montagne et Transport* tous les samedis vers les stations de ski de Cerdagne et du Capcir *(☎ 04-68-30-02-82 ; ● montagne-transport.com ●).*
✈ ***Aéroport Montpellier Méditerranée :*** *à 8 km du centre-ville en direction des plages. ☎ 0825-830-003 (0,12 €/mn). ● montpellier.aeroport.fr ●*
– La ***navette Montpellier-aéroport*** (bus nº 620) dessert la place de l'Europe via la gare de Montpellier Sud-de-France (à 6 km du centre). Renseignements auprès de ***Hérault Transport*** *(☎ 04-34-888-999 ; ● herault-transport.fr ●).* De l'aéroport, départ ttes les heures (ttes les 30 mn en journée) 8h30-0h30 (5h-20h dans le sens place de l'Europe-aéroport). Compter env 25 mn.

Les compagnies régulières

▲ **AIR FRANCE**
Rens et résas au ☎ 09-69-39-36-54 (appel non surtaxé), sur ● airfrance.fr ●,

en agences de voyages. Également à votre écoute tlj, 24h/24, sur Messenger, Facebook et Twitter.

➢ Depuis ***Montpellier,*** vols directs vers Paris-Roissy.

▲ EASYJET

● *easyjet.com* ●

➢ Depuis ***Montpellier,*** vols directs vers Bâle-Mulhouse et Londres (Gatwick).

▲ RYANAIR

● *ryanair.com* ●

➢ Des vols directs entre ***Carcassonne*** et Bruxelles, l'Irlande, le Portugal, l'Italie et le Royaume-Uni.

➢ Depuis ***Perpignan,*** vols directs vers Agadir, Birmingham, Bruxelles, Londres et Marrakech.

▲ TRANSAVIA

● *transavia.com* ●

➢ Depuis ***Montpellier,*** vols directs vers Paris, Nantes, Rennes, Athènes, Séville, Tunis, Rome, Madrid, Marrakech, Lisbonne.

➢ Depuis ***Perpignan,*** vols directs vers Paris-Orly.

▲ VOLOTEA

☎ *0821-610-752 (0,15 €/mn).* ● *volotea.com* ●

➢ La compagnie assure des liaisons entre ***Montpellier*** et Brest, Caen, Lille, Nantes et Strasbourg.

➢ Également des liaisons directes vers Nantes et Lille depuis ***Perpignan.***

▲ AER LINGUS

● *www.aerlingus.com* ●

➢ Depuis ***Perpignan,*** vols directs vers Dublin.

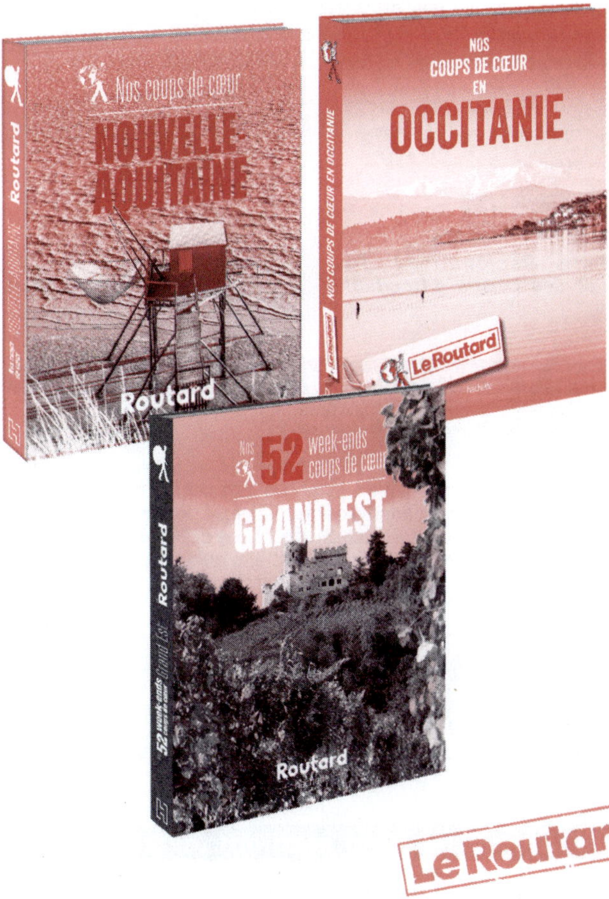
Nos coups de cœur
NOUVELLE-AQUITAINE
Routard
NOS COUPS DE CŒUR EN OCCITANIE
Le Routard
Nos 52 week-ends coups de cœur
GRAND EST
Routard

BON À SAVOIR AVANT LE DÉPART

ABC du Roussillon et de l'Aude

- ***Région :*** Occitanie.
- ***Superficie :*** 10 255 km².
- ***Population :*** 854 500 hab.
- ***Préfectures départementales :*** Carcassonne (Aude), Perpignan (Pyrénées-Orientales).
- ***Principales activités :*** agriculture et agroalimentaire, matériel médical, industrie des logiciels (IBM, Dell Computer), tourisme.
- ***Signes particuliers :*** le vignoble le plus étendu de France, la 4e région touristique du pays.

INFOS PRATIQUES

Adresse utile

Comité Régional du Tourisme et des Loisirs d'Occitanie : *CS 79507, 34960 Montpellier Cedex 2.* ☎ *04-30-63-84-20.* • *tourisme-occitanie.com* • Pas d'accueil du public.

Carte d'adhésion internationale aux auberges de jeunesse (carte FUAJ)

Cette carte ouvre les portes des 2 400 auberges de jeunesse du réseau *HI-Hostelling International* en France et dans le monde. Elle permet aussi de bénéficier de tarifs préférentiels avec les partenaires des auberges de jeunesse *HI* (locations de voitures, excursions et activités variées). Il n'y a pas de limite d'âge pour séjourner en auberge de jeunesse. Il faut simplement être adhérent ; carte valable 1 an à compter de la date d'achat (sur Internet ou dans les AJ).

Renseignements et inscriptions

– ***En France :*** • *hihostels.com* • *Tarif : 11 €.*
– ***En Belgique :*** • *lesaubergesdejeunesse.be* •
– ***En Suisse :*** • *youthhostel.ch* •
– ***Au Canada :*** • *hihostels.ca* •
Si vous prévoyez un séjour itinérant, vous pouvez réserver plusieurs auberges de jeunesse en une seule fois en France et dans le monde.

Carte internationale d'étudiant (carte ISIC)

Elle prouve le statut d'étudiant dans le monde entier et offre de nombreuses réductions (billets d'avion, hôtels et auberges de jeunesse, assurances, locations de voitures...).

Renseignements et inscriptions

- ***En France :*** • *isic.fr* • *Tarif : 13 € pour 1 année scolaire.*
- ***En Belgique :*** • *isic.be* •
- ***En Suisse :*** • *isic.ch* •
- ***Au Canada :*** • *isiccanada.com* •

BUDGET

Nous vous indiquons ci-après l'échelle des tarifs auxquels nous nous référons pour le classement de nos adresses en France.

Hébergement

D'une manière générale, nous indiquons des fourchettes de prix allant de la chambre double la moins chère en basse saison à celle la plus chère en haute saison. Ce qui implique parfois d'importantes fourchettes de prix, pas toujours en adéquation avec la rubrique dans laquelle l'établissement est cité. Le classement retenu est donc celui du prix moyen des chambres et de leur rapport qualité-prix.

Les tarifs des ***campings*** sont calculés sur la base d'un emplacement pour 2 avec voiture et tente, en haute saison. Ils sont classés en tête de rubrique « Où dormir ? ».

Pour les ***auberges de jeunesse,*** le tarif indiqué est celui du lit en dortoir et/ou parfois de la chambre double, quand il y en a.

En ***chambres d'hôtes,*** les prix sont donnés sur la base d'une chambre double. Ils incluent presque toujours le petit déjeuner. Les cartes de paiement sont rarement acceptées. Dans les cas contraires, nous indiquons « petit déj en sus » et « CB acceptées ».

Concernant les ***hôtels,*** le prix retenu reste celui d'une nuit en chambre double (sans petit déjeuner). La fourchette de prix englobe toutes les saisons, mais il est important de noter que, dans les grandes villes, les prix baissent significativement le week-end. Lorsque l'établissement dispose de chambres familiales, nous l'indiquons sans précision de prix.

- ***Bon marché :*** jusqu'à 60 €.
- ***Prix moyens :*** de 60 à 90 €.
- ***Chic :*** de 90 à 120 €.
- ***Plus chic :*** de 120 à 150 €.
- ***Beaucoup plus chic :*** plus de 150 €.

Restos

Au restaurant, ***notre critère de classement est le prix du 1er menu servi le soir*** (hors boissons). Les notions de « Prix moyens » ou « Plus chic » n'engagent donc que les prix, pas le cadre, même si, souvent, ils vont de pair. Ainsi, certains restos gastronomiques (et chics) qui proposent parfois des formules avantageuses au déjeuner seront malgré tout classés dans la rubrique « Plus chic » en raison des tarifs pratiqués le soir. Ne boudez donc pas cette rubrique qui recèle parfois d'intéressantes pépites.

Enfin, la rubrique « ***Sur le pouce*** » référence des adresses que l'on recommande pour les sandwichs et plats à emporter. Les tarifs correspondent généralement à la rubrique « Très bon marché ».

- ***Très bon marché :*** moins de 15 €.
- ***Bon marché :*** de 15 à 25 €.
- ***Prix moyens :*** de 25 à 35 €.
- ***Chic :*** de 35 à 50 €.
- ***Plus chic :*** plus de 50 €.

Recommandation à ceux qui souhaitent profiter des réductions et avantages proposés dans le *Routard* par les hôteliers et les restaurateurs.

À l'hôtel, pensez à les demander **au moment de la réservation** ou bien lors de votre **arrivée.** Ils ne sont valables que pour les réservations en direct et non cumulables avec d'autres offres promotionnelles (notamment sur Internet). Au restaurant, parlez-en **au moment** de la commande et surtout **avant** que l'addition soit établie. Poser votre *Routard* sur la table ne suffit pas : le personnel de salle n'est pas toujours au courant et une fois le ticket de caisse imprimé, il est souvent difficile de modifier le total. En cas de doute, montrez la notice relative à l'établissement dans le **Routard de l'année** et, bien sûr, ne manquez pas de nous faire part de toute difficulté rencontrée.

CANAL DU MIDI

Location de *houseboats* et balades sur le canal

Si, depuis 1989, l'activité commerciale a totalement cessé, plusieurs compagnies proposent des croisières de 2 à 7 jours entre Trèbes et Marseillan. Dans l'Aude, départs possibles de Carcassonne (11), Castelnaudary (11), Trèbes (11), Homps (11) et Narbonne (11). Les tarifs de location (de 2 à 12 personnes) sont 2 fois moins élevés en basse saison.
Pour toute info sur les nombreuses compagnies qui proposent des bateaux en location, consulter • *canalmidi.com* • rubrique « Découvrir », puis « En bateau » : site dense et bien documenté.
Voir aussi le site • *canalous-plaisance.fr* • ou • *leboat.fr* • pour la location de bateaux habitables sans permis.
Avril, mai, juin et octobre sont les meilleurs mois pour éviter les périodes d'affluence. Partir si possible à 4 : il y en a toujours 1 sur la berge qui fait son jogging (il va plus vite que le bateau !), 2 aux manœuvres pour passer les écluses, et le dernier à la barre. C'est tout de même jouable à 2, les éclusiers et les voisins donnent souvent un coup de main. Conduite très facile, sans permis. On découvre dans le calme un paysage qui ne cesse de réserver des surprises.
Voir aussi la rubrique « Riquet et le canal du Midi : histoire d'eaux » dans le chapitre « Hommes, culture, environnement » en fin de guide.

HÉBERGEMENT

– ***Logis*** est la 1re chaîne de restaurateurs-hôteliers indépendants en Europe avec 2 200 établissements répartis dans 8 pays. Fort de ses 70 années d'expérience, le réseau offre l'assurance d'un accueil personnalisé et chaleureux, d'un hébergement de qualité ainsi que d'une restauration faite maison mettant à l'honneur produits locaux et de saison. Engagés sur les territoires, tous les Logis sont impliqués dans une démarche d'économie locale, privilégiant les circuits courts et les produits régionaux. Plus d'infos : • *logishotels.com* •

ITINÉRAIRES À VÉLO (cyclotourisme)

Pour les sportifs et aussi pour les familles à vélo, nous éditons un guide du *Routard* spécifique, *Le Canal des deux mers à vélo* : cartes en couleurs,

étapes avec hébergements et restos, locations et réparations de vélos... En vente dans toutes les bonnes crémeries.
– ***Le Canal des deux mers à vélo :*** • canaldes2mersavelo.com • 750 km d'itinéraires cyclables de l'Atlantique à la Méditerranée, à travers 7 départements. Dans le Languedoc, on pédale le long du canal du Midi et à travers le Lauragais en passant au pied de la montagne. Un parcours jalonné d'écluses à découvrir en route et accessible à tous. L'itinéraire passe ensuite par Carcassonne avant de pénétrer dans le pays minervois, entre vignes et villages de charme, en roulant vers la mer. On termine en apothéose sur les plages d'Agde et de Sète. Sur le site internet, cartes, détails des différents tronçons et hébergements labellisés « Accueil vélo » permettent de bâtir son itinéraire.
Tout au long de cet itinéraire, des hébergeurs, loueurs de vélos et offices de tourisme adhérant à la marque Accueil Vélo® sont à votre disposition pour vous apporter leurs services et conseils à proximité de votre parcours.

LIVRES DE ROUTE

– ***La Religion cathare. Le Bien, le Mal et le Salut dans l'hérésie,*** de Michel Roquebert (éd. Perrin, 2009). Auteur de *L'Épopée cathare,* une histoire du catharisme en 6 tomes, ce spécialiste du catharisme se penche cette fois-ci plus précisément sur les composantes d'une religion qui a enflammé tout le Sud-Ouest entre le XIIe et le XIVe s.
– ***Connaître les cathares,*** de Lucien Bély (éd. Sud-Ouest, 2013). Les sites, l'histoire et les secrets des cathares racontés par cet illustre professeur à la Sorbonne.
– ***Le Canal du Midi et les Voies navigables de l'Atlantique à la Méditerranée,*** de René Gast et Bruno Barbier (éd. Ouest-France, 2014). Promenade le long des écluses et des sites qui jalonnent le canal du Midi construit par Pierre-Paul de Riquet. Un itinéraire charmant sur un « chemin d'eau » qui court de Toulouse à Sète.
– ***On pourrait croire que ce sont des larmes,*** d'Éric Genetet (éd. Héloïse d'Ormesson, 2022). L'annonce de la disparition de sa mère contraint Julien à retourner à Argelès-sur-Mer, où il n'avait pas mis les pieds depuis plus de 30 ans. Ce retour sur son passé sera l'occasion de percer les secrets de famille. Un court roman plein de sensibilité à emporter dans sa valise.
– ***L'été tous les chats s'ennuient,*** de Philippe Georget (éd. Pocket, 2012). Le meurtre d'une Hollandaise sur une plage d'Argelès, suivi de la disparition d'une autre femme, laisse supposer la présence d'un *serial killer* dans la ville. Sebag et Molina, du commissariat de Perpignan, mènent l'enquête... Ce roman a remporté le prix SNCF du Polar.

Plusieurs romans d'aventures de la romancière britannique Kate Mosse plantent leur décor à Carcassonne, où elle vit. Sur fond historique, ils brossent un panorama richement documenté du pays cathare à différentes époques :
– ***Labyrinthe*** (éd. Le Livre de Poche, 2007). Suite à une découverte macabre près de Carcassonne, Alice, archéologue, se plonge dans l'histoire de ses ancêtres au temps des cathares. Un thriller haletant, récompensé aux *British book Awards* et qui a remporté un succès international.
– ***Sépulcre*** (éd. Le Livre de Poche, 2009). Une nouvelle intrigue à cheval sur 2 époques : le lecteur suit les traces de Léonie et son frère Anatole, en 1891, et celles de leur descendante Meredith, au XXIe s.
– ***Citadelles*** (éd. Le Livre de Poche, 2016). Carcassonne pendant la Seconde Guerre mondiale, à travers le regard de résistantes. Mais un codex du IVe s pourrait bien changer le cours de la guerre...
– ***La Cité de Feu*** (éd. Pocket, 2021). En 1562, les guerres de Religion éclatent dans le sud de la France, divisant catholiques et huguenots. Marguerite, une catholique, tombe amoureuse d'un protestant accusé du vol d'une relique ...

MONUMENTS ET MUSÉES NATIONAUX

Les monuments et musées nationaux sont gratuits pour les enseignants et jeunes Européens de moins de 26 ans. • *monuments-nationaux.fr* •
Pour le Roussillon sont concernés le château et les remparts de la cité de Carcassonne (11) et la forteresse de Salses (66).

PERSONNES HANDICAPÉES

Tourisme & Handicap

Tourisme & Handicap est la seule marque d'État qui labellise des sites touristiques accessibles aux personnes en situation de handicap (campings, restaurants, musées, monuments...). Elle permet aux touristes en situation de handicap de vivre leurs vacances comme tout un chacun. Les sites sont identifiés grâce à un logo qui symbolise chacune des 4 familles de handicap (auditif/mental/moteur/visuel) et garantit un maximum d'autonomie :

Les informations et sites labellisés sont disponibles sur : • *tourisme-handicap.gouv.fr* •

En complément, **Acceslibre** est une **plateforme collaborative** portée par le ministère de la Transition écologique. Des informations d'accessibilité essentielles aux personnes en situation de handicap y sont collectées et affichées sur des cartes pour savoir si un lieu leur est accessible ou non. Sur mobile ou ordinateur, ce service permet de préparer au mieux sa sortie ou de collaborer en partageant de nouvelles informations.

Pour contribuer et/ou profiter d'Acceslibre : • *acceslibre.beta.gouv.fr* •

Par ailleurs, dans notre guide, nous indiquons par le logo les établissements qui possèdent un accès ou des chambres pouvant accueillir des personnes handicapées. Certaines adresses sont équipées selon les critères les plus récents. D'autres, plus simples, plus anciennes aussi, sans répondre aux normes actuelles, favorisent l'accueil des personnes handicapées en facilitant l'accès à leur établissement, tant sur le plan matériel que sur le plan humain. Appelez donc auparavant pour savoir si l'équipement de l'hôtel ou du resto est compatible avec votre niveau de mobilité.

SITE INTERNET

• ***routard.com*** • Le site de voyage n° 1, avec près de 250 000 membres et plusieurs millions d'internautes chaque mois, ainsi que 600 000 abonnés sur Instagram et Facebook. Pour s'inspirer et s'organiser, près de 300 guides destinations actualisés, avec les infos pratiques, les incontournables et les dernières actus, ainsi que les reportages terrain et idées week-end de la rédaction. Partagez vos expériences avec la communauté des voyageurs : forums avec avis et bons plans, carnets de route et photos de voyage. Et retrouvez les meilleurs prix pour réserver vos voyages, vols, hébergements, voitures et activités.

– ***Bon à savoir*** : entre 2 millésimes, des événements fortuits (formalités, taux de change, catastrophe naturelle, conditions d'accès aux sites, fermetures inopinées, etc.) peuvent intervenir et modifier vos projets de voyage ou de visite. Pour éviter les déconvenues, nous vous recommandons de consulter la rubrique « Inspirations » par destination et cliquer sur l'onglet « Actus ».

LES PYRÉNÉES-ORIENTALES

• Carte *p. 48-49*

ABC des Pyrénées-Orientales

- ***Superficie :*** 4 116 km².
- ***Population :*** 481 700 hab.
- ***Préfecture :*** Perpignan.
- ***Sous-préfectures :*** Prades, Céret.
- ***Signes particuliers :*** 1er département français pour les surfaces agricoles bio ; 11 réserves naturelles, 5 espaces naturels protégés et 3 parcs naturels régionaux.

Dans cet ancien royaume catalan (à l'exception des Corbières et Fenouillèdes) qui correspond très exactement à la partie française de la Catalogne, tout est plus intense. Peut-être parce que le soleil brille 300 à 320 jours par an ! Ou à cause de ses paysages, un inépuisable manteau d'Arlequin : après les plages à bronzette d'Argelès et de Canet, la côte se hachure de calanques roses où se lovent de petits ports de rêve comme Collioure.
Derrière s'étendent la plaine brodée d'arbres fruitiers, puis les mailles serrées des vignes qui partent à l'assaut des coteaux brûlés par le soleil des Aspres et de la vallée des Corbières-Fenouillèdes pour se dissoudre en garrigues presque impénétrables. De chaque côté de la mythique montagne du Canigó s'allongent 2 grandes vallées pyrénéennes : le Conflent au nord et le Vallespir au sud. Plus à l'ouest ondoient les hauts plateaux de la Cerdagne et du Capcir, micro-royaumes des temps anciens, aux portes de l'Espagne et de l'Andorre.

ROUSSILLON OU CATALOGNE ?

Apparu avec les Wisigoths, vers le VIe s, avant d'être récupéré au XIIe s en héritage par les rois d'Aragon, et de passer ainsi dans la mouvance catalane, le ***comté du Roussillon*** ne comporte alors ni la Cerdagne ni le Capcir. Les rois de France qui envahissent le comté (et une partie de la Cerdagne) conservent le nom de Roussillon, moins frappé d'hispanité, pour désigner l'ensemble. Donc, pour certains, Roussillon est aujourd'hui encore un mot tabou : épris de culture et d'identité catalanes, ils regardent vers Barcelone, la sœur du Sud, sans jamais dire « l'Espagne » mais « Catalogne du Sud » ou, plus simplement, « l'autre côté ».
Si elle paraît aujourd'hui noyée dans cette immense région qu'est l'Occitanie, la très vieille province du Roussillon continue de revendiquer son identité. On entend parler catalan, des villages un peu perdus du Conflent jusqu'au cœur de la très touristique Collioure, et vous constaterez vite que beaucoup de bistrots arborent les couleurs d'un seul et unique club de foot, Barcelone. Les panneaux d'entrée des communes et les plaques de rues sont rédigés en français, oui, mais aussi en catalan, juste en dessous. Et, d'un côté comme de l'autre de l'ancienne frontière (abolie par le traité des Pyrénées en 1659), tout le monde ou presque vous le fera remarquer : Fenouillèdes et Corbières sont en terre occitane, le pays des « gavatches », des non-Catalans…

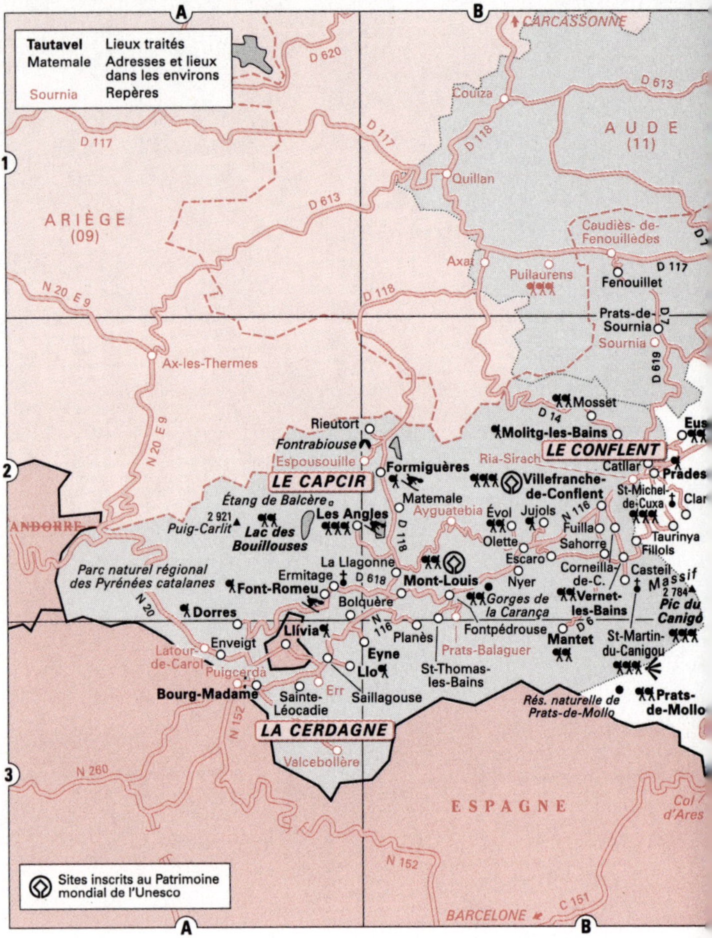

Infos utiles

Agence de développement touristique : *2, bd des Pyrénées, 66005 Perpignan Cedex.* ☎ *04-68-51-52-53.* • *tourisme-pyreneesorientales.com* • Pas d'accueil sur place, mais l'agence fournit tous les renseignements sur simple demande : disponibilités des campings et hôtels, brochures touristiques, itinéraires, etc. Central de réservation avec Clévacances.

– Le conseil départemental propose le ***Pass découvertes en Pays Catalan,***

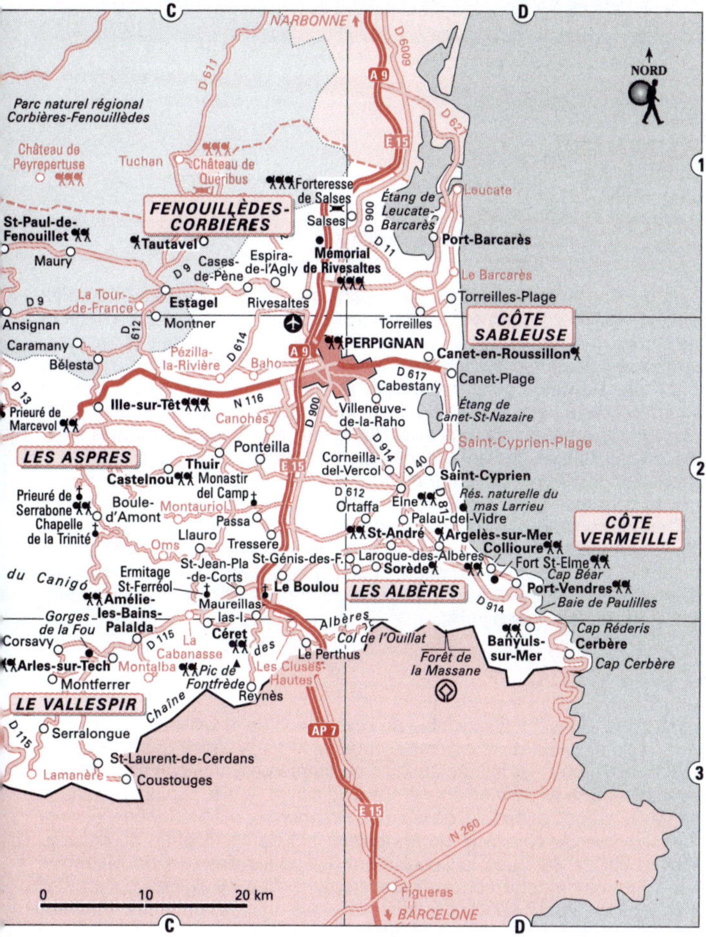

LES PYRÉNÉES-ORIENTALES

gratuit, qui concerne plus d'une soixantaine de sites et offre un tarif réduit à compter de la 2e visite (à retirer dans les offices de tourisme ou sur les sites).

– ***Bus :*** *rens sur* ● *mestrajets.lio.laregion.fr* ● Le département des Pyrénées-Orientales a mis en place un réseau de bus bien développé (Lio), et surtout à un tarif défiant toute concurrence : 1 € le trajet pour tout le monde ! Voilà une politique des transports innovante comme on les aime !

● ***reserves-naturelles-catalanes.org*** ● Site consacré aux 11 réserves naturelles des Pyrénées-Orientales.

PERPIGNAN ET SES ENVIRONS

PERPIGNAN

(66000) 123 600 hab. *Carte Pyrénées-Orientales, C-D2*

• Plan *p. 52-53*

Capitale du Roussillon, chef-lieu du département des Pyrénées-Orientales (ici, on dit P.-O.), Perpignan est catalane avant d'être française. Les palmiers de ses places, les cactus de ses jardins, les enduits colorés de ses façades, l'accent ensoleillé et le caractère fier de ses habitants le rappellent à chaque instant. À une trentaine de kilomètres de la frontière, Perpignan est en effet largement tournée vers la Catalogne du Sud (Espagne). La ville mise d'ailleurs beaucoup sur ses relations avec Barcelone, plus encore depuis la création de la ligne TGV qui la relie à la mégapole catalane.
Lumineuse et populaire, carrefour incontournable entre mer et montagne qui permet de rayonner dans tout le département, Perpi sait se montrer hospitalière. C'est donc sans surprise que cette place charnière accueille bien des populations migrantes, dont la communauté gitane sédentarisée, très importante dans le quartier Saint-Jacques. Et puis, Perpignan, c'est aussi quelque 320 jours d'ensoleillement par an et plein de bonnes adresses qui méritent qu'on s'y attarde quelques jours.

UN PEU D'HISTOIRE

Le passé de la ville est indissociable de l'expansion de la civilisation catalane. Ancienne ville romaine de *Ruscino* devenue au Xe s résidence des comtes de Roussillon, *Perpenyà* est léguée au XIIe s au comte de Barcelone et roi d'Aragon Alphonse. Une expansion économique va suivre, la ville servant de plaque tournante au négoce entre Midi de la France et pourtour méditerranéen. Elle est promue ***capitale du royaume de Majorque*** lors de l'édification du château destiné au fils de Jacques le Conquérant. Le palais des rois de Majorque reste le symbole de cette époque prospère, ainsi que les églises construites à la même période pour abriter des fidèles de plus en plus nombreux. ***Passant ensuite dans les mains du roi d'Aragon*** Pierre IV, qui y crée une université au XIVe s, Perpignan traverse les siècles qui vont suivre au milieu des troubles et des traités, enjeu à la fois des Français et des Catalans.

Des habitants pugnaces

Ayant eu la mauvaise idée de demander l'aide militaire de Louis XI pour mater une insurrection en Espagne, Jean II d'Aragon se voit dessaisi des comtés de Cerdagne et du Roussillon. Révoltés, les Perpignanais se battent alors contre les troupes françaises pendant 1 an. Jean II leur demande personnellement de se rendre, accordant à leur ville le titre de « fidélissime » – le mot est resté dans la devise de Perpignan : « *regi et deo semper fidelissima* » (« toujours fidèle au roi et à Dieu »). Les habitants, résistant farouchement malgré la famine, en étaient venus à se nourrir de rats ! Les misères ne sont pas finies pour autant : restituée à Ferdinand le Catholique à la fin du XVe s, la ville est ensuite assiégée par les armées de François Ier.

Un siècle plus tard, les Catalans de Barcelone se dressent contre le pouvoir absolu de la cour madrilène : Richelieu en profite, signant avec eux un traité d'alliance proclamant Louis XIII comte de Barcelone. Ainsi isolée de ses alliés habituels, la ville de Perpignan subit un nouveau siège, commandé par Louis XIII en personne. ***Annexé officiellement par le traité des Pyrénées en 1659,*** le Roussillon est définitivement français. Perpignan devient naturellement la capitale de cette nouvelle province, transformée en département des Pyrénées-Orientales en 1790. D'où la rancœur légitime des Catalans français, encore perceptible à ce jour, séparés de leurs cousins espagnols par une frontière restée pendant longtemps inébranlable.

Arriver – Quitter

Gare SNCF-TGV *(hors plan par A2-3)* **:** *☎ 36-35 (appel gratuit).* TGV avec Paris (compter 5h-5h30), Figueras, Gérone et Barcelone (1h20), et Madrid (4h28). Également des TER vers Montpellier, Narbonne, Villefranche-de-Conflent et Cerbère. *P'tit bus* gratuit entre la gare et le centre-ville (place Arago, Castillet) tlj sauf dim, ttes les 15-20 mn 7h-19h40.

Gare routière *(hors plan par A2-3)* **:** *bd Saint-Assiscle (à côté de la gare TGV).* Bus à 1 € pour le Vallespir (Céret, Prats-de-Mollo...) et le Fenouillèdes, le Conflent, la Cerdagne, les Albères, les stations de ski, la côte roussillonnaise avec Saint-Cyprien...

Sankéo : *☎ 0800-80-03-70. ● sankeo.com ●* Réseau de bus urbains.

Aéroport de Perpignan-Rivesaltes *(hors plan par A1 ou B1)* **:** *à 6 km au nord de la ville. ☎ 04-68-52-60-70. ● aeroport-perpignan.com ●* Vols de et vers Paris, Nantes, Lille, Dublin, Londres et Birmingham... Liaison vers le centre-ville par bus ligne 6 (Abbé Pierre/Baixas Templiers). Toute l'année, et notamment de Noël à mi-mars, navettes Montagne et Transport tous les samedis vers les stations de ski de Cerdagne et du Capcir *(☎ 04-68-30-02-82 ; ● montagne-transport.com ●).* Loueurs de voitures.

Adresses et infos utiles

Bureau d'information touristique Perpignan Méditerranée tourisme *(plan C2)* **:** *pl. de la Loge. ☎ 04-68-66-30-30. ● perpignantourisme.com ● Ouv tte l'année ; avr-oct, lun-sam 9h30-19h, dim 10h-17h ; nov-mars, tlj 10h-18h (13h dim). Fermé j. fériés et dim de nov et janv.* Visites guidées de la ville. Application « Perpignan 3D » pour smartphones et tablettes.

Taxis : ***Perpignan Taxis,*** *☎ 04-68-35-15-15.* ***Taxi Direct Perpignan,*** *☎ 04-68-83-83-83.*

Location de vélos : ***Sankéo*** *(vélos et trottinettes), ☎ 0800-800-370, ● sankeo.com/611-Velo-et-Trottinette.html ●* ***Bouticycle Perpignan,*** *☎ 04-68-36-67-26, ● bouticycle.com/-Perpignan ●*

– ***Marchés :*** *tlj, le mat seulement, pl. Cassanyes (plan D2-3). Mar-dim, pl. de la République (plan C2) et quai Vauban (plan B2) ; jeu, pl. de Belgique (plan A3), sam, passeig Torcatis.*

Où dormir ?

Bon marché

Auberge de jeunesse *(plan A1,* ***10****)* **:** *allée Marc-Pierre, parc de la Pépinière. ☎ 04-68-34-63-32. ● aag.perpignan@gmail.com ● perpignan-hostel.com ● Réception 8h-11h, 17h-21h. Congés : de nov à mi-mars. Nuitée autour de 25,50 €/pers, petit déj et draps compris. Carte FUAJ obligatoire (en vente

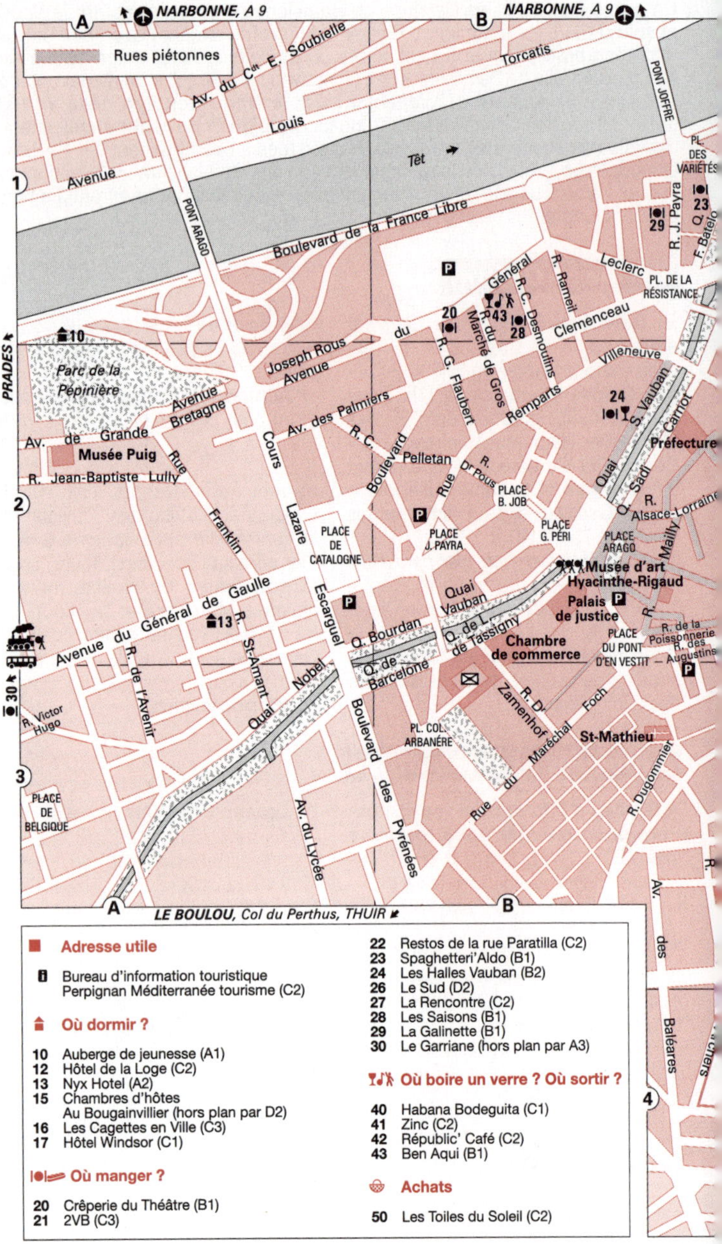

Adresse utile

Bureau d'information touristique Perpignan Méditerranée tourisme (C2)

Où dormir ?

- **10** Auberge de jeunesse (A1)
- **12** Hôtel de la Loge (C2)
- **13** Nyx Hotel (A2)
- **15** Chambres d'hôtes Au Bougainvillier (hors plan par D2)
- **16** Les Cagettes en Ville (C3)
- **17** Hôtel Windsor (C1)

Où manger ?

- **20** Crêperie du Théâtre (B1)
- **21** 2VB (C3)
- **22** Restos de la rue Paratilla (C2)
- **23** Spaghetteri'Aldo (B1)
- **24** Les Halles Vauban (B2)
- **26** Le Sud (D2)
- **27** La Rencontre (C2)
- **28** Les Saisons (B1)
- **29** La Galinette (B1)
- **30** Le Garriane (hors plan par A3)

Où boire un verre ? Où sortir ?

- **40** Habana Bodeguita (C1)
- **41** Zinc (C2)
- **42** Républic' Café (C2)
- **43** Ben Aqui (B1)

Achats

- **50** Les Toiles du Soleil (C2)

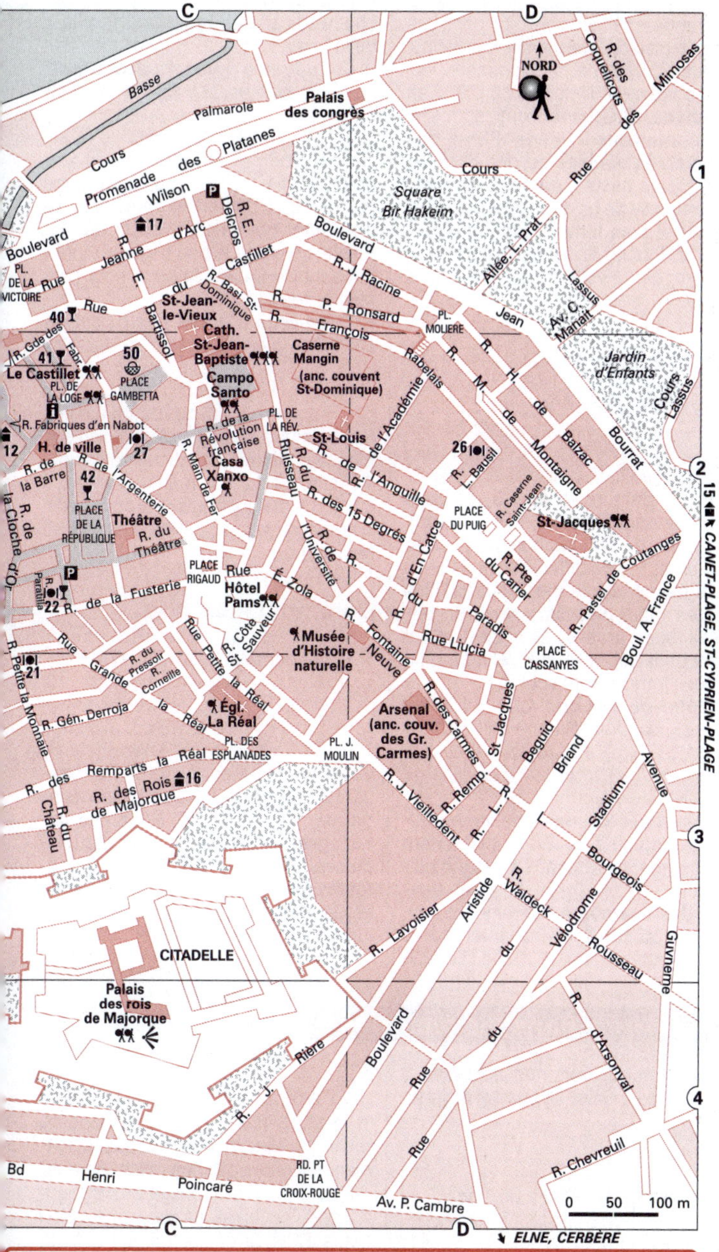
NORD
Palais des congrès
Cours Palmarole
Basse
Promenade des Platanes
Boulevard Wilson
Square Bir Hakeim
Cours
Boulevard J. Racine
R. des Coquelicots
Mimosas
Rue des
Allée L. Prat
Av. C. Manalt
Lassus
Jardin d'Enfants
Cours Lassus
PL. DE LA VICTOIRE
Rue Jeanne d'Arc
R. E. Delcros
Castillet
R. E. Bartissol
Rue du St-Jean-le-Vieux
R. Basi St-Dominique
Cath. St-Jean-Baptiste
R. Ronsard
R. P. François
PL. MOLIÈRE
R. Rabelais
Jean
R. M. de Montaigne
R. H. de Balzac
Bourrat
Caserne Mangin (anc. couvent St-Dominique)
R. Gde des Fabr.
Le Castillet
PL. DE LA LOGE
PLACE GAMBETTA
Campo Santo
R. de la Révolution française
PL. DE LA RÉV.
St-Louis
R. de l'Académie
R. L. Bausil
R. Fabriques d'en Nabot
H. de ville
Casa Xanxo
R. Main de Fer
R. du Ruisseau
R. de l'Anguille
R. des 15 Degrés
R. de l'Université
PLACE DU PUIG
R. Caserne Saint-Jean
St-Jacques
R. de la Barre
R. de l'Argenterie
PLACE DE LA RÉPUBLIQUE
Théâtre
R. du Théâtre
R. de la Cloche d'Or
R. d'En Calce
R. Pte du Carier
R. Pastel de Coutanges
PLACE RIGAUD
Rue É. Zola
Hôtel Pams
R. Paratilla
R. de la Fusterie
R. du Paradis
Rue Llucia
Boul. A. France
R. Côte St Sauveur
R. Fontaine Neuve
Musée d'Histoire naturelle
PLACE CASSANYES
R. Petite la Monnaie
Rue Grande la Réal
R. du Pressoir
R. Corneille
Rue Petite la Réal
Égl. La Réal
R. des Carmes
St Jacques
Beguid
Briand
Avenue
R. Gén. Derroja
Arsenal (anc. couv. des Gr. Carmes)
PL. DES ESPLANADES
PL. J. MOULIN
R. des Remparts la Réal
R. des Rois de Majorque
R. du Château
R. J. Vieilledent
R. Remp.
R. L. R.
Stadium
Bourgeois
R. Waldeck Rousseau
Vélodrome
Aristide
Guynemer
CITADELLE
R. Lavoisier
Palais des rois de Majorque
R. J. Rière
Boulevard
Rue du
R. d'Arsonval
Rue
R. Chevreuil
Bd Henri Poincaré
RD. PT DE LA CROIX-ROUGE
Av. P. Cambre
0 50 100 m
15 CANET-PLAGE, ST-CYPRIEN-PLAGE
ELNE, CERBÈRE
C
D
1
2
3
4
12
17
16
21
22
26
27
40
41
42
50

PERPIGNAN

sur place). Une des plus anciennes AJ de France aménagée en 1954 dans une grande maison avec jardin (barbecue, hamac...), de style méditerranéen, qui donne vraiment l'impression d'être en vacances. Stéphane vous accueille chaleureusement dans l'une des 2 chambres doubles ou des dortoirs, en principe mixtes, de 4 à 8 lits, avec ou sans salle de bains privée. Ensemble simple et bien tenu. Cuisine à dispo. Clim et double vitrage partout (heureusement, car la voie rapide passe juste à côté...).

De prix moyens à chic

Nyx Hotel *(plan A2,* ***13****) : 62 bis, av. du Général-de-Gaulle. ☎ 04-68-34-87-48. • nyx@nyxhotel.fr • nyxhotel.fr • ♿ Doubles 82-124 €.* Entre la gare et le centre, ce petit hôtel sympa distribue, sur 5 niveaux (ascenseur), des chambres à la déco moderne, toutes différentes, certaines avec balcon sur la rue, d'autres, plus chères mais plus calmes, avec terrasse sur l'arrière. Bon confort, et beau petit déj, le tout enveloppé d'un accueil franc et tout sourire.

Hôtel de la Loge *(plan C2,* ***12****) : 1, rue des Fabriques-d'en-Nabot. ☎ 04-68-34-41-02. • hoteldelaloge@wanadoo.fr • Doubles 57-92 €. Prix réduits au parking Wilson, tt proche.* En plein centre, une ancienne maison bourgeoise du XVIe s à l'intérieur typiquement catalan. Le magnifique escalier en fer forgé (classé) dessert des chambres contemporaines, de bon confort (clim) donnant sur le patio fleuri ou sur la ruelle. Double vitrage sur toutes les fenêtres. Les chambres triples regardent la place de la Loge.

Chambres d'hôtes Au Bougainvillier *(hors plan par D2,* ***15****) : 13, rue des Calanques. À 3 km du centre. 📱 06-58-07-51-23. Double 75 €. Table d'hôtes 25 €.* Un brin excentrées, ces chambres d'hôtes sauront vous convaincre par leur bon confort et l'amabilité de Dorothée, qui valent bien le détour. En été, on prend le bon petit déj (confitures maison) dans la cour, pour profiter du soleil !

Chambres d'hôtes Les Cagettes en Ville *(plan C3,* ***16****) : 8, rue des Rois-de-Majorque. 📱 06-09-35-67-44. • florencelecorre@live.fr • Double 80 € ; familiale.* Au rez-de-chaussée, une boutique avec meubles, bibelots et fringues d'autres décennies. À l'étage, 4 chambres dans le même esprit. Vue sur la rue (balcon) ou sur la cour-jardin où prendre le petit déj en été. Accueil rayonnant.

De chic à plus chic

Hôtel Windsor *(plan C1,* ***17****) : 8, bd Wilson. ☎ 04-68-59-25-94. • contact@hotel-windsor-perpignan.com • hotel-windsor-perpignan.com • ♿ Doubles 109-139 €. Ascenseur. Parking souterrain payant en face.* Au long d'un boulevard plutôt passant, un hôtel contemporain, sans histoire. Réparties sur 6 étages, chambres à la déco qui ne fâchera personne, d'excellent confort, toutes avec balcon, les moins chères assez étriquées. Les plus sympas, très lumineuses, font l'angle.

Où dormir dans les environs ?

Sur le littoral, voir nos adresses à Canet-Plage, Saint-Cyprien et Argelès.

Camping

Camping des Rives du Lac *: chemin de la Serre, 66180* ***Villeneuve-de-la-Raho.*** *☎ 04-68-55-83-51. • camping@villeneuvedelaraho.fr • villeneuvedelaraho.fr • ♿ À env 7 km au sud de Perpignan. De mi-mars à mi-nov. Forfait pour 2 en hte saison 18 € ; mobile homes. 158 empl.* Camping municipal classique avec ses emplacements séparés par des haies. Au bord du lac de la Raho : plage et baignade à 2 pas. Sanitaires basiques mais bien tenus. BBQ, laverie, supérette et resto en saison.

Où manger ?

Sur le pouce

2VB (plan C3, **21**) : *12, rue Petite-la-Monnaie. ☎ 09-71-56-75-16. • duplexme@hotmail.com • Tlj sauf mer et dim, midi et soir. Burgers et hot-dogs 7-10 €.* Dans une région où les entrecôtes sont légion et le poisson se décline pour tous les goûts (ou presque), on est heureux de tomber sur cette parenthèse végane dissimulée dans une ruelle. Toute petite salle sobre pour ce snack qui propose quelques hamburgers et hot-dogs, accompagnés de frites (pommes de terre ou patates douces), le tout délicieux et servi avec le sourire.

De très bon marché à bon marché

Les restos et commerces de la rue Adjudant-Pilote-Paratilla *(plan C2,* ***22****)* : cette toute petite rue est l'endroit rêvé pour une grignote. On achète épices, vinaigre de figues et anchoïade chez ***Aux Bonnes Olives.*** À ***La Maison du Jambon,*** le *manchego,* le *pata negra,* le *bellota,* le *serrano* sont servis au poids et à l'assiette. Chez ***Lo Stretto,*** les charcuteries sont plutôt corses ou italiennes. Les adeptes de poissons et crustacés se donnent eux rendez-vous ***Chez Mireille*** ou à la poissonnerie ***Gonzalvez.*** Sans oublier l'accueillant ***Bar de la Marée*** et ses fresques d'une autre époque, pour avaler des tapas ou un plat lentement mijoté (quand le chef est d'humeur) dans le brouhaha des habitués.

Les Halles Vauban *(plan B2,* ***24****)* : *37-39, quai Vauban. Tlj sauf lun 8h-20h (13h dim).* Dans un passage couvert, des halles créées en 2017, où voisinent étals et restos de tous horizons. On vous laisse hésiter, dans un joyeux brouhaha, entre *bò bún,* tartares, viandes rôties, foie gras, huîtres, voire fondue savoyarde ! Sinon, en fin de semaine, l'endroit, autour du *Bar des Halles* et de sa terrasse, semble d'humeur à faire la fête.

Crêperie du Théâtre *(plan B1,* ***20****)* : *1, rue Gustave-Flaubert. ☎ 04-68-34-29-06. • enrplanete@gmail.com • Ts les midis sauf dim, plus le soir mer-sam. Le midi, formule et menu 10-17 € ; carte env 14 €.* Anciennement située rue du Théâtre (d'où son nom), cette excellente crêperie, en plus de proposer les grands classiques, renouvelle sa carte au gré des saisons, avec des produits frais, principalement issus de l'agriculture biologique et du commerce équitable. Chaque semaine, on se régale des nouvelles suggestions à l'ardoise, originales et savoureuses, comme la galette à la saucisse catalane et à l'aïoli ou la crêpe à la lavandine avec confiture d'abricots, fleurs et sirop de lavande. Petite terrasse sur la ruelle.

Spaghetteri'Aldo *(plan B1,* ***23****)* : *1, rue des Variétés. ☎ 04-68-61-11-47. • contact@aldo-perpignan.com • Tlj sauf dim-lun, midi et soir. Plats 11,50-15,50 € ; viandes plus chères.* Un resto aux couleurs de l'Italie, avec son comptoir type bistrot de quartier, où l'on déguste de bons plats de pâtes déclinées à toutes les sauces, ou une appétissante *bruschetta.* Un lieu convivial qui connaît ses habitués.

De prix moyens à chic

La Rencontre *(plan C2,* ***27****)* : *16-18, rue des Cardeurs. ☎ 04-68-34-42-73. • restaurant.larencontre@gmail.com • Tlj sauf dim-lun. Congés : fin déc-début janv, 1 sem en juin et 1 sem en nov. Menus 19-23 € (déj en sem), puis 28-35 € ; carte env 50 €.* Dans une étroite ruelle, une belle rencontre gastronomique qui ne doit rien au hasard. Le chef, aux commandes de ce resto de haute volée, a une idée fixe : régaler ses clients. Il s'en donne les moyens, en piochant le meilleur chez les producteurs locaux pour composer une cuisine inventive, ne boudant pas le terroir. Son menu du déjeuner est une véritable aubaine !

Les Saisons *(plan B1,* ***28****)* : *6, rue Camille-Desmoulin. ☎ 04-68-34-50-39. • saisons66@gmail.com •*

Tlj sauf dim-lun et le soir mar. Formule et menu déj en sem 12,50-18,50 € ; menus 25,90-39 €. La salle, sobrement contemporaine, n'accumule pas les mètres cubes et l'adresse est connue en ville. Il est donc plus que prudent de passer un coup de fil pour profiter de cette cuisine, au fil des saisons (évidemment !), avec de l'idée. Addition modérée, accueil et service très aimables.

Le Garriane *(hors plan par A3, **30**) : 15, rue Frédéric-Valette. ☎ 04-68-67-07-44. Jeu-ven midi et ven-sam soir. Formule et menu déj en sem 22-29 € ; le soir, menus 35,50-60 €.* La rue, à 2 pas de la gare, est sans âme et la façade annonce un resto de quartier classique. Même impression une fois la porte passée : chaises de bistrot sous des poutres posées il y a longtemps. Mais, waouh ! quelle cuisine ! Le chef, d'origine australienne, signe, avec les produits du coin, des plats des plus personnels, vrai festival de saveurs et de surprises. Chouette carte des vins. Le tout à prix justes.

Le Sud *(plan D2, **26**) : 12, rue Louis-Bausil. ☎ 04-68-34-55-71. • marie@restaurantlesud.fr • Tlj sauf dim (et lun hors saison), soir seulement. Congés : janv-fév. Carte env 35 €. Parking.* On passe la grande porte bleue pour pénétrer dans cette sorte d'hacienda, un monde entre Provence, Mexique, Moyen-Orient, Grèce et Catalogne. Les tables sont disposées dans le patio, où trône un vieux figuier. Cuisine goûteuse, service tranquille.

Plus chic

La Galinette *(plan B1, **29**) : 23, rue Jean-Payra. ☎ 04-68-35-00-90. • lagalinetteperpignan@gmail.com • Tlj sauf dim-lun. Congés : juil et vac de Noël. Résa conseillée. Menus 28 € (déj en sem), 59-65 € ; carte 85 €.* Dans une rue un peu à l'écart du centre historique, le gastro incontournable, dont la réputation n'est pas usurpée. Dans l'assiette, c'est la fête aux senteurs du Sud. Beaucoup de poisson (pas forcément local mais toujours frais), des légumes du jardin (2 ha, rien que ça !), une utilisation intensive des herbes et épices, une carte courte renouvelée avec les saisons, bref, tous les ingrédients pour une halte réussie.

Où boire un verre ? Où sortir ?

Le soir, Perpignan bouge beaucoup le long de l'avenue du Général-Leclerc. Incontournable dans la zone, le ***Ben Aqui*** *(plan B1, **43** ; 33, av. du Général-Leclerc ; tlj sauf dim-lun)*, une bodega au cadre patiné, gonflée d'une terrasse qui ne désemplit pas le week-end.

Ça bouge aussi autour de la place Gambetta et dans les ruelles autour du Castillet *(plan C2)*, avec quelques pubs et bars musicaux tendance, prisés de la jeunesse locale. Parmi eux, le ***Habana Bodeguita*** *(plan C1, **40** ; 5, rue Grande-des-Fabriqués ; tlj sauf dim-lun)*, à l'ambiance salsa et, juste en face, le ***Zinc*** *(plan C2, **41** ; 8, rue Grande-des-Fabriqués ; mar-sam)*, bar à vins plutôt branché.

Autre incontournable, le ***Républic' Café*** *(plan C2, **42**)*, dit communément le *Rép'*, et sa grande terrasse sur la place, qui distille le soir une musique électro.

Achats

Les Toiles du Soleil *(plan C2, **50**) : 1, pl. Gambetta. ☎ 04-68-39-33-93. • toiles-du-soleil.com • Tlj sauf dim-lun 10h-12h, 14h-19h.* Tissus traditionnels catalans colorés, vendus au mètre ou sous forme de nappes, sacs, coussins, etc. Pratique si vous n'avez pas l'intention de grimper jusqu'à la maison mère, à Saint-Laurent-de-Cerdans.

À voir

Belles promenades en perspective dans une vieille ville qui forme un octogone, parfaitement délimité par 8 boulevards périphériques pour partie bordés de canaux, le long desquels se sont développés au début du XXe s les quartiers d'architecture Art déco.

Le musée d'art Hyacinthe-Rigaud (plan B2) **:** *21, rue Mailly. ☎ 04-68-66-19-83. • musee-rigaud.fr • ♿ Juin-sept : 10h30-19h ; oct-mai : mar-dim 11h-17h30. Fermeture des caisses 1h avt. Entrée : 8 € (10 € pdt l'expo estivale) ; réduc ; gratuit moins de 26 ans. Tablette numérique incluse.*
Entièrement rénové, ce musée des Beaux-Arts, qui doit son nom au grand portraitiste de la cour de Louis XIV, occupe les hôtels de Mailly et de Lazerme. Ces 2 hôtels particuliers sont désormais reliés, clin d'œil au légendaire passage secret qui aurait, à la fin du XVIIIe s, favorisé les amours du maréchal de Mailly et de la marquise de Blanes. Parcours chronologique à travers des collections (quelque 400 œuvres) essentiellement consacrées aux artistes pour lesquels Perpignan a compté.
– La visite démarre au 1er étage, avec l'époque gothique de la ville : vestiges lapidaires et plusieurs retables dont le chef-d'œuvre des collections du musée, *Le Retable de la Trinité,* peint par le ***Maître de la Loge de Mer*** en 1489 et superbement rénové, avec une foule de personnages symboliques du passé florissant de la ville, à l'époque du commerce des draps.
Le Perpignan baroque accorde (on s'y attendait un peu !), une large place à ***Hyacinthe Rigaud.*** Né à Perpignan en 1659, année de la signature du traité des Pyrénées qui rattache le comté du Roussillon à la France, Rigaud va devenir un grand portraitiste travaillant pour les cours et la noblesse d'Europe. Si son plus célèbre tableau reste le portrait de Louis XIV en habit de couronnement (exposé au Louvre), le musée met l'accent sur l'intimité du peintre avec plusieurs autoportraits et des toiles de son atelier qui a compté jusqu'à 40 collaborateurs. L'occasion de découvrir que Rigaud laissait parfois à d'autres que lui le soin de peindre, par exemple, quelques bouquets de fleurs autour de ses portraits !
La section Perpignan moderne évoque un autre enfant du pays, ***Aristide Maillol*** avec, là encore, un regard inédit sur l'œuvre de celui dont le monde entier connaît les sculptures, ces corps féminins, souvent réduits à l'essentiel, tout en rondeurs (parfait exemple exposé ici : *La Musique-Monument à Claude Debussy*). Mais on découvre également un jeune artiste qui s'intéresse d'abord aux arts décoratifs (la tapisserie, notamment) et à la peinture avec une *Jeune fille de profil* au style pointilliste, proche des nabis.
Avant de devenir le musée des Beaux-Arts de la ville, l'hôtel de Lazerme fut le lieu de vie de Jacques et Paule de Lazerme, riches propriétaires terriens épris d'art. Grâce à Pierre Brune, instigateur du musée de Céret, Jacques de Lazerme va côtoyer l'avant-garde artistique en ce début du XXe s. Et ce sont quelques-uns des prestigieux hôtes de passage que présentent plusieurs salles : comme ***Pablo Picasso,*** qui réalisa 2 beaux portraits de Mme Lazerme pendant l'été 1954, et ***Raoul Dufy,*** qui a vécu près de 10 ans à Perpignan et dans les environs.
Jean Lurçat y a également sa place. Tombé amoureux de la région, il a régulièrement séjourné (et travaillé !) dans l'atelier Sant Vicens de Perpignan. Le célèbre tapissier y a créé ses 1res céramiques dès 1951.
Autre grand amoureux de la région, ***George-Daniel de Monfreid*** (père de l'aventurier Henry de Monfreid) qui dans l'*Hommage à Gauguin,* se représente chez lui, avec au mur 3 œuvres évoquant l'univers de son ami et mentor. Autour de ce tableau de Monfreid s'organisent quelques vues dues aux lumineux pinceaux d'artistes issus de cette terre, tels qu'***Étienne Terrus*** ou encore ***Louis Bausil.***

Une découverte : ***Pierre Daura.*** Artiste originaire de Minorque, son engagement aux côtés des Républicains durant la guerre d'Espagne lui valut d'être blessé au front, puis exilé en France. Rétabli, il tentera d'aider des amis à quitter les camps d'internement d'Argelès en 1939. L'autoportrait en soldat et les 2 visions des camps d'Argelès restent parmi ses œuvres les plus poignantes.
Et une curiosité au passage, la ***collection Maître Rey*** ; 210 œuvres de « 1 figure » (des toiles petit format : 22 x 16 cm) réunies par ce notaire perpignanais féru d'art. Un panorama de la création contemporaine des années 1960-1970.
Petite pause dans le jardin suspendu qui accueille *L'Été sans bras,* de Maillol avant de découvrir les expos temporaires du moment.

🏰🏰 ***La place de la Loge*** *(plan C2)* **:** le cœur historique de la vieille ville. À un angle, la ***loge de Mer,*** beau bâtiment gothique de la fin du XIVe s, abrite aujourd'hui l'office de tourisme. Autrefois s'y dressaient le tribunal maritime (d'où son nom) et la Bourse du commerce, édifice d'influence florentine où se réunissaient les consuls de mer, de riches négociants qui géraient les affaires maritimes (commerce de drap et tissus de Perpignan, du fer du Canigó, des épices). Remarquer le petit bateau en fer forgé (celui-ci est une copie, l'original est exposé à l'intérieur de l'hôtel de ville), sorte de girouette placée à l'angle supérieur de l'édifice. Sur la place, une *Vénus au collier* de Maillol.
Juste à côté de la loge de Mer, l'***hôtel de ville*** date du XIIIe s. En façade, on remarquera d'abord les amusants bras en bronze qui jaillissent de la pierre, comme si des statues s'étaient laissé emmurer... Ils symbolisent les 3 catégories qui formaient la société urbaine à partir du XIVe s. La main la plus longue est dédiée aux chevaliers et à la noblesse ; au centre, les bourgeois ; et, plus loin, la petite main représente les petits métiers et les corporations. Les belles grilles en fer forgé du Canigó sont du XVe s.
Ne pas hésiter à les franchir pour découvrir le patio et un bronze de Maillol, *La Méditerranée,* considéré comme l'un de ses chefs-d'œuvre.
Au rez-de-chaussée, ne pas manquer non plus la ***salle des Mariages,*** au superbe plafond hispano-mauresque, gardée par les 2 géants Esclarmonde de Foix et Jacques II de Majorque *(juin-sept, tlj 10h30-18h30 ; le reste de l'année, tlj sauf lun 11h-17h30 ; GRATUIT).* Petit film sur l'histoire de l'édifice dans la salle des Commissions, juste en face.
À côté de l'hôtel de ville se dresse le ***palais de la Députation,*** du XVe s. Belle architecture catalane, portail et fenêtres remarquables.

🏰🏰 **Le Castillet** (plan C2) **:** *pl. de Verdun. ☎ 04-68-35-42-05. Juin-sept, tlj 10h30-18h30 ; oct-mai, tlj sauf lun 11h-17h30. Entrée : 2 € ; gratuit moins de 26 ans et pour ts le 1er dim du mois.*
Ce Castillet (dit aussi Castellet), porte fortifiée en brique du XIVe s, défendait la ville grâce à ses 2 hautes tours. Il fit ensuite office de prison sous Louis XIV, et ce jusqu'à la Révolution. À l'intérieur, surtout des panneaux historiques, intéressants évoquant les traditions de la région, ainsi qu'une petite section d'arts et traditions populaire avec reconstitution d'une cuisine d'un mas des Aspres, utilisée par la dernière descendante jusqu'en 1963. Insolite *Caminador* sur la gauche (ancêtre du youpala) : l'enfant était placé dans le siège et avançait ou reculait sur le rail...
Pour finir, le donjon... et ses 142 marches ! Au sommet, panorama à 360° sur les Pyrénées venant mourir dans la Méditerranée, la cathédrale, l'église Saint-Jacques, l'église Notre-Dame-de-la-Réal (la tour carrée) et le vieux Perpignan.

🏰🏰 **L'Hôtel Pams** (plan C2) **:** *18, rue Émile-Zola. ☎ 04-68-66-33-34. ● perpignantourisme.com ● Juin-sept, tlj 10h30-18h30 ; oct-mai, tlj sauf lun 11h-17h30. GRATUIT.*
Magnifique hôtel particulier racheté par Pierre Bardou, héritier de l'entreprise de papier à cigarette JOB, qui fait construire en 1872, sur des parcelles

mitoyennes, sa 1re usine à verrière. À sa mort, son beau-fils, Jules Pams, entame des travaux qui dureront de 1896 à 1902 et donneront au bâtiment l'éclat que nous lui connaissons aujourd'hui. En plus d'une riche décoration intérieure Art nouveau évoquant, grâce à d'élégantes allégories, les arts et les industries, on découvre quelques belles œuvres disséminées çà et là, comme cette sculpture de Raymond Sudre, des peintures de Paul Gervais dans le grand escalier, ou les 2 portraits des propriétaires, peints par Jacques-Émile Blanche célèbre portraitiste de la Belle Époque. On s'attarde avec plaisir dans le patio-jardin à l'ombre des bananiers et des arbres fruitiers, bercé par le son de la petite fontaine. À gauche, en y pénétrant, remarquez le joli décor fleuri de céramiques.

Le musée d'Histoire naturelle *(plan C2)* **:** *12, rue Fontaine-Neuve. ☎ 04-68-66-33-68. • perpignantourisme.com • Juin-sept, tlj 10h30-18h30 ; oct-mai, tlj sauf lun 11h-17h30. GRATUIT. Si la porte est fermée, sonnez.*
Ouvert en 1840 (mais préexistant sous la forme de cabinet d'histoire naturelle de la faculté de médecine depuis 1770), le musée d'Histoire naturelle de Perpignan présente 350 m² d'expo permanente, axée sur la faune et la flore régionales. Petite collection d'animaux naturalisés et d'ossements d'espèces comme le loup, la loutre, le bouquetin des Pyrénées, l'ours, le flamant rose ou l'isard, pour ne citer qu'eux ; nombreux oiseaux ainsi que des insectes, crustacés et coraux. Des panneaux explicatifs sensibilisent le visiteur à la disparition de ces espèces et cherchent à expliquer l'apparition de nouvelles sur le territoire. Importante collection géologique également.

La cathédrale Saint-Jean-Baptiste *(plan C1-2)* **:** *pl. Gambetta, non loin de la pl. de la Loge. Tlj 8h-18h (19h en été).*
Construite en plusieurs étapes entre le XIVe et le XVIIe s, elle est considérée comme l'un des plus beaux exemples du gothique méridional. Impressionnante nef unique de 72 m de long. Outre le retable du XVIe s en albâtre du maître-autel, on admire ceux des nombreuses chapelles, dont les périodes d'exécution varient du XVe au XVIIIe s. Parmi les plus beaux, celui de l'Immaculée Conception, dans la 4e chapelle à gauche, œuvre baroque en bois sculpté et peint du XVIIIe s. Dans la 1re chapelle à gauche toujours, belle cuve baptismale en marbre blanc, vieille de plus de 700 ans. Parmi les nombreux trésors d'art religieux, citons encore le buffet d'orgue de la fin du XVe s, un des plus beaux et des anciens de France : une tête de roi maure, autrefois articulée, s'y trouve suspendue. Le pauvre homme reste la bouche grande ouverte !
Sur la droite de la nef, une porte recouverte de cuir (pas toujours ouverte, sinon contourner la cathédrale par la droite) mène à une ruelle d'où l'on accède à la *chapelle du Dévôt-Christ,* gardienne exclusive d'un chef-d'œuvre de bois sculpté. À gauche de la cathédrale en regardant la façade, remarquer ***Saint-Jean-le-Vieux,*** la plus vieille église de Perpignan (1re consécration en 1025), et son portail roman du début du XIIIe s.

LA FIN DU MONDE EST IMMINENTE

La chapelle du Dévôt-Christ, voisine de la cathédrale, abrite un christ aux membres tordus par la douleur, yeux cernés, cou crispé, flanc couvert de sang... Des reliques étaient cachées dans l'entaille de son torse. Selon la légende, la tête penchée se rapproche inexorablement du buste au fil des ans. Lorsqu'elle l'aura touché, le monde se détruira ! Allô, Bruce Willis ?

Le Campo Santo *(plan C2)* **:** *à l'arrière de la cathédrale, en la contournant par la droite. Oct-début juin, tlj sauf lun 11h-17h30. Fermé à la visite de mi-juin à fin sept, car la ville y organise concerts et autres manifestations culturelles, ainsi que certains j. fériés. GRATUIT.* Grand cloître-cimetière unique en France (on en retrouve un autre à Pise). Sa restauration en a fait une enclave paisible en plein centre-ville : vaste cour entourée d'arcades gothiques sous lesquelles les riches familles bourgeoises du Moyen Âge possédaient des enfeus (des tombes encastrées dans le mur). C'était le cimetière de la 1re paroisse de Perpignan.

La casa Xanxo (*plan C2*) **:** *8, rue de la Main-de-Fer.* ***Actuellement fermé pour travaux.*** Hôtel particulier du XVIe s portant le nom de son commanditaire, Bernat Xanxo, un marchand de drap. Principale particularité du lieu, la frise macabre sculptée le long de la façade, qui évoque les 7 péchés capitaux reliés par une corde à l'enfer. À l'étage, dans les salles d'apparat, sous de superbes plafonds, une copie du plan-relief de Perpignan en 1686, commandé par Louis XIV à Vauban lorsque Perpignan devint française en 1659. L'original est conservé aux Invalides.

L'église Notre-Dame-la-Réal (*plan C3*) **:** *7, rue de l'Église-la-Réal. Juin-sept, tlj 10h30-18h30 ; oct-mai, tlj sauf lun 11h-17h30.* Elle conserve l'essentiel de son architecture de la 1re moitié du XIVe s et offre un bel exemple du gothique méridional. En 1408, au temps du « grand schisme d'Occident », elle accueillit le concile présidé par le dernier pape d'Avignon, Benoît XIII. Elle abrite encore aujourd'hui des œuvres remarquables, comme, sous l'orgue, une mise au tombeau en bois sculpté polychrome du XVe s et des retables des XVIIIe et XIXe s.

Le quartier Saint-Jacques (*plan D2*) **:** accroché à une colline, c'est l'ancien quartier juif de la ville, devenu celui de la communauté gitane. Si une vaste campagne de réhabilitation (mal vécue par les habitants...) a démarré, l'atmosphère y reste particulière : linge aux fenêtres, maisons délabrées d'où s'échappent des airs de rap ou de flamenco, rues crasseuses... Le soir venu (c'est parfois un peu chaud, vigilance...), les chaises débordent sur les rues, les gens s'installent ici et là. Au-delà de la *place du Puig,* cœur de Saint-Jacques, occupée sur la gauche par une caserne construite sous Vauban et transformée en HLM « Grand Siècle », débute un quartier plus particulièrement maghrébin. Petits cafés-restos où prendre un thé à la menthe, déguster couscous ou tajine, et quelques échoppes pittoresques vendant des produits d'Afrique du Nord : robes brodées chatoyantes, épices, etc.

L'église Saint-Jacques (*plan D2*) **:** *8, rue de la Mirande. Juin-sept, tlj 9h30-18h ; oct-mai, tlj sauf lun 11h-17h. Fermé certains j. fériés.* Pur produit catalan du début du XIIIe s, sur laquelle on a rajouté un portail à 3 voussures en marbre de Céret provenant d'une autre église. Si l'extérieur ne paie pas de mine, la perspective depuis la rue avec la rangée de grands ifs attire le regard, et l'intérieur étonne par la richesse de sa décoration. Surprenant aussi les 2 chœurs en vis-à-vis, résultat de la construction d'une chapelle spécifique au XVIIIe s pour abriter les dévotions de la confrérie de la Sanch dont on peut voir certains ***misteris,*** qui sont des représentations grandeur nature des étapes de la passion du Christ. Nombreux retables dorés et peints, la plupart monumentaux. Dans la nef de droite au plafond peint, on remarque dans une des chapelles une imposante statue polychrome représentant saint Jacques doté de tous ses attributs (la coquille, le bâton de pèlerin). On observe, à droite du chœur, un curieux crucifix, la « croix des Improperis » (les outrages subis par Jésus), ornée d'un sabre, d'une trompette, de clous, d'un fouet, d'une échelle, d'une tenaille, d'un coq, etc. ! Elle est portée en procession (voir le chapitre « Manifestations ») par la confrérie de la Sanch, dont l'église abrite la chapelle. Mais surtout ne pas s'arrêter là, avancez encore pour découvrir le splendide retable évoquant les différents épisodes de la vie de Marie avec, au centre, une très rare ***Vierge enceinte.*** Dans la frise du bas, les rois de l'Ancien Testament et de chaque côté les 12 apôtres.
N'hésitez pas à vous approcher pour admirer la finesse des détails. Mieux encore, essayez de demander une visite de l'église. Passionnant.
Dommage que le jardin de la Miranda, sur l'ancien bastion Saint-Jacques des remparts, ne soit pas accessible.

Le palais des rois de Majorque (plan C3-4) : *entrée rue des Archers. ☎ 04-68-34-64-93. Juil-août, tlj 9h30-18h30 ; le reste de l'année, tlj 10h-18h (17h nov-mars) ; billetterie fermée 45 mn avt. Fermé 15 j. en janv et certains j. fériés. Entrée : 7 € ; réduc ; gratuit moins de 26 ans.*

Parfaitement conservée, l'imposante citadelle qui domine Perpignan offre une superbe vue sur la ville et sur le Canigó. Imaginons qu'en contrebas des remparts, jusqu'en 1930, aucune construction n'existait. Il n'y avait que des fossés et, au-delà, la campagne.

Construit à la fin du XIIIe s, le palais est l'une des plus vieilles résidences royales de France. Il fut édifié après que Jaume le Conquérant eut décidé de faire de Perpignan la capitale du royaume de Majorque (englobant les Baléares, la seigneurie de Montpellier et les comtés catalans de Roussillon et de Cerdagne), légué à son fils Jaume II. Après bien des vicissitudes, le palais fut volontairement abandonné, jusqu'à être converti au XVIIe s en citadelle militaire. Une vocation qu'il a conservée, puisque la forteresse abrite toujours plusieurs antennes du ministère de la Défense, dont le très discret « service action » de la DGSE !

ÇA VAUT BIEN VAUBAN

Certains pensent que les remparts du palais des rois de Majorque portent la signature de Vauban. Et pourtant, ces fortifications datent de Philippe II d'Espagne, au XVIe s, et, pour certaines, dans la partie intérieure, des rois de Majorque. Lorsque Vauban arriva sur place, il ne put que constater l'extrême solidité des remparts édifiés un siècle plus tôt. Il ne consolida donc que 2 bastions, non visibles car ils se trouvent actuellement dans la partie militaire de la citadelle. Histoire de dire qu'il n'était pas venu pour rien !

On accède au palais par de ***grands escaliers cavaliers*** glissant entre d'épais remparts. Ces escaliers datent de la fin des années 1950, mais reprennent le tracé du chemin d'accès initial.

À l'extérieur, fossés et jardins abritaient la ménagerie du roi : lions, ours, loups, paons, autruches, porcs-épics présents autant pour le plaisir des yeux que pour leurs qualités gustatives.

Une fois passé la barbacane, la ***cour d'honneur,*** splendide, témoigne de la richesse du défunt royaume : bel ensemble gothique avec escaliers monumentaux, galeries aux superbes arcades, arcs en plein cintre taillés dans un agréable marbre bleu. À l'époque, tout était peint ! Enduit, faux appareil de brique et, dans les parties intérieures, vastes programmes ornementaux à motifs géométriques, frises, calligraphies, drapés, etc. Autant dire que si Jaume II voyait cet ensemble aujourd'hui, il le considérerait totalement inachevé. En revanche, il ne se perdrait pas puisque tout a été retrouvé et conservé en l'état : portes, fenêtres, articulations du bâtiment. La partie la plus admirable du palais est sans conteste la ***torre Major,*** qui renferme 2 chapelles superposées. La dissymétrie entre les 2 parties de la façade (d'un côté de simples piliers, de l'autre des arcades) s'explique par un bombardement au XVe s, lors d'une guerre entre Aragon et France. Au rez-de-chaussée loge la ***chapelle de Marie-Madeleine,*** gothique elle aussi. Un bâtiment au carrefour de la France et du monde musulman, d'un point de vue stylistique et artistique.

De l'autre côté de la cour se dresse la ***tour de l'Hommage.*** De son sommet, beau panorama sur la ville, la chaîne des Corbières, la gare TGV toute colorée. En grimpant, on traverse les ***appartements royaux*** du 1er étage, ainsi que la grande ***salle de Majorque,*** où avaient lieu banquets et parlements. Reste une large cheminée à 2 foyers, un brasier au centre et un imposant plafond aux arcs brisés en pierre... Mais il n'y a jamais eu de meubles dans cette pièce volontairement dépouillée aujourd'hui.

Passez par la ***salle des jardins illuminés,*** pour une balade immersive pleine de poésie, sur fond de chants d'oiseaux. Pendant une douzaine de minutes, les images s'enchaînent sur les murs, dévoilant les éléments de la vie quotidienne médiévale.

La visite s'achève par les modestes jardins, bien entretenus et plantés d'essences présentes dès l'origine : jujubiers, arbousiers, pins, oliviers, figuiers. Cherchez l'erreur... Le palmier ! Il fut planté pour évoquer le lien avec les îles Baléares au XXe s. L'ensemble ne manque pas de charme et n'est pas sans rappeler les splendeurs de Grenade.

La gare de Perpignan *(hors plan par A2-3)* **:** joli petit bâtiment du XIXe s que Salvador Dalí considérait comme le centre du monde. « C'est toujours à la gare de Perpignan que me viennent les idées les plus géniales de ma vie... L'arrivée à la gare de Perpignan est l'occasion d'une véritable éjaculation mentale qui atteint alors sa plus grande hauteur spéculative. » Juste en face, le centre commercial *Centre del Mon* (clin d'œil évident à Dalí) entoure la gare TGV, imposante et résolument moderne avec ses facettes multicolores et sa verrière photovoltaïque.

Manifestations

– ***Procession de la Sanch :*** *le Vendredi saint (précède le dim de Pâques) 15h-18h.* À ne manquer sous aucun prétexte.

– ***Festival de musique sacrée :*** *10 j. autour de Pâques.* Nombreux concerts dans différents lieux de la ville, dont la cathédrale, avec près de 200 artistes invités.

– ***Festival de cinéma Confrontation :*** *mars ou avr. • inst-jeanvigo.eu •* Plus de 300 projections et débats, présence d'acteurs, de réalisateurs, de producteurs.

– ***Festa Major :*** *quelques jours autour de la Saint-Jean (point d'orgue vers le 25 juin en soirée).* Grosse fête populaire. Cérémonie du partage du pain, spectacle audiovisuel et pyrotechnique, feux de joie, sardanes...

– ***FILAF*** *(Festival international du livre d'art et du film)* **:** *fin juin. • filaf.com •* Sont présentés les meilleurs livres et films sur l'art produits dans le monde.

– ***Festival international du photojournalisme Visa pour l'image :*** *15 j. début sept. Rens : ☎ 01-44-78-66-80. • visapourlimage.com • GRATUIT.* Expos et soirées débat.

– ***Festival de jazz Jazzèbre :*** *sept-oct. Infos sur • jazzebre.com •* À Perpignan et dans ses environs.

– ***Trobades médiévales :*** *début oct.* 2 journées de campements et marchés en centre-ville.

LE « SANCH » DU CHRIST...

La confrérie de la Sanch, créée au XIIIe s, avait 2 missions essentielles : accompagner le condamné à mort de sa cellule jusqu'à son lieu d'exécution et lui donner une sépulture décente. Reste aujourd'hui la procession du Vendredi saint. Vêtus de tuniques et de cagoules noires pointues, les pénitents de l'Archiconfrérie du Très Précieux Sang de Notre Seigneur Jésus-Christ défilent de l'église Saint-Jacques à la cathédrale. En portant la croix des outrages et les misteri (tableaux représentant la Passion) au pas lent, tandis que retentit le terrible Miserere.

DE PERPIGNAN À LA CÔTE SABLEUSE

On s'offre un léger détour pour rejoindre la Méditerranée, en traversant la Salanque (du catalan, *salanca,* « terre salée »), une plaine autrefois effectivement marécageuse mais aujourd'hui plantée de ces vignes qui donnent le fameux muscat de Rivesaltes.

RIVESALTES (66600)

Gros bourg, tranquillement posé au bord de l'Agly, dont on aperçoit, de loin, le clocher de l'église. Cité natale de Joseph Joffre (dont l'histoire a oublié le prénom mais pas le grade de maréchal), Rivesaltes est surtout connue pour son vignoble, son muscat, certes, mais aussi pour de fort honorables AOC *côtes-du-roussillon.* Nombreuses caves où goûter et acheter des bouteilles aux alentours comme dans le village. Quelques mots sur le *rivesaltes* quand même : dans la famille rivesaltes, le *muscat,* le benjamin, est un vin doux naturel. Conçu à base de 2 cépages (muscat d'Alexandrie ou muscat blanc à petits grains), il doit sa saveur au seul soleil catalan et se boit jeune, voire dès Noël. Le rivesaltes (tout court) est un vin liquoreux assemblant grenache, macabeu, malvoisie. Moins pressé que son jeune frère, il se donne le temps de prendre de la bouteille, développant des arômes plus puissants mêlant figue et cacao et se vêtant d'une robe dorée.

Adresse et info utiles

Bureau d'information touristique : *8, av. Ledru-Rollin. ☎ 04-68-64-04-04. • tourisme-rivesaltes.fr • De mi-juil à mi-août, lun-sam 9h-12h30, 14h-18h30 (18h sam) ; le reste de l'année, lun-ven 9h-12h, 14h-18h.*

– **Marché :** *lun mat, allées du Maréchal-Joffre.*

Où dormir ? Où manger ?

Chambres d'hôtes La Tour du Terroir : *8, rue Ludovic-Ville. 06-27-41-22-15 ou 06-10-36-06-84. • contact@la-tour-du-terroir.fr • la-tour-du-terroir.fr • Dans le centre ancien. Doubles 104-109 € ; familiales. Repas 30 € (vin compris). Parking vélos-motos. Réduc de 10 % sur le prix de la chambre à partir de 2 nuits sur présentation de ce guide.* Une poignée de chambres agréables et tranquilles dans une maison aux origines médiévales. Murs de pierre de rigueur et déco qui multiplie les références à la tradition locale. Table d'hôtes tout aussi locale, accueil dévoué et petit bassin où faire trempette dans la cour.

Domaine de Rombeau : *2, av. de la Salanque. ☎ 04-68-64-35-35. • domainederombeau@orange.fr • À 1 km du centre, sur la D 12b, en direction de Perpignan. Tlj (sauf lun soir) midi et soir. Menus 25-54 €.* On est chez les La Fabrègue, vignerons depuis 12 générations, et dans un resto installé dans de superbes chais du XVIIIe s (les toilettes ont été aménagées dans de grands tonneaux !). Le lieu est connu, donc, forcément, ça dépote aussi bien en terrasse que dans les immenses salles rustiques. Cuisine catalane et grillades aux sarments à arroser d'un vin du domaine. Dégustations et ateliers dispos pour les œnophiles.

Achats dans les environs

Domaine du Vieux Chêne : *mas Kilo, rte de Vingrau, 66600* ***Espira-de-l'Agly.*** *☎ 04-68-38-92-01. 06-08-57-17-34. À env 9 km au nord-ouest de Rivesaltes. Tlj sauf dim 10h-12h, 16h-19h ; sinon, téléphoner pour prendre rdv.* 4 appellations sont vendues par ce vigneron indépendant : muscat-de-rivesaltes, côtes-du-roussillon, côtes-du-roussillon villages et vins de pays (rouge, blanc et rosé).

À voir à Rivesaltes et dans les environs

Le musée Joffre : *11, rue du Maréchal-Joffre. ☎ 04-68-64-04-04 (office de tourisme). Dans le centre ancien. De juil à mi-sept, mar-sam 10h30-12h30, 15h-18h30. Entrée : 3 € ; réduc.* Petit musée installé dans la maison natale du grand homme. Pour les fans du maréchal et les passionnés de la Grande Guerre avec, notamment, un diorama de la bataille de la Marne.

Le mémorial du camp de Rivesaltes : *av. Christian-Bourquin, 66000* ***Salses-le-Château.*** *☎ 04-68-08-39-70. • memorialcamprivesaltes.eu • À env 7 km au sud-est de Rivesaltes (très bien fléché). Tlj (sauf lun nov-mars) 10h-18h (fermeture de la caisse à 16h45). Fermé certains j. fériés. Entrée : 9,50 €, audioguide inclus ; réduc ; gratuit moins de 18 ans. Librairie et coin café.*
Cet ancien camp militaire a été tour à tour camp de transit et d'internement pour les réfugiés espagnols dès 1938, centre d'hébergement surveillé pour les « indésirables » de Vichy, centre régional de rassemblement des juifs et des tziganes avant leur déportation à Auschwitz via Drancy, puis, retournement de l'histoire, à la fin de la guerre, il est devenu camp de prisonniers allemands. Dès 1954, il a accueilli des réservistes avant leur départ pour l'Algérie. Puis, en septembre 1962, il a servi de camp de regroupement des harkis (près de 10 000 personnes dont la moitié était des enfants) jusqu'en mars 1965 avant de devenir centre de rétention administrative jusqu'en 2007. Aujourd'hui, les baraquements délabrés trônent encore dans la plaine balayée par la tramontane, vestiges qui permettent d'imaginer la souffrance endurée ici...

LES CAMPS, VERSION FRANÇAISE

Dès 1938, avant l'occupation allemande, le gouvernement Daladier ouvrit des camps pour les Espagnols qui fuyaient la guerre civile. À Argelès ou Rivesaltes, on enferma ces « indésirables », considérés comme dangereux. Ils y enduraient le froid, les maladies et la faim. Lors du régime de Vichy, on en profita pour y entasser aussi les juifs, les tziganes et, bien sûr, les communistes.

Un ***mémorial*** construit par Rudy Ricciotti, à l'architecture assez démesurée et volontairement austère, énorme brique semi-enterrée afin de ne pas altérer la vision aride du camp dominé en toile de fond par le Canigó, a ouvert en 2015 : un lieu de mémoire qui évoque l'histoire des diverses communautés ayant transité par le camp et, plus globalement, celle du déplacement des populations au XXe s. Un équipement remarquable sur le plan historique et pédagogique. On ressort bouleversé et plus à même de comprendre la tragédie de tous les migrants du XXIe s. Au centre d'une salle tout en longueur, une grande table chrono-thématique lumineuse raconte l'histoire du camp et de ses occupants, son organisation, mais aussi les différents intervenants (Cimade, Croix-Rouge, œuvres de secours aux enfants) qui tentèrent d'adoucir les conditions de vie. Sur les murs sont projetés des films d'époque qui évoquent les 4 vagues d'occupation successives et les replacent dans leur contexte historique international. Surtout, prenez le temps d'écouter les témoignages très émouvants d'anciens internés sur leur passage dans le camp. Certains d'entre eux n'ont fait que fuir toute leur vie en raison de leurs origines, ballotés par l'histoire et une Europe dont les frontières fluctuaient au gré des guerres. Ce sont leurs voix et leurs histoires personnelles qui humanisent la visite et nous font véritablement entrer dans le camp.
Le mémorial est aussi l'occasion de rappeler l'histoire des réfugiés dans le monde (près de 90 millions) depuis la Première Guerre mondiale et le 1er génocide massif, celui des Arméniens par la Turquie en 1915. Conséquence des guerres sur les civils : le statut de réfugié fut institué en 1920 et le Haut-Commissariat aux réfugiés créé en 1950. On vous conseille de faire le tour du camp à l'extérieur après avoir visité le mémorial. Il vous semblera plus « habité » par ces internés dont la seule faute est d'être nés ni au bon moment ni au bon endroit.

Fêtes et manifestations

- ***Fête de l'Abricot :*** *1 j. mi-juil.*
- ***Fête du Muscat :*** *1 j. fin juil.* Initiations à la dégustation.
- ***Fête du Babau et marché médiéval :*** *1 j. début août.* Cavalcades, jeux géants, spectacles du Moyen Âge... et, pour finir, embrasement du Babau, sorte de monstre du loch Ness, mais « loch Al » !
- ***Journée des saveurs authentiques :*** *1 dim mi-nov.* Grand marché de produits du terroir.

LA FORTERESSE DE SALSES (66600)

*À **Salses-le-Château.** ☎ 04-68-38-60-13. • forteresse-salses.fr • Avr-sept, tlj 10h-18h30 ; oct-mars, tlj 10h-12h45, 14h-17h15. Fermé certains j. fériés. Entrée : 8 € ; réduc ; gratuit moins de 26 ans. Billet jumelé avec le mémorial de Rivesaltes (10 €), l'abbaye de Fontfroide (dans l'Aude, voir ce chapitre – 15 €), et le fort Saint-Elme-Collioure (10 €). Visite libre des parties basses (45 mn) et visite guidée des parties hautes (45 mn) ; départ ttes les 30 mn env en été, ttes les heures en hiver (dernier départ 1h15 avt fermeture). Attention, beaucoup d'escaliers.*

L'un des monuments les plus visités des Pyrénées-Orientales, et on comprend pourquoi ! Chef-d'œuvre d'architecture militaire unique en Europe, c'est le 1er spécimen de fortification « rasante » (d'où l'on observe au loin sans être vu de loin) puisqu'en partie enterrée. Elle fut édifiée, à la demande des Rois Catholiques espagnols, à la fin du XVe s, pour la défense du royaume d'Aragon, avec un système défensif intérieur et extérieur. Son génial architecte, un certain Ramiro Lopez, capitaine général d'artillerie, y engloutit 20 % du budget du royaume ! Il n'hésita pas, face à la menace du boulet métallique, à faire dresser des murailles en brique de 12 m d'épaisseur à leur base ! La brique, à l'inverse de la pierre absorbant mieux le choc des boulets.

Réputée imprenable, ou tout au moins indestructible, la forteresse de Salses connaîtra 3 sièges, ne devenant définitivement française que lors de la dernière tentative.

Entre 1639 et 1640, les affrontements entre les Français et les Espagnols firent plus de 30 000 victimes ! Le traité des Pyrénées de 1659 céda le Roussillon et Salses à la France, et repoussa la frontière sur les Pyrénées. La forteresse perdit alors son importance stratégique.

Vauban demanda l'autorisation de la raser mais, devant la cherté de la tâche, le roi y renonça. Dans les années 1680, sous le règne de Louis XIV, elle servit de prison d'État pendant l'affaire des poisons.

Visite tout à fait instructive qui met l'accent sur l'ingéniosité du système défensif. Une partie se fait librement, en complément du circuit à découvrir avec un guide, depuis le système hydraulique jusqu'à la laiterie en passant par la salle à manger du donjon. Un plus : l'espace de jeux géants en bois.

Où manger ?

Café de la Loge : *38, av. Xavier-Llobères, 66600 **Salses-le-Château.** ☎ 04-68-38-62-86. Au centre du bourg, à 10 mn à pied de la forteresse. Tlj sauf le soir dim-lun ; le midi seulement hors saison. Menus midi sauf dim 17,50-26,50 €, le soir 28,50 € ; carte env 30 €. Petite boutique de produits régionaux.* Somptueuse salle XIXe s, classée Monument historique, au sol dallé, ne lésinant ni sur les moulures ni sur les miroirs. Dans l'assiette, une excellente cuisine catalane goûteuse comme on aime : *boles de picolat,* joues de porc au rivesaltes... Mais ne soyez pas pressé, ici on prend son temps, vous voilà prévenu !

LA CÔTE SABLEUSE DE PORT-BARCARÈS À ARGELÈS-SUR-MER

Souvent critiquée en raison des stations balnéaires pas toujours très belles qui la jalonnent, cette côte propose néanmoins l'une des plus longues et larges plages qui soient, un ensoleillement record et une baignade relativement sûre. De sérieux atouts, qui rassemblent bien des vacanciers, contents de se trouver là. Certes, rien de pittoresque à Port-Barcarès, trop bétonné, mais Canet-Plage ou Saint-Cyprien ne sont pas aussi vilains qu'on le dit. Il y règne d'ailleurs une ambiance plutôt débonnaire. Autre particularité de cette côte, le vent, la tramontane, qui fait le bonheur des véliplanchistes et autres kitesurfeurs... mais aussi le malheur des autres, car, quand ça souffle, le sable cingle dur le visage et le reste...

PORT-BARCARÈS

(66420) 5 960 hab. *Carte Pyrénées-Orientales, D1*

Station balnéaire née dans les années 1960, entre mer et étang. Des immeubles sans âme parmi lesquels se démarquent tout de même quelques façades colorées, 1 ou 2 centres commerciaux... Une curiosité au milieu des 8 km de plage, un paquebot ensablé volontairement, en 1967, le *Lydia*, devenu symbole de la station. Elle cible aujourd'hui une clientèle jeune avec un gros festival de musique électronique mi-juillet (et du wifi sur la plage !).

Adresse utile

Office de tourisme : pl. de la République. ☎ 04-68-86-16-56. • portbarcares.com • Lun-ven 9h-12h30, 14h-17h30 (tlj 19h juil-août).

Où dormir ?

Hôtel La Casa Blanca : *bd de la Côte-Vermeille. ☎ 04-68-86-13-18. • contact@hotel-la-casa.fr • hotel-la-casa.fr • Doubles 60-95 €.* De toutes petites chambres, certes, mais confortables, à 2 pas de la plage, et qui font bien l'affaire pour 1 ou 2 nuits. Certaines ont une vue sur la mer. Accueil gentil.

DANS LES ENVIRONS DE PORT-BARCARÈS

L'ÉTANG DE LEUCATE-BARCARÈS

Entre Pyrénées-Orientales et Aude, l'étang de Leucate-Barcarès est très prisé des véliplanchistes. On y trouve un téléski nautique (à l'est, parc des Dosses) et on y pratique les dernières techniques de glisse *(wakeboard, wakeskate, kneeboard...).* Côté Leucate, en bordure d'étang, des ostréiculteurs vendent leur production.

LES PLAGES DE TORREILLES (66440)

Si le vieux village mérite un petit détour, à Torreilles, ce sont les plages qui nous ont vraiment fait craquer. Surtout la plage sud (en partie naturiste), la plus sauvage de toute cette côte. Un genre de bout du monde qu'on gagne par une piste qui zigzague à travers le site naturel protégé du Bourdigou. Le long des 3 plages, 2 sympathiques campings et une poignée de baraquettes, bars-restos-paillotes posés à même la dune.

CANET-EN-ROUSSILLON

(66140) 12 320 hab. *Carte Pyrénées-Orientales, D2*

• Plan *p. 69*

Canet-en-Roussillon est divisée en 2 parties distinctes, qui se complètent pour offrir un séjour résolument éclectique, entre mer et vieilles pierres.
Perché sur sa colline, il y a le bourg, *Canet-Village,* un joli patelin, avec les ruines de son château vicomtal en pierre rousse, ses remparts en galets, ses ruelles étroites, son nouveau théâtre et sa belle église du XIIIe s surmontée d'un imposant clocher crénelé.
Plus bas apparaît *Canet-Plage,* qu'on pourrait appeler Perpignan-Plage, tant les 12 km qui les séparent sont vite parcourus. Dès le début des beaux jours, les Perpignanais filent à Canet-Plage, et ça ne date pas d'hier puisqu'il y avait même, au début du XXe s, un tramway Perpignan-Canet. 2e ville du département, Canet voit sa population multipliée par 4 en saison ! Pourtant, l'atmosphère y reste familiale, bon enfant, et dynamique, notamment grâce à l'ouverture d'Oniria, l'aquarium nouvelle génération... On s'en doute, le front de mer est du genre bétonné, mais sur l'arrière subsistent quelques canetoises, des anciennes maisons de pêcheurs typiques. Et, surtout, la plage de 9 km de sable fin est superbe.

Arriver – Quitter

➢ ***Bus de et pour Perpignan :*** • sankeo.com • ligne 3. Départs tlj, ttes les 30 mn en moyenne.

Adresses et infos utiles

Bureau d'information touristique *(plan A3)* **:** *à Canet-Plage, 1 bis, av. de la Méditerranée.* ☎ *04-68-86-72-00.* • *ot-canet.fr* • *En été, tlj 9h-19h ; le reste de l'année, lun-sam 9h-12h, 14h-18h et dim 9h30-12h30 (plus 14h30-18h avr-juin, sept-oct et vac scol ttes zones). Fermé 25 déc et 1er janv.* Organise des visites commentées du vieux village, 1 fois/semaine en saison, avec dégustation de vin, ainsi qu'une découverte des bateaux d'antan et une visite de l'étang.

Point d'info annexe sud *(hors plan par A3)* **:** *av. de Toulouse. Même local que la poste et la mairie. Ouv juin-sept, en principe tlj 9h-13h.*

– ***Marchés :*** *sur les Ramblas (à Canet-Plage) et aux abords : mar, jeu et w-e 8h-13h ; au village : mer et sam 8h-13h pl. Saint-Jacques ; à Canet sud : lun 8h-13h.*

– ***Train-bus :*** *• trainbus.fr • Avr-sept, tlj 9h30-18h30 (minuit juil-août). Payant.* Plutôt que de devenir chèvre à chercher son chemin ou trouver une place de parking, préférer ce petit train sur roues qui dessert les principaux sites de la station.

– ***Canet'on bus :*** *oct-avr, lun-sam (hors j. fériés). GRATUIT.* Bus local gratuit qui assure le trajet plage-village.

Où dormir ?

Campings

Nombreux campings, dont ***Brasilia*** (port) et ***Mar Estang*** (plage sud), 2 grosses structures offrant de belles qualités d'accueil.

De prix moyens à chic

Hôtel La Frégate *(plan A3,* ***1****) : 12, rue Cerdagne, Canet-Plage. 07-66-15-68-22. • lafregatecanet@gmail.com • hotel-la-fregate.fr • Doubles 62-118 €. Parking 8 €.* Un petit établissement à taille humaine légèrement en retrait du bord de mer. Chambres mignonnes et confortables (clim), au goût du jour. Préférer celles avec douche, petites mais vraiment agréables. Piscine chauffée.

Hôtel Le Galion *(plan A3,* ***2****) : 20 bis, av. du Grand-Large, Canet-Plage. ☎ 04-68-80-28-23. • contact@hotel-le-galion.com • hotel-le-galion.com • Doubles 96-186 € ; familiale. Menus 24-32 € ; carte env 35 €. Apéritif offert et 10 % de réduc sur le prix de la chambre (oct-avr) sur présentation de ce guide.* Dans un coin tranquille près de la plage, un bâtiment cubique, sans supplément d'âme, rattrapé par un intérieur plutôt design, un accueil fort sympathique et un rapport qualité-prix bien présent. Piscine. Cuisine de région au resto.

Hôtel Saint-Georges *(plan B3,* ***3****) : 45, av. de la Côte-Vermeille, Canet-Plage. ☎ 04-68-80-33-77. • hotel-stgeorges@orange.fr • hotel-stgeorges.com • Fermé de mi-déc à mi-janv. Doubles 60-125 € ; familiales. Parking 10 €/j. Apéritif maison offert sur présentation de ce guide.* Un 3-étoiles bien situé, face à la mer : il y a juste la route à traverser ! Chambres climatisées étroites mais propres et claires, confortables. Certaines regardent la mer, d'autres ont un balcon, 2 à l'arrière disposent d'une petite terrasse. Piscine de poche.

Hôtel Les Sables *(plan A3,* ***4****) : 25, rue Vallée-du-Rhône, Canet-Plage. ☎ 04-68-80-23-63. • hotel-canet-plage.com • Doubles 75-130 €.* Les hôteliers du *Saint-Georges* ont repris cet hôtel 3 étoiles confortable et pratique, dans lequel certaines chambres, avec balcon, donnent sur les montagnes (plus sympas que celles donnant sur la route, forcément...). Piscine, et la plage n'est pas bien loin.

De chic à plus chic

Hôtel Mar i Cel *(plan A3,* ***5****) : 8, av. de la Côte-Vermeille, Canet-Plage. ☎ 04-68-80-32-16. • contact@hotelmaricel.com • hotelmaricel.com • Fermé de mi-nov à mi-fév. Doubles 75-152 €. ½ pens 28-30 €. Parking payant.* Une institution, installée sur le front de mer depuis 1945. Vu son emplacement, on pourrait s'attendre à ce que les prix s'affolent. Ce n'est pas le cas, et les chambres supérieures avec terrasse sont même d'un bon rapport qualité-prix. Pour toutes celles qui se trouvent à l'avant, vue sur la mer et le ciel, comme son nom l'indique ! Spa (avec massages) et piscine.

Où manger ?

La Vigatane *(plan B1,* ***10****) : 2, rue des Remparts, Canet-Village. ☎ 04-68-73-16-30. • vigatane@wanadoo.fr • En été, ts les soirs plus le midi ven-dim ; hors saison, midi et soir mer-dim. Résa conseillée*

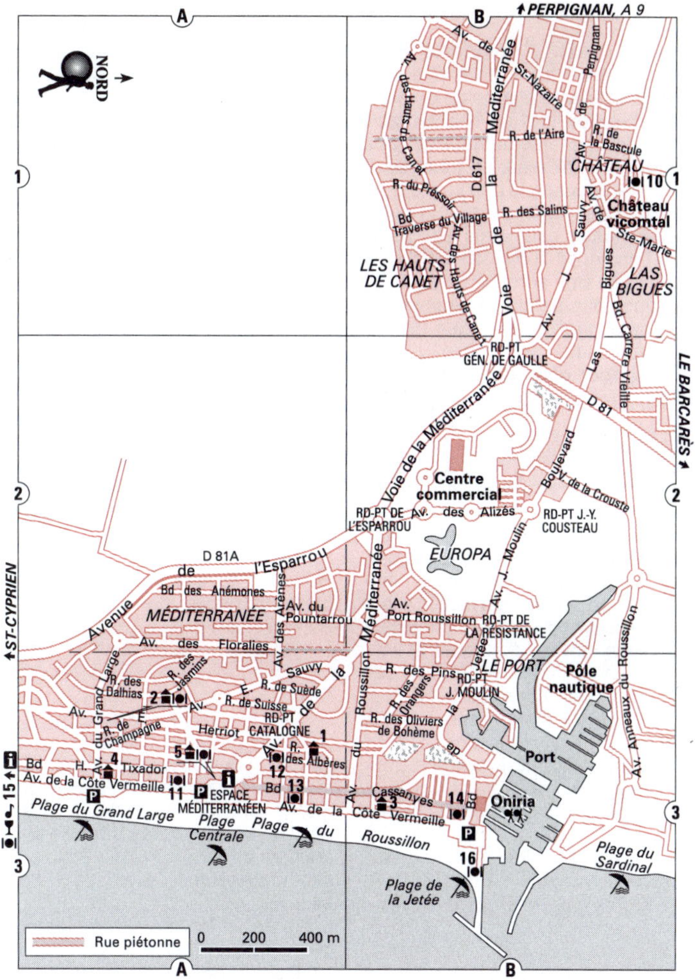

CANET-EN-ROUSSILLON

■ **Adresse utile**

- Bureau d'information touristique (A3)

Où dormir ?

1 Hôtel La Frégate (A3)
2 Hôtel Le Galion (A3)
3 Hôtel Saint-Georges (B3)
4 Hôtel Les Sables (A3)
5 Hôtel Mar i Cel (A3)

Où manger ?

10 La Vigatane (B1)
11 Ginger d'acquí y d'allà (A3)
12 Le Bouchon Catalan (A3)
13 Les Vedettes (A3)
14 Can Marcel (B3)
15 Estelle de Mar – club de plage (hors plan par A3)
16 Pub del Mar (B3)

(même en hiver). Carte env 29 €. Digestif maison offert sur présentation de ce guide. Vieille maison aux épais murs de pierre et à l'impressionnante charpente de bois, encombrée de tout un bric-à-brac : des vigatanes (évidemment), ces espadrilles catalanes, un train jaune miniature, le costume de lumière d'un torero... Le poisson sauté *a la plancha,* la viande grille sous vos yeux, dans l'immense cheminée à côté du four à pain. Une auberge rigolarde et atypique pour gueuleton de copains, que l'on pourrait qualifier de « théâtre gastronomique ». Terrasse.

Ginger d'acquí y d'allà (plan A3, **11**) : *18, promenade de la Côte-Vermeille. ☎ 04-68-28-93-46. • ginger-restaurant@outlook.com • Tlj le soir, plus le midi w-e. Plats 16-23 €.* Sur la terrasse couverte en bord de plage ou dans l'agréable salle dominée par le vert, avec ses plantes, ses fioles de sable accrochées au plafond et ses bouteilles de vin bien en évidence, on se sent en vacances ! Il faut dire que la carte de vins bio, provenant des caves locales, donne particulièrement envie quand on n'opte pas pour un cocktail. Dans l'assiette, c'est tapas ou plats fusion entre cuisine asiatique et méditerranéenne ! Service prévenant et bonne ambiance pour parfaire le tout.

Le Bouchon Catalan (plan A3, **12**) : *18, av. de la Méditerranée, Canet-Plage. ☎ 04-68-73-37-16. • lebouchoncatalan@gmail.com • Tlj sauf lun (et mar-mer hors saison). Fermé janv. Formules déj en sem 15-20 € ; carte 40-45 €. Digestif maison offert sur présentation de ce guide.* Joli cadre coloré et aéré, avec ses toiles bayadères en guise de chemins de table et sa grande terrasse sur la rue. On vient surtout pour la pêche du jour et la cuisine typiquement catalane, délicatement rehaussée d'une pointe de créativité.

Les Vedettes (plan A3, **13**) : *15, promenade de la Côte-Vermeille, Canet-Plage. 07-55-67-05-67. • podeliers@aol.com • Tlj sauf lun-mar. Formule déj en sem 16,50 € ; menus 25-32 € ; carte env 35 €.* Une jolie surprise que cette adresse qui se démarque de la plupart de celles installées au long du front de mer. De par son cadre d'abord, un peu brocante : tables en Formica, collection de cafetières et vinyles collés aux murs. De par sa cuisine, aussi et surtout, fraîche (produits locaux, bio souvent, et plats végé sur demande) et maligne.

Can Marcel (plan B3, **14**) : *101, av. de la Côte-Vermeille, Canet-Plage. ☎ 04-68-80-64-55. En saison, tlj sauf lun ; hors saison, fermé lun et le soir mar-mer et dim. Congés : janv. Formule déj en sem 25 € ; carte env 45 €. Apéritif maison offert sur présentation de ce guide.* S'il est un resto où il faut goûter le poisson, c'est bien celui-ci. D'ailleurs, la clientèle y est essentiellement locale. Le patron sélectionne scrupuleusement ses fournisseurs pour proposer poissons et fruits de mer d'une fraîcheur indiscutable. Jolie salle sobrement contemporaine et terrasse couverte.

Estelle de Mar – club de plage (hors plan par A3, **15**) : *plage du Mar-Estang (sud). ☎ 04-68-62-21-59. • estelledemar66@yahoo.fr • Début mai-fin sept, tlj 9h-20h non-stop, plus ven-sam soir jusqu'à 2h. Parking juste en face de l'hôtel thalasso Les Flamants Roses. Carte env 30-35 €.* Sans doute l'un des endroits les plus agréables de Canet-Plage. Située tout au bout de la plage, dans un secteur bordé d'hôtels et de résidence, cette terrasse au ras du sable, parsemée de palmiers, possède son coin salon aux accueillants canapés. À la carte, simple mais bonne cuisine : burgers, salades, grillades, *planchas...* Concerts le samedi soir. Et plage privée pour prolonger le plaisir.

Pub del Mar (plan B3, **16**) : *rue parking Ajaccio. ☎ 04-68-22-94-81. • pubdelmar.fr • Tlj 11h-2h. Plats 15-25 €.* Débordant sur la plage, ce resto-bar dynamique offre, en plus de nombreux concerts l'été, un cadre moderne où déguster une cuisine sud-américaine. Super aussi pour siroter un cocktail, les yeux rivés sur l'horizon. Grande terrasse, vous ne manquerez pas de place !

Où boire un verre ?

La plupart des bars sympas sont regroupés dans un tout petit périmètre, la galerie Cassanyes *(plan A3)*, dans sa partie piétonne, coincée entre les rues du Vallespir et de Cerdagne. Communément appelée rue de la Soif, bonne ambiance à l'apéro ou en *after.* On a bien aimé, pour sa déco franchement réussie, le bar-resto ***Botanic.*** Sinon, l'incontournable reste ***Mer à Boire.***

À voir. À faire dans les proches environs

L'aquarium Oniria *(plan B3)* **:** *2, bd de la Jetée. ☎ 04-68-86-72-92. • oniria.fr • Tlj 10h-20h (21h juil-août, 19h oct-mars hors vac scol). Entrée : 14,50 € ; réduc. Nombreuses animations pour petits et grands.* Oniria n'est pas un aquarium comme les autres. En plus de présenter plus de 660 espèces différentes dans pas moins de 63 bassins, cette construction moderne propose une expérience immersive inédite, basée sur 4 sens (il manque juste le goût). La visite commence par une « escalade » du Canigó (on peut aussi passer par les escaliers plus classiques...), au sommet duquel débute le parcours de l'eau, qui dévale la montagne après l'averse. C'est ainsi qu'on se retrouve en pleine tempête de neige, tremblement de terre, rencontre avec un calamar géant ou, moins cataclysmique, pluie tropicale en pleine jungle... La visite se veut une véritable aventure contemplative ! En fin de parcours, expo de maquettes navales.

L'arboretum du Mas Roussillon *(hors plan par A3)* **:** *rte de Villelongue-de-la-Salanque. ☎ 04-68-64-32-82. À env 3 km à l'ouest (indiqué). Tlj 9h-20h. GRATUIT. Visite commentée en saison ven à 10h ; 4 €, réduc. Résas la veille auprès de l'office de tourisme.* Ce parc botanique de 11 ha abrite des espèces exceptionnelles issues de tous les continents. La collection d'oliviers compte plus de 250 arbres de 31 variétés différentes. On y découvre aussi le *Pinus coulteri,* qui génère les plus grosses pommes de pin au monde. Celui du parc devrait à terme en produire de plus de 30 cm de long ! Également une collection de variétés rares et anciennes de fruitiers, un jardin xérophile (cactus et autres plantes grasses). Dans l'espace aquatique trône le plus grand nénuphar du monde, le *Victoria regia,* originaire d'Amazonie, qui atteint plus de 2 m de diamètre en été ! Une balade qui vaut vraiment le détour, et surtout une belle leçon d'entraide communautaire que la gestion de ce parc. Régulièrement, et en fonction des saisons, l'arboretum propose de venir cueillir soi-même ses fruits !

L'étang de Canet-Saint-Nazaire *(hors plan par A3)* **:** *à 2 km de Canet-Plage, en direction de Saint-Cyprien-Plage. GRATUIT. Cabane d'expo (juin-sept, tlj 9h30-18h30) avec possibilité de visite guidée certains jours en juil-août (env 3 €) ; rens au ☎ 04-68-08-69-19.* Propriété du Conservatoire du littoral, l'étang de Canet-Saint-Nazaire présente un intérêt écologique majeur. Au printemps et en automne, près de 200 espèces d'oiseaux migrateurs, dont des flamants roses, font une halte dans cette vaste lagune. Y nichent hérons pourprés, busards des roseaux, échasses blanches... 2 sentiers de découverte, et expo aménagée dans une des cabanes traditionnelles d'un village de pêcheur reconstitué.

Le Centre de sculpture romane **:** *parc Guilhem, 66330* ***Cabestany.*** *☎ 04-68-08-15-31. • maitre-de-cabestany.com • ♿ À env 7 km au sud-ouest. Tlj sauf lun 10h-12h30, 13h30-18h. Entrée : 4 € ; réduc ; gratuit moins de 12 ans. Juil-août, visites guidées et contées.* Dans le village de Cabestany, il faut d'abord pousser la porte de l'église puisque le tympan qui ornait autrefois le portail est désormais exposé à l'intérieur. Il est typique du style de celui qu'on appelle le maître de Cabestany. Un artiste du XIIe s dont on ne sait finalement pas grand-chose, mais à qui, style (justement !) oblige, on attribue nombre de sculptures

LES PYRÉNÉES-ORIENTALES

le long des itinéraires de pèlerinage en Languedoc, Catalogne, Navarre et jusqu'en Toscane. A-t-il vraiment existé ? S'agit-il plutôt d'un atelier ? On découvrira peut-être un jour qui a sculpté ces personnages aux longues mains, aux visages parfois sereins, parfois terrifiants, aux yeux immenses, aux fronts bas... En attendant, ce centre installé dans un ancien chai viticole présente des moulages de l'ensemble des pièces attribuées à ce mystérieux maître de Cabestany. Des panneaux lumineux et des enregistrements audios forment ensuite un parcours à la découverte des symboles récurrents, mais aussi des hypothèses concernant l'identité du maître. L'occasion de voir et de toucher véritablement du doigt de fascinantes et parfaites reproductions de ces chefs-d'œuvre du XIIe s : les chapiteaux généralement trop haut perchés, les tympans habituellement inaccessibles. Visite passionnante qui peut être guidée ou contée. Expos temporaires.

Observation des baleines et dauphins : ces majestueux cétacés (rorqual, cachalot, grand dauphin...) croisent au large de Canet. Possibilité d'aller les observer en catamaran d'avril à octobre. ***Navivoile :*** *06-23-20-69-76 ; • navivoile.com •*

SAINT-CYPRIEN

(66750) 10 570 hab. *Carte Pyrénées-Orientales, D2*

Grosse station balnéaire, créée dans les années 1960, dotée d'un des plus gros ports de plaisance de la côte française méditerranéenne avec 2 200 anneaux. Bel équipement sportif (golf, complexe sportif, équitation, toutes activités nautiques). Ambiance familiale et sportive, donc, et puis 6 km de plage, ça vaut le coup !

Adresse et infos utiles

Office de tourisme : *quai Arthur-Rimbaud. ☎ 04-68-21-01-33. • tourisme-saint-cyprien.com • Tlj (sauf dim de sept à mai) 9h-12h (13h été), 14h-18h (19h été).*

– ***Marchés traditionnels :*** *au village ; tte l'année jeu ; à la place de la mairie.*

– ***Vente de poissons frais :*** *tte l'année sur le quai Arthur-Rimbaud, le mat.*

– ***Marché gourmand :*** *juil-août, jeu soir en face du parc de la mairie.*

– ***Marché nocturne artisanal :*** *juil-août le mer, promenade du front de mer.*

Où dormir ?

Hôtel Le Belvédère : *1 bis, rue Pierre-Benoît. ☎ 04-68-21-05-93. • hotelbelvedere@wanadoo.fr • hotellebelvedere.com • Au village, à 3 km de la plage. Congés : janv-avr. Doubles 55-155 € ; familiales. Apéritif maison offert sur présentation de ce guide.* Hôtel familial de style catalan des années 1970 bien entretenu, perché au calme sur une colline. Chambres confortables, avec petite terrasse et vue sur la mer ou la montagne. Piscine. Resto. Un bon rapport qualité-prix dans le coin.

À voir

Les Collections de Saint-Cyprien : *rue Zola. ☎ 04-68-21-06-96. • collectionsdesaintcyprien.com • Sept-juin, tlj sauf lun 14h-18h (15h-19h juil-août). Entrée : 4 € ; réduc. Visite guidée gratuite sur résa.* Musée consacré à l'art contemporain et moderne. Les nombreuses expos temporaires s'appuient sur les artistes du territoire et les réserves, riches de peintures des XIXe et XXe s : Desnoyer, Utrillo, Marquet...

Le Jardin des plantes - Les Capellans : *rue Verdi (près du grand stade Les Capellans). ☎ 04-68-37-32-00. Tlj sauf lun : 13h30-19h mai-juin et sept, 20h juil-août, 18h mars-avr et oct, 17h nov-fév. Visites guidées de mi-juin à mi-sept. GRATUIT.* Une balade rafraîchissante dans un touffu jardin de 4 ha, ancien parc de la villa des Capellans, fin XIXe s, aujourd'hui classé Jardin remarquable. Belles essences parmi lesquelles un cèdre pleureur, un if du Japon ou encore un séquoia géant. Également une pièce d'eau, une bambouseraie et une roseraie, parmi lesquelles se promènent des paons blanc et vert de Java.

DE SAINT-CYPRIEN À ARGELÈS-SUR-MER PAR L'ARRIÈRE-PAYS

ELNE (66200)

Dans l'Antiquité, Illibéris était si prestigieuse et célèbre que Hannibal, en route vers Rome, dut y faire une petite halte en 218 av. J.-C. pour négocier son passage. Au IVe s, la cité prit le nom de *Castrum Helenae* en l'honneur de l'impératrice Hélène, mère de l'empereur Constantin, dont le fils Constant fut assassiné ici. Après les grandes invasions, les Wisigoths y installèrent le siège de l'évêché. La ville connut toutes les vicissitudes qui frappèrent le Roussillon durant le Moyen Âge, Aragon, Majorque, Espagne et France se disputant âprement la région. Philippe III le Hardi incendia la ville en 1285. En 1344, elle subit le siège du roi d'Aragon, celui de Louis XI en 1474 et de Louis XIII en 1641. En 1602, le siège épiscopal fut transféré à Perpignan. Il reste aujourd'hui quelques belles maisons groupées dans la ville haute et, bien sûr, la cathédrale et son cloître à ne pas manquer.

Adresse et info utiles

Bureau d'information touristique : *2 bis, rue du Couvent. ☎ 04-68-22-05-07. • contact@pymed.fr • Tlj sauf dim 9h-12h30, 14h30-18h (tlj juil-août) ; le reste de l'année, tlj sauf w-e et j. fériés.* S'y procurer le plan de la ville indiquant un parcours jalonné d'anecdotes, sur les pas de Terrus, le peintre aquarelliste. Parcours ludique sur l'appli « Baludik ».

– ***Marché :*** *mer mat et ven mat (produits du terroir), pl. de la République ; « mercat de la terra » (produits bio et locaux) 1er dim du mois.*

Où dormir à Elne et dans les environs ?

Chambres d'hôtes Can Oliba : *24, rue de la Paix. ☎ 04-68-62-20-62. 📱 06-64-77-44-03. • contact@can-oliba.fr • can-oliba.fr • Double 75 €. Table d'hôtes sur résa 15 €. 1 petit déj/pers ou 1 pot de confiture maison offert pour tt séjour de 2 nuits ou plus sur présentation de ce guide.* Au cœur d'Elne, derrière une façade typique (galets et brique) et desservies par un escalier classé, 5 chambres plaisantes aux noms de bois (« bois d'argent », « bois fleuri », « bois des cimes »...), avec chacune leur déco. Grand espace commun avec instrument de musique à dispo. Piscine dans le patio, petit déj dans le jardin.

Chambres d'hôtes chez Laurence Jonquères d'Oriola : *9, rue des Cavaliers, 66200* ***Corneilla-del-Vercol.***

☎ *04-68-22-12-67.* 📱 *06-13-37-49-74.* • *ljonqueresdoriola@sfr.fr* • *bed-and-breakfast-corneilla.com* • *À 3 km au nord-ouest d'Elne. À côté de l'église. Double 78 € ; familiale.* Cette belle maison de maître au charme ancien, entourée d'un grand jardin, est la propriété familiale de Pierre Jonquères d'Oriola, célèbre cavalier, double champion olympique. Sa fille, Laurence, y a installé des chambres vastes et confortables, à la fois élégantes et conviviales. Accueil comme on aime : détendu et courtois. Mais les chambres installées dans l'annexe (ancienne mairie du village) n'ont pas le même attrait...

Chambres d'hôtes Le Château d'Ortaffa : *8, rue du Château, 66560* ***Ortaffa.*** ☎ *04-68-37-95-01.* 📱 *06-64-14-53-42.* • *chateau.ortaffa@gmail.com* • *chateau-ortaffa.com* • *Congés : janv. À 5 km au sud-ouest d'Elne. Doubles 99-140 €.* Michelle, ancienne antiquaire et décoratrice, a restauré et aménagé avec son mari 4 chambres immenses aux salles de bains à peine moins grandes dans ce bel édifice du XIIe s. Meubles en bois patiné, objets chinés, beaucoup de charme pour un cadre élégant et cossu. Belle terrasse pour prendre le petit déj devant la chaîne des Albères. Accueil aimable.

À voir

– ***Pass Illibéris :*** *s'achète à l'entrée de chaque monument. Prix : 10 € pour 3 sites (cloître, musée Terrus, Maternité suisse).*

Le cloître et la cathédrale : ☎ *04-68-22-70-90.* ♿ *(téléphoner avt). Avr-sept, tlj 9h30-19h ; oct-mars, mar-dim 9h30-17h et fermé lun. Fermé 10 j. mi-janv et certains j. fériés. Entrée : 4,50 € ; réduc ; gratuit moins de 8 ans. Document de visite remis à l'entrée ; version en braille pour les non-voyants. Visites guidées sur résa (• reservation@ville-elne.com •).*

Sans doute l'un des plus beaux cloîtres du Roussillon, et surtout le seul, avec celui d'Arles-sur-Tech, à être intact sans jamais avoir été restauré. Il est d'ailleurs classé aux Monuments historiques. Construit du XIIe au XIVe s, en marbre blanc veiné de bleu de Céret, ce cloître résume dans une harmonie étonnante l'évolution de la sculpture de l'époque. La galerie sud, la plus ancienne, est de style roman. Sur les chapiteaux, des motifs végétaux et animaliers, mais aussi la création d'Adam et Ève. Les thèmes sont les mêmes dans la galerie ouest, mais d'une facture différente : on sent le début du gothique. Il s'affirme dans la galerie nord pour triompher dans la 4e galerie décorée de superbes chapiteaux illustrant des épisodes évangéliques : Annonciation, Visitation, Naissance de Jésus, Fuite en Égypte, Dormition de la Vierge...

Dans l'ancienne salle capitulaire, un petit musée retrace l'histoire locale, dont une admirable armoire liturgique et le résultat de fouilles menées sur la commune. Dans le cloître, la reconstitution d'un jardin médiéval avec ses plantes aromatiques.

De là, on accède à la ***cathédrale Sainte-Eulalie-et-Sainte-Julie*** *(ouv pdt les offices, sinon seulement pour la messe).* Consacrée au XIe s, elle se distingue par son clocher carré, son portail en marbre et son mobilier (superbe retable en bois peint du XIVe s, bénitier d'époque romaine, etc.). Remarquer, face à l'entrée latérale, la croix des outrages. Elle ne supporte pas le Christ crucifié mais les instruments de la Passion. Ce type de croix, en bois et de cette taille, est rare en France. En sortant par le cloître, grimper sur la terrasse pour découvrir l'ensemble d'en haut.

Se promener ensuite dans le village pour admirer les vieux ***remparts*** qui contournent la colline et quelques belles maisons bourgeoises dans les faubourgs sud. La ville haute regorge d'artistes et d'artisans : souffleur de verre, peintres, atelier de reliure...

La Maternité suisse : *château d'En Bardou, rte de Bages. ☎ 04-68-95-89-03. Mêmes horaires que le cloître. Entrée : 4,50 € ; réduc ; gratuit moins de 8 ans.* Un lieu de mémoire pour voir et comprendre le combat d'une femme, Élisabeth Eidenbenz, membre du Secours suisse aux enfants. Entre 1939 et 1944, cette jeune institutrice a converti cet étonnant petit château début XXe s en maternité, offrant un répit à des réfugiées espagnoles épuisées par les privations endurées dans les camps de Rivesaltes et d'Argelès, puis à des femmes juives venues accoucher sous un faux nom. Près de 600 enfants d'une dizaine de nationalités différentes naîtront ici, avant qu'Élisabeth ne soit expulsée par les Allemands, et renvoyée par le Secours suisse pour incompétence ! Au rez-de-chaussée, elle raconte elle-même ce combat sur un enregistrement vidéo. Quel bel exemple !
Dans les étages, une expo complète son récit avec des panneaux qui expliquent la guerre civile espagnole, la *Retirada,* les camps d'internement. Une autre évoque la vie quotidienne à la maternité. La chambre d'Élisabeth est restée intacte avec quelques souvenirs. Dans la salle d'accouchement, une présentation de Mme Fillols témoigne de l'engagement des Illibériens dans cette période noire de l'histoire.
Classée Monument historique depuis 2013, la Maternité suisse représente aujourd'hui un vif témoignage de l'entraide, du dévouement et de la détermination de jeunes volontaires d'assos humanitaires.

Tropique du Papillon : *120, av. Narcisse-Planas. ☎ 04-68-37-83-77. De mi-avr à sept, tlj (en mai seulement mer et w-e) 11h-18h (10h-19h juin-août). Entrée : 10 € ; réduc.* La visite commence par un passage dans la serre où les insectes papillonnent autour de vous. Magique ! Malgré la chaleur et l'humidité tropicales (en été, ça grimpe vite !), voilà une expérience incroyable que cette déambulation à la suite d'espèces multicolores. À l'extérieur, on retrouve la fraîcheur (toute relative en plein été) dans un grand jardin botanique méditerranéen, dans lequel les enfants pourront partir à la chasse aux indices au cours d'un jeu de piste. De jolis panneaux explicatifs racontent de manière ludique les caractéristiques des plantes qui y poussent. Resto et buvette sur place.

Le Jardin des métiers d'art : *impasse de Rovira.* Au cœur de la ville, dans un petit jardin mignonnet, plusieurs artistes et artisans de la région ont réuni leurs ateliers, où ils travaillent, exposent, vendent, et animent parfois des ateliers pour enfants et adultes. Toutes les formes d'art semblent s'y inviter, de la peinture à la poterie en passant par la photographie... Une belle occasion de découvrir les artistes locaux.

Fête

– **Fête des Vendanges :** *début oct. ☎ 04-68-22-79-20.*

PALAU-DEL-VIDRE (66690)

« Palais du verre » en v.f., ce village perpétue la tradition des artisans verriers initiée au XIIIe s. Expo et démonstration de soufflage l'après-midi à l'*Atelier l'Effet Verre (plaça del Gall ; 📱 06-72-89-56-88 ; avr-déc, tlj 10h-12h30, 14h30-19h)* et Festival international des arts du verre début août. • *palaudelvidre.com* •

Où manger ?

L'Ancienne École : *20, av. Joliot-Curie. ☎ 04-68-22-34-09. • contact@ancienne-ecole.fr • Tlj sauf lun, plus mar hors saison. Menu-carte 23 € (déj en sem) ; carte env 45 €. Café offert sur présentation de ce guide.* Belle cuisine du marché, fraîche, délicate et colorée, aux saveurs du Sud, servie avec soin entre les murs en pierre brute de l'ancienne école du village (évidemment), ou sur la grande terrasse ombragée. Si l'atmosphère n'a rien d'empesé, chaque détail est étudié, jusqu'au café que l'on sélectionne à la carte.

ARGELÈS-SUR-MER

(66700) 10 540 hab. *Carte Pyrénées-Orientales, D2*

Cette station balnéaire parmi les plus importantes du golfe du Lion a 2 visages. Argelès-sur-Mer, authentique vieux village catalan, avec son église gothique méridionale du XIVe s, Notre-Dame-del-Prats. Tout autour, de vieilles maisons aux tons ocre, quelques commerces et bonnes tables. Et Argelès-Plage, qui voit déferler les amateurs de coups de soleil et de baignade. La plage, superbe, la longue esplanade arborée ainsi qu'une assez grande pinède allègent la note salée du béton et des avenues façon ville nouvelle.

Adresses et info utiles

Office de tourisme : *pl. de l'Europe, Argelès-Plage. ☎ 04-68-81-15-85. • argeles-sur-mer.com • En principe, en été, tlj 9h-12h30, 15h30-19h ; en hiver, lun-ven 9h-12h30, 14h-17h30, sam 14h-17h30. Autre bureau 6 bis, rue du 14-Juillet, ouv en principe mer et sam 9h-12h30. Visites guidées avr-sept (rens à l'office de tourisme ou à la mairie), et, tte l'année, 2 balades : « vieux village » et « histoire de la plage ».*

Location de vélos : Vélocation, *galerie commerciale Central Beach, 187, av. du Tech, Argelès-Plage. ☎ 04-68-81-61-61. • velocation.fr • À 2 pas de l'office de tourisme.*

– ***Vente de poissons frais :*** *sur le port tte l'année.*

Où dormir ? Où manger ?

Campings

Près de 48 campings ! Et en été, ils sont complets. Liste exhaustive à l'office de tourisme. Rassurez-vous : à ce niveau de concurrence, si tous n'ont pas un charme fou ni des prix raisonnables, les responsables sont pros et la plupart des campings sont classés en 3 ou 4 étoiles.

De bon marché à prix moyens

Hôtel Le Fanal : *50, av. Torre-d'en-Sorra, Argelès-Plage. ☎ 04-68-81-00-16. • lefanal66@free.fr • Congés : oct-avr. Doubles 77-108 € ; familiale. Carte 25-30 €. Café offert sur présentation de ce guide.* Petit hôtel de bord de mer installé à 2 pas de la plage du Racou, la plus sympa de la station. Chambres coquettes, claires et fraîches, en bleu et blanc, avec clim et de belles douches à l'italienne. Les plus agréables s'ouvrent sur de grandes terrasses avec vue sur la mer, par-delà les toits de tuiles. Au bar-resto, cuisine régionale et tapas. Accueil tout sourire.

Hôtel Le Nid : *10, rue des Grives, Argelès-Village. ☎ 04-68-81-27-37. • contact@hotel-lenid.com • hotel-lenid.com • À 5 mn à pied du centre du village. Fermé de mi-nov à déc. Doubles 41-92 €. Aucun acompte sur présentation de ce guide.* On ne sait si l'hôtel tient son enseigne des rues aux noms d'oiseaux du quartier résidentiel alentour, mais l'ambiance familiale fait qu'on s'y sent effectivement comme dans un... nid. Mignonnes petites chambres impeccables, très calmes à l'arrière et avec terrasse pour certaines. Bon niveau de confort (clim). Accueil chaleureux et attentionné.

Le Flowers : *59, rue Victor-Hugo, à Argelès-Village. ☎ 04-68-81-05-79. • leflowers.serriere@gmail.com • Tlj sauf dim-lun. Carte env 35 €.* Une petite adresse dynamique et pas chère à l'écart de l'activité touristique. Cuisine aux horizons culinaires élargis, simple et efficace (salades, viandes et poissons grillés, buffet d'entrées et de desserts le midi). Beau choix de vins de région, très abordables. Terrasse à l'arrière.

De chic à plus chic

Auberge du Roua et Table du Roua : *46, chemin du Roua. ☎ 04-68-95-85-85. • magalie@aubergeduroua.com • latableduroua@gmail.com • aubergeduroua.com • À 2 km d'Argelès-Village, direction Sorède (fléché). Resto ts les soirs (sauf lun hors saison), plus dim midi. Doubles 115-305 €. Au resto, menus 39-49 €.* En pleine nature et au pied des Albères, un bel hôtel 4 étoiles situé dans une très jolie bâtisse du XVIIIe s. Élégantes chambres contemporaines, bien équipées, certaines avec vue sur la piscine et les vignes. Petit déj servi en terrasse, au bord de la piscine, dans un environnement paisible. Cuisine au goût d'aujourd'hui.

L'Amuse Bouche : *7, pl. Gambetta, Argelès-Village. ☎ 04-68-56-76-51. Tlj sauf dim-lun. Résa vivement conseillée. Formule et menu déj en sem 15-19 € ; autre menu 39 €.* Toutes petites salles (dont une à l'étage) intimes et contemporaines pour une intéressante cuisine méditerranéenne. C'est frais, inventif sans en faire trop et servi avec le sourire. Terrasse sur la place.

La Bartavelle : *24, rue de la République, Argelès-Village. 06-19-25-70-13. • restaurantlabartavelle@gmail.com • Le soir mar-sam, plus mer midi. Résa indispensable. Menus uniquement 38-48 €.* Un petit resto de poche derrière une devanture gris souris : quelques couverts seulement, dans un décor de bistrot contemporain, pour une cuisine de marché très créative. Le terroir et les classiques de toujours sont à l'honneur, réinterprétés au jour le jour selon la saison et les envies du chef, ainsi que de son épouse pour les desserts.

Plus chic

Grand Hôtel du Golfe – Le Bistrot à la Mer : *rte de Collioure. ☎ 04-68-81-14-73. • contact@grandhoteldugolfe.com • grandhoteldugolfe.com • À 5 km au sud-est d'Argelès-Plage, sur la gauche de la route qui longe la mer. Fermé de début nov à mi-mars. Doubles 135-250 € ; suites plus chères. Resto soir seulement. Carte 49 €.* Pour donner une atmosphère si élégante, si apaisante à un bloc de béton des années 1970, il fallait un réel talent et un sens artistique prononcé ! C'est la proprio, artiste peintre et viticultrice, qui a réussi cet exploit. Tout a été parfaitement pensé : belles chambres confortables (clim, w-c séparés, etc.) et bien isolées, dont la plupart bénéficient d'une vue sur la mer, grande piscine chauffée, spa, hammam, massages, belle cuisine, de région et pleine d'invention, au resto lové dans une salle baignée de lumière.

Où boire un verre ?

Les Vignerons d'Argelès : *av. des Platanes, Argelès-Plage ; également une cave coopérative, rte de Sorède. ☎ 04-68-81-01-04. Tlj sauf dim.* Dans un pittoresque kiosque de béton, voici le bar de la coopé viticole d'Argelès. Accueil jovial, vins et bières du pays, clientèle du pays aussi, au comptoir ou autour des gros tonneaux qui tiennent lieu de terrasse.

À voir. À faire

La Maison du patrimoine *(Casa de l'Albera) : 4, pl. des Castellans,* ***Argelès-Village.*** *☎ 04-68-81-42-74. Juil-sept, tlj sauf dim-lun 9h30-12h30, 14h-18h ; le reste de l'année, 9h30-12h, 14h-17h. Entrée couplée avec le mémorial : 2 € ; gratuit moins de 18 ans. Visites guidées du vieux village et d'Argelès-Plage tte l'année sur résa. Tarif : 4 € ; gratuit moins de 18 ans. Durée : 2h.* Un espace muséographique consacré aux Albères, ce massif montagneux à cheval entre la France et l'Espagne. Hommage aux hommes et aux femmes qui ont forgé l'identité de ce territoire au cours des siècles. Expos temporaires.

Le mémorial du camp d'Argelès-sur-Mer : *26, av. de la Libération,* ***Argelès-Village.*** *☎ 04-68-95-85-03. • memorial-argeles.eu • Tlj sauf dim-lun 10h-13h, 14h-18h (tlj sans interruption juil-sept et sem de Pâques). Fermé les j. fériés oct-mai et 25 déc-1er janv. Entrée couplée avec la Casa de l'Albera : 2 € ; réduc ; gratuit moins de 18 ans.* Un lieu consacré à l'épisode douloureux de l'histoire d'Argelès-sur-Mer : l'internement, dans un camp de concentration à même la plage de près de 200 000 républicains espagnols ayant fui le franquisme en 1939. L'espace, divisé en 2 zones, l'Espagne et la France, a pour objectif de matérialiser le travail de recueillement et de mémoire, de manière pédagogique, accessible à tous les publics. Sur la cloison qui symbolise la frontière sont placardées les coupures de presse de l'époque, la guerre d'Espagne ayant été le 1er conflit fortement médiatisé. L'accent est d'ailleurs mis sur la manière dont les médias ont relaté ce drame. La partie France est consacrée au camp d'internement, avec ses baraquements qui se dressaient sur la plage nord d'Argelès-sur-Mer. Des documents visuels et audios, une fresque chronologique et un livre numérique présentent les conditions de vie dans le camp. À droite, un espace réservé aux expos temporaires sur le thème. Instructif et émouvant.

Les plages : il y a celles de la station (pour la plupart labellisées Handiplage). Mais on avoue un vrai faible pour la plage du ***Racou*** entre Argelès et Collioure, grande et agréable, bordée d'un village de petites maisons des années 1930-1940, les pieds dans le sable. Un vrai charme et un réjouissant esprit de clocher (c'est une « commune libre » depuis 1956 !).

DANS LES ENVIRONS D'ARGELÈS-SUR-MER

La réserve naturelle du mas Larrieu : *au nord d'Argelès. Visite guidée jeu à 9h et sentier du littoral mer à 9h de début avr à mi-sept (4 € ; gratuit moins de 13 ans) ; résa à l'office de tourisme.* S'étend sur 145 ha de part et d'autre de l'embouchure du Tech. Quelques panneaux explicatifs. Côté plage, c'est une zone mixte, où « non-textiles » et « textiles » (comprendre naturistes ou pas) se côtoient pacifiquement.

Nombreuses ***randonnées*** dans les environs : dolmen de la Cova-de-l'Alarb, chapelle Saint-Laurent-du-Mont (XIIe s), ermitage Notre-Dame-de-Vie (Xe s), vestiges du château Taxo d'Avall, sentier du littoral... Lire également plus loin « Les Albères ». Topoguide en vente à l'office de tourisme.

LA CÔTE VERMEILLE

Un hommage à la couleur de sa roche brûlée par le soleil... Déroulant jusqu'à l'Espagne ses collines sculptées en terrasses pour la vigne, cette côte tortueuse fut d'abord célébrée par les artistes installés à Collioure puis, plus récemment, par les amateurs des bons vins de Banyuls.

Le littoral égraine peu de plages mais un chapelet de criques et de vieux ports de pêche, plutôt bien préservés. Ici, le charme méditerranéen a encore (presque) tous ses droits, malgré l'affluence estivale. Ajoutez d'admirables panoramas et de magnifiques randonnées le long du sentier du littoral ou dans l'arrière-pays, et vous comprendrez que cette Côte vermeille est à voir.

Comment y aller ?

➢ ***En voiture :*** Collioure est à 25 km au sud-est de Perpignan. Prendre la D 914 (ancienne N 114) : voie express jusqu'à Port-Vendres puis petite route panoramique jusqu'à Cerbère.
➢ ***En train :*** nombreux trains quotidiens entre Perpignan et Collioure. Trajet : env 20-25 mn. Ensuite, continuation vers l'Espagne via Port-Vendres, Banyuls, Cerbère. Quelques trains venant de Narbonne ou de Paris.

➢ ***En bus :*** lun-sam, 15-20 bus/j. (1 seul dim) de Perpignan à Banyuls-sur-Mer (ligne 540), via Elne, Argelès-Village, Argelès-Plage, Collioure et Port-Vendres. 1er départ de la gare routière de Perpignan à 6h50 en sem, dernier départ à 19h30. Trajet : env 1h15. Seulement 1 €/trajet ! *Rens : ☎ 0806-80-80-90 (gratuit).* • *laregion.fr* • *ledepartement66.fr* •

COLLIOURE

(66190) 2 670 hab. *Carte Pyrénées-Orientales, D2*

• Plan *p. 81*

Son site, dont la beauté égale la célébrité, lui a valu le titre de « joyau de la Côte vermeille ». Le dôme rose de son curieux clocher, les plages de sa vieille ville, son château royal, son adorable port aux barques colorées et sa lumière ont séduit de nombreux peintres. Collioure fut à Matisse la muse que Cadaquès était à Dalí. Aujourd'hui, l'ancienne ville espagnole fait surtout les délices des touristes qui, à leur tour, se laissent ensorceler par les reflets dorés du soleil sur la pierre et les crépuscules qui embrasent la mer. La magie opère, surtout quand on découvre la ville en dehors des mois d'été.

DES FAUVES EN LIBERTÉ

Débarquant à Collioure en 1905, Matisse fut ébloui par l'extraordinaire lumière caressant la ville. Il saisit vite qu'une nouvelle voie s'ouvrait à lui. Car ici tout est couleur : maisons roses comme la terre, volets verts, carrés de mer et de ciel réunissant toutes les nuances de bleu. Avec ses amis Derain, Vlaminck et Braque, il libéra enfin la couleur de ses conventions. Les fauves étaient lâchés ! Au grand dam des académiciens et critiques parisiens, le fauvisme est né ici.

Adresses et infos utiles

🛈 ***Office de tourisme*** *(plan B2)* ***:*** *pl. du 18-Juin. ☎ 04-68-82-15-47.* • *collioure.com* • *Dans la vieille ville. Juil-sept, tlj lun-ven 9h15-18h30, w-e et j. fériés 10h15-17h45 ; oct-Pâques, tlj sauf dim 9h15-12h30, 14h-17h15 ;*

de mi-avr à juin, lun-ven 9h15-12h30, 14h-18h15, w-e et j. fériés 10h15-17h45. Parmi les brochures disponibles gratuitement, celle sur les « itinéraires » indique des balades à parcourir à pied.

🚂 ***Gare SNCF*** *(plan B1) : à env 200 m de la vieille ville. ☎ 36-35 (gratuit).*

– ***Stationnement :*** *cher (env 2,50 €/h) ! Grand parking payant près du vieux port mais toujours plein en été ; parking de délestage (4 €/4h) au cap Dourats, à env 2 km au nord de la ville. Navettes (mai-sept) gratuites. Il existe aussi des abonnements pour 7 ou 14 j. (50 et 80 €), en vente au parking des Glacis et valables pour les parkings Douy et gare.*

– ***Marchés :*** *mer et dim mat, pl. du Maréchal-Leclerc.*

Où dormir ?

Camping

⛺ 🍽 ***Alma Collioure*** *(hors plan par B1,* ***5****) : plage de l'Ouille. • contact@almacollioure.com • almacollioure.com • Résa en ligne ou par mail pour l'hébergement. 📱 06-63-29-86-69 (resto). À env 2,5 km au nord du centre-ville. Ouv avr-sept. Compter 130-200 € pour 2 en tente aménagée (plus cher avec le spa privatif), petit déj inclus (pour les tentes seulement). Cabanes (5 nuits min).* C'est par une route étroite qu'on s'extrait de la ville jusqu'à ce site planqué pour une expérience de *glamping,* le camping glamour. Sur les restanques, à l'ombre des pins, une poignée de tentes toilées (2-4 personnes) et de cabanes en bois (jusqu'à 8 personnes) réparties sous les arbres, avec vue sur la mer quand la végétation ne fait pas obstacle (l'idéal : les tentes en hauteur). La plage est à vos pieds ! La vie de Robinson sans rogner sur le confort ni sur l'intimité : lits faits, salles de bains extérieures (dans certaines tentes), frigo, hamac, et même un jacuzzi privatif pour un couple de privilégiés. Minicuisine dans les cabanes. Sympa aussi, le coin pétanque et le ping-pong. Un lieu bohème et nature, où l'on se réveille (de la sieste) avec le pépiement des oiseaux. Repas à la paillote de plage les pieds dans l'eau : *L'Imprévue*. On rejoint Collioure en 20 mn à pied par le sentier du littoral. Un coup de cœur !

De prix moyens à chic

🏠 ***Hôtel Boramar*** *(plan A3,* ***6****) : rue Jean-Bart. ☎ 04-68-82-07-06. • hotelboramar.collioure@orange.fr • hotel-boramar.fr • Ouv avr-Toussaint. Doubles 70-90 €.* Un hôtel qui porte la patine du temps sur sa façade comme dans les chambres modestes, mais claires. Confort basique mais ceux qui ne sont pas regardants sur la déco hors d'âge apprécieront le lever de soleil sur le port, la vieille ville et le château depuis les chambres avec balcon. Quant au prix, il est fixe quelle que soit la période de l'année. Vue extra et accueil sympathique.

🏠 🍽 🍷 ***Hostellerie des Templiers*** *(plan B2,* ***7****) : 5, rue Colbert. ☎ 04-68-98-31-10. • info@hotel-templiers.com • hotel-templiers.com • Fermé 3 sem en janv et 3 sem en nov. Doubles 84-139 €. Menus 19-30 € ; carte env 40 €.* René Pous, le grand-père de l'actuelle patronne, a reçu ici ses amis peintres et sculpteurs, qui le remerciaient pour le gîte et le couvert par une toile ou un dessin. Au nombre de ses hôtes, Matisse, Maillol, Dalí, Picasso et Dufy ! Jojo, le fils de René, amateur d'art lui aussi, a continué la collection. Résultat, des toiles partout, dans les couloirs, les chambres, la salle à manger. Les chambres au confort classique (clim, ascenseur) sont agréables. Celles qui dominent le port ont un double vitrage qui atténue le brouhaha du quai (piéton). Celles sur le côté sont plus tranquilles. Mobilier catalan en bois coloré dans certaines chambres. Et le bar, qui croule également sous les toiles, est sympa aussi.

🏠 ***Hôtel Princes de Catalogne*** *(plan B2,* ***8****) : impasse des Palmiers. ☎ 04-68-98-30-00. • contact@hotel-princescatalogne.com • hotel-princescatalogne.com • Doubles 60-102 €. Parking (payant, situé à 200 m).*

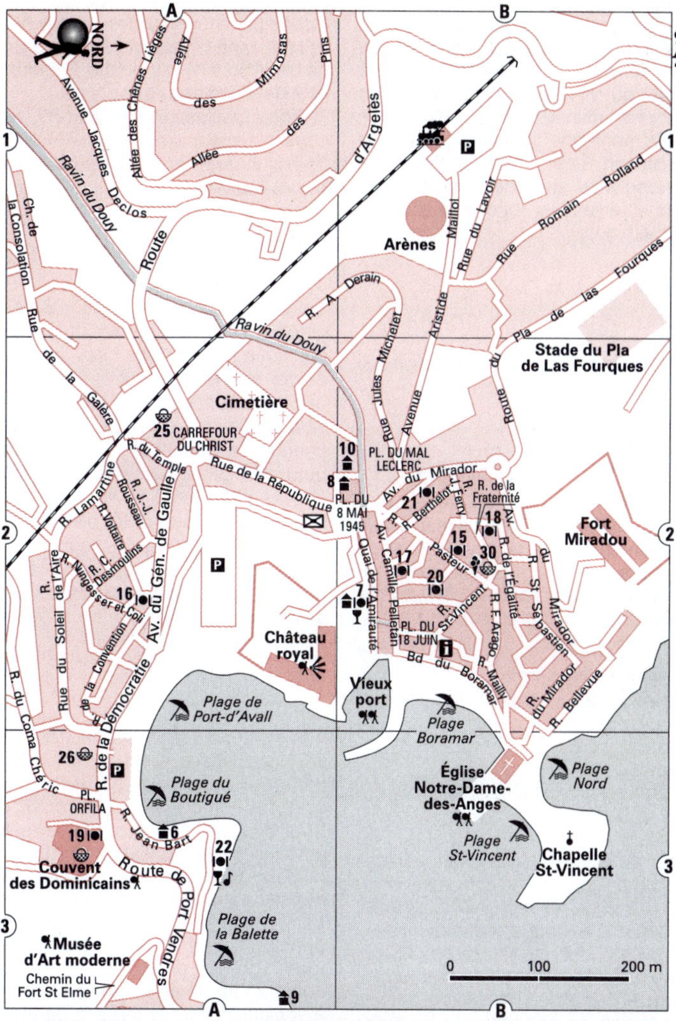

COLLIOURE

Adresse utile

Office de tourisme (B2)

Où dormir ?

5 Alma Collioure (hors plan par B1)
6 Hôtel Boramar (A3)
7 Hostellerie des Templiers (B2)
8 Hôtel Princes de Catalogne (B2)
9 Hôtel Les Roches brunes (A3)
10 Hôtel La Casa Païral (B2)

Où manger ?

15 Bar à anchois Desclaux (B2)
16 Can Pla (A2)
17 La Boqueria (B2)
18 Le 5e Péché (B2)
19 Le Jardin de Collioure (A3)
20 La Bodeguita (B2)
21 Casa Figueres (B2)
22 La Voile (A3)

Achats

25 Desclaux (A2)
26 Roque (A3)

Où déguster une bonne glace ?

30 Saveurs d'Antan (B2)

Au calme dans une impasse, un hôtel 3 étoiles pratique et central, qui aligne des chambres sobres sur 4 étages (ascenseur). Ce sont celles au dernier niveau qu'on vous recommande : elles sont plus lumineuses et la vue dégagée sur la montagne compense l'absence de balcon. Les supérieures ont des lits *king size,* des toilettes séparées et une taille très honorable. Accueil sympathique.

De chic à beaucoup plus chic

🏠 ***Hôtel Les Roches brunes*** *(plan A3,* ***9****) : 15, rte de Port-Vendres. ☎ 04-11-30-07-55. • info@hotel-lesroches brunes.com • hotel-lesrochesbrunes.com • Doubles 150-280 € ; suites plus chères. Au resto, menus 49-69 €.* En surplomb de la mer à un jet de pierre de la plage de la Balette, ce magnifique hôtel 4 étoiles accroché au rocher ne mise pas que sur sa vue (déjà époustouflante). Les chambres élégantes et lumineuses avec pierre au sol sont toutes prolongées d'un balcon ou d'une terrasse suspendue au-dessus des flots. Et on a aimé la baie vitrée dans la salle de bains pour ne pas perdre des yeux la Grande Bleue depuis sa douche.

🏠 ***Hôtel La Casa Païral*** *(plan B2,* ***10****) : impasse des Palmiers. ☎ 04-68-82-05-81. • contact@hotel-casa-pairal.com • hotel-casa-pairal.com • Fermé de nov à mi-fév. Résa indispensable. Doubles 110-305 €. Petit déj 22 € ! Parking payant (19 €), sur résa. Réduc de 10 % de mi-fév à fin avr et en oct sur présentation de ce guide.* Belle et grande maison bourgeoise d'autrefois, précédée par une jolie marquise, d'un calme surprenant à 2 pas du port : piscine chauffée dans le patio noyé de verdure, salon douillet, et un magnolia centenaire dominant la terrasse du petit déj. Les chambres, pleines de charme et toutes différentes (les unes romantiques, les autres plus modernes), sont confortables, spacieuses et climatisées (mais pas d'ascenseur). Accueil pro et chaleureux. Un vrai petit coin de paradis !

Où manger ?

Sur le pouce

🍽 ***Bar à anchois Desclaux*** *(plan B2,* ***15****) : 8, rue Pasteur. ☎ 04-68-36-14-32. Fermé dim soir-lun.* Platillos *6-13 €.* Au cœur de Collioure, une petite adresse monomaniaque qui ne noie pas le poisson : l'anchois, omniprésent à l'ardoise, se déguste en *boquerone* (mariné dans le vinaigre), frit, ou encore en pissaladière revisitée ! Dans un décor informel, entre le bar et les nasses au-dessus des tables, on accompagne un apéro d'un verre de blanc local (un peu chérot), à moins de se laisser surprendre jusqu'au dessert avec une mousse chocolanchois !

De prix moyens à plus chic

🍽 ⛱ ***Can Pla*** *(plan A2,* ***16****) : 7, rue Voltaire. ☎ 04-68-82-10-00. • canplarestaurant@gmail.com • ♿ Tlj sauf mar. Fermé de mi-nov à mi-fév (mais ouv vac de Noël). Menu* Routard *21 € ; carte env 30 €. Café offert sur présentation de ce guide.* En retrait du front de mer, la terrasse de ce resto, à l'écart de la circulation et de l'animation touristique, procure un calme appréciable. Sympathique cuisine catalane d'une qualité constante, principalement tournée vers le large (parillada de poissons, paella sur commande). Mais aussi des viandes *a la plancha* et des tapas à partager. Bon accueil.

🍽 ⛱ ***La Boqueria*** *(plan B2,* ***17****) : 16, av. Camille-Pelletan. ☎ 04-48-89-88-89. Fermé dim soir. Tapas 5-12 € ; carte env 30 €.* Parmi les terrasses qui se succèdent sur le boulevard face au château, celle de la *Boqueria* sait nous retenir avec ses poissons d'une grande fraîcheur et ses valeurs sûres comme les calamars grillés, la morue gratinée à l'aïoli ou les moules charnues. Entre potes, on se partage des couteaux *a la plancha* et autres tapas aux accents ibériques, à arroser d'un vin de pays pas ruineux. Pas de menu, mais des prix qui ne dérapent pas et un accueil tout comme la cuisine : franc du collier.

Le 5ᵉ Péché *(plan B2, **18**) : 16, rue de la Fraternité. ☎ 04-68-98-09-76. • contact@le5peche.com • Tlj sauf dim-lun. Résa indispensable. Menus déj en sem 30-36 € ; le soir, menu surprise 58 € ; pas de carte.* Dans une rue pittoresque du vieux Collioure où les galeries d'art sont à touche-touche, une petite salle contemporaine, étonnante fusion que cette cuisine gastronomique catalane revisitée avec un léger accent d'Asie, celui d'un chef originaire de Tokyo. Subtil mariage des saveurs, intitulés des menus très sobres, et plats de poisson (extra-frais) préparés selon l'inspiration du chef...

Le Jardin de Collioure *(plan A3, **19**) : 4, rte de Port-Vendres. ☎ 04-68-95-12-52. • contact@lejardindecollioure.com • Ouv tlj. Menu midi sauf dim et j. fériés 29 € ; sinon, 38-48 €. Carte env 45 €. Parking privé.* On en pince pour le cadre particulièrement romantique, avec ce grand jardin lové au pied du couvent des Dominicains. Dans l'assiette, des viandes grillées à la braise, des gambas flambées sous vos yeux, de beaux poissons entiers et des spécialités catalanes bien tournées. Ne partez pas sans cocher la case desserts, ils sont fameux ! Un lieu apaisant et un service qui tourne vite tout en restant sympathique.

La Bodeguita *(plan B2, **20**) : 18, rue Vauban. 06-62-60-91-87. En saison, ouv ts les soirs et dim midi. Fermé hors saison. Menu-carte 51 €.* Un emplacement discret dans une rue piétonne du vieux Collioure pour cette adresse aux accents exotiques. La carte s'éloigne volontiers des rivages catalans pour taquiner des frontières plus lointaines, de l'Amérique du Sud à l'Asie en passant par le Maghreb. Pas de choix démesuré pour autant, juste quelques plats inspirés, parfois végétariens, aussi beaux que savoureux. En terrasse ou en salle sous le regard impassible de Frida (Kahlo), on se pourlèche les babines sans manquer de se faire conseiller sur les vins par la jeune patronne, aussi énergique que professionnelle. Un aller simple pour un voyage gustatif !

Casa Figueres *(plan B2, **21**) : 14, rue du Docteur-Coste. ☎ 04-49-01-39-16. • contact@casafigueres.fr • Résa conseillée. Fermé mer-jeu. Menus 19,90 € (déj), puis 32-45 € ; carte env 45 €.* Derrière une entrée discrète, un joli patio et des murs de pierre mais surtout, une fine cuisine catalane prisée des gourmets. Le menu du déjeuner fait déjà mouche, et les suivants vont crescendo. On se lèche les babines avec un pressé de porc au banyuls, un parmentier de gambas ou une délicieuse paella ! Pas de mystère, les produits sont frais et le chef passionné.

La Voile *(plan A3, **22**) : 9, rte de Port-Vendres. Pas de tél. • lavoile.collioure@gmail.com • Ouv avr-sept ; fermé le soir hors saison. Pas de résa ; fermé en cas de mauvais temps. Plats 21-32 € ; carte env 45 €.* L'atout du lieu, c'est d'abord son cadre, une terrasse (protégée par des voiles, évidemment !) qui surplombe le port, face au château et au clocher illuminés le soir. Cette brasserie un peu branchée, petite sœur du gastro voisin *(Le Neptune)*, sert une cuisine méditerranéenne classique mais sans fausses notes. Super aussi pour boire un verre en admirant la lumière du crépuscule !

Achats

Goûtez absolument la spécialité locale : les ***anchois*** ! Ces petits poissons bleus sont pêchés ici depuis toujours, de mai à octobre, à bord de barques munies de lampes (les fameux *lamparos*). Et si les chalutiers de Port-Vendres ont « tué » les petites barques, on préfère quand même l'anchois de Collioure (classé IGP, indication géographique protégée) !

LES PYRÉNÉES-ORIENTALES

2 maisons historiques proposent des anchois (à l'huile, au sel...) : ***Desclaux*** *(plan A2,* ***25*** *; carrefour du Christ, sur la D 914 ; boutique en ligne sur • anchois-desclaux.com •)* et ***Roque*** *(plan A3,* ***26*** *; 40, rue de la Démocratie ; fermé Toussaint-Pâques).* Au 17, route d'Argelès, on peut assister à leur préparation et les déguster sur place du lundi au samedi. Également une boutique au 2, rue Berthelot. Ne nous demandez pas lesquels sont les meilleurs, chaque maison a ses adeptes !

Où déguster une bonne glace ?

Saveurs d'Antan *(plan B2,* ***30****) : 4, rue Pasteur. ☎ 04-68-82-57-03.* Dans les cornets, d'onctueuses glaces artisanales (même si elles ne sont pas élaborées sur place) aux saveurs classiques. Parmi les biscuits, les incontournables rousquilles au glaçage anisé.

À voir

Le vieux port *(plan B2)* **:** avec sa plage de galets, ses barques catalanes peintes, ses cafés animés, sa promenade dallée de schiste, son château (à droite) et sa superbe église pied dans l'eau (à gauche). Un charme fou, mais beaucoup, beaucoup de monde aux beaux jours.

UNE NOTE SALÉE

Les préparations à base d'anchois datent du Moyen Âge, et c'est grâce aux divers ajouts de sel qu'elles offrent leurs goût et parfum si caractéristiques. Une spécialité qui a valu aux pêcheurs locaux d'être exemptés de gabelle (impôt sur le sel) par Louis XIV.

L'église Notre-Dame-des-Anges *(plan B3)* **:** l'image la plus connue de Collioure grâce à son étonnante tour ronde, ancien phare du vieux port transformé en clocher (en restauration). Église construite au XVIIe s, son intérieur est une véritable caverne d'Ali Baba : dans la pénombre se cachent 9 retables d'une richesse inouïe, dont celui du maître-autel, immense triptyque en bois doré, sculpté par un artiste catalan, Joseph Sunyer, dans le plus pur style baroque de la région. Il s'éclaire avec une pièce de 1 € (par minute).

Le château royal *(plan A2)* **:** *☎ 04-68-82-06-43. Tlj : juil-août, 9h30-18h30 ; le reste de l'année, 10h-18h (17h nov-mars) ; dernière entrée 45 mn avt. Fermé certains j. fériés. Visites guidées possibles env 1h. Entrée : 7 € ; réduc ; gratuit moins de 26 ans.* Vieux de plus de 700 ans, il fut maintes fois assiégé. Résidence des rois de Majorque et d'Aragon au XIVe s, il fut fortifié aux XVe et XVIIe s par Vauban, au détriment de la ville qui l'entourait. Derrière ses bastions et ses solides remparts, il se déploie autour d'une cour. En 1670, toute la ville est détruite et la population déplacée (d'abord vers ce qu'on appelle aujourd'hui le quartier du *Mouré,* puis, plus tard, vers la plage de Port-d'Avall). Il fut aussi utilisé pour y enfermer les républicains espagnols fuyant Franco. L'imposant édifice dominant la baie accueille désormais une exposition permanente sur l'exil des républicains espagnols en 1939, et expos temporaires. On peut néanmoins visiter quelques grandes salles, dont celle de la reine, malheureusement sans mobilier ! Surtout, ne pas rater la vue sur la ville et la baie de Collioure depuis la terrasse qui mène au donjon et depuis le chemin de ronde.

Le quartier du Mouré *(plan B2)* **:** c'est le nom donné à la vieille ville, entre le château et l'église, délimitée d'un côté par l'ancien sentier de la plage du Racou, de l'autre par le quai de l'Amirauté. Très mauresque (d'où son nom), avec ses ruelles pavées d'ardoises de schiste et ses maisons aux balcons fleuris et façades ocre jaune, vert, rose (l'ocre rose est caractéristique de Collioure). En remontant la pittoresque rue Miradou, on parvient au fort du même nom, construit au XVIIe s et encore occupé par l'armée.

Le musée d'Art moderne (plan A3) **:** *dans la maison et le parc Pams, rte de Port-Vendres. ☎ 04-30-44-05-46. Tlj sauf mar oct-mai, 10h-12h, 14h-18h ; fermé certains j. fériés. Entrée : 3 € ; réduc ; gratuit moins de 12 ans. Visite guidée mar et jeu : 7-8 € ; ateliers.* Entourée d'un immense jardin méditerranéen, cette villa construite fin XIXe s abrite des collections d'art moderne et contemporain exposées par roulement, en alternance avec des expositions temporaires. Pas de toiles de Matisse et Derain à Collioure, mais des œuvres d'artistes catalans à découvrir sur 2 niveaux. Demandez la clé pour accéder au cloître des Dominicains (XIVe s, accès limité), autrefois accolé à l'église et situé dans le jardin du musée, à l'arrière. Après un petit tour par Anglet où le cloître a été remonté dans la propriété d'un riche Anglais, la ville de Collioure a racheté les 9 colonnes restantes, en marbre de Céret. Un havre de quiétude à côté de leur emplacement originel.
En accès libre, le parcours extérieur s'élève entre les oliviers vers la ***gloriette*** édifiée dans les années 1930 sur un belvédère dominant la mer. C'était l'ancien fumoir du sénateur Pams, dernier propriétaire de la villa. Possibilité de prolonger la balade vers le fort Saint-Elme (compter 1h) en passant le ***moulin de la Cortine*** *(● lemoulindecollioure.com ●)* du XIVe s. Il ne moud plus les céréales mais a repris du service pour la production d'huile d'olive.

À côté du musée, l'ancien ***couvent des Dominicains*** (XIVe s) aménagé en cave coopérative. L'occasion de déguster les vins de Collioure, notamment le rouge puissant et fruité.

Le chemin du fauvisme : pour Matisse, il n'y avait « pas en France de ciel plus bleu que celui de Collioure ». Pour Derain, « Ici, les lumières sont très fortes, les ombres très claires ». Le chemin du fauvisme met en scène des reproductions de leurs tableaux, placées là où les 2 peintres ont posé leur chevalet pendant l'été 1905. Un musée imaginaire pour suivre au fil des rues la naissance flamboyante du fauvisme. Pour une visite guidée (payante), contacter l'office de tourisme *(☎ 04-68-82-15-47, ● lefauvisme@collioure.com ●).*

Le fort Saint-Elme : *pour y aller en voiture, se rendre à Port-Vendres, puis suivre les panneaux depuis la gare ferroviaire ; possibilité d'y grimper à pied depuis Collioure (compter 30 mn) ou en petit train. 06-64-61-82-42. ● fortsaintelme.fr ● De mars à mi-nov, tlj 10h30-19h (17h mars-avr et oct-nov). Entrée : 8 € ; réduc ; gratuit moins de 6 ans. Visites guidées tlj (+ 2 €/pers). Plan de visite (bien utile) à disposition.*
Perché au sommet d'une colline, cette massive forteresse à 6 branches construite par Charles Quint domine Collioure et ses environs depuis le XVIe s. Le point de vue à 360° est impressionnant : par temps clair, on voit la côte jusqu'à Sète depuis la terrasse et la tour (cette dernière accessible uniquement en visite guidée) ! Du fait de sa position stratégique, le fort Saint-Elme fut le théâtre de nombreux affrontements entre Français et Espagnols. Aujourd'hui, propriété privée, son propriétaire se démène pour l'animer et y faire résonner l'histoire de France. À l'intérieur, donjon et murs épais, ça va de soi ! Mais aussi un musée autour de la tour centrale avec une riche collection d'armes du Moyen Âge et de la Renaissance ainsi qu'une expo historique. Le jardin est composé d'une flore venant du Mexique.
La visite guidée (plusieurs départs dans la journée) apporte un éclairage passionnant sur l'histoire de ce bout de Catalogne devenu définitivement français à la fin du XVIIIe s, après 150 ans de va-et-vient entre domination espagnole et domination française.

Pour une pause ***pique-nique,*** plusieurs tables sous les pins dans les fossés conçus par Vauban, entre les 2 enceintes fortifiées.
– Visite nocturne du fort, des souterrains et du donjon *(jeu 19h30-23h juil-sept ; 30 €, 15 € jusqu'à 18 ans).*

À faire

Les plages, bien sûr. Plages Nord et Saint-Vincent (près de l'église), plage Boramar (entre église et château), plages Port-d'Avall et Boutigué (côté Faubourg), plage de la Balette (vers Port-Vendres) et crique de l'Ouille (vers Argelès). Ce sont des plages de galets, surveillées en saison pour certaines. Inconvénient, elles ne sont pas bien grandes, et, en plein été, on est quand même serrés comme des anchois.

Plongée, sports nautiques, etc. : ***Club international de plongée,*** *15, rue de la Tour-d'Auvergne. ☎ 04-48-89-19-99. • cip-collioure.com •* ***Club nautique,*** *plage Saint-Vincent. 📱 06-16-83-21-09. • ecole-de-voile-collioure.fr •* Voile, *paddle,* kayak.

Randonnées : nombreuses possibilités dans les environs. Le sentier du littoral qui relie Le Racou, quartier d'Argelès, à Port-Vendres passe par ici *(brochure en vente à l'office de tourisme : 4 €).* On peut également grimper jusqu'à l'*ermitage de Notre-Dame-de-Consolation* : garrigue, calme et beaux points de vue. Jolie chapelle (ex-voto marins) et platanes à l'arrivée. Ou depuis le col de la Serra (accès automobile), jusqu'à la *tour de la Madeloc* qui offre un merveilleux panorama sur les Albères et toute la Côte vermeille.

Petit train : *8, pl. du 8-Mai (parking de la poste). ☎ 09-67-85-52-86. 📱 06-80-48-82-18. • petit-train-touristique.com • Avr-nov, départs à 11h et ttes les heures 14h-18h ; juil-août, départs ttes les heures 10h-19h (min 10 pers). Durée : 45 mn. Tarif : 9 € ; réduc.* Relie Collioure à Port-Vendres par des paysages enchanteurs de vignes dominant la mer. Commentaires promène-touristes, certes, mais intéressants. Les yeux en ont pour leur déplacement : la balade quitte la ville pour s'élever dans les hauteurs, entre les vignes jusqu'au fort Saint-Elme (arrêt pause photo) par le chemin de la Galère qui porte bien son nom.

Fêtes et manifestations

– ***Procession de la Sanch :*** *Vendredi saint.* Une des 3 du département, mais celle-ci se tient à la tombée de la nuit comme à l'origine, aux flambeaux ! Le *Regidor* (meneur) porte la traditionnelle tunique rouge, une haute capuche pointue, et tient la clochette des condamnés à mort... Cantiques, ferveur religieuse, etc.
– ***Sardanes :*** *pdt les fêtes traditionnelles (Saint-Jean, 14 juil, fêtes de la Saint-Vincent...).* Folklo mais pas surfait.
– ***Fêtes de la Saint-Vincent et fête de Collioure :*** *14-18 août.* Spectacles de rue, groupes musicaux. Les copines sardines se pressent tous les étés dans une sardinade géante, entre 3 pas de sardane.

MERCI FRANCO !

La sardane, danse traditionnelle née en Catalogne au XIVe s et symbole d'identité catalane, était mal vue par le pouvoir franquiste, de 1940 à 1975, soucieux d'imposer une identité nationale espagnole. Il n'en fallait pas plus aux contestataires du régime pour lui redonner un souffle. Et c'est en Catalogne française qu'elle renaît sous des airs folkloriques.

PORT-VENDRES

(66660) 4 260 hab. *Carte Pyrénées-Orientales, D2*

Planqué au fond d'une longue échancrure, à seulement 3 km au sud de Collioure, ce port actif et populaire n'a pas la notoriété de sa coquette voisine. Du « port de Vénus » antique, développé au XVIIe s par Vauban, il reste une belle église rose de style espagnol, dressée sur le quai, et un obélisque de marbre. À défaut de ne vivre que du tourisme, le port s'agite au retour des chalutiers lestés de la pêche du jour, tandis qu'au port de commerce, un bouquet de grues décharge fruits et légumes d'Afrique du Nord destinés aux marchés de France et de Navarre. Sur ces mêmes quais, en 1962, ont débarqué d'Algérie des milliers de « pieds-noirs », exil rappelé par une plaque commémorative. Quant au reste du bourg, il joue les belles alanguies, dans une torpeur toute méridionale.

Adresse et infos utiles

i ***Bureau d'information touristique :*** *1, quai François-Joly. ☎ 04-48-98-00-08. • contact@pymed.fr • Juil-août, tlj 9h-12h30, 14h30 (15h w-e)-18h30 ; sept et avr-juin, lun-sam, 9h30-12h30, 14h-18h (17h30 w-e) ; oct-mars, lun-sam mat, 9h-12h30, 14h-17h30. Visites guidées de mi-juin à mi-sept (5 €).*

– ***Apéros vignerons :*** *lun 18h sur résa à l'office de tourisme (5 €).* Une super initiative pour s'initier aux vins de la région et découvrir des vignerons indépendants heureux de partager leur passion du vin. La dégustation, dans une cave ou au milieu des vignes, inclut un sympathique casse-croûte.

– ***Stationnement :*** *parking du Port (gratuit mais souvent complet en saison). Sinon, se rabattre pl. Castellane ou pl. de l'Obélisque.*

Où dormir ? Où manger ?

Prix moyens

🏠 ***Hôtel Sur le Quai :*** *2, quai Forgas. ☎ 04-11-96-00-80. • contact@hotelsurlequai.fr • hotelsurlequai.fr • Réception au 1er étage. Fermé de mi-nov à début avr. Doubles 70-145 €.* En 1re ligne face aux bateaux, un sympathique hôtel 2 étoiles à la déco marine. Chambres plus ou moins spacieuses, nettes et fonctionnelles (placard, bureau, clim) sur 3 étages (hardis mollets, pas d'ascenseur). Les *standard* ont une vue de biais sur le port, ou sur la cour, tandis que les *premium* ont un petit balcon pour suivre le va-et-vient des bateaux. Accueil jeune et sympa.

🍽 ***Restaurant du Port :*** *6, quai François-Joly. ☎ 04-68-54-39-19. Fermé mar-mer. Menus 18,80-36 €, servis midi et soir.* Sur le port de plaisance, mais sans vue plongeante, ce modeste resto connu des habitués pour son poisson frais ne triche pas sur la marchandise. Pas de fioritures côté déco, mais dans l'assiette, la pêche locale servie à prix serrés réjouit toutes les bourses.

🍽 🧺 ⛱ ***Les Poissonneries de la Côte Catalane :*** *anse Gerbal (port de pêche, dans l'enceinte de la criée). ☎ 04-68-98-46-00. • contact@cotecatalane.com • Boutique juil-août, mar-dim sauf dim ap-m, 9h (9h dim)-12h30, 15h-19h ; bar mar-dim sauf dim ap-m, 11h-14h30 et 18h-21h ; hors juil-août, horaires écourtés et fermé lun. Formules 16,90-25 € ; plateaux de fruits de mer 40-72 € pour 2.* C'est, de fait, une seule et unique poissonnerie, énorme, avec étals et viviers. Coquillages et poissons frais évidemment, à prix raisonnables. Les produits de l'épicerie fine sont variés (mais on n'est pas là pour acheter de l'huile d'olive, non mais !). C'est aussi, à l'étage, un bar à huîtres design où gober, l'œil sur le port, huîtres, palourdes et plateau de fruits de mer accompagnés d'un petit verre de blanc sec à prix doux.

De prix moyens à chic

Hôtel Les Jardins du Cèdre : *29, rte de Banyuls. ☎ 04-68-82-01-05. • contact@lesjardinsducedre.com • lesjardinsducedre.com • Sur les hauteurs. Ouv tlj. Doubles 92-246 €. Resto ouv sam-dim midi et le soir mar-dim. Menus 39-70 €. Parking.* Un établissement aux chambres restaurées, vraiment confortables. Évidemment, on préfère celles côté mer, qu'on domine. Les *deluxe,* très spacieuses, modernes et baignées de lumière sont dans la nouvelle annexe, dans le jardin. Une large baie vitrée ouvre sur une terrasse en bois avec vue imprenable. De l'espace jusque dans les salles de bains avec douche à l'italienne. Côté route, le double vitrage protège. Belle piscine. Également un restaurant qui propose une cuisine de très bonne tenue à déguster en été sur la terrasse qui surplombe la mer. Petit déj gourmand pour ne rien gâcher. Dur de repartir !

Chambres d'hôtes Domaine de Valcros : *baie de Paulilles, à 5 km au sud-est de Port-Vendres (et à côté de l'auberge Clos de Paulilles). • domainedevalcros.com • valcros@orange.fr • ☎ 05-68-82-04-27. 06-85-87-14-23. Doubles 85-95 €.* Le cachet d'un domaine viticole sur lequel sont enracinées les vignes et les vieilles pierres du mas familial. Au-dessus du chai, 3 chambres sobrement rustiques aux larges volumes, avec accès indépendant et terrasse pour chacune. Tout autour, une belle nature entre montagne et mer. Quant à la cuisine, elle est accessible à tous, comme la salle à manger. Pour une autonomie complète, visez le studio, dont la cuisine est presque aussi grande que la chambre ! Accès à la plage Bernadi par le sentier (à 200 m).

Le Poisson Rouge : *rte de la Jetée. ☎ 04-68-98-03-12. Aller en direction du phare, passer les 2 petits tunnels étroits taillés sous la roche, c'est juste après sur la gauche. Ouv Pâques-Toussaint tlj sauf mar-mer ; hors saison, ouv du ven soir au lun midi. Menu 38 € ; carte env 50 €. CB refusées.* Cadre atypique et dépaysant : la terrasse en bois est posée au bord de l'eau, dans une charmante petite crique. Spécialité de poisson, bien évidemment, grillé ou en ceviche, avec une pointe de créativité et relevé d'épices que le chef réunionnais distille habilement. Quelques viandes, toutefois, pour les inconditionnels.

La Côte Vermeille : *quai du Fanal. ☎ 04-68-82-05-71 ou 88-85-05. Sur le port. Resto tlj sauf dim soir-lun hors saison. Formule et menu 28-34 € au déj ; menu dégustation 48 € ; carte env 45 €.* Ce resto cossu, à la déco qui allie bois, pierre et baies vitrées, est réputé sur toute la Côte vermeille pour la qualité de son poisson et la finesse des préparations. Une belle adresse gastronomique avec une agréable terrasse en surplomb du port et une emballante cuisine méditerranéenne.

Les Clos de Paulilles : *baie de Paulilles, plage Bernardi. ☎ 04-68-81-49-79. À env 5 km au sud-est. Boutique avr-nov, tlj 10h-19h. Resto mai-déc, tlj juil-août ; sinon, tlj sauf dim soir-lun. Carte env 50 €.* C'est l'une des tables de la maison Cazes, vignerons à Rivesaltes, qui cultivent également quelques vignes. Et quel cadre ! Des vignes tout autour et la mer devant... tout simplement magique. La cuisine, de région et de saison, est à l'image du cadre, inspirée mais sans sophistication. Côté guinguette, on peut aussi venir boire un verre accompagné de tapas, à picorer sur l'immense terrasse entre vignes et pins, devant la plage. Dans les dames-jeannes (bombonnes) posées à l'extérieur, le banyuls repose avant de finir en bouteilles. À propos, boutique avec dégustation à la clé si vous voulez faire des emplettes. Pour digérer, sentier d'interprétation à travers le domaine.

Où acheter de bons produits ?

Vinaigrerie la Guinelle : *hameau de Cosprons. À 5 km au sud de Port-Vendres vers Paulilles. ☎ 04-68-98-01-76. • levinaigre.com • Ouv lun-ven 9h-12h, 14h-18h. Fermé w-e.* Ce pittoresque hameau entouré de vignes dominant la baie de Paulilles vaut bien le détour ! Tout comme la vinaigrerie artisanale qui produit des vinaigres de Banyuls rouge ou blanc très aromatiques. Une référence en la matière ! Parmi les souvenirs peu encombrants, on craque pour les perles de vinaigre de Banyuls.

À voir. À faire à Port-Vendres et dans les environs

Le sentier du cap Béar : depuis l'extrémité sud du port de commerce, on peut rejoindre en 30 mn à pied ce cap où trône un phare. Belle vue sur la côte, surtout en fin de journée, quand le soleil couchant vient caresser la roche. Le sentier du littoral se prolonge jusqu'à la plage Bernardi, dans l'anse de Paulilles (6 km en tout ; compter 2h30), et file jusqu'à Cerbère. C'est l'une des parties les plus belles de la Côte vermeille à travers maquis et criques secrètes.

Promenade à travers la ville : un circuit part à la découverte de la ville à travers les aquarelles de Charles Rennie Mackintosh, un architecte écossais chef de file du modernisme qui croqua ce port dans lequel il vécut les 2 dernières années de sa vie (1925-1926). Sur la place Castellane, un ***centre d'interprétation*** tenu par des bénévoles lui est consacré *(ouv mer et ven 15h-17h ; GRATUIT).*
Sur le port, jetez un œil à la ***goélette Caldentey,*** en cours de restauration. Renseignez-vous à l'office de tourisme pour les possibilités de visite de ce voilier majorquin centenaire (horaires aléatoires).

L'anse de Paulilles : *à 5 km de Port-Vendres, sur la rte de Banyuls. ☎ 04-68-95-23-40 ou 23-47 (atelier des barques). ♿ Site : tlj 9h-20h juin-août, 9h-19h avr-mai et sept-oct, 9h-17h nov-mars. Maison du site : juil-août, tlj 9h-19h ; le reste de l'année, tlj (sauf mar nov-avr) 9h-13h, 14h-17h ou 19h selon saison. Avr-oct, possibilité de visites guidées gratuites (10h30 et 15h sur résa). GRATUIT.* Un des plus jolis endroits de cette côte que ce site réhabilité d'une ancienne dynamiterie de la société Nobel (celui du prix, Alfred de son prénom, inventeur de la dynamite), active de 1870 à 1984. En 1960, la production atteignait près de 20 t par jour et alimentait les grands chantiers de l'époque, comme le creusement du canal de Panamá. Ironie de l'histoire, c'est dans l'ancienne demeure du directeur que la maison du site accueille une expo sur la mémoire ouvrière de l'usine. Suit un parcours muséographique en plein air, aménagé autour des vestiges de la dynamiterie originelle. Sur les 130 bâtiments qui existaient, 8 sont encore debout. En semaine, on peut voir un atelier de restauration de barques catalanes. Plusieurs jardins d'essences locales ou plus exotiques (pour évoquer les voyages de la dynamite !). Possibilité de balade le long du sentier du littoral.

UN DIALOGUE SOCIAL EXPLOSIF

En 1948-1949, la dynamiterie de Paulilles fut secouée par une grande grève, après que des ouvriers eurent été durement sanctionnés pour avoir joué au rugby avec... un ballot de dynamite ! Et le patron ne s'embarrassa pas de droits syndicaux. Après 2 mois d'arrêt de travail, il vira tous les employés. Chacun dut ensuite revenir individuellement quémander une réembauche...

Les plages de la baie de Paulilles : *sur la rte de Banyuls.* Une grande plage *(del Mitg)* sur le site de l'anse de Paulilles. Et 2 petites de part et d'autre (*Bernardi* et du *Fourat*). Sable et petits galets.

Plongée : ***Scuba Passion,*** *rte de la Jetée (plage des Tamarins). ☎ 04-68-82-17-79. 06-07-56-03-73. • scuba.passion.free.fr • Ouv avr-oct ; le reste de l'année, seulement sur résa.* Baptêmes, stages, explorations... gloub ! ***Le Paradis des Bulles,*** *07-82-14-72-36. • leparadisdesbulles.fr •* Sorties à la journée sur un catamaran électrique transformé par son propriétaire Simon, ingénieur reconverti en moniteur de plongée. Journées découverte avec baptême de plongée et possibilité de sorties sur plusieurs jours à bord d'une vedette en bois. Plusieurs formules pour les plongeurs débutants ou expérimentés.

– ***Promenades en mer :*** parmi les nombreux prestataires, *• roussillon-croisieres.com •* propose des promenades (cap Béar, Cadaquès, pêche et navette en bateau vers Collioure) et *• navivoile.com •* des croisières promenades ou des excursions à la découverte des dauphins.

BANYULS-SUR-MER

(66650) 5 000 hab. *Carte Pyrénées-Orientales, D3*

Terre des vignobles qui portent son nom, station balnéaire et patrie du sculpteur Aristide Maillol, Banyuls est également une agréable petite ville aux belles allées de palmiers et de platanes. Un important port de plaisance anime sa jolie baie, et les stands de dégustation proposent de remarquables vins. Pour finir, sachez que le mythique GR 10 démarre (ou finit !) ici. On croise donc beaucoup de randonneurs en saison.

Adresses et info utiles

Office de tourisme : *av. de la République. ☎ 04-68-88-31-58. • banyuls-sur-mer.com • En juil-août, tlj 9h30-18h30 ; le reste de l'année, lun-sam 9h30-12h, 14h-17h30 (16h30 sam nov-mars). Visites guidées du vignoble sur résa, apéros vignerons lun...* Le même bâtiment abrite la ***Maison de la randonnée*** *(☎ 04-68-88-78-27 ; en hte saison, lun-ven 10h-12h).* Toutes les infos sur les randos, sur Banyuls, la Côte vermeille, les Albères...

Arrêt de car : *devant l'office de tourisme.* Liaisons avec Perpignan (ligne 540). Compter env 1h30. *Trajet : 1 €. Horaires sur • mestrajets.lio.laregion.fr •*

Bicycleta : *12, rue de La Pérouse. 07-86-39-16-95. • bicycleta.fr • Ouv tlj.* Location de vélos électriques et de scooters thermiques.

Où dormir ? Où manger ?

Camping

Camping municipal La Pinède : *rte des Crêtes, av. Guy-Malé. ☎ 04-68-88-32-13. • camp.banyuls@banyuls-sur-mer.com • campinglapinede-banyuls.com • À 1,5 km du centre (fléché). Ouv de fév à mi-nov et de mi-déc à début janv. Forfait 2 pers 15-28,50 € en hte saison ; mobile homes, coco sweet et tentes. 227 empl.* Site calme et agréable, à l'écart du centre. Les campeurs en tente apprécieront la pinède en terrasses en haut du terrain (ouverte seulement de mi-juin à mi-septembre). Un bon rapport qualité-prix sur la côte. Brasserie en été *(tlj sauf lun)* et un grand supermarché juste en face. Labellisé « Accueil vélo ».

De prix moyens à plus chic

Hôtel-restaurant Casa Dina : *9, rue Dugommier. ☎ 04-68-88-00-75. • hotelcasadina@gmail.com • Doubles 50-65 € (avec lavabo), 70-90 € avec salle de bains privée. Resto fermé mer. Formule déj 17 € ; le soir, carte env 35 €.* Lifting réussi pour cet hôtel en plein centre et à quelques enjambées de la plage, tenu par un quatuor féminin plein d'énergie. Sur 4 étages, des chambres rénovées, sans clim ni télé ni même de cabinet de toilette pour les moins chères. Pour autant, elles ne manquent pas de caractère avec leurs tomettes au sol et leur petite déco à l'esprit voyageur. Cette envie de s'affranchir des frontières, on la retrouve dans l'assiette avec une cuisine du monde qui foisonne d'idées. Impeccable formule déjeuner et le soir, des petites portions à partager si le cœur vous en dit. Atmosphère jeune et sympa.

Hôtel Le Catalan – Restaurant Le Miradou : *1, rue du Balcon-de-la-Méditerranée. ☎ 04-68-88-02-80. • hlecatalan@wanadoo.fr • hlecatalan.com • Doubles 100-140 € ; familiales. Fermé janv. Menus 24-42 € ; carte env 60 €. Parking gratuit.* Dans un quartier résidentiel sur les hauteurs, un bâtiment des années 1970 entouré de végétation. Et quelle vue panoramique ! On en jouit depuis la plupart des chambres (confortables) comme depuis la terrasse du resto. Cuisine régionale qui a bonne presse chez les locaux. Piscine et spa. La crique du Troc, assez confidentielle et au cadre magnifique, n'est qu'à 200 m.

Al Reparo : *4, av. du Général-de-Gaulle. ☎ 04-68-87-16-74. • laget.aurelien@gmail.com • Tlj sauf lun, fermé le mar et le soir hors saison. Carte env 21 €. Café offert sur présentation de ce guide.* S'il n'y a pas grand-chose à dire sur la salle un peu bistrotière avec ses nappes à carreaux, on a bien aimé l'ambiance populaire de ce resto et sa franche cuisine familiale, authentiquement catalane. Comme les habitués qui ne manquent jamais de passer féliciter la chef.

Le Quintessence : *2, rue Édouard-Branly. ☎ 04-68-82-91-35. • laget.aurelien@gmail.com • Tlj en été (sauf pluie) ; le reste de l'année, fermé dim soir-lun. Menus 26-50 € ; carte env 50 €.* Au fond d'une rue piétonne, une table en plein air où le chef semble ne jamais quitter la cuisine ouverte. C'est bon signe ! Du fait maison, donc, des produits frais, pas mal de créativité (le chef est passé par quelques grandes tables) : tiercé gagnant ! Accueil fort sympathique et vins bien choisis.

Le Fanal : *18, av. Pierre-Fabre. ☎ 04-68-98-65-88. • contact@pascal-borrell.com • Tlj. Résa souhaitée midi et soir. Formule et menu 28-38 € ; autres menus 58-98 € ; carte env 140 €.* Aux commandes de cette table gastronomique sage et subtile, le chef a l'élégance de proposer midi et soir un menu retour du marché qui remplit parfaitement son contrat : cuisine goûteuse, produits sélectionnés, prix contenus, le tout servi en terrasse face aux bateaux. Merci, chef !

Achats

La Guinelle : *20, rue Saint-Sébastien. ☎ 04-68-85-54-12. • info@levinaigre.com • Au centre. Tlj sauf dim ap-m et lun, 10h-12h30, 14h30-18h30 ; fermé janv.* Très jolie (et accueillante) petite boutique. Vente et dégustation d'excellents vinaigres artisanaux fabriqués à Cosprons (voir plus haut « Où acheter de bons produits ? » à Port-Vendres).

À voir

L'aquarium scientifique méditerranéen : *av. Pierre-Fabre. ☎ 04-68-88-73-39. • biodiversarium.fr • Tlj 10h-12h30, 14h-18h30 (10h-19h juil-août). Fermé lun hors juil-août et certains j. fériés. Entrée : 9,50 € (billet combiné avec le Jardin méditerranéen 12 €) ; réduc ; gratuit moins de 3 ans. Ateliers et animations pdt les vac scol.* Devant un bâtiment si moderne, difficile de croire que c'est le plus ancien aquarium méditerranéen de France, ouvert depuis 1885. Le circuit de visite, très pédagogique, sensibilise les visiteurs à la biodiversité marine locale et aux enjeux écologiques au travers des recherches menées par l'Observatoire océanographique de Banyuls. C'est d'ailleurs un des intérêts du lieu que de pouvoir découvrir (quand ils sont là...) les scientifiques au travail dans leurs laboratoires. Au ***2e étage*** commence une promenade sous-marine entre les bassins qui reconstituent fidèlement les milieux marins de la côte catalane (des étangs aux profonds canyons sous-marins). Dans un ballet aquatique multicolore, on découvre près de 300 espèces de poissons, invertébrés et végétaux marins : raies, hippocampes, méduses, posidonies, gorgones...

En sortant de l'aquarium, la jetée (expo de photos scientifiques en saison) qui longe les anciens bâtiments de l'observatoire océanographique mène à un petit ***promontoire*** rocheux cerné par les eaux. Au sommet, beau monument aux morts, avec un bas-relief en bronze du sculpteur Maillol. Vue superbe sur le port, la ville et les montagnes. Plusieurs autres statues de Maillol jalonnent la promenade du front de mer, notamment devant l'hôtel de ville (et dans son patio).

Le circuit « Dans les pas d'Aristide » : *départ de la pl. Bassères ; descriptif disponible à l'office de tourisme ; env 1h.* Un bon moyen de découvrir les ruelles pittoresques du vieux quartier de pêcheurs du Cap d'Osna, et de passer devant la Maison Rose où Aristide Maillol sculptait (mais qui ne se visite pas). On adore ce lacis de ruelles escarpées noyées sous les bougainvilliers et jalonnées de maisons colorées !

Le Jardin scientifique méditerranéen : *mas Reig. ☎ 04-68-88-73-39. • biodiversarium.fr • À env 2 km du centre-ville (fléché). Visites guidées seulement (sur résa), juil-août, lun-ven à 9h30 ; avr-juin et sept-oct, se renseigner. Fermé oct-mars. Entrée : 6 € ; réduc (billet combiné avec l'aquarium scientifique méditerranéen 12 €).* 2e site du « Biodiversarium » de Banyuls après l'aquarium. Sur 3 ha, ce jardin illustre la biodiversité du massif des Albères et plus généralement des milieux méditerranéens. Zone consacrée aux fourmis et espace muséographique avec expos et vidéos.

Le musée Aristide-Maillol : *vallée de la Roume. ☎ 04-68-88-57-11. À env 4 km du centre (bien indiqué). Mai-sept, tlj sauf lun et certains j. fériés 10h-12h, 14h-18h ; oct-avr, 10h-12h, 14h-17h. Entrée : 7 € ; réduc. Accès libre au tombeau de Maillol. Parking à 500 m env.* Une ancienne métairie, au creux d'une vallée tout simplement superbe. C'est d'ailleurs pour la beauté de l'endroit que Maillol avait acheté à la fin des années 1930 cette petite maison de pierre où il repose désormais, dans le jardin, sous une de ses œuvres majeures, *Méditerranée.* Un lieu fort, qui semble encore empreint de l'âme de l'artiste. Un lieu qui pourtant revient de loin. Tombée dans l'oubli et l'abandon à sa mort, cette métairie a été rénovée grâce à la ténacité de sa muse et légataire Dina Vierny. ***Au sous-sol,*** la cuisine est restée en l'état et dans un coin a été installée la salle à manger de la maison de Maillol à Mailly-le-Roi. Film documentaire (le 1er, en 1943, consacré à un artiste français). ***Dans les étages,*** ce musée privé présente une quarantaine d'œuvres, petites par la taille mais grandes par la qualité : peintures, dessins, lithographies, tapisseries et évidemment quelques sculptures. Expos temporaires en été.

À faire

Les caves *(visite et dégustation)* **:** eh non ! le banyuls n'est pas un vin cuit (genre porto) mais un vin doux naturel auquel on ajoute de l'eau-de-vie de vin en cours de fermentation. 4 communes de la côte ont droit à l'étiquette « banyuls AOC » : Collioure, Port-Vendres, Cerbère et bien sûr Banyuls-sur-Mer. Ce qui en fait l'une des plus petites AOC de France ! Les vignes sont cultivées en terrasses et tout est encore fait main, sans aucune mécanisation possible.

ÉLEVAGE EN PLEIN AIR

Pour lui donner son goût caractéristique, le banyuls sec mûrit dans des bombonnes (dames-jeannes) exposées en plein air et donc soumis aux variations de température, de la fraîcheur de l'hiver à la canicule estivale. Une méthode découverte par hasard lors du transport des vins par bateau. On s'aperçut alors que les barriques stockées sur le pont produisaient un nectar différent de celles conservées en cale.

■ ***Coopérative de l'Étoile :*** *26, av. du Puig-del-Mas ainsi qu'un stand plage sur le front de mer. ☎ 04-68-88-00-10. Juil-août, tlj 9h-12h30, 14h-20h ; le reste de l'année, ferme à 19h30.* De chaleureux viticulteurs passionnés par leur métier. À voir, dans un décor de vieille cave coopérative, de beaux pressoirs, d'anciens foudres et un alignement de bombonnes en verre où le vin fait un bain de soleil. Vieux vins épicés de la maison (le Doux Paillé), absolument divins...

■ ***Terres des Templiers :*** *8, rte du Mas-Reig. ☎ 04-68-98-36-92. • terredestempliers.fr • ♿ Grande Cave, rte du Mas-Reig (D 86), à 2 km du centre par l'av. du Général-de-Gaulle ; vieille cave souterraine du Mas-Reig, un peu plus haut (ouv uniquement en août). Pour la Grande Cave, avr-oct et vac de Noël, tlj 10h-19h30 ; nov-mars, lun-ven 10h-13h, 14h30-18h30. Fermé en janv. Visite guidée et dégustation gratuites.* La plus grande cave des AOC banyuls et collioure : près de 80 % des viticulteurs y adhèrent. La Grande Cave est intéressante pour ses chais et ses foudres centenaires (tonneaux géants) et la projection d'un film instructif de 15 mn sur l'élaboration du banyuls. La vieille cave souterraine est superbe, avec ses voûtes du XIIIe s. Programme d'activités d'œnotourisme sur demande (visite gourmande, balade dans les vignes, etc.).

Domaine Berta-Maillol : *mas Paroutet, rte des Mas (tt près du musée Maillol). ☎ 04-68-88-00-54. Lun-sam 10h-12h, 15h-19h. Boutique sur le front de mer (impasse Foment-de-la-Sardane) : lun-sam 10h-12h30, 15h-19h. • bertamaillol.com •* Un domaine de 25 ha sur lequel les vignerons exploitent la vigne depuis 400 ans en se transmettant le savoir-faire d'une génération à l'autre. On vous recommande particulièrement le vieux banyuls au goût d'amande torréfiée. Des vins bien travaillés, en appellation collioure ou banyuls.

Kayak de mer : ***Aléoutes Kayak Mer,*** *☎ 04-68-88-34-25. • kayakmer.net • Sur le quai du port de plaisance.* Sorties encadrées d'une demi-journée, journée ou plus, pour découvrir les secrets de cette Côte Rocheuse.

Location de bateaux avec ou sans permis avec ***Libertyloc 66*** *(📱 06-19-48-64-01).*

Petit train : *• petit-train-touristique.com • Avr-oct. Tarif : 9 € ; réduc. Départ sur le front de mer, face à la mairie.* Balade dans la ville et sur les coteaux abrupts, au cœur du vignoble, avec arrêt à la cave des Templiers.

Le fameux ***GR 10,*** qui relie la mer à l'océan en gravissant hardiment les Pyrénées, débute devant le perron de la mairie de Banyuls. 750 km jusqu'à Hendaye, dont 180 dans les Pyrénées-Orientales, où ce sentier de grande randonnée passe le col du Perthus, tutoie le Canigó, se recueille en l'abbaye de Saint-Martin, parcourt la sauvage vallée de Mantet, monte à l'assaut de la Cerdagne et de la forteresse de Mont-Louis, trempe le pied au lac des Bouillousses et se noie après le Carlit, dans l'Ariège.

Fêtes et manifestations

- ***Festival Ascension Flamenca :*** *w-e de l'Ascension.*
- ***Fête catalane :*** *1re sem de juil.* Sardanes, chansons catalanes, défilés...
- ***Festival de sardanes :*** *2e w-e d'août.*
- ***Festa major :*** *3e w-e d'août.* Feu d'artifice.
- ***Vendanges en Fête :*** *2e w-e d'oct.* Arrivée de la vendange par la mer en barques catalanes.

DANS LES ENVIRONS DE BANYULS

LA CÔTE ROCHEUSE ET LE CAP RÉDERIS

Une route en lacet, splendide. Quelques kilomètres après Banyuls, le ***belvédère du cap Réderis,*** avec sa table d'orientation, offre un panorama exceptionnel : au nord, la côte du Roussillon et les Corbières ; au sud, la Costa Brava espagnole. Le tout, bien sûr, dans un paysage confondant ciel et mer... En contrebas, de sauvages petites criques creusées dans la roche. En continuant, la route descend en d'impressionnants virages cernés de ravins, dans un décor de vignes, de roche schisteuse et de calanques.

CERBÈRE (66290) 1 350 hab. *Carte Pyrénées-Orientales, D3*

Cerbère est un bourg bien loti (même très loti) situé à 4 km de la frontière espagnole, connu pour ses plages de galets et ses petites criques. De superbes balades dévoilent des points de vue grandioses sur la mer. Et quand on enlève ses chaussures de rando, c'est pour enfiler des palmes et explorer la réserve naturelle de Cerbère-Banyuls, fragile paradis sous-marin. Beau panorama sur le littoral dentelé depuis le cap Cerbère, à la sortie de la ville en direction de l'Espagne.

Adresses utiles

Bureau d'information touristique : *av. du Général-de-Gaulle (sur le front de mer). ☎ 04-48-98-00-06. • contact@pymed.fr • Juil-août, tlj sauf dim ap-m 9h-12h30, 15h-18h30 ; avr-juin et sept-oct, lun-ven 9h30-12h, 14h-17h30. Fermé nov-mars.*

Gare internationale : *à 10 mn de la plage et du centre-ville. ☎ 36-35.* Liaison avec Paris et TER Portbou – Perpignan – Montpellier – Avignon.

Où dormir ? Où manger ?

Hôtel La Vigie : *3, rte d'Espagne. ☎ 04-68-88-41-84. • contact@hotel-lavigie.fr • hotel-lavigie.com • Doubles 105-163 €.* En surplomb des flots, cet hôtel à l'architecture des années 1950 cache ses atouts de l'extérieur : la vue à couper le souffle est omniprésente ! De la réception et du salon qui s'ouvre sur la terrasse des petits déjeuners jusque dans les chambres baignées de lumière, on ne décroche pas le regard de la mer. Même depuis les salles de bains, une baie vitrée permet de la garder à l'œil. Et le balcon accroché à la falaise est une belle compensation pour les plus petites chambres. Frigo et micro-ondes en commun pour se préparer son frichti. Excellent accueil.

Le Bout du monde : *anse de Peyrefite, résidence El Repairo (suivre « sentier sous-marin »). ☎ 04-68-88-47-33. Tlj mai-sept. Formule 24,50 € ; menu 28,50 €.* Au creux de l'anse, dans un cadre de toute beauté face à la plage de galets et à la réserve naturelle, difficile de trouver meilleur spot pour se faire plaisir en bord de mer. Les classiques de l'ardoise sont sans surprise tournés vers le large : mi-cuit de thon, calamars *a la plancha,* moules-frites, poissons entiers... On a mordu à l'hameçon avec délice, et le burger cloue le bec des inconditionnels viandards. À vos masques et tubas, on est aux 1res loges pour découvrir le sentier sous-marin !

À voir

L'hôtel Le Belvédère du Rayon Vert : *av. de la Côte-Vermeille. ☎ 04-68-88-41-54. 06-08-31-17-79. • hotel-belvedere-cerbere.fr • Visite guidée tlj à 10h sur résa : 7 €.* En hauteur, entre les voies de chemin de fer et la mer, ce spectaculaire bâtiment de béton moulé dont la forme évoque celle d'un paquebot est une curiosité ! Inscrit à l'inventaire supplémentaire des Monuments historiques, cet hôtel qui dresse son altière silhouette au-dessus des flots a été ouvert en 1932 pour permettre aux voyageurs vers l'Espagne d'attendre confortablement leur visa pendant le changement d'essieux de leur train. Aujourd'hui encore, cette construction de style Art déco fait rêver avec sa salle à manger qui domine la mer, son bar au charme suranné orné d'une fresque peinte par un artiste andalou, et son théâtre-cinéma à l'italienne (qui a repris du service) donnant lui aussi sur la mer. La visite quotidienne donne un aperçu du luxe dans lequel les voyageurs aisés de l'époque se déplaçaient. Le temps a apporté sa patine, mais grâce au dynamisme du propriétaire des lieux, lors des concerts et spectacles vivants, on revit le faste des Années folles, quand Mistinguett et Fernandel se produisaient ici. Le top : séjourner dans les appartements confortables, mais restés dans leur jus *(120-180 €, dégressifs à partir de 3 nuits),* avec balcon et vue exceptionnelle pour certains.

LA GARE INTERNATIONALE, CERBÈRE DE LA COMMUNE

Sur le front de mer, la statue de la transbordeuse rappelle le travail physique des femmes qui déplaçaient les oranges des wagons espagnols aux wagons français. La raison ? La différence d'écartement des voies entre le réseau espagnol (1,67 m) et le réseau français (1,43 m). Quant à la gare, poste-frontière par lequel transitent toujours les voyageurs, elle est en hauteur et soutenue par un viaduc de pierre de 24 arches sur 2 niveaux. L'activité des transbordeuses, elle, a cessé en 1960.

À voir. À faire à Cerbère et dans les environs

Plongée : **centre de plongée Cap Cerbère,** *rte d'Espagne. ☎ 04-68-88-41-00. • plongee-cap-cerbere.com •* La réserve marine entre Banyuls et Cerbère est paradisiaque.

Sentier sous-marin : *plage de Peyrefite, entre le cap Réderis et le cap Peyrefite ; à 3,5 km de Cerbère, en direction de Banyuls (panneau sur la droite). ☎ 04-68-88-56-87. Ouv juil-août. GRATUIT, mais masque audio en loc (12h-18h) pour avoir les commentaires. À partir de 8 ans.* Au sein de la réserve naturelle marine de Cerbère-Banyuls, un parcours sous-marin balisé permet d'explorer en snorkelling un riche écosystème. Le long du sentier de 250 m, des panneaux immergés décrivent la faune et la flore, relayés par des commentaires audios perçus grâce à un... tuba sonore. Sentier d'accès libre pour qui est déjà équipé. À travers le masque, saupes, daurades, sars virevoltent joyeusement au-dessus des herbiers abritant poulpes, éponges, hippocampes, cigales de mer... pour peu qu'on reste discret ! Plus au large, on croise régulièrement des bancs de dauphins et plus rarement un requin pèlerin, un espadon ou une tortue ! La réserve naturelle s'explore aussi en ***kayak*** et ***stand-up paddle*** • *vermeillekayakdemer.com* •

À quelques kilomètres au sud, on passe la frontière espagnole (ni vu ni connu, vu l'état du poste de douanes abandonné) pour descendre par une étroite route en lacet vers ***Portbou,*** un petit port de pêche catalan avec son front de mer, ses plages et ses cafés. La vieille ville est dominée par l'imposante église néogothique *Santa Maria* (fin XIXe s). On vous conseille surtout de vous arrêter à Portbou pour le ***mémorial Walter Benjamin,*** philosophe allemand mort ici en 1940. L'artiste israélien Dani Karavan a réalisé en 1990 une œuvre forte « ***Passages*** », une structure en acier abritant un escalier plongeant dans la mer et fermé par une vitre dans laquelle on se reflète. La remontée permet d'apercevoir uniquement le ciel. On vous laisse faire l'expérience et interpréter toute la symbolique de l'œuvre. Juste à côté, le cimetière qui descend vers la mer abrite la tombe du philosophe.

Randonnée de Cerbère à Portbou : *difficulté moyenne ; durée 2h15 ; distance 5,3 km.* Cet ancien chemin de contrebandiers rappelle que la frontière fut le lieu de passage des républicains espagnols durant la *Retirada* (l'exode) en 1939 suite à la victoire de Franco, puis dans l'autre sens le chemin de l'exil pour les Résistants, les réfractaires au STO (service du travail obligatoire) et les juifs victimes des persécutions nazies. Outre son aspect historique et douloureux, la balade offre de beaux points de vue sur la mer du cap Creus jusqu'au cap Béar. Nombreux mémoriaux au long du chemin.

LES ALBÈRES

D'Argelès au Boulou, bel itinéraire pour découvrir la chaîne des Albères, contreforts des Pyrénées aux paysages changeants. Aux garrigues parsemées de cistes et brûlées par le soleil de la partie côtière succède, à mesure que l'on pénètre dans les terres, une végétation plus dense, voire des forêts verdoyantes. Châtaigniers et chênes-lièges dont on a longtemps ici travaillé l'écorce, paysages agrémentés çà et là de tours, de fortins, d'églises romanes. À l'écart de la côte surpeuplée, on y découvre avec joie des villages forts en caractère, presque seul pour profiter de cette nature gorgée de surprises et prétexte à de belles balades. Répétition générale avant de se lancer à l'assaut du Canigó !

SAINT-ANDRÉ (66690) 3 430 hab. *Carte Pyrénées-Orientales, D2*

Encore dans la plaine côtière, un village tranquille, où l'on s'arrête surtout pour son église romane et ses bonnes tables.

Adresse utile

Bureau du tourisme : *9, allée de la Liberté. ☎ 04-48-98-00-03. • tourisme-pyrenees-mediterranee.com • De mi-avr à début juil et sept-oct, mar-sam 14h-18h ; juil-août, mer-dim 15h-19h. Fermé de nov à mi-avr.*

Où manger ?

Le Jardin des Simples : *29, rue des Mimosas. ☎ 04-68-89-14-69. • rieu-camilleri@orange.fr • Tlj sauf dim-lun, soir seulement. Résa indispensable en été. À la carte seulement, compter 30-40 €. Apéro maison offert sur présentation de ce guide.* Dans un quartier résidentiel, on ne s'attend pas vraiment à trouver ce genre d'adresse qu'on ne partage qu'avec ses meilleurs amis... Maison aux murs tout en courbes, blanchis à la chaux, et dans le jardin, sous les pins, chant des cigales, et bougies sur les tables. Vous voilà en plein dans l'ambiance locale ! On en pince pour la cuisine méditerranéenne et créative, qui évolue en fonction du marché. Poissons frais pêchés, desserts particulièrement maîtrisés. Accueil sincèrement adorable.

Restaurant Papeluxo : *8A, rue de Taxo. ☎ 04-68-68-78-54. • daviiid@live.fr • Tlj sauf dim-lun midi en été ; tlj sauf dim-mar midi en hiver. Carte seulement, midi et soir, env 35 €. Digestif maison offert sur présentation de ce guide.* De la cave à vins au gastro, le chef David Laborie, originaire de Collioure, a tout expérimenté. Aujourd'hui, dans un décor moderne, il a opté pour une cuisine de marché en sélectionnant les meilleurs produits du moment auprès des producteurs locaux. Les recettes, elles, s'affranchissent du terroir catalan pour s'élargir à toute la Méditerranée. La pastilla d'agneau côtoie ainsi les encornets sautés au chorizo et poivrons ainsi que l'indétrônable crème catalane. Chaque jour, un plat végétarien s'ajoute à la carte, aux côtés d'un plat de poisson et de viande. Tout le monde s'y retrouve.

À voir à Saint-André et dans les environs proches

L'église abbatiale Saint-André : *lun-sam 9h30-12h, 14h30-17h30, plus dim ap-m juil-août. Si la porte est close, tourner la poignée d'un quart de tour à droite.* Elle est parfois appelée église de Sorède, mais elle est bien à Saint-André ! Construite entre le Xe et le XIIe s, elle squatte l'emplacement d'un monastère carolingien. Jetez un œil au linteau de marbre blanc sculpté du XIe s au-dessus du portail. À l'intérieur, une table d'autel à lobes très rare (il en existe 4 autres dans le département et une vingtaine en France) et un bénitier en marbre sculpté du XIe s. Explications historiques et reproduction des anciens chapiteaux du cloître à la **Maison de l'art roman** *(allée de la Liberté ; de mi-juin à mi-sept, tlj sauf lun 10h-12h, 14h30-19h ; d'avr à mi-juin et de mi-sept à oct, tlj sauf dim-lun 10h-12h, 15h-18h ; GRATUIT).*

La Ferme de découverte : *rte de Taxo-d'Amont, à env 3 km de Saint-André (fléché). ☎ 04-68-89-16-39. • ferme-de-decouverte.fr • Avr-oct, tlj 9h-19h ; nov-mars, mer et w-e 10h-18h (tlj pdt vac scol). Entrée : 9 € ; réduc ; gratuit moins de 2 ans. Mai-sept, panier pique-nique de produits locaux 10,50 €.* En accueillant des animaux menacés ou en voie de disparition comme le mouton rouge du Roussillon ou la chèvre catalane, la ferme affiche une vocation de conservation des espèces régionales. Elle permet aussi aux enfants de suivre la vie de la ferme au rythme des saisons, d'assister au nourrissage des brebis, et d'approcher les animaux grâce à des zones de contact réparties sur tout le site. Jeux et devinettes jalonnent le parcours. Une belle initiative !

SORÈDE (66690) 3 300 hab. *Carte Pyrénées-Orientales, D2*

Village agréable, renommé durant tout le XIXe s pour ses micocouliers (arbre vivace qui croît dans le Midi) servant à la fabrication de la cravache et du fouet dit « de Perpignan ».

Adresse utile

Bureau d'information touristique : *rue de la Caserne. ☎ 04-68-89-31-17. • ot-sorede.com • Juil-août, tlj sauf dim ap-m ; Pâques-début nov, lun-ven 9h-12h30, 15h-18h30.*

Où dormir ?
Où manger à Sorède et dans les environs ?

Camping

Camping des Albères : *rte du Moulin-de-Cassagnes, 66740* **Laroque-des-Albères.** *☎ 04-68-89-23-64. • lesalberes@cybelevacances.com • camping-des-alberes.com • À 2 km à l'ouest de Sorède. Ouv d'avr à mi-sept. Forfait 2 pers 30-45 € en hte saison. Loc de tentes équipées, chalets et mobile homes. 211 empl.* Grand camping partiellement ombragé, intéressant pour sa foule d'équipements (piscine, terrains de sport, location de vélos, etc.) et sa situation entre mer et montagne. Animations pour les enfants et soirées à thème l'été.

De prix moyens à chic

Hôtel Saint-Jacques : *45, rue Saint-Jacques. ☎ 04-68-89-00-60. • hotelstjacques@wanadoo.fr • hotelstjacques.com • Non loin du centre. Fermé Toussaint-mars. Doubles 54-155 € ; familiales. Réduc de 10 % sur le prix de la chambre (hors août) sur présentation de ce guide.* Sur les hauteurs du village, une quinzaine de chambres simples et claires, certaines avec balcon. Terrasse pour prendre le petit déj. Piscine à l'arrière et spa.

Ma Maison : *3, rue Saint-Jacques. ☎ 04-68-89-00-44. Juin-sept, tlj ; mars-mai et oct, fermé dim soir et lun-mar. Fermé le reste de l'année. Formule déj 15 € ; menu 32 €.* Un cadre rustico-contemporain, avec une terrasse agréable aux beaux jours, voilà pour le décor. Dans l'assiette, une bonne cuisine maison (naturellement !) bien présentée et élaborée à partir de produits régionaux et de saison.

À voir à Sorède et dans les environs

L'Établissement et service d'aide par le travail** (ESAT)* ***Les Micocouliers : *rue du Stade. ☎ 04-68-89-04-50. • apajh-sorede.fr • De mi-avr à mi-nov, tlj sauf w-e 9h-11h30, 13h30-16h30 (10h-12h30, 14h-17h août). Boutique Entre Fil et Bois (av. de Hurth, ZA ; mêmes horaires). Visite guidée gratuite.* Cet établissement perpétue la tradition du fouet en micocoulier, qui remonte au XIIIe s. Des fouets et cravaches réputés pour leur flexibilité et leur longue durée. L'ESAT accueille des personnes en situation de handicap qui font là un travail remarquable de minutie. De grandes marques du secteur du luxe et la garde républicaine sont clients. La fabrique est la seule dans le monde à travailler la matière naturelle. Intéressante visite de l'atelier du bois (à travers de grandes vitres), conduite par les travailleurs eux-mêmes. Projection d'un petit film.

La vallée des Tortues : *lieu-dit* ***La Vallée-Heureuse.*** *☎ 04-68-95-50-50. • lavalleedestortues.fr • À env 3 km au sud de Sorède (fléché). Tlj : juil-août, 10h-18h30 ; avr-mai et sept, 11h-18h ; juin, 10h-18h ; oct-début nov, 11h-16h30. Dernières entrées 1h30 avt. Fermé nov-mars. Animations tlj (consulter le site internet ou l'appli). Entrée : 13,50 € ; réduc ; gratuit moins de 3 ans. Moins cher en ligne.* Au cœur d'un grand parc arboré, une trentaine d'espèces de tortues terrestres et aquatiques du monde entier ! Impressionnante géante des Seychelles (l'une des plus grosses tortues terrestres), tortue léopard, tortue alligator, tortue méditerranéenne, chacune a son truc pour battre le lièvre... À découvrir aussi, d'autres animaux sauvages (suricates, tatous, ouistitis ainsi qu'un vivarium) et moins sauvages (enclos de chèvres naines du Sénégal dans lequel on peut entrer pour se rapprocher des bestiaux). Également animations, nourrissages, visites guidées, balade en forêt, quiz et jeux pour enfants. Si vous êtes perdus, aucun souci : l'appli dédiée vous indiquera votre position dans le parc, les horaires d'animations et, pour briller devant vos enfants, des infos complémentaires sur les animaux. Snack et aires de pique-nique. Éviter les heures les plus chaudes.

Randonnée dans la forêt de la Massane : *départ du hameau de Lavail, à 7 km au sud-est de Sorède. Compter 3h de marche A/R. Attention, en été accès parfois fermé pour prévenir les incendies : se renseigner au préalable. Infos à la Maison de la randonnée de Laroque-des-Albères.* Étendue sur 330 ha, cette forêt majoritairement peuplée de hêtres s'étage sur la partie supérieure du bassin versant de la rivière Massane, entre 600 et 1 150 m d'altitude. En 2021, cette réserve naturelle forestière préservée de l'exploitation depuis 1885 a été classée au Patrimoine mondial de l'Unesco au sein du réseau des « Forêts primaires et anciennes de hêtres des Carpates et d'autres régions d'Europe ». Faune riche et variée.
Tour dite « de la Massane », édifiée vers 1285 par Jacques Ier de Majorque, offrant une vue remarquable.

LAROQUE-DES-ALBÈRES *(66093)*

À 3 km à l'ouest de Sorède. Un pittoresque village à flanc de massif. Depuis la table d'orientation, vue spectaculaire : au-delà des montagnes, on aperçoit la mer. Un camp de base paisible, point de départ de nombreuses randonnées.

Chambres d'hôtes et restaurant Côté Saisons : *10, av. de la Côte-Vermeille. ☎ 04-34-12-36-51. • contact@cotesaisons.com • cotesaisons.com • À 2 km à l'ouest de Sorède. Chambres : accueil à partir de 17h30 tlj. Resto : tlj sauf lun-mer (ouv lun-mar soir en été). Congés : janv et 15 j. fin nov. Résa obligatoire. Doubles 80-120 €. Menu-carte 34 €.* Grosse maison bourgeoise fin XIXe s à l'orée du village, proposant 5 chambres charmantes et lumineuses. La véranda s'ouvre sur une terrasse-jardin : cadre rafraîchissant pour une cuisine « bistronomique » bâtie exclusivement sur les circuits courts. Seuls la tête de veau et le cochon figurent à l'année sur l'ardoise, tributaire pour le reste du rythme des producteurs locaux et de la pêche du jour à Port-Vendres ou Argelès. De beaux produits, donc, travaillés par un couple passé par de grandes tables, au *Ritz* notamment.

Le Catalan : *2, pl. de la République. ☎ 04-68-98-20-57. • soniercatalan@gmail.com • Tlj sauf lun. Fermé de mi-oct à avr. Menus 24-29 €.* Sur une placette ombragée au pied de l'église, grande et agréable terrasse où l'on aime se poser avant de reprendre la route. À l'ardoise, viandes et poissons joliment travaillés et bien présentés.

SAINT-GÉNIS-DES-FONTAINES (66740)

Charmant village qui mérite une visite. Ambiance nonchalante de ces coins du Sud où la vie s'écoule tranquillement entre le marché (les mardi et vendredi) et les terrasses de cafés où on se retrouve pour papoter.

L'abbaye : *rue Georges-Clemenceau. ☎ 04-68-89-84-33. • saint-genis-des-fontaines.fr • ♿ (rdc). Juil-sept, tlj 9h30-12h30, 15h-19h ; le reste de l'année, tlj sauf dim 9h30-12h, 14h-18h (17h oct-mars). Fermé certains j. fériés. Entrée : 2 € ; réduc.* Fondée autour de l'an 780 puis dévastée au IXe s, l'abbaye bénédictine de Saint-Génis fut reconstruite au cours des décennies suivantes. Fortement déclinante au début du XVIe s, elle fut unie en 1507 à l'abbaye de Montserrat (Espagne). Vendue comme bien national en 1796, elle fut démantelée en majeure partie en 1924. On en trouve des morceaux outre-Atlantique : 3 piliers à Philadelphie et une vasque à New York *(Les Cloisters).*
Le cloître a été reconstruit à l'identique du primitif dans les années 1990. Les colonnes, récupérées dans le parc du château des Mesnuls, dans les Yvelines, ont retrouvé leur emplacement initial. Sobriété de l'ensemble et belle polychromie de teintes de marbre, unique en Roussillon. Un déambulatoire supérieur tient lieu de galerie d'art. Dans l'église, beau retable baroque dédié à saint Génis, martyr du Christ. À l'extérieur, le linteau, œuvre monumentale, est connu pour être la 1re sculpture romane datée (1019-1020).

LE BOULOU (66160) 5 700 hab. *Carte Pyrénées-Orientales, C2*

Ville de passage à gros trafic estival et station thermale aux eaux connues depuis le pré-Moyen Âge. On y trouve les vestiges d'une tour quadrangulaire (issue du rempart médiéval) et l'église Sainte-Marie, dont le beau portail roman est surmonté d'une frise (peu visible) attribuée au maître de Cabestany, mystérieux sculpteur du Moyen Âge.

ROBINS DES BOIS DE CATALOGNE

Les Trabucayres ont écumé les collines du sud de la Catalogne du Nord de 1837 à 1846. Bandits de grand chemin, ils rançonnaient les plus fortunés, diligences de bourgeois ou riches fermiers, armés de fusils courts (les trabucs). Leurs forfaits étaient précédés de pratiques religieuses pour absoudre leurs futurs péchés...

Adresse utile

Office de tourisme : *6, rue Arago. ☎ 04-68-87-50-95. • tourisme-leboulou.fr • Juil-août, tlj sauf dim ap-m ; le reste de l'année, tlj sauf sam ap-m et dim.*

Où dormir ?

Où manger au Boulou et dans les environs ?

Hôtel Le Centre : *10, rue François-Arago. ☎ 04-68-83-15-73. • lecentrehotel@gmail.com • hotellecentre.com • Doubles 30-50 €.* Petit hôtel familial du centre-ville, dont les chambres sont progressivement restaurées et agrémentées de jolies touches de déco. Les prix augmentent doucement aussi, mais restent parmi les plus raisonnables que l'on connaisse dans ce pays ! Double vitrage pour les chambres qui donnent sur la rue. Certaines ont conservé leur joli carrelage d'époque. Les moins chères disposent d'un simple lavabo. L'accueil est charmant. Massages ayurvédiques. Un vrai, vrai bon plan pour les budgets serrés !

Comptoir JOA : *rte de Perthus, N 9, Casino Joa. ☎ 04-68-83-01-20. Tlj. Menus à partir de 17 € ; carte 22-28 €.* C'est le resto du casino du Boulou. Que ce soit à la carte ou dans les menus, le chef propose une très bonne cuisine, quoique plutôt classique. Déco chic et belle terrasse.

Auberge du domaine de Nidolères : *66300* ***Banyuls-dels-Aspres.*** *☎ 04-68-83-04-23. • aub-nidoleres@orange.fr • À 4 km au nord du Boulou. Tlj sauf lun-mar hors saison. Formule et menu déj en sem 23 € ; carte env 40 €.* La bonne petite auberge au beau milieu du vignoble, tenue par des producteurs-restaurateurs. Grande et belle terrasse couverte, avec vue splendide sur les vignes et le massif des Albères. Cuisine catalane traditionnelle, forte en ail et en huile, et vins des proprios de belle tenue ! Bon accueil, mais pas donné tout de même.

Chalet de l'Albère : *col de l'Ouillat, 66480* ***Saint-Jean-d'Albère.*** *☎ 04-68-83-62-20. • lechaletdelalbere@hotmail.fr • À 18 km du Boulou et 12 km à l'est du Perthus par la petite rte du col de l'Ouillat (fléché). Tlj sauf lun-mar en basse saison, midi et soir. Congés : 15 j. début mars. Nuitée 17 €. ½ pens 42 €/pers. Carte env 25 €. CB refusées. Apéritif maison offert sur présentation de ce guide.* À la fois café-resto et gîte d'étape (il est pile sur le GR 10), ce chalet en bois, au milieu de la forêt, offre un point de vue exceptionnel sur les cols d'Espagne, le fort de Bellegarde et les massifs des Albères. Au niveau du gîte, 2 dortoirs (10 et 14 personnes) avec douche, et 4 cabines de 2 à 4 places avec w-c et douche à l'extérieur. Simple et propre. Au resto, bonne cuisine de région et superbe terrasse avec vue. Bon accueil.

LES PYRÉNÉES-ORIENTALES

À voir au Boulou et dans les environs

La Maison de l'eau et de la Méditerranée : *4, rue Arago. ☎ 04-68-87-50-10. • mem-leboulou.fr • Juil-août, tlj 9h-12h30, 14h30-18h ; hors saison, lun-sam 9h-12h, 14h (15h lun)-18h (17h sam), dim 10h-12h30. Fermé 2 sem en janv et certains j. fériés. Entrée : 6 € ; réduc ; gratuit moins de 6 ans.* L'eau est indissociable de cette petite cité, du Tech qui la traverse jusqu'aux sources thermales. C'est toute cette histoire que raconte sur 3 étages cet espace résolument contemporain. Tous les moyens sont bons pour interpeler le visiteur : balance qui calcule son poids en eau, globe interactif, quiz, jeux de cartes, et même des sons, ceux de la mer et ceux des voix, retraçant les différents dialectes parlés en Méditerranée. On obtient ainsi moult petites expériences ludiques et interactives qui rendent le parcours passionnant pour les petits et les grands ! On suit un petit cours de chimie avec l'eau dans tous ses états, un autre de géopolitique sur le Bassin méditerranéen. De l'histoire de l'eau en général, on arrive progressivement jusqu'à la Méditerranée, et même la région. Et la visite incite, en outre, à une salutaire réflexion sur la préservation de l'eau, indispensable élément naturel pourtant plus que jamais menacé.

La chapelle Saint-Martin-de-Fenollar : *à* ***Maureillas-Las-Illas.*** *☎ 04-68-87-73-82. À 3 km au sud-ouest, fléché sur la droite. De juil à mi-oct, tlj sauf sam mat, 10h-12h, 14h30-18h30 ; de mi-avr à fin juin, tlj sauf mar et sam mat, 10h-12h, 14h-17h ; de fév à mi-avr et de mi-oct à fin nov, fermé le mat et le mar. Fermé déc-janv. Entrée : 3,50 € ; réduc ; gratuit moins de 12 ans.* Toute petite chapelle préromane (IXe) qu'on remarque à peine, en contrebas de la route qui file vers l'Espagne. Et pourtant, son abside abrite de superbes fresques du XIIe s, le plus important décor peint de la région qui, avant nous, avait déjà séduit Braque et Picasso.

Le fort de Bellegarde : *Le Perthus. ☎ 04-68-54-27-53 (de mi-juin à mi-sept) ou 04-68-87-00-53. • le-perthus.com • À 10 km au sud du Boulou. Accès aux abords, mais actuellement* ***fermé à la visite pour travaux.*** Forteresse du XVIIe s, construite par Vauban, elle fut prise et reprise à chaque guerre entre les rois de France et d'Espagne. Couvrant 14 ha, 1 200 personnes pouvaient y vivre pendant 1 an sans en sortir grâce à l'engrangement du blé dans une suite de caves voûtées et à un puits du XVIIe s de 62 m. La forteresse accueillit des fortes têtes au début du XXe s, puis des républicains espagnols fuyant après la guerre civile, et enfin des Allemands pendant la Seconde Guerre mondiale. Aujourd'hui, certaines salles abritent les vestiges des fouilles archéologiques du site romain et médiéval de Panissars, 1 km en contrebas. De sa terrasse panoramique, on plonge sur l'Espagne et la pyramide de Ricardo Bofill, symbole de l'union des 2 Catalognes. Pour l'anecdote, *La Scoumoune,* avec Claudia Cardinale et Jean-Paul Belmondo, ainsi que *L'Évadé,* avec Charles Bronson, furent tournés ici.

LE VALLESPIR

Belle vallée aux versants boisés où s'écoule le Tech, descendant des sommets pyrénéens pour se jeter dans la mer. Région la plus méridionale de France, le Vallespir connaît des paysages variés : plaine à 100 m d'altitude, puis pâturages et forêts majestueuses de hêtres, de chênes et de châtaigniers au fur et à mesure que l'on remonte vers la source du fleuve, jusqu'à 2 500 m.
Mais ce sont ses habitants et leurs traditions bien vivantes qui donnent aussi à cette vallée tout son intérêt, comme à Céret la paisible et à Arles-sur-Tech la pieuse, où sardane et fête de l'Ours animent les placettes ombragées...

Comment y aller ?

➢ ***En bus :*** *• laregion.fr •* Lignes Perpignan-Arles, via Céret et Amélie-les-Bains (lun-sam ligne régulière), et Perpignan-La Preste, via Céret, Amélie, Arles et Prats-de-Mollo, parfois avec changement à Arles. Liaison également Céret – Argelès-sur-Mer, via Saint-André, Sorède, Maureillas : 2-3 bus/j. sauf dim.

➢ ***En voiture :*** de Perpignan, autoroute A 9-E 15 ou D 900 (N 9) direction Barcelone et sortir au Boulou (21 km) ; puis D 115 jusqu'à Prats.

CÉRET

(66400) 7 980 hab. *Carte Pyrénées-Orientales, C2-3*

Cœur et capitale du Vallespir, Céret avait tout pour séduire les artistes du début du XXe s, et les galeristes d'aujourd'hui, avec son boulevard de platanes constamment animé, son pont du Diable plein de légendes, ses corridas, ses danses, ses accueillants Cérétans, ses 310 jours d'ensoleillement par an et ses cerises gorgées de sucre rouge.

LE TEMPS DES CERISES

Si d'autres coins de France leur grillent parfois la politesse, les cerises de Céret conservent la réputation d'être les 1res récoltées en France. Tous les ans, une cagette des 1res cerises cueillies est livrée à l'Élysée, tradition ininterrompue depuis 1932 !

Adresse et infos utiles

ℹ **Office de tourisme :** *5, rue Saint-Ferréol.* ☎ *04-68-87-00-53.* • *vallespir-tourisme.fr* • ♿ *De juil à mi-sept, tlj 9h-19h (dim 9h-13h) ; mai-juin et de mi-sept à oct, tlj sauf dim 9h-12h30, 14h-18h ; nov-avr, lun-ven 9h-12h30, 14h-17h, sam 9h-13h, fermé dim. Sinon, borne interactive à l'extérieur.* Visite guidée de la ville.

– **Marché :** *sam mat, bd Jean-Jaurès.* Vraiment sympa : nombreux produits régionaux, artisanat, etc.

– **Marché nocturne :** *mar en juil-août.*

Où dormir ?

Camping

⛺ **Les Cerisiers :** *chemin du Mas-de-la-Toure.* ☎ *04-68-87-00-08.* • *contact@camping-lescerisiers.com* • *camping-lescerisiers.fr* • ♿ *À 2 km de Céret (fléché). Fermé de janv à mi-fév. Forfait 2 pers 18,70-23,70 € ; mobile homes. 120 empl. CB refusées. Pot de bienvenue offert sur présentation de ce guide.* Bien ombragé par lesdits cerisiers, un terrain paisible aux emplacements spacieux bien isolés par des haies touffues. Location de vélos. Lac de Saint-Jean à 4 km.

De bon marché à prix moyens

Cérétan Hôtel : *7, rue de la République.* ☎ *04-68-87-11-02.* • *leceretan.hotel@gmail.com* • *Doubles 65-85 €.* Passé son entrée verdoyante, l'hôtel abrite des chambres aux tonalités modernes et lumineuses, impeccables et plaisantes, surtout celle donnant sur le massif du Canigó. Patio pour le petit déj. Excellent rapport qualité-prix.

Hôtel Vidal : *4, pl. Soutine.* ☎ *04-68-87-00-85.* • *bisbe@club-internet.fr* • *Doubles 58-90 €. Congés : nov-janv.* Ancienne résidence épiscopale datant de 1735, classée Monument historique, avec sa belle façade ouvragée. Chambres assez spacieuses, simples et agréables, sans TV, à la déco un peu vieillotte (mais ça fait aussi leur charme). Les proprios sont du village, dont ils connaissent bien les secrets. Bon resto également (voir « Où manger ? *Restaurant del Bisbe* »).

Où manger ?

De bon marché à prix moyens

Le France : *35, bd du Maréchal-Joffre.* ☎ *04-68-87-11-27. Tlj. Fermé de mi-janv à mi-fév. Formule et menu déj en sem 16-19 € ; menu 19 € ; carte env 30 €.* Grand café-brasserie à l'ample terrasse posée sous les platanes centenaires du boulevard. Jolies salles sur 2 étages, mises au goût du jour sans y perdre leur âme. Plats de tradition et de région pas mal tournés, servis en vitesse et dans la bonne humeur.

Al Catala : *15, av. Clemenceau.* ☎ *04-68-87-07-91. Tlj sauf dim-lun. Formule et menu déj en sem 19 € ; carte env 40 €. Apéritif maison offert sur présentation de ce guide.* Une grande salle élégante, une terrasse dans un joli patio ombragé et planté de bambous, et une chef inspirée qui travaille une cuisine gourmande, pleine d'inventivité sans renier ses racines méditerranéennes. Tout ce qu'on aime !

Can Jordi : *10, bd Jean-Jaurès.* ☎ *04-68-87-71-75.* • *jordifouga@live.fr* • *De mi-juin à mi-sept, tlj sauf lun ; le reste de l'année, tlj sauf dim-lun. Fermé nov-déc. Suggestion du chef env 18 € ; menu 33 € ; carte env 35 €. Apéritif maison ou café offert sur présentation de ce guide.* Le chef travaille des produits frais et propose en toute simplicité une cuisine catalane à l'ardoise, avec poissons et viandes *a la plancha* au bon rapport qualité-prix. Belle carte des vins de pays. On préfère la terrasse à la salle un peu sombre. Service attentionné.

Restaurant del Bisbe : *4, pl. Soutine. ☎ 04-68-87-00-85. • bisbe@club-internet.fr • Resto de l'hôtel Vidal (voir « Où dormir ? »). Tlj sauf lun-mar. Fermé nov-janv. Formule déj en sem 18 € ; menu 34 € ; carte env 40 €.* On y fait bombance dans la salle à manger de l'évêque ou en terrasse, sous une tonnelle ombragée par une jolie treille de vigne. La carte change chaque saison (même l'emblématique *escalibade* est déclinée selon les produits du marché) et peut compter sur une belle sélection de breuvages du cru. Une bien bonne table, dans un cadre d'exception.

Quattrocento : *3, pl. des 9-Jets. ☎ 04-68-87-15-60. Tlj. Formule déj sauf dim 11,50 € ; pizzas 11-14,50 € ; viandes et poissons 16-23 €.* Sur l'agréable place, une large terrasse où l'on déguste au choix de bonnes pizzas au feu de bois ou des plats plus traditionnels, composés de poissons et viandes souvent *a la plancha,* le tout cuisiné sur place. Ambiance conviviale.

Chic

L'Atelier de Fred : *12, rue Saint-Ferréol. ☎ 04-68-95-47-41. Tlj sauf dim-mar. Résa obligatoire. Menus 28 € (déj en sem), puis 45-58 €.* Une vraie table-plaisir où, comme ils disent, papilles comme pupilles sont à la fête : très belle cuisine, joli cadre cosy et moderne (avec un adorable patio pour quand il fait beau), accueil tout sourire et prix tenus.

Où dormir ? Où manger dans les environs ?

Camping

Al Comu : *rte de Fourques, 66300* ***Llauro.*** *☎ 04-68-39-42-08. 06-86-21-50-15. • alcomu@wanadoo.fr • camping-al-comu.com • À une dizaine de km au nord. Ouv d'avr à mi-oct. Forfait 2 pers env 25 € en hte saison. CB refusées. 40 empl. Hors saison, 19 € sur présentation de ce guide.* Un petit camping au calme, à l'écart des grands axes. Emplacements vastes, en particulier ceux sous les chênes-lièges. Sol un peu dur, prévoir le matériel en conséquence. Belle vue côté Méditerranée, belle vue côté Pyrénées, et adorable côté accueil.

De chic à beaucoup plus chic

Hôtel Le Mas Trilles : *av. du Vallespir,* ***Reynès.*** *☎ 04-68-87-38-37. • info@le-mas-trilles.com • le-mas-trilles.com • À 4,3 km à l'ouest de Céret, direction Amélie-les-Bains ; à la sortie de Pont-de-Reynès, sur la droite. Ouv avr-oct. Doubles 85-239 €.* Niché dans le repli d'une colline boisée, surplombant la rivière, cet authentique mas catalan du XIVe s superbement restauré abrite aujourd'hui 5 magnifiques chambres, chics et pleines de charme, à la déco personnalisée (meubles d'antiquaire, tissus coordonnés) : les proprios aiment chiner et ils ont du goût ! Piscine. Confort parfait au calme et, en prime, accueil charmant.

À voir

Le musée d'Art moderne de Céret : *8, bd du Maréchal-Joffre. ☎ 04-68-87-27-76. Tlj sauf lun. Entrée : 10 € ; réduc. Infos pratiques sur • musee-ceret.com •* En 1950, 2 peintres, Pierre Brune et Frank Burty Haviland, lancent un projet de musée pour perpétuer le souvenir des nombreux artistes ayant fréquenté la ville au début du XXe s et qui ont beaucoup peint Céret. Une liste comme copiée-collée du sommaire d'un ouvrage d'histoire de l'art. À partir de 1910,

Manolo, Picasso, Braque, Juan Gris, Auguste Herbin, Kisling, Max Jacob, et, après la Seconde Guerre mondiale, Masson, Loutreuil, Krémègne, Soutine, Chagall... séjournent à Céret. Picasso soutient le projet en faisant don de 53 œuvres, dont la magnifique série des coupelles tauromachiques. Matisse offre des dessins de Collioure.
Après des travaux de rénovation, le musée connaît aujourd'hui une nouvelle phase de son histoire. La collection moderne se déploie dans une présentation didactique. La collection contemporaine (Viallat, Bioulès, Ben, Clément, Gauthier, Tàpies, Tom Carr, Barceló, Plensa) dialogue avec les artistes d'aujourd'hui, suivant ainsi la personnalité originale du musée, créé par et pour les artistes. Une nouvelle aile propose de vastes espaces d'expos temporaires.

LE BARBIZON CATALAN

Picasso le 1er est tombé amoureux de Céret. À 2 pas de l'Espagne, dont il était exilé (le régime franquiste détestait les communistes !), il fit aimer cette petite cité à tous ses amis artistes. Incroyable panthéon, largement exposé au musée d'Art moderne étonnamment fourni : Cocteau, Chagall, Marquet, Matisse, Maillol... On sent d'ailleurs encore leur présence sous les platanes, dans les cafés. Un Barbizon... en plus ensoleillé !

LES PYRÉNÉES-ORIENTALES

Le musée de la Musique de Céret : 14, rue Pierre-Rameil. ☎ 04-68-87-40-40. • museemusiqueceret.com • Tlj sauf mar et dim 10h-17h30. Entrée : 5 € ; réduc ; gratuit moins de 7 ans. À l'origine de ce musée atypique, un couple de médecins suisses-allemands, pas musiciens pour un sou mais dévorés d'une passion pour les hautbois qui ne connaît pas de mesure. Au cours de leurs multiples périples à travers le monde, ils ont amassé une collection de près de 4 000 instruments. 450 sont exposés ici, dans un beau travail de mise en lumière offrant un fascinant voyage à la découverte des traditions musicales des 5 continents.

Le « Boulevard » : l'artère principale de la ville s'appelle successivement Joffre, Jaurès, La Fayette et place Picasso, en hommage à ces artistes qui ont séjourné à Céret. Elle épouse la forme des anciens remparts, dont il reste quelques vestiges : la porte de France et celle d'Espagne, du XIVe s. Un boulevard constamment animé, qui conserve son charme et sa poésie. C'est ici que les artistes se retrouvaient, peignant et discutant sous les platanes ou à la terrasse des cafés. Les peintres sont passés, les platanes sont restés, superbes, certains âgés de 200 ans et plus.

L'église Saint-Pierre : ouv selon disponibilité des bénévoles. Mignonne avec son clocher carré du XIIe s et son portail en marbre. À l'intérieur, joli dôme peint, beaux retables baroques à colonnes et chaire de marbre. Une maquette de l'église permet de mieux appréhender son architecture. L'ancien mécanisme de l'horloge (7 m de diamètre !) est désormais exposé dans le hall de la mairie : on jurerait une sculpture contemporaine.

Le pont du Diable : à l'entrée de la ville en venant de Perpignan. Construit au XIVe s, le pont de Céret fut longtemps le seul accès à la ville. Avec son arche de 45 m d'ouverture, il reste un miracle d'architecture. À tel point qu'une légende prétend que ce pont est l'œuvre du diable lui-même ! Les ponts précédents ayant coutume de s'effondrer, le diable proposa ses services... contre la 1re âme qui franchirait le nouveau pont. Acceptant son aide, l'ingénieur chargé des travaux usa d'un subterfuge et fit passer un chat noir sur le pont. Surpris, le démon en oublia de poser la dernière pierre... elle manque toujours : aucune n'a jamais pu y adhérer ! Pour se venger, le Malin jura de détruire son travail. C'est pourquoi les habitants de Céret édifièrent 2 autres ponts à côté, juste au cas où...

Manifestations

– ***Procession du Ressuscité :*** *dim de Pâques.* Bonne occasion d'assister à des sardanes (voire de guincher !).
– ***Fête de la Cerise et festival de bandas*** *(fanfares)* ***:*** *fin mai ou 1er w-e de juin.*
– ***Tout l'été :*** sardanes dans les rues, bals de quartiers.
– ***Feria :*** *mi-juil.* ● *feriadeceret.com* ● Corridas traditionnelles, avec mise à mort *(no comment).* Autrefois, Picasso les présidait en personne... Pendant 3 jours, *abrivado* avec lâcher de taureaux dans les rues. Concerts le soir.
– ***Festival international de sardane :*** *3e w-e de juil.* Magnifique. Céret s'est fait une spécialité de cette danse catalane. Pour l'occasion, des centaines de danseurs forment des rondes blanc et rouge dans les arènes.
– ***Fête de la Saint-Ferréol :*** *4 j. mi-sept.* Grande fête en l'honneur de saint Ferréol, patron de Céret. Très beau rassemblement de *puntayres,* les dentellières catalanes !

DANS LES ENVIRONS DE CÉRET

L'ermitage Saint-Ferréol : *à 4 km au nord de Céret. Rens : ☎ 04-68-87-02-09. Ouv selon disponibilité des bénévoles.* Au sommet d'une colline boisée, un bien bel ensemble de style espagnol du XVIIIe s. À l'intérieur, beau retable. Et même si c'est fermé, le déplacement vaut la peine pour la vue à 360° sur la plaine.

Le pic de Fontfrède : *à 12 km au sud, par une route sinueuse, assez difficile, mais quelle récompense !* De ses plus de 1 000 m d'altitude, panorama superbe sur le Roussillon et la Méditerranée. Picasso y faisait des pèlerinages pour observer son Espagne natale à la jumelle !

Le lac de Saint-Jean-Pla-de-Corts : *à 4 km à l'est de Céret par la D 115.* Une série de plans d'eau propices aussi bien à la baignade (surveillée en juillet-août) qu'à la pêche, la balade (piste cyclable de 20 km) et une foule d'activités nautiques !

AMÉLIE-LES-BAINS – PALALDA

(66110) 3 750 hab. *Carte Pyrénées-Orientales, C3*

L'une des plus vieilles stations thermales de France, puisque ses eaux sulfureuses avaient déjà été repérées par les Romains, qui ont construit ici les 1ers thermes. On peut encore voir les vestiges d'une antique piscine voûtée dans les thermes d'aujourd'hui, malheureusement sans charme. Malgré sa situation, son air pur et sa végétation méditerranéenne, la ville n'a pas grand intérêt : tout en longueur, faite de bâtiments en béton, peu animée, elle accueille asthmatiques et rhumatisants, qui s'y font soigner. Les touristes, eux, y viennent surtout pour le vieux village de Palalda, qui mérite assurément une visite.

Adresse et info utiles

Office de tourisme : *22, av. du Vallespir. ☎ 04-68-39-01-98.* ● *tourisme-amelie.com* ● *De mi-juin à mi-sept, lun-sam 8h30-19h (8h30-12h dim) ; d'avr à mi-juin et de mi-sept à nov, lun-ven 9h-12h30, 14h-18h ; janv-mars, lun-sam 9h-13h, 14h-16h (sauf sam en janv).*
– ***Marchés :*** *jeu mat pl. de la Sardane, et tlj pl. de la République pour les fruits et légumes.*

Achats

Maison Coll : *6, av. du Vallespir. ☎ 04-68-39-00-05. Tlj sauf dim-lun mat, 9h-12h, 15h-19h.* Un des derniers fabricants artisanaux d'espadrilles et autres vigatanes, avec ou sans talons, aux chauds coloris de Catalogne. La fabrique ne se visite malheureusement pas.

Pâtisserie Perez-Aubert : *12, rue des Thermes. ☎ 04-68-39-00-16. Face à la mairie. Tlj sauf lun-mar et dim ap-m, 8h-12h30, 15h-18h. Congés : 3 sem en juil.* Fabrication artisanale de la rousquille, un gâteau dont la recette tenue secrète et transmise de génération en génération a été inventée ici il y a plus de 200 ans... à moins que ça ne soit à Arles-sur-Tech : le débat fait rage !

À voir

Palalda : vieux bourg sur les hauteurs, rattaché à Amélie depuis 1942. Ses vieilles ruelles charmantes et ses anciennes tours de pierre, restes d'un château médiéval, lui donnent un charme incontestable. Église du Xe s à la superbe porte aux étonnantes ferrures.

– Juste à côté, petit ***musée de la Poste en Roussillon*** et ***musée des Arts et Traditions populaires,*** dans le ***centre d'interprétation Charles-Rennie-Mackintosh*** : *☎ 04-68-39-34-90. Mars-oct, tlj sauf lun mat et sam mat, 10h-12h, 14h-18h30 (19h mai-sept) ; le reste de l'année, lun-ven 14h-17h30. Fermé de mi-déc à début mars. GRATUIT.* Histoire de la poste et des communications, du timbre au téléphone. Si vous déposez votre courrier dans la boîte aux lettres, il sera acheminé avec le tampon du musée. Également des expos sur les savoir-faire ancestraux (vannerie, tissage, apiculture, etc.) et une présentation du travail de Mackintosh, architecte écossais parmi les plus grands représentants de l'Art nouveau. Rien à voir avec les ordinateurs, donc... Il a vécu dans le département dont 1 an à Amélie-les-Bains où il s'est largement consacré à sa passion 1re, la peinture.

QUAND LA MODE SE LASSE

La vigatane est comme une espadrille, mais avec des rubans de coton à nouer autour des chevilles. Si son origine est incertaine (Vic, près de Barcelone ?), il est sûr que ce chausson a bien occupé les industries du Vallespir jusqu'au milieu du XXe s. Toiles et semelles de corde ont fait trimer des ouvriers à domicile. Puis les métiers à tisser se sont tus. Restent quelques fabricants artisanaux dont l'avenir est incertain. Sauf retournement de mode.

Manifestations

– ***Festival folklorique international :*** *5 j. début août.* Près de 300 danseurs et musiciens présentent le folklore des 5 continents.

– ***Festibanyes :*** *début sept.* Fête traditionnelle et familiale reprenant les jeux taurins d'antan. Repas midi et soir avec animation musicale.

ARLES-SUR-TECH

(66150) 2 740 hab. *Carte Pyrénées-Orientales, C3*

Comme Céret, Arles-sur-Tech conserve des traditions et un folklore catalans vivaces. La ferveur religieuse y joue un rôle important, son abbaye ayant connu une grande renommée au Moyen Âge, comme en témoignent

son cloître ravissant ainsi qu'un étrange sarcophage rempli d'eau, qui garde tout son mystère... Voir aussi, quasi en face de l'abbaye, l'hôtel de ville, incroyable bâtisse de 1901, au style Belle Époque. Enfin, ne pas quitter Arles sans avoir goûté aux délicieuses rousquilles.
Les randonneurs entraînés s'attaqueront quant à eux au pic du Canigó par le sud : compter 12h de marche aller-retour (au départ du refuge de Batère, au bout de la D 43, sur la commune de Corsavy).

Adresse et info utiles

*- **Bureau d'information touristique :** le Palau, face à la mairie. ☎ 04-68-39-11-99. • info@tourisme-haut-vallespir.com • tourisme-haut-vallespir.com •*
*– **Marché :** mer mat.*

Où dormir ? Où manger à Arles-sur-Tech et dans les environs ?

Dommage, on aimerait vous donner plein de tuyaux sur l'hébergement dans cette petite ville sympa. Mais si Amélie la bétonnée en déborde, Arles l'authentique en manque cruellement. Avis aux vocations !

Campings

***Camping du Riuferrer :** rue de la Forge, à **Arles-sur-Tech.** 07-75-21-49-58. • campingriuferrer@gmail.com • campingduriuferrer.com • À 600 m du centre, direction Prats-de-Mollo. Ouv avr-oct. Forfait 2 pers 21 € en hte saison ; loc de caravanes et de mobile homes. 150 empl.* Camping tranquille, dispersant au milieu des arbres des emplacements spacieux bien délimités par des haies. La famille Larreur, très sympa et forte de conseils sur la région et ses randos, s'en occupe depuis de nombreuses années. Demandez leur avis aux campeurs les plus anciens (certains ont près de 40 ans de fidélité !). Jeux pour les gosses, snack-resto en saison. Piscine (gratuite pour les campeurs en juillet-août) et tennis municipaux à 2 pas.

***Camping Le Cortsavi :** rte de Batère, 66150 **Corsavy.** ☎ 04-34-29-19-91. • info@campinglecortsavi.com • campinglecortsavi.com • À 7 km au nord-ouest d'Arles ; fléché depuis le village. Ouv mai-nov. Forfait 2 pers 15-20 € en hte saison ; loc de caravanes, mobile homes et apparts. 50 empl.* Juché à 800 m d'altitude sur les hauteurs du village, le camping bénéficie d'un environnement à la fois beau et paisible, velouté et vallonné. Peu d'ombre, cela dit, et un seul bloc sanitaire. Sur place, snack, barbecue communautaire, boulodrome, et aire de jeux pour enfants. Piscine municipale gratuite à 200 m (juillet-août). Accueil sympa.

Prix moyens

***Chez Françoise :** rue Baptiste-Pams, à **Corsavy** (66150). ☎ 04-68-39-12-04. À 7 km au nord-ouest d'Arles-sur-Tech ; à l'entrée du village. Tlj sauf mer, le midi seulement. Fermé de mi-déc à fin fév. Menu 33,50 € (vin compris).* La bonne vieille adresse de village, qui fait aussi bar, épicerie et tabac. Salle évidemment rustique, doublée d'une gentille terrasse glissée sous une treille, avec vue sur les montagnes. La patronne (qui ne s'appelle pas Françoise !) concocte un unique menu du terroir, simple et roboratif, avec charcuterie et pâté maison, truite, omelette aux cèpes, pintade et dessert. En semaine, on peut se contenter d'un seul plat. Service vif et souriant.

Où acheter de délicieuses rousquilles ?

Pâtisserie Jean Touron : *placette d'Avall.* ☎ *04-68-39-10-47. Tlj sauf lun 7h30-12h, 16h-18h.* Il serait l'inventeur de la fameuse *rosquilla* (ou rousquille), biscuit rond au citron, nappé de sucre glace (à moins qu'on n'en trouve l'origine à Amélie-les-Bains ? Les avis sont partagés...). Le touron (nougat), ce n'est pas lui...

À voir

L'abbaye Sainte-Marie d'Arles : *entrée par le Palau. Visites libres ou guidées, ainsi que contées. Propose une visite guidée de la ville axée sur le patrimoine industriel et artisanal (fer, chocolat, tissage). Rens et résa au* ☎ *04-68-83-90-66. • abbaye@arles-sur-tech.fr • Visites guidées d'env 1h-1h15 : 4 € ; réduc. Boutique.*
Ancienne abbaye bénédictine fondée par ce sacré, sacré Charlemagne au VIIIe s, autour de laquelle le village se développa.

– ***L'église abbatiale*** se distingue par l'orientation de son abside, vers l'ouest plutôt qu'à l'est comme de tradition. Bel intérieur en pierre massive, voûtes du XIIe s, grand orgue superbe du XVIIIe s et intéressants témoignages d'art sacré dans les chapelles. Dans la 1re, à droite, beau retable baroque (éclairage à gauche) qui raconte l'histoire de princes persans au IIIe s à travers des personnages en bois sculpté recouverts à la feuille d'or. Dans l'absidiole à gauche du maître-autel, les fameux *misteris* (représentations du Christ : assis, en croix, au tombeau...) portés par les pénitents noirs lors de la procession de la Sanch. Dans une chapelle haute au-dessus du portail d'entrée, à l'intérieur, fresques du XIIe s. Notez ce pilier creux, utilisé jadis pour cacher les reliques.

– ***Le cloître de l'abbaye :*** d'une finesse rare et très bien conservé, il fut construit à la fin du XIIIe s. C'est le 1er cloître de style gothique du Roussillon. Les arcades de marbre blanc et de calcaire gris des galeries sont de véritables chefs-d'œuvre. Au centre du petit jardin médiéval, une croix de fer forgé originale, « la Creu del Gra » : dans sa tige, prisonnière de liens soudés, une boule de fer que l'on peut faire rouler !

– ***La Sainte Tombe :*** sur le parvis de l'église. Ce sarcophage de marbre blanc vieux de 1 700 ans reste une véritable énigme. Il aurait abrité les reliques des saints Abdon et Sennen, rapportées au Xe s par Arnulphe, abbé du monastère d'Arles. Elles auraient servi à chasser les simiots, créatures diaboliques du folklore pyrénéen, dotées d'un corps simiesque et d'une tête de chien, dont vous pouvez d'ailleurs chercher l'une des rares représentations dans l'église. Au-dessus du sarcophage, une statue funéraire encastrée dans le mur, représentant un seigneur mort au début du XIIIe s.

SOURCE DE MYSTÈRE

Au cours de l'année, le sarcophage de l'abbaye de Sainte-Marie se remplit de plusieurs centaines de litres d'eau, malgré un couvercle bien massif... Ce mystérieux phénomène laisse les scientifiques perplexes. Ce caisson surélevé, distant du mur, vidé chaque année, profiterait du savant mélange d'infiltration d'eau de pluie (à 90 %) et de condensation de vapeur atmosphérique à travers les interstices du couvercle (pour les 10 % restants). Étrange, étrange...

Le Palau : autrefois dépendance de l'abbaye, il s'y trouvait notamment un pressoir qu'utilisaient les Arlésiens, vassaux du seigneur-abbé, lors des vendanges. Vendu comme bien national pendant la Révolution française, le bâtiment a été acquis au début du XXe s par une grande famille d'industriels du chocolat, les Cantaloup, pour en faire leur demeure. Aujourd'hui réhabilité et ouvert au public, ce lieu est devenu le centre d'un pôle patrimonial religieux et culturel et présente un espace muséographique (CIAP) dédié à l'histoire de la ville et au patrimoine industriel, ainsi que des salles d'expos temporaires.

Le Moulin des arts et de l'artisanat et le Conservatoire des tissages : *rue du 14-Juillet. Avr-mai, tlj 14h-18h ; juin-oct, tlj 10h-19h. GRATUIT.* Une ancienne usine créée vers 1900 pour fabriquer des toiles et des tresses pour semelles d'espadrilles, puis du linge de maison. Le site est aujourd'hui un pôle des métiers d'art regroupant plusieurs ateliers : vitrail, sculpture-fonderie, céramique, ferronnerie, fonderie, maroquinerie, tapisserie d'ameublement, bijoux-graines, peinture... Également une boutique qui regroupe une quinzaine de créateurs 100 % Sud Canigó, et 250 m² d'expo.

Manifestations

- ***Fête de l'Ours :*** *1er w-e de fév, au début du carnaval.*
- ***Foire aux chevreaux et aux fromages :*** *w-e des Rameaux.*
- ***Procession de la Sanch :*** *soir du Vendredi saint.* À ne pas rater.
- ***Fête de la Saint-Éloi :*** *fin juin.* Bénédiction des mulets et des petits pains. Cette amusante cérémonie rend hommage aux braves bêtes qui rendirent tant de services aux montagnards du Vallespir avant l'avènement du moteur !
- ***Festa major :*** *fête du village, le 30 juil.* Procession des reliquaires des saints, offrande de la Rodella (ininterrompue depuis le XVe s), etc.
- ***Festival d'orgue à l'abbaye :*** *juil-oct.*
- ***Rencontres européennes de ferronnerie d'art :*** *3e w-e d'oct, ts les 2 ans (années impaires).* 3 jours d'intense « forging ». Unique !

DANS LES ENVIRONS D'ARLES-SUR-TECH

MONTFERRER (66150)

Ruines d'un château *(castell)* dynamité au XVIIe s et très belle église romane. Autre richesse de ce charmant village : les truffes, dont Montferrer est la capitale régionale... Et dans la montagne, on peut se ravitailler en excellents fromages de brebis au ***mas de Can Nadal*** *(☎ 06-16-66-00-92).*

SERRALONGUE (66230)

Beau petit village aux maisons colorées. Un chemin en pente mène à l'église romane construite au début du XIe s. Superbe porte aux ferrures en spirales et à l'énorme verrou en forme de dragon. Derrière l'église, un escalier grimpe à une butte ornée d'un petit édifice, appelé *conjurador.* Cette structure carrée ouverte sur les côtés était fréquente en Catalogne : c'est d'ici que les prêtres lançaient leurs prières censées calmer les colères du ciel et conjurer le mauvais sort... En tout cas, la vue sur les montagnes environnantes y est superbe.

SAINT-LAURENT-DE-CERDANS (66260)

Ce village du haut Vallespir (3 000 habitants au XIXe s, 1 250 aujourd'hui), riche de traditions ouvrières et pastorales, affiche son attachant passé sur les murs des maisons et compte encore une fabrique d'espadrilles *(possibilité de la visiter en saison sur rdv ; ☎ 04-68-54-08-68 ; boutique, chemin du Baynat-d'en-Pouly).*

Jadis, une dizaine d'ateliers employaient ici 1 millier de personnes. Également une usine de linge de maison très réputée (***Les Toiles du Soleil,*** *av. Jean-Jaurès ; ☎ 04-68-39-33-93 ; boutique lun-jeu 10h-12h, 14h-17h).*

Fête de l'Ours : *2e w-e des vac scol d'hiver, pdt 3 j.*

Adresse utile

Bureau municipal d'animation et de tourisme : *7, rue Joseph-Nivet. ☎ 04-68-39-55-75 (50-04 mairie). Juil-août, en principe tlj 10h-12h, 14h-18h ; le reste de l'année, lun-ven 10h-12h, 14h-17h.* Y est exposé l'ancien mécanisme de l'horloge du clocher de l'église, datant de 1888.

À voir

La Maison du patrimoine et de la mémoire : *☎ 04-68-39-55-75. Entrée par le bureau de tourisme ; mêmes horaires. Entrée : 1 € ; réduc.* Reconstitution d'une usine d'espadrilles de 1923 et d'une forge de maréchal-ferrant, photos sur la vie sociale et festive du village du début du XXe s à nos jours. Également une salle consacrée à la *Retirada,* sombre épisode de l'émigration des réfugiés espagnols en 1939. Petit film de 15 mn projeté sur demande.

COUSTOUGES *(66260)*

Village frontalier célèbre dans la région pour sa magnifique église fortifiée du XIIe s : clocher impressionnant, toit d'ardoise bleue et portails admirables. L'originalité réside dans le 2d portail, intérieur : tympan foisonnant de sculptures représentant des végétaux et d'étranges animaux. À l'intérieur, très belle grille en fer forgé fermant le chœur. Dans tout le village, des panneaux explicatifs, historiques et parfois désopilants. On peut ensuite poursuivre vers l'Espagne direction Maçanet-de-Cabrens.

PRATS-DE-MOLLO – LA PRESTE

(66230) 1 170 hab. *Carte Pyrénées-Orientales, B3*

Prats, la royale ! Les rois d'Aragon y avaient bâti un palais, alors elle a gardé le titre depuis le XIIe s. Cette paisible ville de montagne aux hautes maisons à balcons étonne par le contraste entre sa partie « moderne », étalée, et, en son cœur, sa cité fortifiée. Vauban est encore passé par là, renforçant les remparts et édifiant un fort qui veille sur l'imposante église au grand clocher carré. Aujourd'hui, Prats vit surtout du tourisme vert et de sa station thermale (urologie, rhumatologie) située à La Preste, à une dizaine de kilomètres par une route de montagne superbe.

Adresse et info utiles

Bureau d'information touristique : *pl. du Foiral. ☎ 04-68-39-70-83. • pratsdemollolapreste.com • Juil-août, tlj 9h-13h, 14h-19h ; sinon, tlj sauf dim (et sam nov-déc) 9h-12h et 14h-18h.*

– ***Marché :*** *ven mat.*

Où dormir ? Où manger ?

Hôtel Le Bellevue – Restaurant Bellavista : *pl. du Foiral. ☎ 04-68-39-72-48. • info@hotel-le-bellevue.fr • hotel-le-bellevue.fr • (resto). Resto tlj sauf mar-mer. Congés : de déc à mi-fév. Doubles 70-120 € (3 j. min). Pension et ½ pens possibles. Menus 26 € (déj sauf dim)-66 € ; carte env 50 €. Apéritif offert sur présentation de ce guide.* La bonne adresse, dans la même famille depuis 2 générations, mais qui a su (très bien) évoluer avec le temps. Produits locaux assez exceptionnels pour une superbe cuisine qui revisite le terroir catalan, avec talent et invention mais sans frime. Chambres plus conventionnelles mais élégantes et confortables (clim), certaines avec balcons et vue sur les montagnes. Excellent accueil. Terrasse.

Chambres d'hôtes Maison Mauro : *1, rue du Jardin-d'Enfants. 06-14-62-63-21. • maisonmauro@gmail.com • maisonmauro.fr • À 2 pas de la vieille ville, vers l'office de tourisme. Doubles 70-110 €.* Dans une maison aux faux airs d'auberge de campagne d'autrefois, joliment restaurée. 3 chambres, toutes différentes, ainsi qu'un studio à l'étage, et même un appart. Le tout immense, avec des salles de bains de même envergure, dissimulées derrière de belles structures en fer forgé. Bar, salon avec cheminée et bibliothèque, cuisine à dispo, terrasse et jardin. De toutes les pièces, vue formidable sur les montagnes. Et la maison dans son ensemble sert régulièrement de lieu d'expo.

Chambres d'hôtes Mas El Casal : *rte d'Espagne. 06-72-82-28-61. • elcasal66@gmail.com • chambres-hotes-catalogne.com • À 5 km de Prats-de-Mollo (fléché sur la droite de la D 115). Congés : 15-30 sept. Double 90 €.* Jane et Patrick Maison, nom prédestiné, accueillent leurs hôtes dans une ancienne étable joliment réaménagée sans y perdre ses attributs. Abreuvoirs, etc. sont intégrés avec goût dans la déco de 2 vastes chambres tout confort et de la grande pièce commune où se prend le petit déj. La ferme attenante est d'ailleurs toujours active (élevage de vaches Aubrac). Vue imprenable sur les montagnes environnantes.

Hôtel-restaurant Ausseil : *pl. Josep-de-la-Trinxeria. ☎ 04-68-39-70-36. • info@hotel-ausseuil.com • Tlj. Menus 16-29,90 €.* Dans la vieille demeure, ou attablé en terrasse, sur la petite place, on déguste de bonnes et copieuses spécialités catalanes, comme la morue, la joue de porc ou encore les gambas flambées. Aussi un menu végétarien, rare dans la région.

Le Sud : *3, rue Porte-d'Espagne. ☎ 04-68-39-71-78. • fanny sud@free.fr • Mer-dim midi et jeu-ven soir. Formules env 15 € (déj)-25 €.* Petite adresse sans prétention à la cuisine bien sûr tournée vers le(s) sud(s) : spécialités catalanes, pizzas, tapas, sandwichs pour les plus pressés.

À voir. À faire

La ville fortifiée : construits au XIVe s, les remparts détruits lorsque les habitants, devenus français malgré eux, s'élevèrent contre les impôts ordonnés par Louis XIV, ont été reconstruits à la fin du XVIIe s. On entre (à pied) par la porte de France. À l'intérieur de l'enceinte, de jolies ruelles bordées de typiques maisons montagnardes. Une curiosité : la petite chapelle Saintes-Juste-et-Ruffine (qu'on ne confondra pas avec l'église du même nom), du XVIIe s, ornée de fresques et de vitraux très colorés, signés de l'artiste catalan Jean Lareuse.

L'église Saintes-Juste-et-Ruffine : *de mi-juin à mi-sept, tlj 10h30-12h30, 14h-18h ; le reste de l'année, sur demande auprès de l'office de tourisme. Entrée libre.* Étrange ex-voto, une côte de baleine plantée dans le porche accueille le pèlerin dans cette église du XIIIe s dont ne subsiste d'origine que l'impressionnant clocher crénelé, le reste ayant été reconstruit au XVIIe s. À l'intérieur, beau mobilier baroque, dont l'un des plus grands retables du département, datant de la fin du XVIIe s. Voir, dans l'une des chapelles latérales, des outils de tisserands, marque de leur confrérie, sculptés dans la pierre en 1701. En été, dans la chapelle du fond, expo historique et d'objets liturgiques, dont une étonnante roue en bois équipée de maillets, qui sonnait les messes en remplacement des cloches durant la Semaine sainte.

Le fort Lagarde : *accès à pied en 15 mn env par le sentier ou le chemin couvert, ou en minibus quand il y a une visite guidée. ☎ 04-68-39-70-83. En principe, de mi-juin à mi-sept, tlj 11h-13h, 14h-19h ; d'avr à mi-juin, mer-dim 11h-13h, 14h-18h ; de mi-sept à fin oct, le w-e 14h-17h. Fermé nov-mars. Entrée : 3,50 € (5 € en visite guidée ou « contée », en journée et en nocturne) ; réduc ; gratuit moins de 12 ans. Juil-août, visite animée en compagnie d'un soldat du XVIIIe s, avec tir au fusil, au canon, etc. : 7 € ; réduc ; gratuit moins de 6 ans.* Une œuvre de Vauban, articulée autour d'une ancienne tour médiévale, qui domine fièrement la cité depuis le XVIIe s. Conçu dans un but évidemment défensif, ce fort a également servi à mater la révolte des Angelets, paysans ulcérés par l'établissement de la gabelle en 1661. Magnifique vue depuis la tour de la Guardia.

VAUBAN FAIT FORT

Bellegarde (Le Perthus), Miradou (Collioure) ou Lagarde (Prats-de-Mollo), voilà 3 citadelles qui surveillent l'Espagne et veillent au traité des Pyrénées. Dans le Vallespir, le fort Dels Banys protège Amélie. Dans le Conflent, Villefranche verrouille les vallées de la Têt et de la Rotja. Et tout là-haut, la cité de Mont-Louis tient Cerdagne et Capcir. Tous ces fleurons de l'architecture militaire sont signés Sébastien Le Prestre de Vauban (1633-1707), Vauban tout court pour les intimes.

Manifestations

Fête de l'Ours : *1 dim des vac scol d'hiver zone C.* Sans doute la manifestation la plus originale de la vallée et, paraît-il, l'un des rites les plus anciens d'Europe. Jadis, juste sorti d'hibernation, affamé, l'ours n'hésitait pas à descendre des montagnes pour s'attaquer aux troupeaux, bergers et autres passants... puis il a disparu (la faute à qui ?). Alors on s'est mis à l'idolâtrer. On le ressuscite tous les ans depuis belle lurette, en habillant 3 jeunes hommes d'une peau de mouton et en les grimant de suie. Après avoir sillonné le village, ces « ours » sont attrapés et rasés (symboliquement)...

– **Charivari Band's :** *2e ou 3e w-e de juil.* Festival de *bandas.*

LA GUERRE DES OURS

Le paternel ne reste pas vivre avec la femelle et ses petits. En rencontrant une maman sans protection, le mâle est parfois incité à tuer les petits. En effet, n'allaitant plus, l'oursonne retombe alors en chaleur. Et là, l'accouplement devient possible. Dure loi de la nature.

DANS LES ENVIRONS DE PRATS-DE-MOLLO – LA PRESTE

La réserve naturelle Prats-de-Mollo – La Preste : *à La Preste, prendre la direction de Las Conques. ☎ 04-68-39-74-49. • reserves-naturelles.org/prats-de-mollo-la-preste • Point infos en juil-sept seulement au niveau du refuge de Las Conques. Fournit de la doc et des cartes de sentiers.* Plus de 2 000 ha de milieux naturels très diversifiés (forêts, landes et pelouses) qui abritent une faune et une flore particulièrement riches. Nombreux sentiers balisés.

LES ASPRES

Les Aspres sont ces collines un peu arides (leur nom vient de « âpre »...) mais boisées, prises en sandwich entre les vallées du Tech et de la Têt, à l'ouest de Perpignan et au pied du Canigó. Une belle région à laquelle on s'attache autant qu'à ses voisines : l'art roman y est présent dans presque tous les villages tapis sur les versants, tandis que les hauteurs autorisent de superbes contemplations, de la plaine du Roussillon jusqu'à la mer...

THUIR (66300) 7 685 hab. *Carte Pyrénées-Orientales, C2*

Surtout connue pour son apéritif, le Byrrh, la « capitale » des Aspres vit un peu comme un village. Quelques remparts, vestiges de son ancien statut de ville royale (d'Aragon !).

Adresse utile

Office de tourisme : *bd Violet. ☎ 04-68-53-45-86. • aspres-thuir.com • Juil-août, tlj 10h-12h30, 14h-18h30 ; avr-oct, tlj sauf dim 9h30-12h30, 14h30-18h30 ; nov-mars, mar-sam 9h30-12h30, 14h-18h.*

Où dormir ? Où manger ?

Hôtel Cortie : *3, rue Jean-Jacques-Rousseau. ☎ 04-68-34-58-66. • contact@hotel-cortie.com • hotel-cortie.com • En plein centre ; éviter d'entrer en voiture dans la rue, c'est une impasse ; parking public gratuit pl. de la République. Doubles 65-80 €. Menus 19 € (déj en sem)-35 €.* Jeune équipe pour cette vieille maison (l'hôtel est ouvert depuis le début du XXe s) qui a conservé un certain charme. Chambres sobrement rénovées au goût du jour, avec terrasse ou balcon pour certaines. Cuisine de région des plus basique au resto.

Arbequina : *20, bd Léon-Jean-Grégory. ☎ 04-68-34-46-64. • arbequina@hotmail.fr • Tlj sauf lun-mar. Formule déj en sem 19 € ; menu 34 € ; carte env 42 €.* La table d'un jeune chef qui a appris chez quelques grands. Agréable salle d'un design d'aujourd'hui et très belle cuisine, méditerranéenne au sens large (le chef a un faible pour l'huile de ces olives dont une variété a laissé son nom au resto), qui sait tirer toute la saveur des meilleurs produits. Terrasse côté rue.

Le Patio Catalan : *4, pl. du Général-de-Gaulle. ☎ 04-68-53-57-28. En face des caves Byrrh. Tlj sauf dim-lun. Fermé fin août-début sept et vac de Noël. Résa conseillée. Formule déj 19 € ; assiette-repas 24 € ; menus 28-43 €.* C'est d'abord bien sûr son patio (avec toiles catalanes sur les tables) qui séduit aux beaux jours. C'est ensuite sa bonne cuisine (catalane, mais pas que) dans la grande tradition. Salle dans le même esprit : poutres, belle vaisselle...

Can Marty : *13, bd Léon-Grégory. ☎ 04-68-53-61-40. Tlj sauf dim soir-lun. Formules midi en sem*

15,50-16,90 € ; menu 27 €. C'est dans ce petit bistrot assurément convivial, ou sur la terrasse abritée, dans la ruelle, que vous goûterez à une bonne cuisine bistronomique méditerranéenne comme on les aime, avec des produits de la région et de la saison.

Achats

Empreinte Catalanes : *pl. Gabriel-Péri. ☎ 04-68-53-77-44. Tlj sauf dim-lun 10h-12h30, 14h-18h30.* Parfait pour acheter des souvenirs ou des bons vins, huiles, confitures... Le tout bien du terroir. Ici, on se passionne pour la tradition, et ça se ressent dans les beaux et bons produits sélectionnés.

À voir

Les caves Byrrh : *2, bd Violet. ☎ 04-68-53-45-86. • caves-byrrh.fr • Avr-oct, visite tlj 9h30-11h30, 14h30-17h (juil-août, 10h-11h30, 14h-18h) ; nov-mars, visites guidées seulement, tlj sauf dim-lun, à 10h45 et 14h30. Fermé 1er janv, 1er mai et 25 déc. Visite libre : 5,50 € ; visite guidée de 1h15 avec dégustation : 7 € ; réduc ; gratuit moins de 8 ans. Visites à thème de mi-juil à fin août, sur résa, mar et jeu à 17h30 ; 10 €, réduc, gratuit moins de 8 ans. Visites son et lumière avr-juin et sept-oct, tlj à 17h30 ; nov-mars, tlj sauf dim-lun à 16h ; 8,50 €. Ateliers cocktails, pâtisseries et cuisine : programmation sur leur site.* Inventé au XIXe s par les frères Violet, à l'origine de simples bergers, le Byrrh est un apéritif à base de vin et de plantes aromatiques (quinquina). La nouvelle muséographie met en avant cette saga familiale à travers des hologrammes, des jeux d'ombre et de lumière, une expo d'affiches de 1903 et la plus grande cuve en chêne du monde (1 000 200 litres !), véritable prouesse technique de l'époque. On peut évidemment acheter sur place du Byrrh tout droit sorti des caves.

Le musée des Arts et Traditions populaires : *pl. de la Mairie. ☎ 04-68-53-18-41. Juin-sept, tlj sauf dim mat 10h30-12h, 15h-18h30. GRATUIT.* Installé dans un ancien relais de poste du XVIe s et une ancienne tour de garde restaurée, un discret mais intéressant musée des arts et traditions populaires. Collection assez riche et complète d'outils, de vêtements et d'objets locaux, fort bien présentée.

Manifestations à Thuir et dans les environs

- ***Le Musée dans la ville :*** *juil-sept.* Une expo envahit les rues de la ville.
- ***Diades catalanes :*** *mi-juil.* Fête catalane avec animations de rue.
- ***Les Nuits d'août :*** *2e sem d'août.* Concerts gratuits en soirée.
- ***Festival hybride :*** *fin août.* Concert, cinéma et gastronomie.
- ***Fête des Sorcières :*** *dernier w-e d'oct, à **Tressere** (66300), à env 15 km au sud de Thuir.* Spectacles de rue, course de sorcières, concerts endiablés...
- ***Il était une fois Noël :*** *déc.* Chaque année, un pays différent est illustré par des contes, légendes, traditions de Noël.

DANS LES ENVIRONS DE THUIR

Le monastir del Camp : *66300 **Passa**. ☎ 04-68-38-80-71. À env 10 km au sud-est de Thuir, sur la route entre Passa et Villemolague. Juil-sept, tlj sauf jeu 15h-18h ; hors saison, uniquement le w-e. Entrée : 4 € ; gratuit moins de 12 ans.* Prieuré du XIe s, classé au titre des Monuments historiques en 1862 par Prosper Mérimée. Son nom viendrait d'une bataille mythique entre Charlemagne et les Sarrasins.

Ensemble de bâtiments formant hameau et exploitation agricole. Le délicieux cloître gothique en marbre de Céret date de 1307, et l'église romane du XIIe s présente un très beau portail aux chapiteaux sculptés par le maître de Cabestany.

Le Jardin exotique de Ponteilla : *impasse du Jardin-Exotique, rte de Nyls, 66300* ***Ponteilla.*** *☎ 04-68-53-22-44. • lejardinexotiquedeponteilla.fr • À env 8 km à l'est de Thuir (bien indiqué). De mi-avr à mi-sept, 14h-18h ; début juin-août, tlj 10h30 (14h sam)-19h ; sinon, horaires variables, se renseigner. Entrée : 9 € ; réduc ; gratuit moins de 4 ans.* Une flore variée et odorante de plus de 1 400 végétaux sur 3 ha et présentée de façon très pédagogique. Chemin ombragé, brumisateurs, jeu de piste, *escape game,* promenade sensorielle et activités ludiques en famille. Aires de pique-nique, snack.

ROCK AVENUE

Le petit village de Passa a baptisé en 2015 une de ses rues « avenue Jimi-Hendrix ». C'est, étonnamment, la seule au monde à porter le nom du génial guitariste de la génération Woodstock. Elle ne possède pas de numéro 27, âge de la mort d'Hendrix (comme de quelques autres rock stars du « club des 27 » : Janis Joplin, Jim Morrison, Kurt Cobain, Amy Winehouse).

CASTELNOU (66300) 365 hab. *Carte Pyrénées-Orientales, C2*

Superbe village médiéval parfaitement conservé. Belle pierre ocre jaune, presque miel, des habitations et du château millénaire autour duquel le village s'est construit, une magnifique forteresse du Xe s qui se visite de mi-avril à mi-septembre. Le village reste un des plus beaux de la région et de France, sans les boutiques tape-à-l'œil qui défigurent habituellement ce genre de site.

Adresse et infos utiles

Office de tourisme : *à l'entrée du village. 06-32-05-03-05. Mai-sept, lun-sam (tlj juin-août) 10h-13h, 14h30-18h30.*

– **Parking payant :** *forfait 3 €/véhicule.*

– **Marché :** *mar tte la journée de mi-juin à mi-sept.* Ne pas manquer le marché de producteurs, pittoresque, avec des structures en bois comme au Moyen Âge. Souvent animé par des musiciens.

Où dormir ? Où manger ?

Maison d'hôtes La Figuera : *3, carrer de la Font-d'Avall. ☎ 04-68-53-48-42. 06-59-35-40-00. • lafiguera@wanadoo.fr • la-figuera.com • Congés : déc-janv. Doubles 90-95 €, petit déj inclus.* 3 vieilles maisons aux murs épais comme ça, médiévales comme tout le village, reliées entre elles avec goût : c'est *La Figuera.* On s'y déplace comme un chat dans un labyrinthe, entouré d'une agréable et importante végétation, on y loge comme un loir dans ses terriers. Déco bien faite, accueil doux. Salon de thé, avec crêpes maison.

Café La Font : *carrer d'Avall. 06-87-12-73-72. • lerenardetlacigogne@orange.fr • Tlj l'ap-m avr-sept, plus le midi juin-sept. Congés : janv-mars. Formule déj env 15 €.* Cadre acidulé pour manger sur le pouce une tarte salée accompagnée d'une belle salade à base de tomates anciennes (plus de 40 variétés) récoltées sur la propriété. Également des crêpes et des glaces, pour le goûter.

À voir

Le village médiéval : on est déjà séduit en arrivant de Thuir par la petite D 48 ; au détour d'un virage, sur fond de Canigó, en pleine verdure, sa vieille pierre dorée par le soleil éblouit. On entre (à pied) par une porte coincée entre 2 tours. Les ruelles pittoresques et tortueuses, tout en escaliers, frappent par leur chaleur et leur luminosité. Quelques boutiques artisanales s'intègrent bien au site : poterie, ferronnerie, etc. Les habitations se distinguent par leurs ouvertures étroites, leurs escaliers (les gens logent à l'étage), leurs génoises (tuiles maçonnées) si caractéristiques de l'architecture provençale. Curieux renflements dans certaines façades, traces des anciens fours à pain. Partout ces schistes et cailloux usés, comme si le village était creusé à même sa colline... Fait rare, aucune maison récente, même aux alentours !

ILLE-SUR-TÊT (66130) 5 520 hab. *Carte Pyrénées-Orientales, C2*

Une ancienne ville fortifiée (ne reste plus qu'une tour et un petit kilomètre de remparts) à la frontière des Aspres. On voit de loin le clocher carré de la grosse église Saint-Étienne. Autour de l'édifice, une vieille ville à l'atmosphère toute catalane où l'on s'arrêtera pour visiter l'Hospici d'Illa, centre d'Art sacré aux trésors méconnus, ainsi que ce qui fait la célébrité de la ville : les orgues, étonnante et fascinante curiosité géologique. Les fous de littérature sauront se souvenir que, lors d'un séjour ici, Mérimée composa l'un de ses plus beaux textes, *La Vénus d'Ille.* Au fait, on prononce « iye ».

Adresse et info utiles

Office de tourisme : *pl. Henri-Demay. ☎ 04-68-57-99-00. • roussillon-confluent.fr • En saison, lun-sam 9h30-12h30, 14h-18h ; hors saison tlj sauf w-e lun-ven 9h-12h, 14h-18h (17h ven).*

– ***Marchés :*** *mer mat et ven mat.* ***Marché des producteurs :*** *sam mat mai-oct.*

Où dormir à Ille-sur-Têt et dans les environs ?

Camping

Camping municipal Le Colomer : *rte du Colonel-Fabien. ☎ 04-68-84-72-40. • camping@ille-sur-tet.com • ille-sur-tet.com • À la sortie d'Ille, sur la rte de Perpignan, prendre à droite ; fléché. Fermé oct. Forfait 2 pers 15-20€/j. en hte saison. Caravanes, tentes et mobile homes. 61 empl.* Terrain au calme, bien situé sur l'axe Perpignan-Prades, mais qui manque un peu d'ombre. Piscine municipale à proximité.

Chic

Chambres d'hôtes Les Buis : *37, rue Carnot. ☎ 04-68-57-67-43. • contact@lesbuis.com • lesbuis.com • Doubles 105-125 € ; familiales. Fermé d'oct à mi-mai. Parking payant. CB refusées. Café ou digestif offert sur présentation de ce guide.* Cette maison de maître du XIXe s en impose tant en façade qu'à l'intérieur. Vastes chambres, meubles d'époque qui instillent un charme un peu suranné. Noter l'étrange meuble en haut du majestueux escalier, il s'agit d'une... cabine téléphonique ! Bibliothèque à dispo. Jardin et piscine. Bon accueil.

Chambres d'hôtes Casa Mia : *4, rue Camille-Pelletan, 66170* ***Néfiach****. 06-66-67-21-40. • casamia-66.fr • Double 95 € ; familiales. Table d'hôtes 28 €.* En plein centre de la ville, un ancien *cortal* catalan (bergerie à l'intérieur du village), dont la charmante proprio vous fera l'historique avec plaisir. Certaines des grandes chambres donnent sur le petit jardin dans lequel on prend le bon petit déj à l'ombre de l'imposant citronnier soixantenaire et de ses fruits imposants. Le couple a récupéré le lieu en 2015 et ouvert en 2017 après une remise à neuf, mais en gardant certains éléments authentiques.

À voir

Les orgues : *chemin de Regleille. ☎ 04-68-84-13-13. • lesorgues.ille-sur-tet.com • À env 3 km au nord du centre (indiqué). Tlj : d'avr à mi-oct, 9h30-19h (9h15-20h de mi-juin à mi-sept) ; mars et 2de quinzaine d'oct, 10h-18h ; nov-fév, 14h-17h30. Billetterie fermée 1h avt. Fermé fêtes de fin d'année. Entrée : 5 € ; réduc ; gratuit moins de 10 ans. Juil-août (sauf j. fériés), visite guidée sur résa : 6 € ; réduc.* Un site unique dans toutes les Pyrénées. Cet amphithéâtre naturel de roches sédimentaires de 4 millions d'années dessine un étrange alignement de « cheminées de fée ». Du fait des matériaux peu résistants (sable et argile), l'érosion est forte et le site évolue extrêmement rapidement. Pour éclairer la visite, livret explicatif, sentier d'interprétation où l'on apprend tout (ou presque) des phénomènes géologiques, climatiques, etc. Maquette du site pour mieux appréhender le tout.

L'Hospici d'Illa : *☎ 04-68-84-83-96. 06-67-65-36-76.* Installé dans l'ancien hospice Saint-Jacques du XVIIe s, ce musée présente des pièces d'art sacré médiéval et baroque, avec le seul retable du XIIIe s conservé en Europe ainsi que des objets de dévotion étonnants. Aussi des expos temporaires et visites guidées du musée et de la ville.

L'église Saint-Étienne-del-Pedreguet : *ouv en principe mer-ven mat, contacter office du tourisme.* Fondé à la fin du Xe s mais reconstruit entre le XVIIe et le XVIIIe s, ce monument a les dimensions d'une cathédrale et sa façade est coiffée d'un élégant fronton. Portail en marbre rose de Ternera du milieu du XVIIIe s. À l'intérieur, une foule de retables baroques des XVIIIe-XIXe s.

Manifestation

Fête de la Saint-Étienne : *fin juil. GRATUIT.* Plein de festivités dans la ville (concerts, bals, etc.).

DANS LES ENVIRONS D'ILLE-SUR-TÊT

Le prieuré de Marcevol : *vers* ***Arboussols*** *(66320). ☎ 04-68-05-75-27. • prieure-de-marcevol.fr • (uniquement le 1er étage). À env 20 km d'Ille-sur-Têt, par la N 116 jusqu'au barrage de Vinça, puis les jolies D 13 et D 35C. Avr-oct, tlj sauf lun 11h-12h30, 14h-18h (18h30 juil-août). Billetterie fermée 30 mn avt. Entrée : 3 € ; réduc ; gratuit moins de 12 ans. Visite guidée (sur demande) : 5 €.* Dans un superbe site un peu perché (chouettes panorama et randos alentour), ce prieuré a appartenu aux chanoines du Saint-Sépulcre de 1412 à 1484, avant de passer à la communauté ecclésiastique de Vinça.

Démantelé par la Révolution, il a été sauvé d'une ruine annoncée par une équipe de passionnés à partir des années 1970 (pendant la visite, un film retrace l'aventure). C'est un ensemble de bâtiments fortifiés d'une belle simplicité. L'église du XIIe s possède un très beau portail en marbre rose de Villefranche (ferrures des portes remarquables) ainsi qu'une belle fresque romane d'inspiration byzantine. Sur la colline d'en face, l'église du hameau, Nostra Senyora de Las Gradas, en partie fortifiée, est un bel exemple d'art roman. Expos temporaires, manifestations culturelles, bibliothèque à dispo pour les fans d'art roman, buvette et boutique de produits locaux et régionaux.

Le prieuré de Serrabone : *vers* ***Boule-d'Amont*** *(66130). ☎ 04-68-84-09-30. À env 16 km au sud d'Ille ; de la D 618, une route zigzaguant (la D 84) sur 4 km conduit au site. Tlj : juin-sept, 9h30-18h30 ; le reste de l'année, 10h-18h (17h nov-mars ; fermé lun oct-mai). Dernier ticket 45 mn avt. Fermé certains j. fériés. Entrée : 5 € ; réduc ; gratuit moins de 26 ans (ressortissants de l'UE).*
Construit autour d'une église du XIe et achevé au XIIe s, ce prieuré a hébergé pendant près de 500 ans une communauté de chanoines vouée au culte de saint Augustin. Posé sur un éperon rocheux, il est resté isolé au cœur d'une superbe nature.
L'extérieur de l'église est sobre autant qu'austère (et pour cause... les colonnes du portail ont été volées...). À l'intérieur, le balcon de l'unique galerie du cloître réserve une 1re surprise. Au-dessus du ravin, avec en trame un paysage grandiose, 6 arcades à colonnettes, aux chapiteaux sculptés de monstres. On entre dans l'église par le transept. À l'intérieur de la nef, la *tribune du chœur, en marbre,* chef-d'œuvre de toute beauté. Les meilleurs artistes romans du Roussillon ont sculpté les chapiteaux de marbre du Conflent rose, ciselant un univers étonnant : fleurs quadrangulaires, monstres anthropomorphes et gueules fantastiques. Petit jardin botanique en contrebas.

Le Relais de Serrabone : *à l'embranchement de la route qui monte au prieuré de Serrabone. ☎ 04-68-84-26-24. • relaisdeserrabone@gmail.com • Avr-oct, tlj sauf jeu 10h30-18h30. Assiettes fermières env 5-10 €.* Pas mal pour une pause grignote. Produits locaux parmi lesquels bons fromages de chèvre, miel, confitures, foie gras et magret de canard, vins, etc. Aussi bien pour rapporter chez soi qu'en casse-croûte à consommer à l'une des quelques tables à l'ombre, dans une ambiance conviviale.

On peut, si on est dans le coin, pousser jusqu'à la ***chapelle de la Trinité*** *(à env 16 km en continuant la jolie D 618 ; tlj sauf mar-mer 10h-18h),* à ***Belpuig.*** Cette chapelle romane du XIe s abrite un des plus beaux christs « habillés » de Catalogne (XIIe s). Le sculpteur l'a représenté revêtu d'une longue chasuble, symbole du Christ ressuscité.

LE CONFLENT

Le Conflent, confluent de rivières, est la plus grande vallée des Pyrénées-Orientales. Au pied du Canigó, cette magnifique région de montagnes escarpées tapissées de forêts recèle moult joyaux de la période romane, dont les plus éclatants sont sans conteste les abbayes de Saint-Michel-de-Cuxa et de Saint-Martin-du-Canigou. Dans chaque village, des églises aussi vieilles que charmantes réservent des surprises aux curieux qui en poussent la grosse porte. Et partout s'enfoncent des sentiers de randonnée, longeant les ruisseaux cristallins, grimpant parmi les vaches à l'assaut des sommets.

Comment y aller ?

➢ ***Par la route :*** Prades (capitale du Conflent) est à 45 km de Perpignan par la N 116.

En train : de Perpignan à Prades et Villefranche-de-Conflent, en moyenne 2 trains en matinée, 4 l'ap-m (compter 50 mn). À Villefranche, on change pour le « train jaune » (touristique donc tarifs plus élevés) vers Mont-Louis puis Latour-de-Carol.

En bus : • *laregion.fr* • Lignes régulières Perpignan-Prades ; Perpignan-Vernet, via Prades et Villefranche (tlj sauf dim ; sinon davantage de départs depuis Prades) ; Perpignan – Latour-de-Carol, via Prades, Villefranche, Mont-Louis et Font-Romeu. Également une ligne Prades-Mosset via Molitg-les-Bains. Bus à 1 € le trajet sur ttes les lignes.

EUS

(66500) 390 hab. *Carte Pyrénées-Orientales, B2*

Classé parmi les Plus Beaux de France, ce village perché a aussi la réputation d'être le plus ensoleillé du pays, ce qui n'est pas peu dire ! Peu de risque de pluie, donc, lors d'une agréable promenade le long des ruelles pentues, entre les murs de granit soulignés d'arbres et de fleurs, avec un superbe panorama sur la vallée en prime.

Où dormir ?

Chambres d'hôtes Casa Ilicia : *7, carrer del Moli de l'Oli. 06-95-34-15-32. • infoilicia@gmail.com • casailicia.wordpress.com • Doubles 69-89 €.* Une belle maison, au pied du village, que cet accueillant couple a mis 10 bonnes années à construire de ses mains ! À la fois design et complètement raccord avec les vieilles bâtisses d'Eus (et franchement écolo !). Plaisantes chambres, sobrement contemporaines, dont une sur le toit-terrasse, en plein air, pour amateurs de nuits à la belle étoile. Immense terrasse avec une vue somptueuse sur le massif du Canigó. Location de vélos électriques.

À voir. À faire

L'église haute : *tt en haut du village (logique !). Tlj 9h-18h.* L'église la plus récente d'Eus (XVIIIe s), construite sur les ruines d'un château du XIIIe s. On y accède par un enchevêtrement de petits escaliers et passages voûtés. À l'intérieur, quelques beaux retables du XVIIe s et des statues polychromes. Chœur baroque dégoulinant de dorures.

L'église basse : *en bas du village (logique !).* Édifiée du XIe au XIIIe s. Joli toit en ardoise, portail en marbre et colonnes intérieures en granit.

MOLITG-LES-BAINS

(66500) 230 hab. *Carte Pyrénées-Orientales, B2*

À 800 m d'altitude, Molitg est un tranquille village, typique du coin avec sa belle église fortifiée du XIe s, dont le parvis offre une vue assez exceptionnelle

sur le Canigó. La petite station thermale à l'ancienne se trouve 1 km plus bas, presque accrochée aux gorges de la Castellane, au pied des ruines d'un château médiéval et au milieu d'une végétation luxuriante. Chouette endroit !

DES EAUX SUR LA PEAU

Les sources de Molitg sont connues depuis au moins le Moyen Âge pour leurs propriétés dermatologiques. Les troubadours les conseillaient même à leurs gentes dames pour conserver leur teint de jeune fille ! Ces eaux sulfurées sont, en effet, riches en plancton, une sorte de filament blanc qui stimule le renouvellement cellulaire de la peau.
Si les 1ers thermes sont construits en 1785, c'est après la Seconde Guerre mondiale que la station connaît un vrai essor. Et à partir des années 1950 que ce « plancton thermal » commence à être utilisé dans les produits d'une marque de cosmétiques, aujourd'hui connue dans le monde entier. Les thermes de Molitg se sont donc, depuis longtemps, outre les cures médicalisées, orientés vers des formules « bien-être ».

Adresse utile

Office de tourisme : *rte de Mosset. ☎ 04-68-05-41-02. • tourisme-canigou.com •*

Où manger ?

Café Casals (restaurant du Grand Hôtel) **:** *rte de Mosset (en contrebas). ☎ 04-68-05-00-50. • molitglesbains@chainethermale.fr • Tlj sauf dim. Résa demandée aux non-résidents. Formule et menu 29-35 € ; carte env 45 €.* Comment se faire plaisir sans (trop) se ruiner ? Avec cette « cuisine d'appétit » servie dans une salle lumineuse ou en terrasse, dans l'élégant *Grand Hôtel* au charme Belle Époque, lové dans un écrin de verdure au creux des gorges. Très courte carte de plats rafraîchissants ou recettes plus traditionnelles revisitées, le tout imaginé par Michel Guérard, dont le chef est un élève. Bon choix de vins et service très pro.

DANS LES ENVIRONS DE MOLITG-LES-BAINS

MOSSET (66500)

À 5 km au nord de Molitg.
Superbe village accroché sur un piton, propice à une belle balade dans les rues enroulées en escargot autour d'*El Plaçal,* la place ancienne. Mosset fut longtemps un village-frontière entre France et Catalogne, d'où les fortifications qui en font un petit nid d'aigle. Étonnant : sur le clocher de l'église pousse un pin âgé de plus de 2 siècles (tout petit, une sorte de bonsaï naturel).

Adresse utile

Relais d'information touristique – La Tour des Parfums : *balco de la Solana. ☎ 04-68-05-38-32. • mosset.fr • Juil-août, tlj 10h-12h30, 13h30-19h ; le reste de l'année, horaires variables, se renseigner.* Plan des circuits de balades dans les environs.

Où dormir ? Où manger ?

Ferme-auberge Mas Lluganas : *☎ 04-68-05-00-37. • maslluganas@orange.fr • maslluganas.com • À mi-chemin entre Mosset et Molitg. Ferme-auberge (sur résa) ouv d'avr à mi-oct. Resto sur résa, tlj soir seulement, plus w-e midi. Double 60 €. Menus 18-27 €. Apéritif ou réduc de 10 % sur le prix de la chambre en juin et sept sur présentation de ce guide.* Bienvenue chez les Tublet, qui exploitent en famille cette ferme d'élevage bio : veaux (rosée des Pyrénées), vaches, cochons, mais aussi pigeons, canards gras et autres volailles. Chambres vastes, fonctionnelles et lumineuses, avec du mobilier en bois conçu par un artisan qui s'est visiblement amusé. À table, c'est une bonne cuisine familiale avec, au menu, viandes bio de la ferme et légumes, fromages et glaces de chez les copains. Tenu par des paysans militants, un endroit qu'on aime vraiment bien (comme beaucoup de nos lecteurs).

PRADES

(66500) 6 500 hab. *Carte Pyrénées-Orientales, B2*

La toute petite sous-préfecture peut constituer une bonne base de départ pour des excursions et des promenades dans le massif du Canigó. D'autant qu'elle a un certain charme, entre son centre ancien et les opulentes villas d'autrefois de ses faubourgs. Et, en plus de ses bonnes adresses, la ville accueille en été de nombreuses manifestations culturelles.

Adresses et info utiles

Office de tourisme : *10, pl. de la République. ☎ 04-68-05-41-02. • tourisme-canigou.com •*

Gare routière : *bd de la Gare.*

– **Marchés :** *mar mat (alimentation, vêtements, artisanat) et sam mat avec les producteurs locaux.*

Où dormir ? Où manger ?

Camping

Camping Les Portes du Canigou : *plaine Saint-Martin. ☎ 04-68-96-29-83. 06-47-98-22-46. • campinglesportesducanigou@gmail.com • En venant de Perpignan par la N 116, fléché au dernier rond-point. Fermé déc-avr. Forfait 2 pers 16-22 € ; chalets ; mobile homes. 60 empl.* À 5 mn à pied du centre. Emplacements bien délimités et parfaitement ombragés, mais certains sont un peu petits. Dépôt de pain en juillet-août et animations en été, laverie, snack. Bon accueil. Piscine municipale à 300 m.

De prix moyens à chic

Chambres d'hôtes Maison 225 : *225, av. du Général-de-Gaulle. ☎ 04-68-05-52-79. 06-42-91-79-21. • info@225prades.com • 225prades.com • Doubles 69-89 € ; familiale. Parking. Réduc de 10 % sur le prix de la chambre nov-fév sur présentation de ce guide.* Une ancienne demeure restaurée avec goût et sobriété par un couple d'Irlandais. Touches contemporaines mêlées au charme de l'ancien (parquets, cheminée en marbre), pour 4 chambres lumineuses et confortables comme on les aime. Si votre budget vous le permet, optez pour la suite avec balcon privé qui donne sur le grand jardin verdoyant et le Canigó ! Treille ombragée pour les petits déj ensoleillés. Petite piscine. Le top à un prix vraiment raisonnable.

Chambres d'hôtes La Villa du Parc : *49, rte de Ria. ☎ 04-68-05-36-79. • info@villa-du-parc.com • villa-du-parc.com • Doubles 75-99 €. Parking privé et garage motos.* À peine à l'écart du centre, grosse villa des années 1930 (d'un style basco-landais qui peut étonner ici) au cœur d'un immense jardin planté d'arbres centenaires, avec une piscine dans laquelle semble vouloir plonger le Canigó. L'endroit a du charme, les chambres et studios (avec kitchenette) qui mixent agréablement les styles (meubles anciens et contemporains, influences ethniques aussi). Accueil d'une sincère gentillesse.

Chambres d'hôtes Domaine de la Tannerie : *6, rue Saint-Martin. 06-28-46-25-93. • domainedelatannerie@orange.fr • domainedelatannerie.com • En contrebas de la vieille ville. Doubles 90-150 €.* Une ancienne tannerie de 1780 transformée en ode à la nature, chaque chambre étant nommée en référence à une plante (l'« olivier », l'« hortensia », les « lauriers », la « clématite », la « sauge »), certaines pleines d'un charme ancien, les autres joliment modernes. Le tout dans un très grand confort : salles de bains avec baignoire balnéo ou jets hydromassants, piscine chauffée, spa, hammam et sauna.

Chambres d'hôtes La Belle d'Âme : *66, av. du Général-de-Gaulle. 06-09-30-07-90. • labelledame66@gmail.com • labelledame66.fr • Doubles 80-92 €.* Nadia et Stéphan, un couple catalan, accueillent leurs hôtes dans cette belle bâtisse, ancienne maison de maître du XIXe s. 3 chambres magnifiquement décorées, avec belles cheminées, portes d'époque et literie confortable. Les matins d'été, bon petit déj sur la belle petite terrasse, avec vue magnifique sur la ville et, au loin, les montagnes. On s'y sent comme dans un hôtel étoilé, l'accueil chaleureux et les bons conseils en plus.

Le Galie : *3, av. du Général-de-Gaulle. ☎ 04-68-05-53-76. • legalie@hotmail.fr • Tlj sauf les soirs des mar-ven hors saison. Congés : 1 sem début juil, 2 sem début sept et pdt vac de Noël. Formule et menu déj en sem 20-25 € ; menus 32-73 €. Café offert sur présentation de ce guide.* Dans une petite salle à la déco sobre et claire en bois et fer forgé, un accueil discret et charmant au service d'un jeune chef qui travaille des produits frais, locaux et bio. Formule du midi impeccable. C'est goûteux, souvent imaginatif, toujours bien présenté. Vous n'aurez pas le temps de vous lasser : la carte est retravaillée tous les 3 mois ! Bref, on est conquis.

LES PYRÉNÉES-ORIENTALES

Où dormir ? Où manger dans les environs ?

Bon marché

L'Olivier : *pl. de la République, 66500 **Catllar**. ☎ 04-30-45-60-42. À 4 km au nord de Prades. Ts les midis sauf lun, et le soir ven-sam (plus mar-jeu en saison). Carte env 18 €. Café offert sur présentation de ce guide.* Petit bistrot de village avec terrasse sur la place. Accueil amical, 2 ou 3 tables à l'intérieur (souvent réservées par les habitués), bonne cuisine familiale à base de produits locaux et aux parfums parfois exotiques, et additions qui ne laissent pas sur la paille. Concerts de temps en temps.

De prix moyens à chic

Chambres d'hôtes et restaurant Les Loges du Jardin d'Aymeric : *7, rue du Canigou, 66500 **Clara**. ☎ 04-68-96-08-72. • jardin.aymeric@wanadoo.fr • À env 6 km au sud de Prades. Sur résa de préférence, tlj sauf dim soir-mar hors saison. Fermé en janv. Double 86 €. Formule déj en sem 20 € ; menus 34-52 €.* C'est un peu comme si le chef et son épouse vous conviaient dans leur propre salon. Un chef talentueux qui, à partir de produits de saison (choisis avec soin, et parfois dans son potager !), concocte une cuisine de marché aux belles envolées. Quelques tables en terrasse, au bord d'un jardin. 3 jolies chambres d'hôtes, chacune avec sa dominante de couleur. Piscine.

El Taller : *2, pl. Verdaguer, 66500* ***Taurinya.*** *☎ 04-68-05-63-35. • catalansdelevage@orange.fr • Tlj sauf mar soir-mer, plus lun-mar hors saison. Fermé vac de fin d'année-janv et 15 j. fin juin. Formules 23 € (déj en sem), puis 36-46 € ; carte env 34 €.* La grande terrasse ombragée comme la salle contemporaine et lumineuse, tournée vers une baie vitrée, offrent une superbe perspective sur la montagne. Dans l'assiette, la cuisine, traditionnelle et colorée, s'appuie un maximum sur des produits locaux (la plupart des légumes sont bio).

À voir

L'église Saint-Pierre : *pl. de la République. Tlj sauf dim-lun 10h-11h45, 14h30-17h30. Visite guidée gratuite de l'église et du trésor juin-oct (mar et ven à 14h30). Éclairage des chapelles pdt les heures d'ouverture du trésor.* C'est d'abord son clocher qui attire le regard, une tour carrée du XIIe s en marbre et granit, un des derniers vestiges de l'église romane primitive, le reste ayant été reconstruit entre 1606 et 1750 (le « chapeau » du sommet est toutefois plus récent). À l'intérieur, c'est le ***retable*** dominé par la Vierge qui attire inévitablement le regard. Du XVIIe s, gigantesque (c'est d'ailleurs le plus grand retable baroque de France), création de l'important artiste catalan Joseph Sunyer, qui lui a consacré 3 ans de sa vie. Certains l'ont comparé à un « opéra sculpté » tant les figures y pullulent. Superbe ! Pour l'admirer à loisir, glisser 1 € pour l'éclairage automatique en bas à gauche. Dans les chapelles, d'autres retables et sculptures finement ouvragés parcourent les styles des 4 derniers siècles.

Le trésor : *rue de l'Église. ☎ 04-68-96-28-55 ou 04-68-05-23-58. De mi-juin à fin oct, tlj sauf dim-lun 10h-11h45, 14h30-17h30. Fermé j. fériés. Possibilité de visite guidée église + trésor (mêmes infos qu'à l'église Saint-Pierre). GRATUIT.* On y trouve à la fois le trésor de l'église, et celui de l'abbaye Saint-Michel-de-Cuxa, dont une Vierge en bois polychrome du XIVe s et une châsse en cuir du XVIe s. Et des reliquaires dont celui, en métal et du XVIe s, du crâne du fameux saint Valentin.

L'espace Pablo-Casals – Médiathèque de Prades : *33, rue de l'Hospice. ☎ 04-68-96-52-37. Mar 10h-13h, 14h-18h ; mer 10h-12h, 14h-18h ; ven 14h-18h, sam 9h-13h. Fermé dim-lun et jeu. GRATUIT.* Expo d'objets personnels du prestigieux violoncelliste, installé à Prades en 1936 après avoir fui le franquisme.

L'espace Martin-Vivès : *rue du Palais-de-Justice. ☎ 04-68-05-22-43. Tlj sauf dim-lun 9h30-12h, 14h30-17h. Fermé j. fériés et janv. GRATUIT.* Petit espace – installé dans l'ancienne prison ! – consacré à l'œuvre de 2 peintres locaux, Martin Vivès (logique !) et François Branger. Leurs toiles sont exposées par roulement. Expos temporaires d'autres artistes locaux.

La bijouterie Calvet : *140, av. du Général-de-Gaulle. ☎ 04-68-96-07-18. • bijouterie-calvet.com • Tlj sauf dim-lun 9h-12h, 14h-19h. Visite guidée gratuite (env 30 mn) de l'atelier et du petit musée.* Le plus ancien atelier de grenat des Pyrénées-Orientales, créé en 1804. On y travaille toujours de manière artisanale, les collections sont garanties « châtons sans moulage », une technique que vous expliquera M. Calvet. S'il y a suffisamment de monde, projection commentée d'un diaporama de 20 mn, avant de découvrir *in situ* le travail du grenatier (qui fabrique les bijoux en grenat).

La Manufacture du Grenat : *rond-point du Canigou. ☎ 04-68-96-21-03. • manufacturedugrenat.com • Sur la RN 116, à l'entrée de Prades en venant de Perpignan. Visites guidées seulement (50 mn env). Juil-août, tlj sauf dim à 10h et 11h, puis ttes les heures 14h30-17h30 (juil-août) ; le reste de l'année, tlj sauf* *dim-lun à 10h30, 14h30, 16h30, plus 15h30 avr-juin et sept-oct. Fermé j. fériés et 2 sem en janv. Boutique, tlj sauf dim-lun 9h-12h30, 14h-19h. Entrée : 3 € ; gratuit moins de 18 ans.* Intéressante visite d'une fabrique de joaillerie traditionnelle catalane. Petit film de 13 mn expliquant le processus de transformation de la pierre en bijou, suivi d'une découverte des ateliers où travaillent les artisans d'art, reconstitution d'une mine... Petit écomusée dans la boutique et vente de grenats pour ceux qui ont un gros budget vacances !

Manifestations

– ***Journées romanes :*** *2e sem de juil. ● cuxa.org ●* Conférences et visites commentées.
– ***Ciné-rencontres de Prades :*** *3e sem de juil. ● cine-rencontres.org ●* Un festival toujours très intéressant, où cinéastes et gens du 7e art rencontrent le public.

Festival Pablo-Casals : *de fin juil à mi-août. ● prades-festival-casals.com ●* Reconnu dans le monde entier, le festival attire les plus grands ensembles classiques. Il a lieu dans le cadre grandiose de l'abbaye Saint-Michel-de-Cuxa et dans des sites environnants.
– ***Université catalane d'été :*** *2de quinzaine d'août. ● uce.cat ●* Plus de 1 000 stagiaires (tout public) suivent des cours, rencontres ludiques, conférences, films, concerts... en langue catalane (pour qui la parle).

DANS LES ENVIRONS DE PRADES

L'abbaye Saint-Michel-de-Cuxa : *rte de Taurinya, 66500* ***Codalet.*** *☎ 04-68-96-15-35. ● abbaye-cuxa.com ● À 3 km au sud de Prades par la D 27 (bien indiqué). Tlj sauf dim mat et j. de fêtes religieuses (mais ouv pour les offices religieux) 9h30-11h50, 14h-17h (18h avr-sept) ; dernier billet 25 mn avt. Fermé certains j. fériés. Entrée : 6 € ; réduc ; gratuit moins de 12 ans. Audioguide : 2 €. Juil-août, visites guidées (sans supplément). Projection d'un film introductif de 20 mn.* ***Travaux en cours jusqu'à 2024, mais visite toujours possible.***
Véritable splendeur d'art roman que ce vaste monastère vieux de plus de 1 000 ans. Étonnante aussi, l'histoire de son édification... Au IXe s, une violente crue du Têt détruit le monastère d'Eixalada. Les 35 survivants trouvent refuge dans une petite église à Cuxa et y développent leur communauté sous la protection des comtes de Cerdagne. Grâce à leurs relations avec les papes et les nobles de leur époque (Pierre Oceolo, doge de Venise, s'est, par exemple, retiré ici en 971), les ambitieux abbés de Cuxa lancent maints travaux d'agrandissement de leur église. Sur le même emplacement, 3 édifices sont successivement construits. L'église actuelle est donc la 3e. Elle est préromane (consécration en 974). Vendue à la Révolution, l'abbaye a alors perdu nombre de ses œuvres d'art. Depuis 1965, elle accueille à nouveau une communauté bénédictine.
La visite commence par une vidéo de 20 mn, expliquant tout de sa construction à l'aide de maquettes 3D. On enchaîne par la ***crypte dite « de la Crèche »,*** construite au XIe s. Il s'en dégage une atmosphère assez fantastique, accrue par d'ingénieux éclairages. On y pénètre par une curieuse chapelle circulaire, à la voûte annulaire s'enroulant autour d'un imposant pilier central. Les traces de planches sur le crépi sont d'époque !
On découvre ensuite le ***cloître*** du XIIe s, pour lequel on a utilisé pour la 1re fois du marbre rose de la région. Il s'agit même du 1er cloître sculpté de Catalogne. Ses superbes chapiteaux, qui contrastent avec la pierre de l'abbaye, sont nourris d'influences les plus diverses, souvent orientales : l'Espagne musulmane d'Al-Andalus n'était pas loin... Il manque malheureusement une bonne partie

des galeries, démontées après la Révolution et dont les éléments dispersés rachetés par des antiquaires servirent de base à l'édification par Rockefeller des *Cloisters* à New York. On admire aujourd'hui une reconstitution réalisée en 1952 à partir de ce qui a pu être récupéré. Dans une des salles autour du cloître, vestiges lapidaires de la prestigieuse clôture du chœur qui devrait, un jour prochain, être reconstituée. On accède enfin à l'***église,*** préromane d'époque carolingienne, impressionnante par ses dimensions (c'est sûrement la plus grande de France), austère par sa nudité, avec des arcs outrepassés d'inspiration orientale. La table d'autel est romaine et vient du capitole de Nîmes. Dans les chapelles latérales, quelques statuettes polychromes.
Les travaux actuels visent à réassembler et présenter des fragments sculptés de la façade.
– À l'extérieur, devant l'abbaye, ***jardin d'iris,*** fleuri de fin avril à début mai *(ouv en principe tlj 14h30-17h30).*

VERNET-LES-BAINS

(66820) 1 400 hab. *Carte Pyrénées-Orientales, B2*

Avec ses sources thermales spécialisées en rhumatologie et affections respiratoires, connues depuis le Moyen Âge (elles appartenaient alors aux moines de Saint-Martin-du-Canigou), Vernet devient en vogue vers 1880. L'aristocratie anglaise y a ses habitudes, tout comme certains écrivains d'outre-Manche, tel Rudyard Kipling. Au pied du vieux village, dominé par l'église Saint-Saturnin et son château médiéval, église anglicane, casino et hôtel du XIXᵉ s témoignent de cette gloire passée.

Adresse utile

ℹ ***Office de tourisme :*** *pl. de la République. ☎ 04-68-05-41-02. • tourisme-canigou.com •*

Où dormir ? Où manger ?

Campings

⛺ ***L'Eau Vive :*** *chemin Saint-Saturnin. ☎ 04-68-05-54-14. 📱 06-18-92-63-48. • contact@leauvive-camping.com • leauvive-camping.com • ♿ À env 2 km au nord-ouest du centre-ville. Ouv avr-oct. Forfait 2 pers 23 € en hte saison ; mobile homes, chalets et tentes. 90 empl.* Entre montagne et rivière, un camping bucolique à l'offre assez large sans être surdimensionné. Plusieurs formules d'hébergement et d'activités. Snack et resto, lave-linge. Terrain de foot, de basket, piscine chauffée *(de mai à mi-sept),* aire de jeu et spa. Bon accueil.

⛺ ***Les Cerisiers :*** *4, chemin de la Peña. ☎ 04-68-05-60-38. • contact@camping-lescerisiers.com • camping-lescerisiers.com • ♿ À 1,5 km au sud-ouest du centre. Ouv de mi-avr à mi-oct. Forfait 2 pers 17 € en hte saison ; bungalows toilés et mobile homes. 58 empl. 1 € de réduc par nuit sur le prix de l'emplacement (camping uniquement) ou 1 séance de spa (locatif uniquement) offert sur présentation de ce guide.* Petit camping arboré aménagé en terrasses, avec une belle vue sur Vernet. Très calme. Sur place, spa, hammam, sauna et épicerie de dépannage.

De bon marché à prix moyens

Hôtel Princess : *rue des Lavandières. ☎ 04-68-05-56-22. • contact@hotel-princess.fr • hotel-princess.fr • Fermé de mi-nov à fin mars. Resto soir uniquement. Doubles 74-89 €. Menu 23 € ; carte env 32 €. Parking gratuit.* Certes, on ne va pas pousser des cris d'enthousiasme devant l'architecture de cet hôtel, gros bloc jaune dominant la ville d'une tête. Mais l'accueil est amical, les chambres jolies, franchement confortables, avec balcon pour certaines. Et, au resto, la cuisine d'inspiration régionale se tient très bien.

Au Comte Guifred de Conflent : *17, av. des Thermes. ☎ 04-68-05-54-72 ou 51-37. • mecsduroussillon@alefpas.asso.fr • Ouv juin-déc le midi lun-jeu, sur résa uniquement ; fermé pdt vac scol et j. fériés. Menu complet 13 € (17 € avec boissons).* C'est le resto d'application de l'école hôtelière du Roussillon. Service aux p'tits oignons, mets de goût (cuisine souvent d'inspiration régionale) et prix presque dérisoires.

Villa Delphina : *2, rue du Docteur-Massina. 06-84-55-46-73. • villa.delphina@orange.fr • villa-delphina.fr • Doubles 100-110 €.* Installés dans une villa du XXᵉ s tapissée d'œuvres d'art, Annie et Jean-François offrent un agréable accueil, bons plans sur la région en prime. Les 3 chambres, spacieuses, donnent sur les montagnes ou le jardin. Immenses salles de bains ! Ici, on est en plein dans l'ambiance de la campagne, avec les oiseaux qui chantent et le clocher de l'église qui sonne les heures.

Où camper dans les environs ?

Camping Les Sauterelles : *col de Millères, 66820* ***Fillols.*** *☎ 04-68-05-63-72. • contact@campinglessauterelles.com • À 5,5 km de Vernet ; suivre la rte de Fillols, puis la direction de Taurinya. Ouv de mi-juin à mi-sept. Forfait env 21 € pour 2. 75 empl.* Si la route qui mène à ce camping paumé au cœur du massif du Canigó est plutôt étroite, les emplacements sont, quant à eux, largissimes. Piscine.

– Voir également plus loin le ***camping de Casteil,*** à 2,5 km de Vernet.

Où acheter de bons produits dans les environs ?

Maison Xifre & Successeurs : *rue des Fontaines, 66360* ***Sahorre.*** *☎ 04-68-05-51-09. À 4,5 km au nord de Vernet. Mar et jeu-sam, 8h-12h15, 16h-18h30 ; mer le mat ; dim 8h30-11h30 (juil-août). Fermé lun.* Cette petite charcuterie familiale ne paie pas de mine, mais c'est l'une des plus réputées de la région, nourrissant nombre de bonnes tables du coin. Accueil chaleureux et détail gourmand des préparations : boudin catalan, pâtés, *boles de picolat...*

DANS LES ENVIRONS DE VERNET-LES-BAINS

CASTEIL (66820)

À 2,5 km de Vernet-les-Bains.

Au pied du Canigó, petit village à 800 m d'altitude, point de départ vers l'abbaye de Saint-Martin-du-Canigou. Il abrite aussi un parc animalier.

Adresse utile

Relais d'information touristique : *1, rue du Canigou. ☎ 04-68-05-67-63. • casteil-tourisme.com • À l'entrée du village. Lun-mar et jeu-ven 8h-12h ; fermé mer et w-e.* Infos sur l'ascension du Canigó, notamment en 4x4.

Où camper ?

Domaine Saint-Martin : *6, bd de la Cascade. ☎ 04-68-30-34-87. • domainesaintmartin66@gmail.com • À 2,5 km de Vernet. Forfait 2 pers 19,50-26,50 € ; tentes équipées et mobile homes. 65 empl. Café offert sur présentation de ce guide.* Un camping nature, aménagé au sein d'un bois de châtaigniers parsemé de gros blocs de granit. Il y a de la place, on n'est pas les uns sur les autres. Bar-resto, petite épicerie. Piscine.

À voir

Le parc animalier : *☎ 04-68-05-67-54. • parcanimaliercasteil.com • Avr-oct, tlj 10h-19h (9h30-20h juil-août) ; vac scol de fév et de Noël, tlj 13h-16h ; de nov à mi-déc, le w-e 13h-18h ; billetterie fermée 2h avt. Entrée : 15 € ; 3-12 ans 11 €. Compter 2h30 de visite.* C'est un chasseur repenti qui a mis en place ce parc de 20 ha où les animaux ne sont pas tués mais en liberté surveillée. Une nette amélioration ! Le long d'un parcours ludique de 3,5 km, on peut y voir, parmi 300 animaux en pleine nature, la lionne Elsa et le lion Néron, qui a, c'est vrai, le nez rond (vu sous un certain angle), ainsi qu'un couple de lions blancs (il en reste moins de 100 dans le monde). Ours, singes, chameaux, lamas, lynx, renards, rennes et compagnie sont du carnaval, avec quelques locaux : chevreuils, isards, cerfs et autres mouflons. Aire de jeux et espace pique-nique. Possibilité de dormir dans une cabane avec vue sur le parc à loups.

L'abbaye Saint-Martin-du-Canigou : *de Casteil, une rampe exclusivement piétonne conduit à l'abbaye en 40 mn env. ☎ 04-68-05-50-03. • stmartinducanigou.org • Différentes sociétés de transport assurent le transfert de Casteil à l'abbaye (voir plus loin dans la partie sur le Canigó, « Adresses utiles. Excursions en 4x4 »). Juin-sept, visites guidées (obligatoires) ttes les heures 10h-12h, 14h-17h (dim et fêtes à 10h et 12h30) ; oct-mai, tlj sauf lun, à 10h, 11h (dim et fêtes à 12h30), 14h, 15h et 16h. Fermé janv. Entrée : 6 € ; réduc ; gratuit moins de 12 ans. Prévoir de quoi couvrir ses épaules.*

Nid d'aigle isolé dans la montagne, au bord d'un précipice, cette abbaye du XIe s « est le prie-Dieu le plus exaltant qu'on puisse trouver en face des montagnes et du ciel ». Une seule route d'accès (limité, Dieu soit loué) et un silence de mise durant les visites, commentées par les frères et les sœurs de la communauté des Béatitudes qui vivent là. On est ici pour tutoyer le ciel, dans un décor roman s'harmonisant parfaitement, à 1 050 m d'altitude, avec une nature propice à la méditation. Dans l'enceinte du monastère, près du clocher carré, on remarque des tombes creusées à même le roc peu après l'an mil par le comte Guifred de Cerdagne. C'est là qu'il désirait reposer aux côtés de sa femme, après 30 ans d'un travail de titan : fonder l'abbaye...

Cette dernière connut près de 8 siècles de présence monastique. Très endommagée au XVe s par un tremblement de terre puis abandonnée après la Révolution, elle fut patiemment reconstruite au cours du XXe s. On peut donc à nouveau admirer les chapiteaux en marbre du cloître (dont certains ont pu être récupérés), et l'église, austère, véritable témoin des débuts de l'art roman dans la région.

LE CANIGÓ

Carte Pyrénées-Orientales, B2

• Carte *p. 131*

La montagne sacrée des Catalans tire son nom de sa forme (*canigó* signifierait « dent de chien »). Le nom a été détourné par une marque de pâtée pour chien (justement...), mais on vous déconseille de plaisanter sur ce sujet. Parce qu'ici, on est mordu de cette montagne mythique, symbole catalan par excellence dont le pic immaculé fut longtemps synonyme de légendes et d'exploits. Le roi Pierre III d'Aragon est, paraît-il, le 1er à en avoir atteint le sommet. D'autres l'imitèrent par la suite, à bicyclette, à cheval (sans poser le pied à terre !), à skis, en voiture... ou encore, plus laborieusement, par les airs, car le Canigó avait une réputation de dévoreur d'avions, après moult catastrophes aériennes. Le mystère de ce triangle des Bermudes pyrénéen fut pourtant simple à élucider, la forte concentration de fer et de manganèse dans la montagne faisant office d'aimant !

Le pic du Canigó a été longtemps considéré comme le point culminant des Pyrénées, les géographes du Moyen Âge s'étant trompés dans leurs calculs ! On sait désormais que ses 2 784 m d'altitude sont battus à plate couture par d'autres sommets comme le pic de Vignemale (3 298 m), versant français. Le vrai gagnant est en Espagne (le pic d'Aneto, 3 404 m).

Mais que toutes ces histoires ne vous fassent pas oublier l'essentiel : le Canigó réserve de nombreuses splendeurs à ceux qui s'y promènent. Riche d'une faune et d'une flore heureusement protégées, le massif offre aussi de nombreux panoramas à couper le souffle, des routes spectaculaires, des gorges, des torrents, des refuges, des forêts de sapins... Pas étonnant qu'il soit labellisé Grand Site de France *(• grandsitedefrance.com •).*

LA FLAMME CATALANE

Le week-end précédant la Saint-Jean, Catalans du Nord (France) et du Sud (Espagne) portent des fagots en haut du pic en y insérant des vœux pour l'année. C'est le Trobada du Canigó. Au matin de la Saint-Jean, la flamme, gardée depuis des siècles au Castillet de Perpignan, part vers le sommet pour embraser, au crépuscule, l'énorme bûcher qu'on voit de toute la Catalogne. Les villageois allument alors des torches au brasier et les redescendent dans leurs villages en fête. Ce partage du feu est un symbole fort d'unité, sorte de fête nationale catalane.

Comment approcher le géant ?

En voiture

Seule la piste passant par les gorges de Llech est ouverte aux véhicules individuels. ***Prévoir un véhicule adapté*** et noter que l'accès en voiture est possible jusqu'au parking (gratuit) de l'*Esquena d'Ase* uniquement. Il faudra continuer à pied pour atteindre le *refuge des Cortalets* en moins de 3h. Possibilité de s'y rendre à dos d'âne ou à VTT. De là, pour les plus téméraires, un sentier conduit au sommet, compter de 1h30 à 2h30 de marche.

De Prades, prendre la N 116 direction Perpignan puis tourner à droite vers Los Masos. Après Villerach, la D 24 se transforme en piste forestière de montagne, praticable uniquement en été par temps sec. Mais attention, elle n'est ouverte que du lever au coucher du soleil et est fermée au-delà d'une centaine de véhicules. La piste, superbe, court ensuite en lacet dans un décor boisé. Points de vue magnifiques sur les gorges, 300 m plus bas. On peut souffler un peu aux refuges du Mas Malet ou à celui de la Mouline (non gardés) puis au Ras del Prat Cabrera (panorama splendide).

À pied

➢ Les courageux, les sportifs, et/ou les fauchés peuvent monter à pied par le ***chemin forestier de Balaig,*** interdit aux véhicules individuels. ***De Prades,*** prendre direction Taurinya puis gagner le col de Millères *(camping des Sauterelles).* Suivre ensuite le balisage jaune qui mène au *refuge des Cortalets* via les refuges non gardés de Balaig et de la Jasse des Cortalets. La piste est jalonnée de panneaux d'interprétation sur le paysage ou les éléments historiques ou naturels, ainsi que d'un pupitre de lecture du paysage. Enfin, un géoparcours de chasse au trésor vous permettra de vous dégourdir aussi les neurones ! Fiche à télécharger gratuitement sur • *canigo-grandsite.fr* • Compter 7h de marche (aller) et ne pas oublier de se munir de bonnes chaussures de marche, d'un pull et de vêtements de pluie (là-haut, la neige peut tomber même en plein été), et bien sûr penser à emporter de l'eau. Prévoir des haltes-visites à Saint-Michel-de-Cuxa et à Taurinya.

➢ Un autre chemin d'accès, pour les sportifs, est possible ***depuis le refuge de Mariailles*** (1 700 m), que l'on rejoint en voiture depuis Casteil avec un arrêt au parking du Randé en juillet-août (40 mn de marche avant le refuge). De là, compter 7h de marche aller-retour. Attention au passage étroit au pied de la « cheminée ».

➢ Mais l'ascension la plus classique reste celle qu'on réalise ***depuis le refuge des Cortalets,*** au bout de la piste et du chemin cités plus haut. On peut dormir au refuge (voir plus loin « Où dormir ? Où manger ? »). Compter 5-6h de marche aller-retour. Évidemment, il est recommandé de ne pas s'aventurer là-haut par mauvais temps et de partir le matin tôt pour éviter les orages estivaux. Bien se renseigner avant le départ sur les prévisions météo. Le GR 10 passe à proximité du refuge (façade ouest). Il longe un étang puis grimpe le long du pic Joffre. Après environ une demi-heure de marche, il poursuit à droite vers Vernet-les-Bains. On prendra à gauche pour continuer la montée (balisage jaune). Certains passages sont difficiles à cause de la roche, mais l'ascension n'est pas vraiment compliquée.

Une croix indique l'arrivée au sommet. Évidemment – c'est pour ça qu'on y monte –, le panorama est à tomber à la renverse. On embrasse toute la plaine du Roussillon, jusqu'à la Méditerranée (à l'est), ainsi qu'une partie de la Costa Brava (au sud-est), les Corbières (au nord) et différents pics des Pyrénées (à l'ouest).

– Pour toutes ces randos, se munir des cartes IGN nos 2450 Ouest et 2349 Est, au 1/25 000. Une autre carte bien détaillée : *Randonnée pyrénéenne n° 10* (Canigó, Vallespir, Fenouillèdes), au 1/50 000.

Avec un âne

Des départs accompagnés avec un âne sont possibles depuis le col de Millères et sur le parking de l'*Esquera d'Ase.* Voir les coordonnées dans les « Adresses utiles » ci-après.

Adresses utiles

■ ***Syndicat mixte Canigó Grand Site :*** *73, av. Guy-Malé à* ***Prades.*** *☎ 04-68-96-45-86.* • *canigo-grandsite.fr* • *Lun-ven mat 9h-13h, 14h-17h. Fermé de ven ap-m à dim.* Pour tout renseignement sur le massif.

■ ***Accompagnateurs en montagne :*** *contacter le* ***SNAM*** *(☎ 04-76-70-*

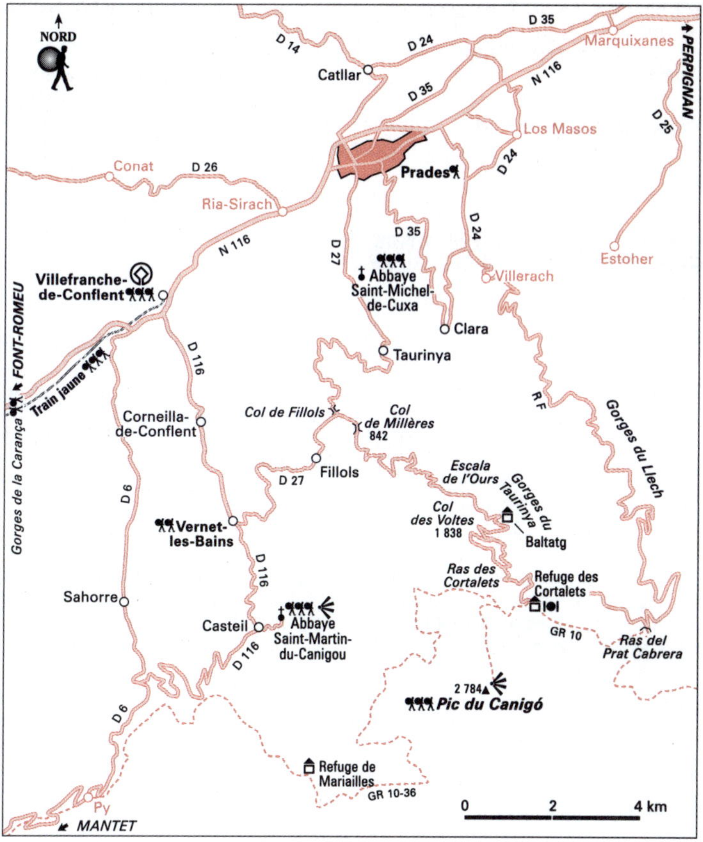

LE CANIGÓ

20-42 ; • snam.pro •), ou ***Randonades,*** *à* ***Prades*** *(☎ 04-68-96-16-03 ; • randonades.com •).*

■ ***Excursions en 4x4 :*** ***JPB Transport,*** *☎ 04-68-05-99-89 ;* ***Montagne et Transport,*** *☎ 04-68-30-02-82 ;* ***La Caravelle du Conflent,*** *📱 06-11-22-48-79 ;* ***Vincent Lecoq,*** *📱 06-82-04-17-81 ;* ***Sport Garage Villacèque,*** *☎ 04-68-05-51-14 ; ou* ***Castellane,*** *☎ 04-68-05-27-08.* Au départ de Villefranche, Vernet ou Prades, de juin à octobre. Les transporteurs empruntent le chemin forestier de Balaig qui leur est réservé. En principe, ils proposent tous le même tarif. Compter env 25 à 30 € par personne pour l'aller-retour, et environ 1h30 de trajet aller jusqu'au *Ras des Cortalets.* Sinon, service sur résa uniquement depuis le parking de l'*Esquena d'Ase,* assuré par JPB Transport, La Castellane et La Caravelle du Conflent *(tlj en juil-août, et le w-e en juin et sept).* Compter 15 € par personne pour un aller simple et 45 mn pour rejoindre l'arrêt en aval du *refuge des Cortalets.* Un véhicule par jour, demander le planning de la saison par mail. *• esquenadase.tad@gmail.com •*

Location de VTT électriques : *Naturoland à Rigarda (06-19-63-67-20) ; Centre Sud Canigó à Arles-sur-Tech (☎ 04-68-39-37-82 ; • centresudcanigo.com •).*

■ **Excursions avec des ânes :** *Fabien Boyer, 06-02-29-34-54, • caravanigou.fr • ; Altipyr, 06-83-47-52-04, • altipyr.com • ; Montagne Vibration, 06-18-58-19-24, • montagnevibration.fr • ; Le Bourriquito, 06-10-40-23-02.*

■ **En bref, en cas de pépin :** *secours au ☎ 112. Ambulances Mattei, à Prades (☎ 04-68-05-34-22).* Compagnie privée d'ambulances. *Sinon, clinique Saint-Michel (☎ 04-68-96-03-16) ; urgences 24h/24.*

Où dormir ? Où manger ?

Refuge des Cortalets *(plan Le Canigó) : chemins forestiers conduisant au pic (voir plus haut). ☎ 04-68-96-36-19. • tomdulac@hotmail.com • refugedescortalets.ffcam.fr • Ouv de fin mai à mi-oct. Nuitée 19,50 €/pers ; petit déj 7,50 €. Le soir, menu unique 19,50 €. Douche chaude payante. Possibilité de louer un sac à viande.* À 2 150 m d'altitude, c'est le camp de base rêvé pour attaquer l'ascension du pic. Créé par le CAF en 1899, c'est le rendez-vous de prédilection des randonneurs, skieurs, alpinistes et touristes de passage. En saison, les 85 places du dortoir (de 8 à 19 lits) et la quinzaine de chambres (de 2 à 4 lits) ne sont pas souvent libres ; téléphoner avant.

Aussi le **refuge de Mariailles** *(☎ 04-68-05-57-99 ; • refugedemariailles.fr •).* Pour la face sud, le **refuge de Batère** *(07-57-67-31-71 ; • refugedebatere.fr •)*, le **refuge des Conques** *(07-57-06-40-59 ; • refugilesconques.com •)* et le **refuge de Sant Guillem** *(06-11-22-48-79 ; • refugesantguillem.com •).* On peut faire étape successivement aux 5 refuges pour un tour du Canigó sur 6 jours (et 5 nuits, donc). Une rando en altitude exceptionnelle.

MANTET

(66360) 30 hab. (27 selon certains) *Carte Pyrénées-Orientales, B3*

Le routard cherche souvent son bout du monde, on l'a trouvé avec Mantet ! Un patelin superbe d'isolement, enclavé au fond d'une vallée, porte d'entrée d'une magnifique réserve naturelle. Sa population chassée par les nazis (on avait ici l'âme résistante) n'est revenue que dans les années 1960 avec la 1re vraie route (pour situer, l'électricité n'est, elle, arrivée ici qu'en 1983 !). Vous l'aurez compris, on est ému par cet ensemble de maisons en pierre rousse, dégringolant la montagne autour d'une petite église du XIe s.
Pour s'y rendre, il faut (depuis Vernet ou Villefranche) remonter la jolie vallée de la Rotja via Fuilla, ou Sahorre, puis gagner le village typique de Py avant de grimper le col de Mantet à 1 760 m. Route plutôt étroite sur la fin du parcours, mais superbes paysages.

À faire

Randonnées : le ***GR 10*** passe par ici. Sinon, nombreuses autres possibilités de balades, notamment un sentier d'interprétation « découverte du monde sauvage » reliant en 6h Mantet à Nyer. L'occasion de tutoyer une faune riche et rare, dont une espèce endémique : le desman, sorte de taupe à trompe malheureusement menacée, observable de nuit à la lampe de poche.

La Maison de la nature : *derrière l'église. ☎ 04-68-05-00-75. Juil-août, tlj 10h-12h30, 15h-19h ; le reste de l'année, horaires réduits, téléphoner.* Propose une balade audioguidée de 1h30 à la découverte de la faune et de la flore, des soirées thématiques en été, des animations gratuites pour les enfants un après-midi par semaine en haute saison, une expo rigolote de crottes d'animaux du cru... Vend également un guide des sentiers, avec 5 itinéraires détaillés *(4 €).*

VILLEFRANCHE-DE-CONFLENT

(66500) 220 hab. *Carte Pyrénées-Orientales, B2*

Merveilleuse petite cité médiévale fondée en 1090 par le comte Guillaume-Raymond de Cerdagne, puis remodelée par Vauban. Dominées par un bastion agrippé à la montagne, les fortifications du brillant ingénieur militaire de Louis XIV sont aujourd'hui classées au Patrimoine mondial de l'Unesco. Elles empêchaient l'accès de la vallée à toute armée ennemie. Villefranche est certainement l'un des sites les mieux préservés de la région, avec son lot de remparts, redoutes, pavés et vieilles bâtisses respectables. Un modèle du genre avec, par conséquent, une assez grosse activité touristique. D'autant que le village, classé parmi les Plus Beaux de France, soigne son look (jolies enseignes en fer forgé).

Adresses et info utiles

Office de tourisme : *33, rue Saint-Jacques. ☎ 04-68-05-41-02. • tourisme-canigou.com •* Audioguide pour la visite du village à retirer au guichet des remparts *(2 €).* Livret-jeux gratuit pour les enfants.

Gare SNCF : *à l'extérieur de la cité. ☎ 36-35 (gratuit).* C'est de là que part le fameux « train jaune » (voir « À faire »), à prendre au moins une fois dans sa vie ! De 3 à 5 départs/j. selon saison.

– Les ***parkings*** à l'extérieur des remparts sont payants (forfait journalier très raisonnable, 2 € la demi-journée et 4 € la journée).

Où dormir ?

Où manger à Villefranche et dans les environs ?

De bon marché à prix moyens

Chambres d'hôtes Le Mas d'en Benissac : *chemin du Mas-Paulo, Fuilla-du-Haut, 66820* ***Fuilla.*** *☎ 04-34-56-71-65. • benissac66@yahoo.fr • À 5 km de Villefranche-de-Conflent (fléché sur la gauche après Fuilla-du-Haut). Doubles à partir 55-60 €.* Sereine et champêtre, au milieu des serres et des vergers, ancienne ferme gentiment rénovée par des proprios décontractés. 2 chambres, de plain-pied, à la déco toute simple mais plaisante, chacune avec sa terrasse. Jus de pomme maison et fruits de l'exploitation au petit déj. Grande salle commune avec coin salon et cuisine. Petite plage au bord de la rivière qui coule à 2 pas, piscine et jeux pour les gosses. Vente de fruits et légumes bio.

La Forge d'Auguste : *56, rue Saint-Jean. ☎ 04-68-05-08-65. • laforgedauguste@orange.fr • ♿ Juil-sept, tlj ; oct, tlj le midi, plus le soir le w-e ; hors saison, ouv seulement pdt les vac scol. Menus 12-16 € ; carte env 15 €.* Dans un univers convivial entre Bretagne et Catalogne, *La Forge d'Auguste* affiche

LES PYRÉNÉES-ORIENTALES

au tableau d'honneur des galettes au sarrasin, bien sûr, mais aussi le boudin catalan, le touron qui l'est aussi, et des burgers... Le caramel au beurre salé est maison, les « couilles du pape » sont flambées au rhum, de quoi composer des crêpes originales et goûteuses, à dévorer sur la petite terrasse.

Le Patio : *32, rue Saint-Jean. ☎ 04-68-05-01-92. • johannaauger66500@gmail.com • Tlj sauf jeu et soir lun et mer. Congés : de mi-nov à mi-déc puis de début janv à début fév. Menu déj 18,90 € ; autres menus 26,90-39,90 € ; carte env 30 €. Digestif maison offert sur présentation de ce guide.* Les tables se serrent peut-être un peu trop sous les voûtes de cette maison médiévale. Mais, dans l'assiette, la cuisine, largement catalane, tient la promesse de ses prix, plutôt serrés. Accueil et service très pro. Et il y a évidemment un patio, une cour du XIIe s, même !

La Senyera : *81, rue Saint-Jean. ☎ 04-68-96-17-65. • contact@lasenyera.fr • Jeu-sam midi et soir, dim midi seulement. Fermé dim soir-mer. Plats 15-20 €. Menus 30-35 €.* Si la maison est d'hier (voire d'avant-avant-hier comme toutes celles de la cité !), la cuisine du jeune chef Julien Blaya est très actuelle. Et si son inspiration est catalane, si les produits sont du terroir, ses plats, très personnels, s'ouvrent souvent à des horizons plus lointains.

Chic

Chambres d'hôtes de l'Ancienne Poste de la Cité : *31, rue Saint-Jacques. ☎ 04-68-30-97-35. 07-50-60-53-03. • citedevillefranche@gmail.com • anciennepostedelacite.com • Doubles 130-150 €. Parking public gratuit pour les hôtes.* Au sein de la cité fortifiée et dans le bâtiment de l'ancienne poste (comme vous vous en seriez douté !), 4 chambres spacieuses et chic. Cette belle maison de pierre immortalise le charme à l'ancienne avec son bel escalier. Cuisine à dispo. Bel accueil.

Où boire un verre ?

Le Canigou : *89, pl. du Génie. ☎ 04-68-96-12-19. • barlecanigou.fr • Tlj 7h45-22h. Entrée gratuite au musée du Plan-Relief (même gérant) sur présentation de ce guide.* Pas banal, ce bar à la déco kitschissimement surchargée sur le thème des pompiers, passion du patron. Bornes à incendie qui ne marchent pas qu'à l'eau, camions miniatures, escadron de casques... Pin-pon ! Et, en prime, une terrasse à l'ombre du platane le mieux protégé des incendies de forêt de tout le département... Propose plat du jour et assiette de tapas à partager pour les petites et grosses faims.

À voir

La cité fortifiée : on entre dans l'enceinte de la ville par une des portes, de France ou d'Espagne à chaque extrémité, ou par celle du Portalet sur le côté. 2 longues rues parallèles traversent Villefranche de bout en bout : Saint-Jean et Saint-Jacques. Dans la rue Saint-Jean, on se fait tout petit à l'ombre de la tour d'*En Solanell,* adossée à un bâtiment du XIVe s qui servait d'hôpital militaire. Même impression au pied du *beffroi* (XIIe s), qui flanque un hôtel de ville de la même époque. Rues pittoresques comme celle des *Tisserands,* et partout de belles façades médiévales.

L'église Saint-Jacques : paradoxalement flanquée de la tour du Diable ! Belle façade de marbre rose et portail sculpté du XIIe s. Beaucoup de marbre encore à l'intérieur : bénitier et statues du XVIIe s, autel du XIIIe s... Remarquer les pierres tombales, au sol : ne riez pas, mais on y a sculpté des têtes de mort en train de sourire (il paraît que c'était très tendance au XVIIIe s !).

Les remparts : *accueil au 2, rue Saint-Jean. ☎ 04-68-05-87-05. • villefranchedeconflent.fr/tourisme/les-remparts • Juin-sept, tlj 10h-19h (20h juil-août) ; avr-mai et oct, tlj 11h-18h ; fév-mars et nov-déc 13h-17h. Dernier ticket 1h avt. Fermé janv. Tarif : 5 € ; réduc.* Bien conservée, l'enceinte du XIe s fut renforcée de tours au XIIIe s, puis de 6 bastions par Vauban, qui modernisa au XVIIe s les fortifications médiévales. Curiosité principale, le chemin de ronde voûté, construit dans l'épaisseur des murs ! Ce sont par ailleurs les seuls remparts en France à avoir conservé un chemin de ronde sur 2 niveaux (une innovation, unique en son genre, de Vauban). Sur le parcours, rare et belle forge catalane (fin XVIIIe s). Jeux de piste et chasse au trésor pour les enfants. Expos temporaires.

Le fort Libéria : *perché au-dessus de la ville, sur la colline de Belloch. ☎ 04-68-96-34-01. • fort-liberia.com • À pied, prendre la rue Saint-Pierre jusqu'au vieux pont et traverser la voie de chemin de fer ; l'entrée souterraine (escaliers) est derrière. On conseille de monter par le sentier d'env 35 mn au départ du village (bien indiqué) et de descendre par les escaliers souterrains. Sinon, un 4x4 conduit les visiteurs au départ du bar* Le Canigou *(voir « Où boire un verre ? » plus haut) ou de la gare SNCF (11 € avec l'entrée du fort). Juin-sept, visite tlj 10h-20h ; le reste de l'année, 10h-17h (18h mars-mai). Entrée : 7 € ; réduc ; gratuit moins de 5 ans. Bar et restauration catalane en saison.*

À voir dans cette forteresse du XVIIe s créée par Vauban et remaniée par Napoléon III : galeries de défense, four à pain, chemins de ronde, chapelle et superbe panorama sur la région. Plusieurs reconstitutions avec mannequins et enregistrements audios : hôpital militaire, cuisine, lingerie et cellule qui rappellent qu'une dizaine de femmes impliquées dans l'affaire des poisons, sous Louis XIV, furent emprisonnées ici. Clou de la visite, on redescend en ville par l'incroyable escalier souterrain dit « des mille marches » (en fait, il y en a 734 : on les a comptées). À mi-chemin, visite de la batterie intermédiaire construite par Napoléon III.

– Au 17, rue Saint-Jacques, le *musée du Plan-Relief (juin-sept, tlj 10h-12h, 13h-18h ; le reste de l'année, fermeture à 16h ; entrée : 2,30 €, réduc)* expose des objets découverts dans le fort (fusils, poteries, boulets...), mais aussi une réplique du plan-relief de Villefranche dont l'original est conservé aux Invalides, à Paris.

UNE AFFAIRE EMPOISONNANTE

L'« affaire des poisons », sous Louis XIV, débuta avec l'exécution de la marquise de Brinvilliers, convaincue d'empoisonnement sur son père et ses 2 frangins. 3 ans plus tard, une nouvelle enquête révéla un véritable trafic de poisons commandés par des femmes de dignitaires désireuses de se débarrasser de leurs époux. Mme de Montespan, la maîtresse de Louis XIV, fut elle-même soupçonnée de participer à des messes noires. Le scandale fut énorme. Un tribunal spécial – et discret – fut donc créé, 300 personnes furent jugées, 36 condamnées à mort malgré le peu de preuves recueillies. Certaines croupirent plus de 40 ans dans les geôles du fort Libéria.

La Cova Bastera : *N 166. ☎ 04-68-05-41-02. Juste en dehors de la cité fortifiée. Horaires très variables, souvent différents de ceux annoncés à l'entrée ; mieux vaut appeler. GRATUIT.* Une grotte occupée depuis la Préhistoire (une modeste expo le rappelle à l'intérieur), que Vauban (architecte de toutes les situations !) a fortifiée pour l'inclure dans le système de défense de Villefranche.

Les grottes des Canalettes : *☎ 04-68-05-20-20. • grottescanalettes.com • Billets en vente à la grotte des Grandes Canalettes. Bon plan : en juil-août, bureau d'infos au 2, rue Saint-Jacques, près de l'église (tlj 10h30-17h30) ; on peut y acheter son ticket. Prévoir un pull, sinon glagla !*

– *Les Grandes Canalettes : sur la rte de Vernet-les-Bains. ♿ (dans la salle du Yéti). Avr-sept, tlj 10h-17h (17h30 juil-août, et projection d'un son et lumière ttes les 10 mn env ; le reste de l'année, w-e, j. fériés et vac scol 11h-16h. Fermé janv et 25 déc. Entrée : 11 € ; réduc ; gratuit moins de 5 ans. CB acceptées. Visite libre.* Il faut au moins voir cette grotte, elle regroupe toutes les concrétions existantes sous terre. Superbe enfilade de salles de 40 millions d'années. Concrétions exceptionnelles, cristallisations, colonnes, aragonite, glacier suspendu et gouffre sans fond. Panneaux lumineux présentant des textes, mais aussi des QR codes menant à des explications audios. Salle de projection et d'expo sur l'eau et la vie des dinosaures (documentaire de 25 mn sur l'aménagement de la grotte).

À faire

🚶🚶🚶 👪 ***Le train jaune :** de Villefranche (altitude 427 m) à Latour-de-Carol (1 231 m), via Mont-Louis, Font-Romeu, Bourg-Madame... Trajet : 3h. Rens aux gares SNCF de Villefranche ou de Mont-Louis ou à l'office pour les horaires. • ter.sncf.com • letrainjaune.fr • Attention, pas de résa possible en gare pour les individuels (mais possible sur Internet et obligatoire à partir de 10 pers) ; en été, le train jaune est souvent... noir de monde et il y a de l'attente ; certains peuvent même rester en rade sur le quai (inutile alors de s'énerver, ça ne changera rien...). Dernier détail : pas de toilettes dans le train, ni de pause pipi durant le trajet (prenez vos précautions...). Compter 45 € l'A/R (26,60 € jusqu'à Font-Romeu, qui est la partie la plus spectaculaire ; trajet : près de 1h30). Tarifs très préférentiels l'hiver. Possibilité de s'arrêter à Mont-Louis pour visiter la ville (inscrite au Patrimoine mondial de l'Unesco) et de reprendre le train suivant pour poursuivre jusqu'à Bourg-Madame, ce qui permet de traverser la Cerdagne.* Quelle hardiesse, ce chemin de fer acrobatique grimpant à l'assaut de la Cerdagne ! Alimenté par l'électricité d'un barrage, ce petit train tout jaune gravit poussivement des pentes ardues, enjambe des précipices sur d'improbables viaducs, se jette dans de noirs et longs tunnels, s'agrippe à des corniches au-dessus du vide. Un de ces paris fous du début du XXe s. Et s'il va moins vite que le TGV vers Barcelone (30 km/h en moyenne !), il monte bien plus haut, Bolquère (entre Mont-Louis et Font-Romeu) étant la plus haute gare de France (1 592 m d'altitude) ! Par beau temps, certains wagons sont « cabriolet », pour profiter encore mieux des paysages de montagne et du grand air. Si la plupart des voyageurs choisissent l'été, sachez que chaque saison a son charme. C'est même en hiver qu'on a le plus de chances d'apercevoir la faune locale, et notamment des cerfs, des chevreuils et des isards.

Fête

– ***Fête des Géants :** w-e de Pâques.*

DANS LES ENVIRONS DE VILLEFRANCHE-DE-CONFLENT

CORNEILLA-DE-CONFLENT (66820)

À 4 km de Villefranche en direction de Vernet-les-Bains.
Ce petit village abrite l'une des plus belles et sans doute la plus riche église romane de la région.

À voir

L'église Sainte-Marie : *clé au Patrimoine Info, face à l'église. ☎ 04-68-05-77-59. Visite guidée : juil-août, tlj sauf w-e 10h-12h, 15h-18h30 ; avr-juin et oct, 14h-17h ; sept 14h-18h. Entrée : 3 € ; gratuit moins de 12 ans.* Ancien prieuré de chanoines, conservant de superbes œuvres. Fabuleuses statuettes en bois peint du XVe s ; exceptionnel retable en marbre sculpté du XIVe s ; autre retable en bois doré du XVIIe s ; émouvante statue polychrome représentant Notre-Dame des Sept-Douleurs, vêtue de dentelle noire, au visage d'une pureté éblouissante ; alignement d'autels en marbre rose du XIIe s ; statuettes romanes dont celle de gauche servit de modèle à toutes les vierges de la région, etc. Dans la sacristie, un dernier trésor : une armoire à chasubles hispano-mauresque en noyer massif (elle a 700 ans !), aux ferrures finement ciselées... En ressortant de l'église, ne pas manquer les visages sculptés dans la poutre, sous la tribune.

DE VILLEFRANCHE À MONT-LOUIS

De part et d'autre de la confortable N 116 qui grimpe vers la Cerdagne, de petites routes offrent de superbes échappées vers des villages de charme, des châteaux, une rando spectaculaire...

Jujols : une petite route panoramique mène à ce hameau typique avec sa vieille chapelle romane. Point de départ d'une belle rando dans une réserve naturelle, avec vue imprenable sur le Canigó !

Le musée de la Mine : *66360 **Escaro.** ☎ 04-68-97-15-34. De mi-juin à mi-sept, tlj sauf jeu 15h-18h ; de mai à mi-juin, w-e et j. fériés seulement ; fermé le reste de l'année. Entrée : 3 € ; réduc ; gratuit moins de 8 ans.* La mémoire des mines de fer, nombreuses sur ces pentes, s'était un peu assoupie depuis la fermeture de la dernière en 1987. Ce petit musée, créé par une asso de passionnés, la réveille : train de mines avec une bonne trentaine de wagonnets, reconstitution d'une galerie, d'une forge, outils anciens, objets de la vie quotidienne des mineurs...

La Maison du parc naturel régional des Pyrénées catalanes : *La Bastide, 66360 **Olette.** ☎ 04-68-04-97-60. • parc-pyrenees-catalanes.fr • Mar-ven, 10h-12h30, 14h-18h ; fermé sam-lun.* Toutes les infos sur ce parc qui s'étend sur 138 000 ha, entre Conflent, Cerdagne et Capcir, avec pas moins de 7 réserves naturelles. Une caméra installée dans les combles permet de voir les grands rhinolophes (chauves-souris) qui y établissent leur gîte en saison estivale.
À l'extérieur, un parcours muséographique en accès libre raconte l'histoire de cette ancienne bastide et du château médiéval dont pointent encore 2 tours.

Évol : superbe village, qui a d'ailleurs obtenu la distinction de « Plus Beau Village de France » ; ruines d'un château, ruelles caladées, maisons en pierre aux toits recouverts de lauzes... Belle église Saint-André (Vierge en bois peint du XIIIe s, retable du XVe s) et un « cabinet littéraire », modeste espace consacré à l'écrivain Ludovic Massé, enfant du pays *(visite, avec celle de l'église, sur résa au 06-13-04-19-86).* Quelques gîtes ruraux.

Nyer : aux portes d'une superbe réserve naturelle (dans ce haut Conflent, on en prend vite l'habitude !), ce village abrite un des rares châteaux Renaissance (XVe s) du coin avec une immanquable loggia ouvragée. Et, bonne nouvelle, on peut y manger à petits prix.

Château de Nyer : *☎ 04-68-96-50-35. • lechateaudenyer@association-sauvy.fr • Mai-sept, tlj midi et soir ; le reste de l'année, midi seulement. Menu 17 €.* Cet élégant petit château est désormais une structure d'hébergement pour personnes âgées et adultes handicapés. On fait donc connaissance avec les pensionnaires avant de s'installer dans la salle (sous des plafonds à la française) ou sur la chouette terrasse ouverte sur la vallée pour une cuisine régionale, fraîche, simple et bonne.

Les gorges de la Carança : *à* ***Thuès-entre-Valls.*** *Accès fléché depuis le village, jusqu'au parking (payant). Compter min 3h pour la boucle la plus courte, qui fait le tour d'une partie des gorges, 9-10h jusqu'au refuge. À éviter absolument par temps d'orage. De bonnes chaussures et la carte IGN Olette nº 2349 Ouest, série Bleue au 1/25 000.* Une des randos les plus célèbres du Conflent, une des plus spectaculaires aussi. Les gorges surgissent après 15 mn de marche depuis le parking, splendides, hautes d'une centaine de mètres par endroits et très verdoyantes. Il faut passer rive gauche pour rejoindre, en 30 mn environ, un vertigineux sentier creusé en corniche dans la roche. Superbe, mais oubliez si vous avez peur du vide ! Un pont de singe permet ensuite de rejoindre l'autre rive qu'on redescend plus tranquillement vers le point de départ. Mais si vous en voulez encore, la balade peut se poursuivre pendant 1h30, dans les gorges : passerelles et autres ponts suspendus au programme. À la sortie des gorges, on gagne (en 1h30) le refuge du Ras de la Carança (gardé en été et bivouac possible). Nature superbe : isards, marmottes (penser aux jumelles), *cascoll*, une plante sauvage bien connue dans la région (il paraît qu'elle fait un bien fou au sang)...

Les bains de Saint-Thomas : *66360* ***Fontpédrouse.*** *☎ 04-68-97-03-13. • bains-saint-thomas.fr • Bien indiqué depuis Fontpédrouse. Navette gratuite (sur résa 48h avt) à partir de la gare du train jaune. Tlj 10h-19h40 (20h40 en juil-août, vac scol de fév et de Noël). Entrée bains : 7,50 € ; réduc ; gratuit moins de 4 ans. Forfait hammam et bains extérieurs : 16 €. Short de bain interdit.* En hiver, le grand chic, c'est d'y plonger après une journée de ski. Mais même l'été, c'est un vrai plaisir de se baigner en pleine montagne, dans l'eau (naturellement douce pour la peau grâce au plancton thermal) de ces piscines en plein air (3 bains, dont un avec jacuzzi) à 37 °C en hiver. Hammam, sauna à l'intérieur. Snack sur place.

LA CERDAGNE

À 1 200 m d'altitude moyenne, ce haut plateau, cerné de hautes montagnes jouit d'un ensoleillement et d'une luminosité privilégiés. Pas pour rien qu'on y a installé les 1ers fours solaires de France ! Grâce à ses cimes enneigées, à ses vastes panoramas, à ses somptueuses forêts et à sa faune de montagne, la Cerdagne est un vrai paradis pour les randonneurs... Ses villages typiquement montagnards, la proximité de l'Espagne et d'Andorre, sans oublier ses stations de ski, achèvent d'en faire une étape obligée de toute visite des Pyrénées-Orientales. C'est le cœur du parc naturel régional des Pyrénées catalanes, qui englobe une soixantaine de communes de Cerdagne, du Capcir et du haut Conflent *(• parc-pyrenees-catalanes.fr •).* **On y trouve enfin quelques sources chaudes, où il fait bon se tremper. Bref, comme disent les Catalans : « Chez nous, vous avez à la fois la mer et la montagne ! »**

Comment y aller ?

Depuis Toulouse en train, on arrive à Latour-de-Carol. Depuis Perpignan, Prades, Villefranche, bus et trains. Ensuite, bus et train jaune desservent la région.

En train jaune ou autocars SNCF : de Villefranche-de-Conflent ou de Latour-de-Carol. Plusieurs trains/j., été comme hiver. À ne pas rater, trajet mémorable (voir plus haut la rubrique « À faire » à Villefranche-de-Conflent).

➢ ***En bus :*** *rens au ☎ 04-68-80-80-80. Avec les* ***Transports Cerdans*** *(☎ 04-68-04-59-97).* Liaison Perpignan – Mont-Louis via Prades et Villefranche-de-Conflent. Trajet : 2h. Perpignan – Latour-de-Carol via Font-Romeu. Localement, plusieurs bus quotidiens de Latour-de-Carol vers Mont-Louis (et vice versa) via Saillagousse ou Font-Romeu.

➢ ***Par la route :*** de Perpignan par la N 116, de Toulouse par la N 20.

MONT-LOUIS

(66210) 170 hab. *Carte Pyrénées-Orientales, B2*

La plus haute ville forte de France (à 1 600 m d'altitude) est l'œuvre de Vauban (une des rares qu'il aura édifiées de toutes pièces). Cette « ville nouvelle » a pris le nom de son maître, Louis XIV. La citadelle est classée au Patrimoine mondial de l'Unesco depuis 2008. C'est aujourd'hui encore un tout petit bourg de garnison, un peu austère et peu vivant.

Adresse utile

Office de tourisme : *6, bd Vauban. ☎ 04-68-04-21-97. • mont-louis.net • Juil-août, tlj sauf dim 9h30-12h30, 13h30-17h30 ; avr-juin, tlj sauf w-e (tlj pdt vac scol) ; sept-mars, lun-ven (plus sam pdt vac d'hiver).*

Où dormir ?

Bon marché

Chambres d'hôtes et gîte La Volute : *1, pl. d'Armes. 06-21-58-01-80. • lavolute@wanadoo.fr • Doubles 55-65 € ; pas de petit déj ni de repas, mais cuisine à dispo.* Dans l'ancienne (et charmante) demeure du gouverneur de Mont-Louis, de beaux volumes accueillent 5 chambres rustiques. Selon les périodes d'affluence, elles sont louées ensemble en formule gîte (au week-end ou à la semaine), ou individuellement, à la nuitée. À l'arrière, adorable jardin avec vue sur les montagnes.

Où dormir ? Où manger dans les environs ?

Gîte-auberge écologique L'Orri de Planès : *Cases del Mitg, 66210* ***Planès.*** *☎ 04-68-04-29-47. • contact@orrideplanes.com • orrideplanes.com • À 5,5 km de Mont-Louis. Ouv juin-sept. Doubles 60-70 €/pers ; lit en dortoir (16 pers) 25 €/pers ; petit déj 10 €. Table d'hôtes 25 €.* Un gîte-auberge très écolo (évidemment), dans 2 maisons de pays, au cœur d'un village rustique. Dortoir avec cuisine équipée ; doubles avec salle de bains commune à 2 chambres. Aussi un petit espace commun bien cosy, avec quelques livres à dispo. Repas inspirés des cuisines du monde, essentiellement composés de produits bio et du terroir. En prime, une petite piscine, et en été, sur les hauteurs, dans un bel environnement, 4 mini-yourtes de 4 places suffisamment espacées les unes des autres pour l'intimité des occupants. Une adresse top très fréquentée par les Espagnols. Normal, la patronne est une Barcelonaise !

Hôtel Lassus : *14, pl. Pierre-Pataud, 66210* ***Bolquère.*** *☎ 04-68-30-09-75. • hotel-lassus@orange.fr • restaurant-lassus.fr • À 5 km à l'ouest de Mont-Louis. Tlj sauf w-e (le soir, resto réservé aux résidents). Fermé vac de Pâques et de la Toussaint. Doubles*

LES PYRÉNÉES-ORIENTALES

48-60 €. Menu 18 € ; carte env 25 €. Apéritif maison offert sur présentation de ce guide. Tenu par la famille Vallero, ce petit hôtel 2 étoiles recèle bien des qualités à quelques encablures du domaine skiable Pyrénées 2000. Chambres simples et pas bien grandes mais impeccablement tenues, et une atmosphère familiale. Bonne cuisine familiale à base de produits du coin au resto. Un bon point de chute été comme hiver, avec des prix serrés et une demi-pension avantageuse possible...

Hôtel Corrieu – Restaurant La Table du Capil : *6, carrer de la Quillane, 66210* ***La Llagonne.*** *☎ 04-68-04-22-04. • hotel.corrieu@wanadoo.fr • hotel-corrieu.fr • À 4 km au nord de Mont-Louis. Resto tlj sauf lun-mar, midi et soir. Doubles 84-119 €. Menus déj 21-25 € ; le soir, menus 31-35 €.* Dans un ancien relais de diligences, dressé à l'entrée du village (superbe vue de partout !). Agréables chambres rénovées dans un esprit un peu design qu'on retrouve dans le salon avec cheminée comme dans la salle du resto. Excellent resto, d'ailleurs ! Bons produits pour une cuisine d'ici très aboutie, à des prix qui font se pincer pour y croire. Belle terrasse. Hammam, jacuzzi, spa et bain finlandais.

Où acheter de bons fromages ?

Fromagerie Cal Rous : *66210* ***Planès.*** *☎ 04-68-04-65-22. 06-14-05-36-90 et 06-46-44-16-83. Bien indiqué. Tlj sauf mer (hors vac) 16h-19h (plus le mat en saison et le w-e) ; mieux vaut téléphoner avt.* On vient de loin ici pour se fournir en tomme fraîche et en brousse. Fromages de brebis de novembre à août, et, durant le repos des brebis en été, 2 vaches pour assurer la rotation en yaourts ! Dégustations à la clé et accueil adorable.

À voir

Les remparts : construits en 1679 à un point stratégique pour défendre les nouvelles frontières délimitées par le traité des Pyrénées, ils n'ont jamais servi ! Juste avant l'étroite porte de France qui ouvre l'entrée à la cité, on peut descendre à droite, dans le fossé, pour gagner, via un escalier « pas-de-souris » (marches très étroites faciles à grimper mais qui devaient faire choir l'ennemi en fuite !), le *bastion du lieutenant Michel Gilles.* En continuant au long des remparts, joli panorama depuis le parking, à l'extrémité de la rue Vauban.

L'église : construite entre 1733 et 1737 (volontairement basse pour ne pas servir de repère à l'ennemi), elle présente un plan simple : nef entourée de 8 chapelles qui se termine par un chœur peint. Bel autel baroque et quelques jolis vitraux.

Le four solaire : *bd Vauban. 06-13-82-80-78. • four-solaire.fr • Fermé nov-avr. Entrée : 7,50 € ; réduc ; gratuit moins de 6 ans. Seulement des visites guidées, tlj à 11h30, 14h et 15h. Se renseigner par tél ou sur • foursolairemontlouis@gmail.com • Durée : 45 mn, dont 6 mn de vidéo de présentation.* C'est le 1er four solaire à double réflexion au monde, réalisé en 1949 par le professeur Trombe (ça fait très savant fou). Il est utilisé depuis 1993 par l'ingénieur Denis Eudeline pour mettre au point des procédés non polluants pour l'artisanat et la petite industrie. Le principe est simple : un ensemble de miroirs permet de concentrer les rayons du soleil et d'obtenir des températures excessivement élevées (il suffit alors de 34 s pour faire fondre 1 cm d'acier à 3 000 °C !). Aujourd'hui, cette chaleur permet de cuire des poteries (vendues à la boutique) et de fondre du bronze (entre autres) sans aucune pollution. Visite intéressante, avec impressionnante démonstration de l'efficacité du four lorsque le temps le permet. On comprend ainsi tout l'intérêt écologique et économique des fours solaires (y compris individuels) notamment dans les pays tropicaux où ils aident à lutter contre la déforestation.

La citadelle : en haut du village. ☎ 04-68-04-21-97. Visite guidée tte l'année via l'office de tourisme lun-ven à 11h et 14h (sauf vac de Noël) ; tlj juil-août. Retrait des billets 30 mn avt la visite. Tarif : 7 € ; réduc ; gratuit moins de 7 ans. Pièce d'identité obligatoire pour les plus de 16 ans. On peut, sinon, en faire le tour à pied (sentier balisé). Cette caserne est toujours un centre d'entraînement commando. La visite permet de voir le « puits des Forçats », qui alimentait la citadelle en eau pendant les sièges avec son immense roue en bois que faisaient tourner les soldats punis.

LE LAC DES BOUILLOUSES

Carte Pyrénées-Orientales, A2

L'un des plus beaux lacs de la région : forcément, pas mal de monde le week-end en saison. Un barrage impressionnant y fut construit au début du XXe s pour alimenter en électricité le train jaune. Il contiendrait environ 15 millions de mètres cubes d'eau, déversés par les torrents des pics avoisinants. Du site partent de nombreux sentiers qui conduisent le randonneur vers des lacs d'altitude encore plus sauvages, posés comme autant de joyaux dans un écrin naturel de toute beauté. Éboulis granitiques et forêts tapissées de mousses, rhododendrons et massifs de myrtilles, linaigrettes blanches et pins à crochets, saumons de fontaine et truites arc-en-ciel, sans oublier le sifflement strident de la marmotte qui vous voit arriver. Parmi les plus belles balades, on vous conseille le tour des étangs du Carlit, la vallée de la Grave ou encore celle des étangs du Péric et des Camporells. N'hésitez pas à vous renseigner auprès des offices de tourisme du coin.

➢ ***Pour s'y rendre,*** très bien fléché depuis Mont-Louis. En juillet-août et les week-ends de juin et septembre, il faut laisser sa voiture au parking Pla de Barrès, à environ 12 km du lac ; de là part une navette *(6 € ; réduc)*. À la même période, un bus assure aussi la liaison de la gare du train jaune à Mont-Louis – Pla de Barrès *(1 €)*. En été, on peut aussi monter au lac en télésiège, depuis Font-Romeu (30 mn de marche ensuite).

– ***Point infos*** au pied du lac *(☎ 04-68-04-24-61 ; mai-juin et de sept à mi-oct, tlj 9h-13h, 13h45-16h30 ; juil-août, tlj 8h30-18h).*

EYNE

(66800) 130 hab. *Carte Pyrénées-Orientales, A-B3*

Porte d'entrée d'une belle réserve naturelle, dans un coin que l'homme semble avoir trouvé à son goût depuis longtemps (nombreux dolmens et menhirs), un charmant village aux maisons grises dont l'église (qui cache un retable baroque classé) a la particularité de posséder 2 clochers, côte à côte. Petit domaine skiable l'hiver avec l'espace Cambre d'Aze.

Adresse utile

Maison de la vallée d'Eyne : *Cal Martinet. ☎ 04-68-04-97-05. • valleedeyne.wordpress.com • Juil-août, tlj sauf dim-lun 9h-12h30, 13h30-17h ; le reste de l'année, se renseigner. Fermé avr et oct-nov. Expo et jardin* *botanique : 2 €.* Espace de découverte et de sensibilisation au patrimoine naturel et culturel grâce à des expos temporaires, une visite virtuelle de la réserve naturelle de la vallée d'Eyne, des animations nature, des randos thématiques et un jardin botanique. Boutique de produits locaux. Infos sur les randos à pied, à VTT et à cheval dont la très sympa balade archéologique au départ du village.

Où dormir ?

Gîte Cal Paï : *1, carrer del Ventador. 06-08-82-00-99. • calpai.eyne@gmail.com • gite-calpai.com • Sur les hauteurs du village. Fermé de fin mars à mi-mai et sept-Noël. ½ pens obligatoire 60 €/pers. Apéritif maison offert sur présentation de ce guide.* Un couple franco-japonais est installé dans cette solide maison de pierre du village avec larges parquets de chêne, portes en bois et poutres apparentes au plafond. Chambres doubles ou familiales joliment aménagées : meubles chinés, souvenirs de voyage, créations maison. Quelques-unes sont installées dans l'ancien presbytère (qui peut se louer en gestion libre), quelques mètres plus loin, sous le 2d clocher de l'église. Salon, bibliothèque et longues tablées communautaires dans la salle à manger. Et en cuisine, un chef et une pâtissière (riches de quelques décennies de métier) assurent de bons produits locaux et des plats riches en saveurs (sans parler des desserts à s'en lécher les doigts !). Petit sauna.

LLO

(66800) 170 hab. *Carte Pyrénées-Orientales, A3*

Un des villages les plus authentiques du coin. À Llo-Haut (yoho !), ruines d'une tour de guet sur un piton rocheux, d'où la vue est splendide. Un site archéologique gaulois a été mis au jour près d'une chapelle en ruine. Pour s'y retrouver, on suit l'un ou l'autre des parcours de balades, bien indiqués dans la ville. Immanquable centrale solaire au pied du village.

À EN PERDRE SON CATALAN

Pas facile de s'y retrouver dans les prononciations locales. Voici 2 ou 3 tuyaux. Le village de Llo se prononce « yo ». Comme dans « tuyau », justement. Donc Ille, c'est « iye », mais attention, ça ne fonctionne pas pour Villefranche. Le « x » est classé dans la catégorie des « che » comme dans Saint-Michel-de-Cuxa. Mais le « ch » du Tech qui coule à Arles est un « k ». Ah ! Les mots en « t », notre hantise ! Celui qui finit Têt est appuyé (« Tête »), comme à Mantet, mais pas à Vernet ni à Céret. Véritable prise de Têt, on vous dit.

Où dormir dans les environs ?

Camping Domaine Le Cerdan : *11, rte d'Estavar, 66800* ***Saillagouse.*** *04-68-04-70-46. • lecerdan@lecerdan.com • lecerdan.com • À env 4 km à l'ouest de Llo. Fermé oct. Forfait 2 pers 15,50 €*

en hte saison. Mobile homes. La 1re impression (des mobile homes tout blancs en rang d'oignons) n'est pas la bonne. Les emplacements pour les campeurs se trouvent en fait en contrebas, tranquilles au bord d'une petite rivière. Centre-bourg à 5 grosses minutes à pied.

Où acheter de bons produits dans les environs ?

Charcuterie Bonzom : *N 116, 66800* ***Saillagouse.*** *☎ 04-68-30-14-27. • bonzom.b@gmail.com • Au centre du bourg. Tlj sauf lun (et mer hors saison) 8h-12h30, 15h-19h30. Assiettes 9-15 €.* Les Bonzom font du bon boulot : ils fabriquent eux-mêmes leur charcuterie (saucissons, jambons, pâtés, bocaux de plats cuisinés...) et sélectionnent minutieusement des produits artisanaux confectionnés localement. Possibilité de déguster sur place (salle au sous-sol, dans l'ancienne étable) des assiettes de fromage et charcuterie. Une maison sérieuse et un bel accueil.

À voir. À faire dans le coin

L'église Saint-Fructueux : *en bas du village.* Du XIIe s, ravissante, avec son clocher-mur percé de 3 baies. Portail roman aux belles sculptures. Petit cimetière ancien. Superbes photos en perspective, avec les montagnes en fond...

Les Bains de Llo : *rte des Gorges. ☎ 04-68-04-74-55. • bains-de-llo.com • Bien indiqués. Tlj 10h-19h30 (20h de mi-juil à fin août et vac scol d'hiver et Noël) ; dernière entrée 1h avt. Fermé nov. Entrée : 15 € ; réduc ; forfait famille. Moins cher en ligne.* Jacuzzi et beau bassin en plein air. Un autre, couvert, équipé de jets masseurs. Température de l'eau : 35-37 °C.

Via ferrata Les Escadilles : *juste après les bains. 06-85-02-23-84. • via-ferrata-de-llo.com • Juil-août, tlj 9h-17h (dernier départ) ; le reste de l'année, w-e et vac scol sur résa. Prix variables selon parcours, matériel fourni. Tyroliennes.* La 1re *via ferrata* des Pyrénées françaises : 3 parcours, 3 niveaux (de facile à difficile). Le site, au bord du Sègre, est enchanteur. Après ça, un bon bain dans les eaux chaudes (*escadilles* en catalan) s'impose !

Le musée de Cerdagne : *ferme Cal Mateu, 66800* ***Sainte-Léocadie.*** *☎ 04-68-04-08-05. • pyrenees-cerdagne.com • À 7 km au sud-ouest de Llo, bien fléché. Juil-août, tlj 10h-13h30, 14h30-18h30 ; avr-juin et sept, tlj sauf dim 10h-12h30, 14h-17h30 ; oct-mars, tlj sauf w-e 14h-17h. Visite guidée possible, ttes les heures env. Fermé certains j. fériés. Entrée : 6 € ; réduc ; gratuit moins de 7 ans.* Ancienne propriété du viguier de Cerdagne, représentant de Louis XIV roi de France sur ces terres récupérées après le traité des Pyrénées. Ce qui explique l'opulence de cette ferme du XVIIIe s avec fresques murales et architecture traditionnelle. En activité jusqu'en 1994, elle accueille, depuis 1992, ce musée dédié au machinisme agricole, riche de quelque 15 000 objets. Vieux murs (restes d'une fresque datant du milieu du XVIIIe s) mais muséographie d'aujourd'hui pour évoquer les traditions locales : les feux de la Saint-Jean, la frontière et les douaniers... Autour de la cour : l'étable, le four à pain et la reconstitution d'une cuisine et du dernier atelier de fabrication de gourdes catalanes. Expos temporaires à l'étage. Joli jardin potager bio à vocation de conservatoire de variétés (pommes de terre et tomates notamment). Et, en sortant, une des vignes les plus hautes d'Europe, à 1 300 m d'altitude.

LLÍVIA (enclave espagnole)

(17527) 700 hab. *Carte Pyrénées-Orientales, A3*

L'ancienne capitale de la Cerdagne est désormais un territoire espagnol de 12,8 km², séparé dudit territoire par des terres françaises... Une situation étonnante, comme il n'en existe plus qu'une petite dizaine en Europe, l'une des plus connues étant Gibraltar (territoire britannique).

Où manger ?

Cal Cofa : *pl. Major, 1 (angle carrer Frédéric-Bernades). ☎ 972-89-65-00. • calcofa@gmail.com • Tlj (sauf mar-mer hors saison). Carte 15,30-22,30 €.* Une salle rustico-contemporaine à la déco très équestre pour une cuisine catalane de qualité : viandes et poissons grillés, *cargols* (escargots) de Llívia, lapin...

À voir. À faire

Llívia se présente comme un bourg étalé, aux habitations à mi-chemin entre l'immeuble de vacances et le chalet. Seule la vieille ville en hauteur vaut la peine d'être visitée, charmante avec ses maisons de pierre et sa grosse église.

L'église Nostra Senyora dels Angels : *clés à demander à l'office de tourisme situé juste en contrebas.* Des XVe et XVIIe s, une église fortifiée, histoire de faire oublier le château détruit sur ordre de Louis XI. Très belle porte recouverte de motifs en fer forgé. À l'intérieur, autel baroque. Un ancien forum romain (unique en son genre dans les Pyrénées catalanes) est en cours de fouilles au pied du monument. Au mois d'août, festival de musique classique dans l'église *(infos : • llivia.org •).*

ESPAGNE, FRANCE : LLÍVIA, LLÍVIA PAS ?

La Cerdagne, berceau de l'État catalan, fut longtemps cause de guerres entre Espagnols et Français. Le traité des Pyrénées (1659) laissait des frontières peu précises. Un autre traité, signé un an après à Llívia, allait octroyer une grande partie de la Cerdagne à l'Espagne, la France gardant les 33 villages de la vallée de Carol. L'enclave de Llívia, faisant valoir son statut de ville et non de village, échappa ainsi de justesse à l'annexion française ! Mais pas à la destruction de sa forteresse...

Museu municipal : *carrer dels Forns, 10. ☎ 972-89-63-13. Au pied de l'église. Tlj sauf dim-lun 9h-14h, 15h30-18h ; dim et j. fériés 9h-14h (dernier accès 30 mn avt fermeture) ; tlj en août. Entrée : 3,50 € ; réduc.* Il raconte l'histoire de Llívia depuis les origines. On y trouve la *Farmacia Esteva,* sans doute la plus vieille pharmacie d'Europe (XVe ou XVIe s). Superbe collection de boîtes peintes, pots et autres bocaux de médicaments, sans oublier quelques vieux grimoires.

Fête

Fête patronale : *pour la Saint-Guillaume, à la mi-juin.*

BOURG-MADAME

(66760) 1 325 hab. *Carte Pyrénées-Orientales, A3*

Bourgade frontalière où la N 20 finit sa course à travers la France... et où vivent les Guinguettois (avant 1815, le village s'appelait La Guinguetta-d'Hix). À Hix, justement, (prononcez « Hiche » !), superbe église romane du XIIe s, avec un cimetière hors du temps. Pour le reste, ce bourg (la « madame », pour la petite histoire, était la fille aînée de Louis XVI) semble sérieusement souffrir de la présence de son immédiate voisine, la capitale de la Cerdagne espagnole, Puigcerda (voir le *Routard Catalogne*).

ÉCARTEZ-VOUS !

À 8 km de Bourg-Madame, la gare de Latour-de-Carol a la particularité unique d'avoir 3 écartements de rails différents : 1,435 m pour les trains français, 1,668 m pour les espagnols et seulement 1 m pour le train jaune qui dessert Villefranche-de-Conflent.

Adresse utile

Point info : *pl. de Catalogne. ☎ 04-68-04-52-41. Juil-sept, lun-sam ; le reste de l'année, accueil à la mairie.*

Où dormir dans les environs ?

Chambres d'hôtes Le Mas Franc : *Le Mas Franc, 66760* ***Enveitg.*** *☎ 04-68-04-88-21. • masfranc@orange.fr • masfranc.fr • À env 11 km au nord-ouest de Bourg-Madame ; faites-vous expliquer le chemin pour y grimper depuis le centre d'Enveigt ! Double 66 €, 45 € en yourte (l'été seulement) et possibilité de planter sa tente 12 €/pers. ½ pens possible.* Ferme équestre installée dans un ancien mas au milieu de nulle part (enfin, au milieu de paysages magnifiques !). 3 chambres, toutes simples, à la déco un peu exotique. Et, évidemment, possibilités de balades équestres. Accueil très cool.

Manifestation

Festival d'Hix en Cerdagne : *1re quinzaine d'août.* Joli festival de musique classique et jazz. Concerts payants dans l'église romane d'Hix.

DORRES

(66800) 170 hab. *Carte Pyrénées-Orientales, A3*

À 1 450 m d'altitude, typique village de montagne tout en granit, à l'atmosphère poétique : ruelles en pente, linteaux des maisons sculptés, clocher trinitaire à pans coupés, métier à ferrer les bœufs en pierre... Le village abrite un petit musée du granit qui retrace la vie des tailleurs de pierre.

Où dormir ? Où manger à Dorres ?

El Balco de Dorres : *2, carretera de las Escaldes. ☎ 04-68-04-47-42. • elbalcodedorres@wanadoo.fr • Double env 60 € ; familiale.* Belle petite maison jaune un peu excentrée du village mais toute proche des bains, que Monica et Lluis ont choisi pour s'éloigner du stress de Barcelone. Ils accueillent chaleureusement leurs visiteurs dans ce petit havre de paix composé de 3 chambres (dont une familiale) et d'un appart, aux tarifs imbattables.

Bistrot Bicyclette : *3, carrer Major. 07-85-75-21-87. L'été seulement : juil-août, tlj ; juin et sept, tlj sauf lun-mar. Fermé oct-mai. Snacks 5-14 €.* Dans les anciens locaux de l'hôtel-restaurant *Marty,* cette amusante adresse propose à la fois location de VTT, conseils sur les randos de la région et... bonne cuisine sur le pouce, du matin, avec de délicieux cookies, au soir avec, selon la saison, planches à partager, houmous, sandwichs, parts de tartes, etc. Le bar attenant permet aussi de boire un coup pépère. Le tout dans une ambiance conviviale.

À faire

Les bains de Dorres : *☎ 04-68-04-66-87. • bains-de-dorres.com • Tlj 9h-19h30 (20h en saison). Fermé nov. Entrée : 5,50 € ; réduc (visite du musée du Granit incluse l'été !).* Des bains à l'ancienne. 2 bassins (l'un plutôt grand et avec vue, l'autre installé dans un... ancien lavoir) et 2 « baignoires » taillées dans le granit. L'origine des eaux sulfureuses jaillissant ici est assez mal connue, on sait simplement qu'elles sortent à 41 °C. Une vraie détente après une journée de ski ou de marche dans la montagne. Mais, en été, on s'y bouscule et l'endroit est riquiqui.

FONT-ROMEU (66120) 2 160 hab. *Carte Pyrénées-Orientales, A2*

Cette célèbre station de sports d'hiver lancée en 1913 avec la construction du *Grand Hôtel* est une des plus anciennes de France avec Chamonix et Montgenèvre. La 1re remontée mécanique est installée en 1937, mais ce n'est que dans les années 1950 que Font-Romeu se fait vraiment un nom. La station connaît un regain de fréquentation lorsque les athlètes français viennent s'y préparer aux J.O. de Mexico de 1968. Le Centre national d'entraînement en altitude (CNEA) accueille d'ailleurs toujours des équipes venues du monde entier pour optimiser leurs performances !

Depuis, les constructions de béton, pas toujours heureuses, ont eu le temps de coloniser les pentes. Si, hors saison, la station a des airs de ville fantôme, elle ne désemplit pas en été, et encore moins l'hiver ! Il faut dire que Font-Romeu bénéficie d'un exceptionnel ensoleillement (pas un hasard, si le plus grand four solaire du monde est installé ici) et d'un air des plus pur (on y soigne les asthmatiques)...

Adresses utiles

Office de tourisme : *82, av. Emmanuel-Brousse. ☎ 04-68-30-68-30. • font-romeu.fr • Tlj sauf dim mai et oct-nov, 9h-12h, 14h-18h (19h en été).*

Point Info Montagne : *juste à côté de l'office de tourisme. Tlj fin juin-début sept ; mêmes horaires d'ouverture que l'office de tourisme.*

Plein d'infos utiles pour préparer ses balades en montagne (sentiers, météo, etc.).

Gare SNCF : *à* ***Via,*** *à 4 km du centre, au sud. ☎ 36-35 (gratuit).* Navette de la gare au centre-ville pendant l'été *(Estibus, rens à l'office de tourisme de Font-Romeu).*

■ **Centres médicaux** (qui sait, avec tous ces sports !) **:** ***Maison de santé,*** *28, bd Cambre-d'Aze. ☎ 04-68-30-11-27. Autre centre à* ***Bolquère.*** *☎ 04-68-30-02-15.*

Où dormir ? Où manger ?

Camping Huttopia Font-Romeu : *rte de Mont-Louis. ☎ 04-68-30-09-32. • font-romeu@huttopia.com • europe.huttopia.com • À 4 km de la station, sur la rte de Mont-Louis. Ouv mai-oct. Forfait 2 pers 50 € en hte saison. Tentes et cabanes. 180 empl.* Hébergements de qualité dans ce camping super nature, comme souvent chez *Huttopia* (c'est une chaîne) ! Très bien tenu et équipé comme il faut. Salons avec cheminée. Café-pizzeria. Piscine chauffée. Location de vélos (VTT électriques).

Pyrénées Hôtel : *7, pl. des Pyrénées. ☎ 04-68-30-01-49. • hoteldespyrenees66@gmail.com • Fermé 2de quinzaine d'avr et 15 oct-1er déc. Doubles 70-112 €. Resto soir seulement. Piscine couverte, sauna et spa gratuits (pour les résidents) pdt les vac scol.* Construit en 1930, ce massif bâtiment de pierre avec un toit genre chalet est l'un des plus vieux hôtels de la station. S'il a évidemment été rénové depuis, la déco commence aujourd'hui à dater. Mais les chambres demeurent confortables, et la vue de celles côté sud fait tout oublier ! Au resto, cuisine traditionnelle sans fausse note. Terrasse-solarium avec vue panoramique sur les montagnes, piscine couverte et jacuzzi. Accueil très gentil.

Hôtel Le Grand Tétras : *14, av. Emmanuel-Brousse. ☎ 04-68-30-01-20. • infos@hotelgrandtetras.fr • hotelgrandtetras.fr • Doubles 109-172 €.* Ce qui se vit à l'intérieur ne se devine pas de l'extérieur. Chambres de bonne taille, ensoleillées et avec balcon côté sud (côté rue aussi...), plus petites mais aussi soignées côté montagne. Déco agréable, résolument contemporaine, salles de bains nickel, larges écrans plats et bonne insonorisation ! Excellent et généreux petit déj-buffet pour partir à l'assaut des cimes, été comme hiver, avant de rentrer nager dans la piscine couverte et panoramique ou de transpirer dans le sauna.

La Chaumière : *96, av. Emmanuel-Brousse. ☎ 04-68-30-04-40. • lachaumiere@alicepro.fr • Tlj sauf lun-mar. Formule et menu déj en sem 19,50-35 € ; carte env 45 €. Café offert sur présentation de ce guide.* Cadre tout bois, genre chalet de montagne, pour une belle cuisine, dans la tradition catalane (viandes et escargots cuisent à la braise), mais avec un petit truc en plus. Jambons d'exception pour les amateurs. Et gardez une place pour les desserts : mousse au chocolat comme baba au rhum ont ici le goût de l'enfance.

La Table des Saveurs : *7, av. du Maréchal-Joffre. ☎ 04-68-04-88-49. Tlj sauf dim. Formule déj 16 € ; carte 55 €. Café offert sur présentation de ce guide.* Salle conviviale, toute en boiseries, façon chalet de montagne chic, et avec vue. Cuisine dans la grande tradition française (pas de racines catalanes revendiquées ici, le chef est vendéen), gentiment modernisée, assiettes époustouflantes de générosité, à base de produits frais. Service rapide.

Où dormir ? Où manger dans les environs ?

Gîte et chambres d'hôtes Le Mas Clara – Restaurant L'Escudella : *7, rue des Prés, à* ***Via.*** *📱 06-08-05-85-92. • masclara4@gmail.com • lemasclara.com • À env 8 km au sud de la station. Resto tlj (sur résa et soir de préférence). Doubles 95-135 € louées seulement hors vac scol. Sinon, c'est à la sem et pour l'ensemble de la maison (soit 7 pers). Resto tlj, résa conseillée.* Les 3 chambres

LES PYRÉNÉES-ORIENTALES

sont installées dans l'ancien logis d'un meunier : le caractère d'une vieille maison (murs de pierre et poutres apparentes), le confort d'aujourd'hui et le bon goût d'une déco où se télescopent les époques. Bel espace commun avec salon, cuisine super équipée, terrasse plein soleil et barbecue dans le jardin. Côté resto, déco très brocante avec ses tapis et sa vaisselle ancienne, une poignée de tables dans la grange du bas, quelques autres dans le jardin. Excellente et généreuse cuisine maison et de région (menu imposé mais adaptable).

Gîte-auberge La Chouette : *2, rue de la Liberté, 66120* ***Odeillo.*** *☎ 04-68-30-42-93. • contact@chouette.fr • chouette.fr • Près de l'église. Resto tlj au déj (sauf dim hors saison) et le soir sur résa. Congés : nov. Doubles 51-58 €, petit déj inclus ; ½ pens 35-40 €/pers. Formule et menu déj 16-19 € ; carte env 32 €. Café offert et réduc de 5 % sur la ½ pens à partir de 7 nuitées sur présentation de ce guide.* Chambres un peu petites, mais presque toutes ont vue sur les montagnes. Au resto, bons petits menus bien abordables, dont on profite dans une ambiance de chalet sympa, parfois accompagnée d'animations ou de concerts. Une chouette adresse !

Où boire un verre ?

Le Maillol : *8, rue Maillol. ☎ 04-68-30-65-63. Tlj (sauf dim hors saison), 17h-2h (service 19h-23h). Carte env 35 €.* L'incontournable pub de la station. Apéros-concerts chaque semaine. Petite carte de brasserie : tartares de poisson, burgers...

À voir. À faire

L'ermitage Notre-Dame de Font-Romeu : *à env 3 km au nord-ouest de la station (direction Mont-Louis). Visite guidée seulement, gratuite ; rens à l'office de tourisme de Font-Romeu.* Lieu de pèlerinage très prisé dans les Pyrénées. Selon la légende, un taureau n'avait de cesse de gratter le sol près d'une fontaine. Intrigué, le bouvier s'approcha et aperçut alors une statue de la Vierge cachée dans une cavité. Depuis cet événement, la belle statuette en bois du XIIe s s'est fait offrir une chapelle, dont elle sort chaque année le dimanche autour du 8 septembre pour être solennellement portée jusqu'à l'église d'Odeillo afin d'y passer l'hiver. Cette procession est l'une des plus importantes de la région. Toute cette histoire est racontée sur le magnifique retable doré décorant l'intérieur de la chapelle. Nombreux ex-voto dont un coq gaulois laissé là par Alain Mimoun pour remercier la Vierge de sa victoire aux J.O. de Melbourne en 1956 ! À droite du maître-autel, un escalier mène à un extraordinaire salon baroque (signé du grand sculpteur catalan Josep Sunyer), appelé *camaril.*

Le musée sans murs : *départ face à l'ermitage.* Le musée le plus haut d'Europe ! Un sentier forestier en boucle offre une agréable balade d'environ 45 mn, jalonnée d'une trentaine de sculptures contemporaines.

Le calvaire : *au col du Calvaire, à 300 m de l'ermitage.* Un escalier en colimaçon orné de petites chapelles contourne cette butte. Au sommet, un belvédère où se dresse un calvaire (évidemment !). Vue sublime à 360° sur la Cerdagne. Table d'orientation.

LE CAPCIR

Au nord de la Cerdagne, le Capcir est un haut plateau curieusement méconnu – hormis Les Angles, station de sports d'hiver réputée – malgré ses vallées solitaires, ses magnifiques forêts, ses lacs et ses montagnes

sauvages. Plus austère que la Cerdagne, cette région longue d'à peine 20 km du nord au sud offre pourtant un appréciable domaine de ski nordique et de superbes randonnées. Les habitants de ses villages longtemps préservés sauront vous en faire apprécier les charmes paisibles.

Adresse utile

Point info : *col de La Quillane, sur la rte de Formiguères (presque à l'embranchement vers Les Angles), 66210* ***La Llagonne.*** *☎ 04-68-04-49-86. • pyrenees-catalanes.net • Tlj sauf w-e 9h-12h, 13h-17h.*

LES ANGLES (66210) 540 hab. *Carte Pyrénées-Orientales, A-B2*

Sur le podium des stations des Pyrénées. Beau domaine skiable avec une trentaine de pistes. Évidemment, son enneigement important attire beaucoup de monde en saison. Malgré les immeubles de la station, le petit village a gardé son charme : porte du Moyen Âge, ruines d'un château, vieilles maisons... Et, à 2 pas, vous attend le lac de Matemale, noyé dans les pins.

Adresse utile

Office de tourisme : *2, av. de l'Aude. ☎ 04-68-04-32-76. • lesangles.com • Tlj 9h-12h30, 14h-18h (9h-19h pdt les vac scol).*

Où dormir ? Où manger aux Angles et dans les environs ?

Camping

Camping Le Lac : *rte des Carriolettes, 66210* ***Matemale.*** *☎ 04-68-30-94-49. • camping-lac-matemale@orange.fr • camping-lac-matemale.com • À 3 km des Angles ; prendre la direction de Matemale, puis fléché. Forfait 2 pers 19 € ; loc de chalets. 120 empl.* Situation extraordinaire, en forêt (donc bien ombragé), à 2 pas du lac. Très bien entretenu. Spa et hammam. Snack.

Bon marché

Le Bistrot d'Aqui : *7, pl. de la Mairie, 66210* ***Matemale.*** *☎ 04-68-30-94-68. • jeanlucscamandro@gmail.com • À 4 km au nord-est des Angles. Ouv 1er déc-31 mars et 1er juin-15 oct. Tlj sauf dim soir. Plat du jour le midi 17 € ; carte env 25 €.* Un petit bistrot de pays à dominante de bois, qui fait le bonheur du Tout-Matemale, et même au-delà, avec sa grande terrasse plein soleil sur la place du village, et ses grandes assiettes fromagères ou charcutières de salaisons locales. Bonne ambiance générale, notamment lors des retransmissions de matchs de rugby !

De prix moyens à beaucoup plus chic

Hôtel Le Llaret : *12, av. de Balcère. ☎ 04-68-30-90-90. • hotel.llaret@gmail.com • hotel-llaret.fr • Fermé au printemps et à l'automne. Resto tlj sauf le midi lun-jeu (résa conseillée). Doubles 90-102 €. Carte env 50 €. Apéritif maison offert sur présentation de ce guide.* Un rapport qualité-prix exceptionnel vu l'emplacement, en plein cœur de la station. On y apprécie aussi les chambres pour familles nombreuses ou groupes de copains, de plus en plus rares, et les formules avantageuses de la demi-pension, qui ménagent les budgets serrés sans pour autant rogner sur la qualité. Grande salle de resto avec vue sur le lac de Matemale, comme certaines chambres du reste. Un vrai bon plan.

Hôtel Le Coq d'Or : *pl. du Coq-d'Or. ☎ 04-68-04-42-17. • hotel.lecoqdor@laposte.net • Au centre du vieux village. Doubles 80-95 €. Menus 18-35 € ; carte env 35 €. Apéritif maison offert sur présentation de ce guide.* La sympathique façade de ce *Coq d'Or*, hôtel-restaurant à l'ancienne, ouvre ses fenêtres et sa terrasse sur la placette du village. Les parties communes paraissent un peu vieillissantes, les chambres mériteraient un rafraîchissement mais le tout reste correct. Pour les familles, chambres communicantes avec salle de bains commune. On n'est guère qu'à 300 m des pistes et l'on peut au retour profiter du hammam ou du jacuzzi. À table, cuisine de tradition.

Chalet Ana : *4, chemin du Soula. ☎ 04-68-04-09-69. • contact@chalet-ana.com • chalet-ana.com • 8 apparts loués à la nuit (min 2 nuits) ou à la sem ; pour 2 pers, 170-330 €/nuit selon saison ; apparts jusqu'à 8 pers 880-1 900 €/sem, linge et ménage compris.* Entièrement conçu par ses proprios au moyen de matériaux nobles et naturels, un lodge d'exception doté de l'écolabel. Les prix sont élevés, mais les prestations le valent bien : poêle à bois, déco contemporaine haut de gamme, cuisines équipées, terrasse pour certaines et une excellente isolation. Aussi un jardin, un solarium, un spa... Une atmosphère feutrée et luxueuse que l'on retrouve dans les parties communes.

Chez Antoine : *11 bis, av. de Mont-Louis. ☎ 04-68-30-09-21. • lavieillemaison@wanadoo.fr • Tlj de juil à mi-sept et de déc à mi-avr ; fermé mer-jeu le reste de l'année. Congés : fin juin. Résa conseillée. Menu 38 € ; carte env 40 €.* Une table connue et reconnue pour ses plats de tradition catalane servis dans la bonne humeur, ses portions pantagruéliques et ses viandes de qualité cuites au feu de bois. Le patron (Antoine, on s'en serait douté) organise d'ailleurs ici une foire au bétail. Salle chaleureuse, avec vue, comme depuis la vaste terrasse.

Où acheter de bons produits ?

Chèvrerie Le Dourmidou : *rue de la Mouline, 66210* ***Matemale.*** *☎ 04-68-30-13-55. Tlj 10h-12h, 17h-19h.* Réputée pour ses produits fromagers (tommes, chèvre, faisselles), mais aussi pour son comptoir de produits régionaux (vins, miel, confitures...). Possibilité de visiter la chèvrerie, d'assister à la traite des chèvres à 18h et de découvrir les animaux de la ferme avec les bambins.

À voir. À faire

Le parc animalier : *Pla del Mir. ☎ 04-68-04-17-20. Visite tlj 9h-17h (18h de mi-juil à fin août). Fermé nov. Entrée : 16 € ; réduc ; gratuit moins de 5 ans.* Un bien bel endroit, assez réputé, tellement respectueux des animaux qu'ils sont parfois difficiles à apercevoir. On vous rassure, vous aurez sans doute la chance de surprendre l'œillade d'un cerf pour sa biche, d'apercevoir la silhouette élancée d'un loup ou celle, puissante, d'un ours, de vous émerveiller devant l'étonnant équilibre des mouflons, bouquetins et autres isards... Toute la faune pyrénéenne d'aujourd'hui et d'hier est au rendez-vous, et s'y ajoutent aussi les tranquilles bisons. Chaussures de marche vivement recommandées pour suivre l'un ou l'autre des 2 parcours (1,5 km ou 3,5 km). Resto sur place.

Lou Bac Mountain : *prendre la télécabine des Pèlerins, au centre du village pour atteindre le point de départ.* *☎ 04-68-04-32-76. • loubacmountain.com • Tlj 10h30-18h30. Fermé fin avr-fin mai. Descente en luge 15 € ; 8 € pour les 5-11 ans. Pass 4 et 8 descentes 50 et 88 €. Nocturnes. À partir de 1,25 m. Pour les plus petits, possibilité de descendre entre les gambettes d'un adulte.* La luge, fixée sur un monorail (pas besoin de neige !), dévale 1,7 km de descente sur 430 m de dénivelée. Elle peut atteindre la vitesse de 42 km/h (aussi vite qu'une mobylette !) et 70 % d'inclinaison. Le circuit se faufile dans la forêt en suivant de jolies courbes. Sans grosse frayeur (et on est évidemment attaché) mais sensations garanties.

FORMIGUÈRES (66210) 470 hab. *Carte Pyrénées-Orientales, B2*

Ce village authentique était la résidence des rois de Majorque qui y soignaient leur asthme au XIIe s. Aujourd'hui, une petite station de ski, qui compte 25 km de pistes, est à 5 km. Dynamiques mais fidèles, les habitants ont eu l'intelligence de ne pas dénaturer leur beau village aux vieilles pierres recouvertes de *lloses* (« lauzes » en catalan). Formiguères est l'antinomie complète de Font-Romeu : cette capitale miniature du Capcir a conservé son âme...

Adresses utiles

Point info tourisme : *pl. de l'Église. ☎ 04-68-04-47-35. • formigueres.fr • tourisme@formigueres.fr • Vac scol, tlj 9h-12h30, 15h30-18h30 ; sinon, tlj sauf dim-lun 9h-12h30, 14h30-17h30.*

Vagabond'âne : *à* **Rieutort** *(6 km au nord). ☎ 04-68-04-41-22. • vagabondane.com •* Location d'ânes bâtés pour porter vos charges de randonneurs. En hiver, raquettes et ski de fond (pas pour les ânes, pour vous !).

Où dormir ? Où manger ?

Camping La Devèze : *19, rte de la Devèze. ☎ 04-68-04-66-89. • campingladeveze@wanadoo.fr • campingladeveze.com • Congés : oct-nov. Forfait 2 pers env 20 € ; loc de roulottes, tipi et chalets. 118 empl.* Ce camping 3 étoiles propose des emplacements de bonne taille, en pleine forêt, au calme et à l'ombre des pins. De quoi se sentir en communion avec la nature.

Gîte d'étape et de séjour La Dressere : *60, carrer d'Amont. ☎ 04-68-04-46-45. • info@ladressere.fr • ladressere.fr • Fermé nov-mai. Nuitée à partir de 22 €/pers ; double 56 €. Petit déj 7 €. Dîner 15 €. ½ pens possible pour les groupes.* À 2 pas du centre du village, une vieille maison gentiment aménagée en gîte (20 personnes maximum) avec quelques chambres doubles (salle de bains privée) et double vitrage. Table d'hôtes ou cuisine à dispo.

Hôtel Picheyre : *2, pl. de l'Église. ☎ 04-68-04-40-07. • hotel-picheyre@orange.fr • Derrière l'église. Vac scol, resto tlj sauf dim ; hors vac scol, seulement ven-sam. Fermé de mi-avr à mi-juin puis d'oct à mi-déc. Doubles 72-82 €.* Un hôtel-restaurant familial qui dégage une ambiance montagnarde, un brin coquette, grâce à une déco qui allie la pierre et le bois. Chambres très agréables, certaines assez spacieuses, et avec parquet. Fait aussi resto. Une très bonne adresse.

À voir. À faire

L'église Sainte-Marie : étonnante façade romane formant un seul bloc avec le très beau clocher (XIIe-XIVe s). À l'intérieur, grand *Christ en majesté* (sans la croix) du XVIIe s, d'une étonnante modernité. Quelque part, il rappelle Giacometti ou Germaine Richier.

Randonnées : nombreuses possibilités dans le coin. Topoguide en vente au point info tourisme. Les bons marcheurs s'offriront la grande classique du coin : les ***lacs des Camporells*** (de 1 à 2 jours de marche dans des paysages de haute montagne de toute beauté : rivières, cascades et lacs à la pelle...). Possibilité de bivouac ou de nuitée au *refuge des Camporells* (*07-77-94-79-45 ; • refuge-camporells.com •).*

VTT : une bonne quinzaine de circuits balisés dans le secteur (de 4 à 14 km). Topoguide en vente au point info tourisme.

DANS LES ENVIRONS DE FORMIGUÈRES

La grotte de Fontrabiouse : *à 8 km au nord de Formiguères. ☎ 04-68-30-95-55. • grotte-de-fontrabiouse.com • Juil-août, tlj 10h-19h (durée : 50 mn) ; le reste de l'année, voir le site. Fermé début nov-début déc. Entrée : 13,50 € ; réduc ; gratuit moins de 5 ans. Attention, visites guidées seulement, ttes les heures env (plus nombreuses juil-août, selon affluence).* Très belles concrétions superbement éclairées : colonnes, aragonites, draperies, et les inévitables stalactites et -gmites. Près de 900 m de galeries taillés dans le calcaire par un ruisseau souterrain, sur 2 niveaux.

FENOUILLÈDES-CORBIÈRES

Région de transition entre Catalogne et pays cathare, entre Pyrénées-Orientales et Aude, la vallée de l'Agly, encadrée au nord par les coteaux des Corbières et au sud par le massif du Fenouillèdes, distille le charme de ces petits coins de France aux multiples visages : plateaux rocailleux dressés en herse, vignobles, massifs forestiers se succédant au fil de routes sautillant de longues vallées en vallons encaissés. Un monde à l'aspect sauvage (classé parc naturel régional), qui mérite qu'on s'y plonge. Les Catalans appellent cette région le pays des « gavatches » (des non-Catalans, si vous préférez).

Comment y aller ?

➢ ***En bus :*** Perpignan-Quillan (Aude) via Estagel, Maury et Saint-Paul-de-Fenouillet. Ligne n° 500. 2 bus/j. lun-sam ; pas de bus dim. • *laregion.fr* •

➢ ***Par la route :*** de Perpignan par la D 117.

SAINT-PAUL-DE-FENOUILLET

(66220) 1 830 hab. *Carte Pyrénées-Orientales, C2*

Tranquille petite capitale du Fenouillèdes. Ville-frontière du XIIIe au XVIIe s, le traité des Pyrénées mit fin à son rôle de douanier. 2 anciens édifices religieux valent la visite : l'*église Saint-Pierre,* du XIIIe s, et un beau *chapitre* des XIVe et

XVIIe s. C'est aussi la porte d'entrée des gorges de Galamus, et de leur étonnante chapelle troglodytique, et l'accès au pays cathare par le sud (voir le chapitre suivant, « L'Aude, pays cathare »).

Adresse utile

Office de tourisme : *21, av. Georges-Pezières. ☎ 04-68-59-07-57. • cc-aglyfenouilledes.fr • Juil-août, lun 15h-18h, mar-sam 10h-13h, 14h-18h, dim 10h-13h ; hors saison, se renseigner.* Judicieux conseils sur la région et parcours ludique *Vino Enigma* : une balade de 5 km, en mode *escape game,* durant laquelle il vous faudra résoudre des énigmes pour ouvrir le sac à dos verrouillé et obtenir une récompense (on vous rassure, malgré le nom, il n'y a pas que des questions sur le vin... et il y a même une version spéciale famille !).

Où dormir ?
Où manger à Saint-Paul et dans les environs ?

Hôtel Le Relais des Corbières – Restaurant La Garrigue : *10, av. Jean-Moulin. ☎ 04-68-59-23-89. • relais-corbieres@wanadoo.fr • lerelaisdescorbieres.com • Tlj sauf dim soir-lun hors saison. Congés : janv. Doubles 51-61 €. Formule déj 21 € ; menus 27-39 €.* Le long de la route, proche d'un passage à niveau... mais il y a peu de trafic. 9 chambres toutes simples, à la déco un peu vieillotte, mais impeccables et climatisées. Goûteuse cuisine régionale, servie dans une salle traditionnelle ou sur une terrasse ombragée très agréable. Le soir, quand les voitures se font rares, déguster un maury sur la terrasse en écoutant chanter les fontaines est un vrai plaisir.

Chambres d'hôtes Château de Peyralade : *rte de Caudiès. ☎ 04-68-28-88-06. 06-70-22-24-60. • bonjour@chateaudepeyralade.fr • chateaudepeyralade.fr • À env 4 km à l'ouest, fléché sur la gauche de la D 166. Doubles 86-106 €. Table d'hôtes ouv à ts le soir 39 € (boissons comprises).* Petit château du XVIIIe s juste assez à l'écart pour être au calme. Vastes chambres, jolies comme tout, avec plein d'épatantes idées déco. Et comme les accueillants proprios exploitent un petit vignoble (et que monsieur est œnologue), cette bonne maison offre l'occasion aux amateurs de parler vins (et d'en goûter à la table d'hôtes, évidemment !).

Achats

Saint-Paul s'est fait une spécialité des *croquants,* biscuits à la recette ancestrale qu'on grignote après l'avoir trempé dans un vin doux local. Il reste 6 artisans à en fabriquer. Pour ceux qui ne jurent que par le bio, on a bien aimé la ***biscuiterie du Pastadou,*** à la sortie du bourg *(42, av. Jean-Moulin).*

À voir. À faire

Le chapitre : *se rens à l'office de tourisme. Entrée : 2 €, sur résa.* On n'imagine pas que derrière ce bâtiment du XVIIe s un peu triste se cache un édifice baroque, construit sur une ancienne abbaye bénédictine (IXe-XIVe s). Après la Révolution, le chapitre a été cloisonné et transformé partiellement en habitation. Il abrite aussi un intéressant petit musée. Au 1er étage, dans la section minéralogie (pierres de la région) et archéologie, on se trouve nez à nez avec les stucs de l'ancienne nef, bien mieux conservés ici qu'au rez-de-chaussée de l'église.

Quelques sculptures et peintures de Grouiller, artiste local. Également une salle des arts et traditions populaires reconstituant une maison de campagne au XIXe s. Belle vue sur le village et le Fenouillèdes depuis le clocher (accès par la chapelle).

Le train rouge *(TPCF)* : *☎ 04-68-20-04-00. • letrainrouge.fr • Fonctionne avr-oct mer-dim sur résa. Achat des billets en ligne ou sur place après résa téléphonique. Compter 13-26 € selon parcours ; carte famille et réduc.* Cet ancien autorail (avec wagons fermés et ouverts), remis en service sur 60 km de voie ferrée en Roussillon, Fenouillèdes et haute vallée de l'Aude, dessert chaque jour 7 gares entre Rivesaltes et Axat. Possibilité de rejoindre à pied le château de Puilaurens depuis la gare de Lapradelle-Puilaurens. Nous traitons ces sites dans le chapitre sur l'Aude (voir plus loin). Possibilité de vélorail sur la partie forestière des Pyrénées audoises.

2 ***vias ferratas*** (une familiale, une plus sportive) ont été aménagées sur les parois des étroites ***Clue de la Fou,*** chicane naturelle coupant le massif montagneux de Lesquerde, à la sortie du bourg direction Ansignan. Location du matériel nécessaire au *Camping de l'Agly* ou par le prestataire *Spel et Eaux* *(• speleteaux.fr •).*

L'ermitage Saint-Antoine de Galamus : *au nord-ouest de Saint-Paul-de-Fenouillet, à l'entrée des gorges de Galamus. Parking gratuit, puis accès par un court sentier (5-10 mn de marche).* Dans cet étrange ermitage créé au VIe s à même la montagne se trouve une intrigante chapelle troglodytique, planquée dans la paroi rocheuse, dédiée à Saint-Antoine-du-Désert. Depuis le parking-belvédère qui surplombe les gorges, observer les parois rocheuses : juste en face de vous apparaissent les minuscules façades des maisons, épousant la couleur du rocher, reconnaissables aux tuiles mordorées de leurs toits... On se demande comment la foi a permis un tel prodige. Est-ce l'homme qui soulève les montagnes ? Ou l'inverse ? En descendant le sentier qui part de l'aire de stationnement, on aboutit à l'ermitage. Boutique de souvenirs et de produits locaux sur place.

Les gorges de Galamus : *• gorgesdegalamus.fr • Attention, traversée délicate due à l'étroitesse des voies ; à certains endroits, impossible de se croiser ! Arrêt interdit, circulation des caravanes et camping-cars proscrite. Juil-août : circulation alternée par 2 feux à l'entrée et à la sortie des gorges. Sinon, petite Diabline (navette électrique) qui circule gratuitement entre les 2 parkings.*
Ces gorges somptueuses se faufilent à la fois sur l'Aude et les Pyrénées-Orientales, la plus grande partie se trouvant dans les Pyrénées-Orientales mais la plus belle, sans doute, dans l'Aude... En les traversant, on découvre à quel point la rivière Agly a creusé ici l'une des plus belles cluses de la région. Sur 4 km, ce ne sont qu'escarpements où seuls quelques genêts, arbousiers et chênes kermès parviennent à se cramponner. Au fond de ce ravin par endroits proprement vertigineux, le torrent tumultueux fait courir ses eaux turquoise. Quelques marmites géantes font office de bassins naturels. On ne peut rêver piscines plus agréables, mais sans surveillance ! La pratique de la rando, du canyoning et de l'escalade sont aussi possibles.

CIRCUIT DANS LE FENOUILLÈDES

FENOUILLET *(66220)*

À 15 km de Saint-Paul-de-Fenouillet par la D 117 puis la sinueuse D 9.
Minuscule mais charmant village perché, dominé par les ruines du château médiéval, depuis lequel on a une belle vue sur la tour Sabarda.

Où camper ?

⛺ ***Camping des Randonneurs :*** *lieu-dit Pal-Fica. ☎ 04-68-59-05-50. • campingdesrandonneurs@gmail.com • campingdesrandonneurs.com • Fléché sur la gauche avt d'arriver au village par un sentier. Ouv avr-oct. Forfait 2 pers env 20-25 € ; loc de roulottes, tipis et yourtes. 30 empl.* Pour les amoureux des endroits un peu retirés donc tranquilles, un petit camping à l'esprit très nature, dispersant ses emplacements dans une belle forêt. Piscine, ping-pong et jeux pour enfants. Bar et snack proposant notamment des plats du jour avec options végé. Barbecue. Nombreuses activités nature dans le coin. Très bon accueil.

PRATS-DE-SOURNIA *(66730)*

À 15 km de Fenouillet en poursuivant la D 9 puis la D 7.

Posé à 640 m d'altitude, ce village de 80 âmes est surnommé le « balcon du Fenouillèdes ». À juste titre : vue magnifique depuis partout (même la piscine municipale est panoramique !). Et les routes qui y vont ou en partent sont franchement superbes, au cœur d'une nature complètement intacte.

ANSIGNAN *(66220)*

La route continue vers l'ouest sur une dizaine de km.

Au pied de ce petit village en surplomb de l'Agly, un aqueduc long de 29 arches coupe la vallée au milieu des vignes. Ce bel ouvrage achemine toujours de l'eau depuis, vraisemblablement, l'époque romaine. Agréable rando par l'aqueduc n° 24, le sentier des Oiseaux : une balade familiale qui disperse des infos sur les espèces locales d'oiseaux.

CARAMANY *(66720)*

7 km plus loin, en suivant les rives d'un grand lac de barrage.

Très joli village qui épouse un éperon rocheux. Église du XVIIIe s avec un clocher de mission espagnole... comme au Mexique.

Où manger ? Où boire un verre ?

Café Carton : *18, Grand-Rue. 📱 06-13-91-07-02. Tlj sauf lun en juil-août, plus dim soir et mer hors saison. Formules déj en sem env 12-15 €.* Bistrot ouvert par des militants communistes à la fin des années 1950 pour contrarier le curé du village (ambiance Don Camillo et Peppone !). L'endroit est toujours un brin alternatif, chaleureux et décontracté. On peut y déjeuner (plat du jour souvent sous influence exotique), y grignoter à toute heure, ou y boire un godet (joli choix de bières). Fréquents concerts.

BÉLESTA *(66720)*

Quelques kilomètres plus au sud apparaissent les contreforts du château de Bélesta. Encore un petit village croquignolet, perché au milieu des vignobles et à l'écart des circuits touristiques.

Où dormir ? Où manger chic ?

Domaine Riberach : *2, rte de Caladroy. ☎ 04-68-50-30-10. • hotel@riberach.com • riberach.com • Resto tlj sauf lun-mar. Fermé nov-mars. Doubles 205-275 € ; petit déj 19 €. Menus 39-89 € ; carte env 40 €.* Une vraie surprise ! Karin et Luc, un couple d'architectes passionnés, ont reconverti une partie de l'ancienne cave coopérative du village en un écolodge époustouflant : à l'extérieur, architecture contemporaine qui évoque un paquebot avec ses coursives ; à l'intérieur, volumes imposants, espaces aérés. Les 18 chambres, construites en partie dans les anciennes cuves (avec terrasse en prime pour les plus chères), sont juste superbes et offrent une vue dégagée sur vignobles et jardins. Authentique démarche écolo : panneaux solaires sur le toit, piscine naturelle... Au resto, installé sous la charpente métallique de l'ancienne salle des presses, cuisine avec autant de personnalité que l'endroit, et bons vins à la cave, qui a elle aussi repris du service ! Spa.

À voir

Le château-musée : *1, rue du Château. ☎ 04-68-84-55-55. • musee-belesta66.fr • 15 juin-15 sept, tlj 14h-19h ; reste de l'année, tlj sauf mar et sam, 14h-17h30. Fermé 25 déc-1er janv. Entrée : 4,50 € ; réduc ; gratuit moins de 12 ans.* Château médiéval du XIIIe s, fortifié par Saint Louis et relooké à coups d'huisseries métalliques bleues (sacrilège !). Il abrite un passionnant musée de la Préhistoire récente (soit le Néolithique). On y navigue de manière didactique et ludique : reconstitution d'une tombe collective retrouvée dans le coin, impressionnante série de poteries et d'objets de parure découverts au cours des fouilles, etc. Aussi des expos temporaires.

MAURY *(66460)*

Un bourg tout en longueur, connu pour son vin doux naturel, du même tonneau que le rivesaltes !

Où manger ?

Maison du Terroir : *2, av. Jean-Jaurès. ☎ 04-68-68-92-54. • lamaisonduterroirmaury@gmail.com • Tlj sauf dim soir. Menus midi en sem 18-22 € ; plats 19-25 €.* Une courte carte de viandes et de poissons, un menu à l'ardoise qui change au fil des saisons, de bons produits de la région, une belle carte de vins qui met en avant les vignerons de Maury, et une boutique attenante pour acheter des bouteilles et autres produits du coin. Que demander de plus ? Ah, la terrasse et le grand jardin où l'on s'installe volontiers en été. L'adresse coche aussi la case de l'accueil chaleureux et prévenant, pour ne rien gâcher !

Où acheter de bons produits ?

Domaine de Mas Amiel : *☎ 04-68-29-01-02. • masamiel.fr • tourisme.masamiel.fr • Juil-août, tlj 10h-19h ; hors saison, lun-sam 10h-12h30, plus mar et jeu-ven 14h (13h jeu)-18h, fermé dim. Visite libre du domaine et du caveau. Ateliers 29 €/pers.* Un domaine gagné lors d'une partie de cartes, qui s'est progressivement agrandi. Sur 226 ha, le *Mas Amiel* produit des vins doux naturels depuis 2 siècles. Visite de la cave de 1890 où, dans les foudres de chêne, vieillissent les fameux vins doux naturels qui ont fait la notoriété de la maison. Un éventail de 25 cuvées à déguster (vins doux et secs).

À faire

Les Amorioles : *1 dim fin mai.* Balade dans les vignobles, ponctuée d'un pique-nique du terroir.

Voix de femmes : *3 j. mi-juin. • festival-voixdefemmes.fr •* Comme son nom l'indique, un festival 100 % chanteuses, entre têtes d'affiche et découvertes.

ESTAGEL

(66310) 2 050 hab. *Carte Pyrénées-Orientales, C1*

Un bourg connu essentiellement pour sa production de vin. C'est aussi le fief des Arago. 5 membres de cette famille d'Estagel ont leur nom dans le dico. D'abord François, astronome, physicien et homme politique célèbre. Il contribua à abolir l'esclavage dans les colonies, et devint un véritable symbole du Roussillon et de la République face à la monarchie et à l'Empire. À l'époque, on allait en prison pour oser crier : « Vive Arago ! » Ensuite Jean, général au Mexique, puis Jacques, écrivain mort au Brésil, et Étienne, révolutionnaire. Enfin, Emmanuel, fils de François, ministre en 1870... Quels destins !

Où dormir ?

Où manger à Estagel et dans les environs ?

Chambres d'hôtes La Demeure Saint-Vincent : *19, rue Gilbert-Brutus. ☎ 04-68-92-26-48. 📱 06-18-18-56-43. • dsve@sfr.fr • demeuresaintvincent.com • Double 100 € (85 € à partir de la 2e nuit). Apéritif maison offert sur présentation de ce guide.* Dans une ruelle du centre, une belle maison de maître du XVIe s, retapée avec cœur par les charmants proprios. Chambres spacieuses et chaleureuses, au calme, avec accès au parc à la végétation luxuriante. Au 2e étage, une chambre à la déco zébrée rappelle l'Afrique, où Michèle et Daniel ont vécu. Pour les familles, de belles suites avec chambres communicantes. Très beau petit déj. Bibliothèque, salon, barbecue et petite piscine dans le jardin.

Auberge du Cellier : *1, rue Sainte-Eugénie, 66720* ***Montner.*** *☎ 04-68-29-09-78. • contact@aubergeducellier.com • aubergeducellier.com • (au resto). À 3 km au sud d'Estagel. Tlj sauf lun-mar, plus dim soir et mer hors saison. Double 85 €. Formule déj en sem 21 € ; menus 48-78 €.* Homme-orchestre cool et détendu, le chef est tour à tour sommelier, maître d'hôtel, tout en restant aux commandes de sa cuisine. La déco de la salle a su rester simple et accueillante, mais les plats sont ceux d'une grande table... En direct des filets du pêcheur, des poissons habilement préparés côtoient des viandes locales et des produits de saison. Chambres de bon confort. Terrasse. Petit déj d'anthologie !

Grill du château de Jau : *66600* ***Cases-de-Pène.*** *☎ 04-68-38-91-38. • daure@wanadoo.fr • À env 4 km d'Estagel par la D 59 et à 5,5 km de Cases-de-Pène (bien indiqué). En juil-août, midi, plus soir mer-sam ; juin et sept, midi mar-dim. Menu unique 38 € le midi, 40 € le soir, dégustation de vin du domaine compris.* On pourrait presque intituler la formule « barbecue party au château », car on n'y mange qu'une seule chose, des grillades, saucisses et côtelettes d'agneau, accompagnées de fougasse aux olives ou pain tomate et jambon ! Cadre joliment contemporain, avec bassin, canapés, terrasse ombragée, de quoi profiter pleinement du beau temps ! Très agréable vin de la propriété : le fameux Jaja de Jau, dont l'étiquette a été dessinée par Ben.

TAUTAVEL (66720) 890 hab. *Carte Pyrénées-Orientales, C1*

Village blotti au pied de falaises calcaires, au milieu d'un paysage grandiose de Corbières rouges et arides plantées de vignes. C'est ici que naquit, il y a bien longtemps, l'ancêtre des Roussillonnais.

Où dormir ?

Chambres d'hôtes L'Abri sous Roche : *29, rue Gambetta. ☎ 04-68-29-49-31. • labrisousroche.com • Doubles 50-95 € ; familiale.* Au cœur du village, dans une ancienne demeure, 4 chambres confortables, toutes personnalisées dans une déco estivale, ainsi que 2 gîtes. Petite terrasse, idéale pour prendre le petit déj les beaux matins d'été. Accueil charmant.

Où manger ?

Le Petit Gris : *rte d'Estagel. ☎ 04-68-29-42-42. À la sortie du village, direction Estagel. Mai-oct, tlj ; le reste de l'année, tlj sauf lun, le midi seulement mer-jeu. Menus 22-31 €.* Vaste terrasse avec vue sur les falaises calcaires qui surplombent Tautavel et salle toute simple. Une table sincère où l'on vient se régaler d'une cargolade de petits-gris (escargots) au gril, dans la grande cheminée, ou d'excellentes grillades catalanes au feu de sarments.

El Silex : *av. Jean-Badia. 06-99-53-48-73. • ttarrius@gmail.com • Tlj midi et soir. Plats 15-20 €.* Juste à côté du musée, un resto qui met en avant la *slow food,* avec une carte réduite qui change avec les saisons. La cuisine, faite avec de bons produits de la région, est si recherchée qu'il faut parfois décrypter la carte ! Heureusement, on nous explique et conseille volontiers, avec beaucoup de gentillesse. Fait aussi caviste, avec une sélection d'une centaine de vins.

À voir

Le musée de Préhistoire : *av. Léon-Jean-Grégory. ☎ 04-68-29-07-76. • 450000ans.com • Tlj sauf certains j. fériés : juil-août, 10h-19h ; le reste de l'année, 10h-12h30, 14h-18h. Entrée : 8 € ; réduc ; gratuit moins de 7 ans.* Ce petit village a offert au plus célèbre de ses hommes un espace muséographique d'une vingtaine de salles, aujourd'hui un peu à l'ancienne. Reconstitution d'une grotte, dioramas, vidéos, une foule de panneaux explicatifs sur les méthodes de fouille, la vie de notre célèbre ancêtre, sur la faune, la flore et les paysages de l'époque. Quelques collections uniques mises au jour à la caune de l'Arago, et un projet de découverte en réalité virtuelle. Quant au crâne original, n'espérez pas le voir, il est conservé précieusement dans un coffre du musée. Mais dans la salle équipée de réalité augmentée environnementale, on peut voir, à travers son smartphone, le crâne flotter ! Expos temporaires.

Le musée des Premiers Habitants de l'Europe : *palais des Congrès et de la Préhistoire, rue Anatole-France. ☎ 04-68-29-49-50 (bureau d'information touristique). • tautavel.com • ♿ De mi-avr à juin et sept-oct, tlj sauf dim-lun 14h-17h ; juil-août, tlj sauf lun 10h-12h, 15h-18h. GRATUIT.* Pas vraiment un musée (même s'il y a quelques vitrines : moulages de crânes, silex...), plutôt un petit centre d'interprétation qui évoque les 1ers pas de l'homme sur la terre avec moult technologies d'aujourd'hui : livre virtuel, écrans tactiles, hologrammes... Une rencontre ludique avec nos très lointains ancêtres (1,8 million d'années quand même !). Parfait avec des enfants.

La caune de l'Arago : *à 3 km au nord du village, direction Vingrau. Accès libre en juil-août (sauf exception, c'est un lieu de fouilles).* ***Actuellement fermé pour travaux.*** C'est l'un des sites préhistoriques les plus riches au monde : ossements, pierres taillées, traces d'habitat, etc. Le chantier de fouilles a été interrompu à cause de la non-conformité (et donc dangerosité) des plateformes d'accès, mais devrait reprendre à la fin des travaux.

L'AUDE, PAYS CATHARE

ABC de l'Aude

- ***Population :*** 374 000 hab.
- ***Préfecture :*** Carcassonne.
- ***Sous-préfectures :*** Narbonne, Limoux
- ***Signes particuliers :*** point culminant : 2 469 m (pic de Madrès) ; 40 % du département est couvert par des Espaces Naturels sensibles.

• Carte *p. 162-163*

Pays de garrigue, de l'olivier, du sapin et du roseau, de la vigne et du blé, pays de mer, de plaine et de montagne, l'Aude multiplie les facettes et les atouts. C'est une succession de paysages tour à tour ondulés, escarpés, verdoyants ou brûlés par le soleil. À cette nature forte et variée s'ajoute depuis belle lurette un patrimoine bâti remarquable : Carcassonne, bien sûr (inscrite au Patrimoine mondial de l'Unesco) ; une jolie tranche du canal du Midi (inscrite aussi à l'Unesco) ; sans compter moult églises et abbayes romanes (Rieux-Minervois, Saint-Papoul, Lagrasse, Fontfroide, Saint-Hilaire, Sainte-Marie-d'Alet, Caunes-Minervois...). Enfin, le voyageur entre ici en pays cathare, un terme qui revêt un caractère quasi magique ! Lastours, Aguilar, Termes, Quéribus, Peyrepertuse, Puilaurens et d'autres encore constituent ces « citadelles du vertige » plus ou moins en ruine, chantées par les uns, décrites par les autres, toujours aussi belles et fascinantes dans leur écrin de monts et de vignes – avec en point d'orgue, tel un vaisseau amiral à la tête d'une flotte immense, la Cité de Carcassonne. Ces sentinelles du vertige sont candidates au Patrimoine mondial de l'Unesco...

L'HISTOIRE DES CATHARES

Il était une « foi »

Au Xe s, la société était régie à la fois par l'autorité temporelle des seigneurs et par le pouvoir spirituel de l'Église. Mais l'incompréhension du peuple s'accentua face à un haut clergé de plus en plus riche et tout-puissant ; s'ensuivit une crise de la foi chez certains chrétiens.

Le culte cathare reposait sur le ***dualisme,*** une doctrine venue de l'Antiquité et remise au goût du jour : le monde est partagé entre ***le Bien et le Mal.*** Pour les

NUL N'EST PARFAIT !

Au Ve s, saint Augustin qualifia de « cathares » les membres d'une secte d'Afrique (katharos signifie « pur » en grec). Une épithète reprise de façon péjorative par le clergé catholique du XIIe s pour qualifier des hérétiques rhénans. Les albigeois s'appelaient simplement entre eux « bons hommes », « bonnes dames » ou « bons chrétiens ». Par raillerie, les croisés catholiques surnommaient ces purs « parfaits » (sous-entendu parfaits hérétiques). Au final, l'histoire moderne a gardé le vocable péjoratif de « cathare »...

« bons hommes », le salut consiste à se libérer du Mal, de l'Enfer, en retrouvant la pureté originelle. Chacun doit observer des règles de vie plus que strictes : interdiction de tuer tout être humain ou animal, obligation de jeûner, abstention de tout rapport sexuel (mettre au monde un enfant est l'œuvre du Mal), interdiction de prêter serment (or, toute la société était fondée sur le serment de vassalité, d'où problème !), obligation de travailler (pas de changement pour les pauvres ; mais pour les nobles, quelle innovation !).

La croisade

L'Église s'affola, car cette doctrine sapait les fondements mêmes de la société féodale sur laquelle elle avait un pouvoir absolu. En 1165, l'évêque d'Albi organisa une réunion entre les « vrais » catholiques et ces réformateurs appelés par dérision « cathares ». Le pape dépêcha donc des légats en Occitanie. À la suite de l'assassinat de l'un d'eux, ***Rome condamna solennellement les cathares pour hérésie*** et déclencha une croisade.
Les 1ers à être massacrés furent les habitants de Béziers. L'extermination se poursuivit à Carcassonne, puis le seigneur ***Simon de Montfort,*** l'un des principaux chefs croisés, entreprit d'anéantir les unes après les autres les cités méridionales : Termes, Puivert... À chaque fois ou presque, les croisés attendaient la faveur d'un été torride pour venir à bout de ces forteresses réputées inexpugnables. Les cathares, morts de soif, se rendaient, et les survivants de ces longs sièges, s'ils n'abjuraient pas leur foi, étaient jetés dans les flammes – ce qu'ils préférèrent bien souvent. Simon de Montfort décida alors d'assiéger Toulouse. Les seigneurs du Sud s'étaient ligués contre les croisés et le choc se déroula à Castelnaudary. Raymond VI battu, Raymond VII entra en scène et reprit Toulouse en 1216. Montfort décida d'assiéger une nouvelle fois la cité. Il mourut touché à la tête par une pierre.
Considérant que la situation n'avait que trop duré et sentant son pouvoir menacé, le roi Louis VIII déclara les cathares « ennemis du roi et de l'Église ». Coup de main du pape qui créa l'***Inquisition,*** des tribunaux chargés de découvrir, de juger et de brûler les hérétiques. La résistance cathare s'organisa dans les châteaux de Montségur, de Puilaurens, de Quéribus et de Peyrepertuse. Mais l'assassinat de 2 inquisiteurs, en 1242, déclencha une répression terrible et sanglante qui aboutit à la chute de Montségur 2 ans plus tard. Les hérétiques furent brûlés. ***En 1321, le dernier « parfait » périt sur le bûcher.*** Les cathares n'étaient plus qu'un souvenir. Et le plus grand bénéficiaire de l'opération en fut le roi de France ; les comtés de Carcassonne et de Toulouse tombant dans son escarcelle. Les motifs religieux du départ s'étaient fondus dans une sombre affaire de pouvoir et de politique.
Au passage, on note que la couronne de France, après avoir assiégé, parfois rasé, les places fortes où s'étaient réfugiés les cathares, y fit rebâtir des châteaux destinés à défendre la frontière sud du royaume, face à l'Aragon... Et d'ailleurs, ***de nos jours ces châteaux sont nommés à tort « châteaux cathares ».***

Adresses et infos utiles

ℹ ***Agence de développement touristique :*** *allée Raymond-Courrière, 11855* ***Carcassonne*** *Cedex 9.* ☎ *04-68-11-66-00.* • *audetourisme.com* • *Tlj sauf w-e.* Plein d'infos utiles sur l'Aude. L'histoire du pays cathare, hébergeurs, activités, brochures sur les saveurs et événements locaux à télécharger... On y trouve de tout ! Le département a créé le label « Le Pays cathare » attribué aux hébergeurs, restaurateurs, sites, guides et autres producteurs, viticulteurs ou artisans

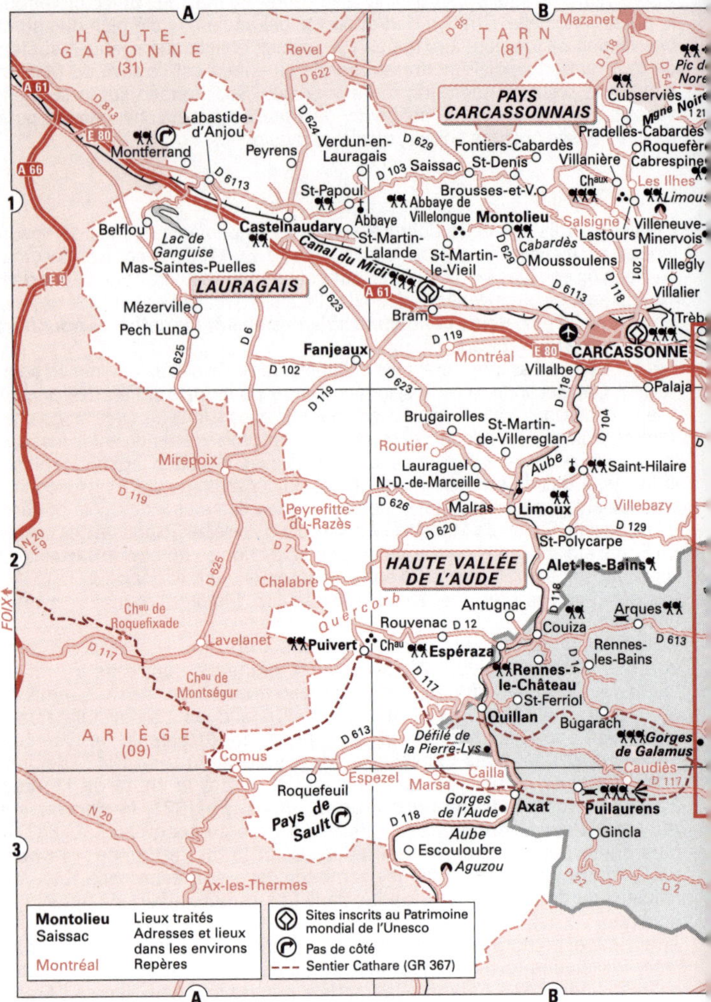

locaux engagés dans une démarche de qualité des prestations et garantissant l'origine audoise des produits (signalés par des panonceaux bleu et blanc).

■ Les ***applis mobiles gratuites et interactives « Pays cathare, Le Guide »*** et ***« Castrum, Le Jeu »*** (pour les enfants) dévoilent les secrets et légendes d'une vingtaine de lieux historiques incontournables en pays cathare.

■ ***Relais des Gîtes de France Aude :*** *205, rue Gérard-Desargues, 11000*

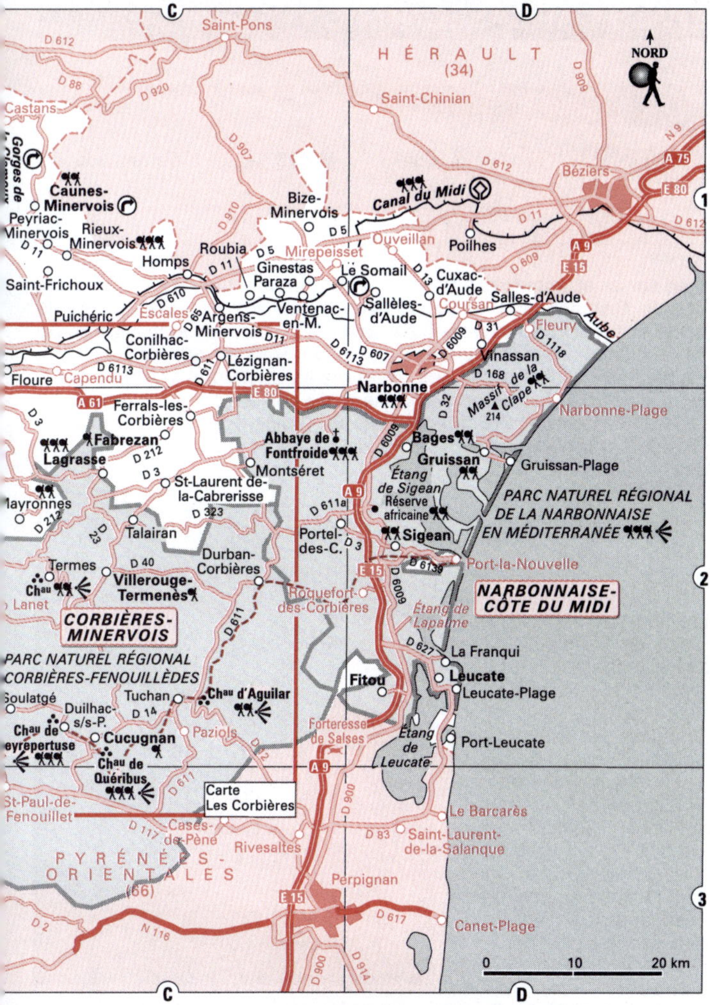

L'AUDE

Carcassonne. ☎ *04-68-11-40-70.* • *gites-de-france-sud.fr* • *Tlj sauf dim.*

■ ***Accueil Paysan :*** • *accueil-paysan.com* • Chambres et tables d'hôtes chez des paysans en activité, produits fermiers en vente et fermes pédagogiques.

Bus : une quinzaine de lignes – accessibles aux personnes à mobilité réduite – sillonnent le département. Ticket unique à 1 ou 2 €, quel que soit le trajet *(• mestrajets.lio.laregion.fr •).*

LE PAYS CARCASSONNAIS

CARCASSONNE

(11000) 46 825 hab. *Carte Aude, B1*

• Plan *p. 166-167*

Perchée sur un promontoire et inscrite au Patrimoine mondial de l'Unesco, la Cité de Carcassonne demeure la plus importante ville médiévale d'Europe et aussi l'un des sites historiques les plus visités de France. On conseille vivement de la découvrir hors saison. Mais si vous y allez en été, investissez les ruelles endormies tôt le matin, ou tard le soir pour boire un dernier verre et la contempler dans son écrin de pierres illuminées... Un spectacle superbe ! Profitez du reste du temps pour explorer le vieux quartier de « la bastide Saint-Louis » (Ville basse) et flâner le long du canal du Midi.

UN PEU D'HISTOIRE

Riche d'un passé 2 fois millénaire, la ville a vu défiler Celtes, Romains, Wisigoths, Sarrasins et Francs. Ce promontoire accueille d'abord un *oppidum* celte, perché à 150 m d'altitude. Situé à un carrefour stratégique – surveillant le *via Aquitania* et le fleuve Aude –, le lieu est fortifié par les Romains, qui lui donnent le nom de *Carcasso*. Les Wisigoths succèdent aux Romains à la fin du IVe s et submergent la Gaule. Ils établissent leur capitale à Carcassonne, qui devient forteresse-frontière pendant 2 siècles avant de subir les assauts des Sarrasins.

DAME CARCAS SE DÉCARCASSE

Assiégée par Charlemagne, la forteresse d'alors était le fief de dame Carcas. Affamée, la population n'avait plus qu'un cochon et une ration de blé. L'astucieuse princesse eut le génie d'en gaver l'animal et de l'envoyer au pied des remparts. Croyant les vivres toujours abondants, l'empereur leva le siège, démoralisé. Pour lui proposer la paix, dame Carcas sonna les cloches de la ville... D'où « Carcas sonne ». Il n'y a pas que Walt Disney pour raconter des histoires de princesses à dormir debout !

Pépin le Bref, père de Charlemagne, les en chasse au VIIIe s (Charlemagne n'a donc jamais fait le siège de Carcassonne ; bref, c'est un pépin pour la légende de dame Carcas qui était pourtant une belle histoire !). Ce sont les ***Trencavel,*** noble famille également maîtresse d'Albi, de Nîmes, de Béziers et d'Agde, qui ***donneront son prestige à la ville, du Xe au XIIe s,*** en y construisant leur palais. L'un des rejetons Trencavel – Raymond Roger – prend les cathares de la région sous sa protection au début du XIIIe s. Un beau geste qui lui coûtera cher : la ville est assiégée en 1209, prise, le jeune vicomte clapote dans un obscur cachot et ses terres sont attribuées à l'un des grands seigneurs de la croisade, Simon de Montfort.

Entrée ensuite dans le giron de la famille royale (les possessions languedociennes du fils de Montfort sont cédées à Louis VIII), la Cité s'agrandit au XIIIe s. Sa proximité avec la frontière aragonaise pousse les rois français – Saint Louis en tête – à renforcer les remparts et à ajouter une enceinte extérieure, séparée de celle de l'intérieur par des lices, tandis que la cathédrale prend de plus en plus d'ampleur gothique.

Puis ***Saint Louis fait bâtir une Ville basse,*** sur un plan militaire : plan « carré », rues à angles droits, fortifications et 2 églises, au nord et au sud. Elle accueillera les Carcassonnais dont la croisade avait rasé les maisons bâties au pied des remparts et qui errèrent quelques années durant. Carcassonne est devenue une ***ville bicéphale*** : la « bastide Saint-Louis », commerçante et administrative ; la Cité triomphante, éloignée et enfermée dans ses épais remparts. Au XIVe s, la Cité possède une telle armure que le Prince Noir dans sa chevauchée incendiaire l'évite et se contente de ravager la Ville basse.

Au cours des siècles, ***l'industrie du drap et le commerce du vin*** enrichissent la Ville basse, alors que la vieille cité militaire périclite à la suite du traité des Pyrénées et au recul de la frontière avec l'Aragon ; le Roussillon étant annexé par les Français. Modifiée à la Renaissance et au XVIIIe s, elle n'est alors qu'une caserne et sera même vendue sous l'Empire pour en récupérer les pierres. Mais au XIXe s, Mérimée s'émeut de voir la ville amputée de ses tours et laissée à l'abandon. Du coup, le bon Prosper, qui était quand même inspecteur des Monuments historiques, en confie la restauration à Viollet-le-Duc, en 1844. Le célèbre architecte aura la bonne idée de ne pas se lancer dans une opération de chirurgie esthétique trop poussée, se contentant de restituer le caractère d'harmonie et de force d'une ville guerrière du XIIIe s, en plein apogée gothique.

LE BLASPHÈME EST AU COIN DE LA RUE

Au Moyen Âge, les toilettes publiques n'étaient pas encore inventées et les passants avaient la fâcheuse habitude d'uriner sur les murs. Pour s'en prémunir, certains propriétaires peignaient des croix au bas de leur maison, les blasphémateurs étant alors passibles du pilori. Vive les sanisettes Decaux !

Arriver – Quitter

En train

Gare SNCF *(plan B1)* **:** *1, bd du Maréchal-Joffre. • sncf.com •*

➢ ***Narbonne*** *(30 mn),* ***Montpellier*** *(1h25)* et ***Marseille*** *(3h30)* **:** nombreux trains tlj.

➢ ***Castelnaudary*** *(20 mn),* ***Toulouse*** *(45 mn-1h)* et ***Bordeaux*** *(3h)* **:** nombreux trains tlj.

➢ ***Limoux*** *(25 mn)* **:** plusieurs départs quotidiens ; fréquence réduite le dim.

En bus

Arrêt des bus *(plan A1)* **:** *bd de Varsovie. • mestrajets.lio.laregion.fr •*

➢ ***Narbonne*** *(1h40)* **:** avec la ***ligne 401,*** opérée par la compagnie ***Kéolis*** *(• keolissuddefrance.com •),* 5-8 bus/j. sauf w-e et j. fériés, via ***Trèbes*** et ***Lézignan-Corbières.***

➢ ***Castelnaudary*** *(45 mn)* **:** avec la ***ligne 403,*** gérée par la compagnie ***Vidal*** *(• autocarsvidal.fr •),* 4-5 bus/j. sauf le w-e.

➢ ***Quillan*** *(2h15)* **:** avec la ***ligne 402,*** assurée par la compagnie ***Teissier*** *(• teissier.fr •),* 4-7 bus/j. via ***Limoux, Alet-les-Bains, Couiza*** *(Rennes-le-Château)* et ***Espéraza.*** Certains bus poursuivent jusqu'à ***Axat.***

➢ ***Montolieu*** *(25 mn)* **:** avec la ***ligne D*** de la compagnie ***RTCA*** *(• rtca.carcassonne-agglo.fr •),* 2-4 bus/j. sauf dim et j. fériés ; terminus à ***Saissac.***

➢ ***Lagrasse*** *(1h05)* **:** avec la ***ligne I*** de la compagnie ***RTCA,*** 1-2 bus/j. sauf dim et j. fériés.

➢ ***Caunes-Minervois*** *(30 mn)* **:** avec la ***ligne A*** de la compagnie ***RTCA,*** 5-7 bus/j. sauf dim et j. fériés.

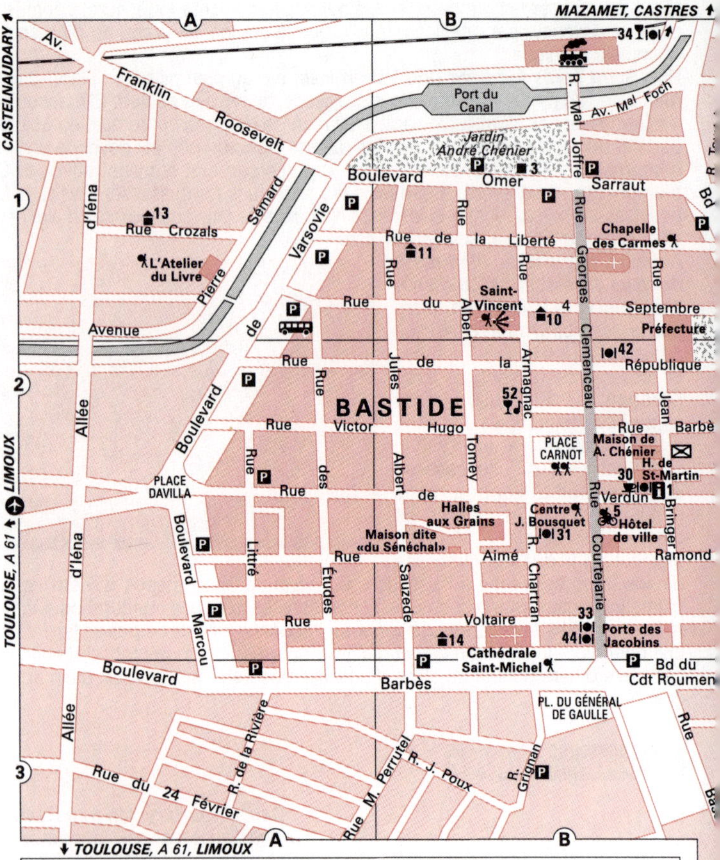

Adresses utiles

1 Offices de tourisme municipaux (B2 et D4)
2 RTCA (transports urbains ; C2)
3 Arrêt de bus et du train touristique pour la Cité (B1)
4 Évadeo Cycles (location de vélos ; hors plan par D3)
5 Alter Ride (location de vélos ; plan B2)

Où dormir ?

10 Hostel Le Couvent (B1)
11 Hôtel de la Bastide (B1)
12 Hôtel Astoria (C1)
13 Chambres d'hôtes La Maison Vintage (A1)
14 Chambres d'hôtes La Cour Carrée (B2)
16 Chambres d'hôtes Townhouse (plan C3)
17 Chambres d'hôtes Le Grand Puits (D3)
18 Best Western Plus Hôtel Le Donjon (D4)
19 Camping de la Cité (hors plan par C4)
20 Chambres d'hôtes La Maison Vieille (D3)
22 Hôtel L'Aragon (D3)
23 Hôtel du Pont Vieux (D3)
24 Hôtel Mercure Carcassonne La Cité (hors plan par D3)

Où manger ?

30 Freaks Café & Cantine (B2)
31 Le Bis-Troquet (B2)
32 Le Jardin en Ville (hors plan par C1)
33 Le Rideau Rouge (B2)
34 La Table du Vatican (hors plan par B1)
35 L'Escargot (D3)
36 Le Saint-Jean (D3)
37 Le Jardin de la Tour (D4)
38 Comte Roger (D4)
39 Auberge des Lices (D4)
40 La Table d'Alaïs (D4)
41 FloridaBlanca (D3)
42 Mr. H (B2)
43 La Table de Franck Putelat (hors plan par C4)
44 Brasserie À 4 Temps (B2)

Où boire un verre ?

50 Le Bar à Vins (D4)
51 Les jardins de l'Hôtel de la Cité (D4)
52 The Celt (B2)

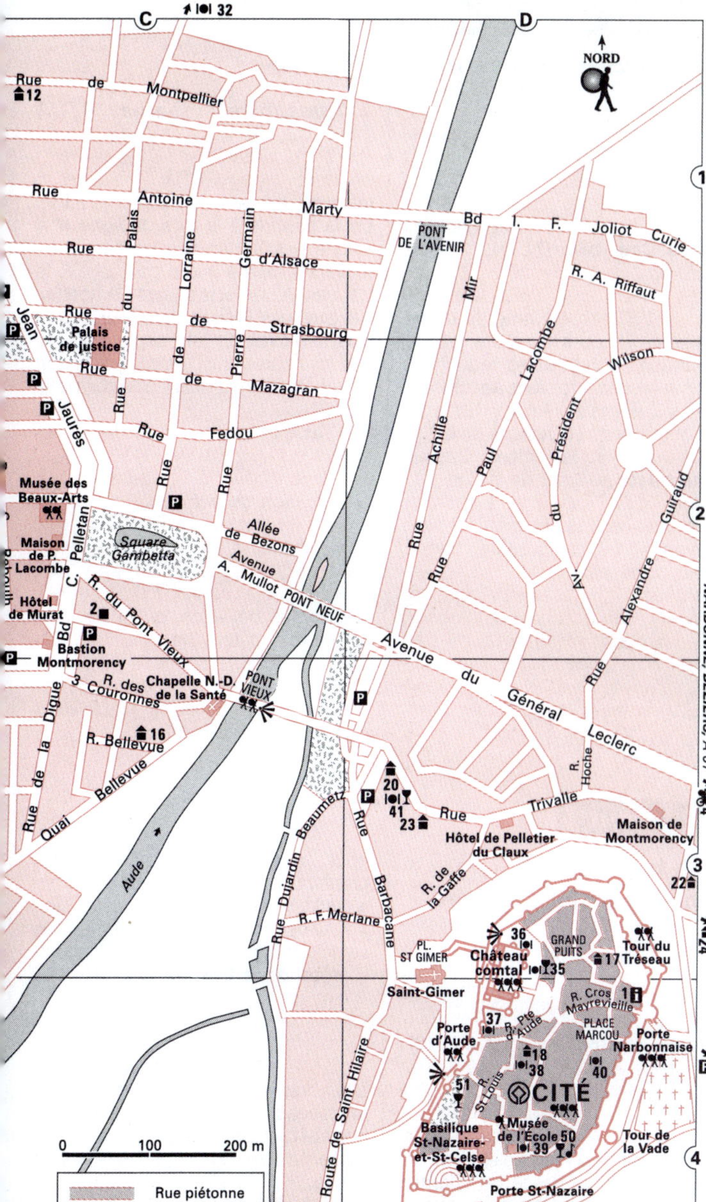

CARCASSONNE

Adresses et infos utiles

ℹ ***Office de tourisme municipal*** *(plan B2,* ***1****)* ***:*** *28, rue de Verdun. ☎ 04-68-10-24-30. • tourisme-carcassonne.fr • Juil-août, tlj 9h-19h ; avr-juin et sept-oct, tlj 9h30-18h (14h30 dim) ; nov-mars, tlj sauf dim 9h30-13h (12h en mai), 13h30-17h ; le reste de l'année, tlj sauf dim 9h30-17h30.* Autre ***bureau dans la Cité*** *(plan D4,* ***1****)* ***:*** *21, rue Cross-Mayrevielle. Juil-août, tlj 9h-20h ; avr-juin et sept-oct, tlj 9h30-18h ; nov-mars, tlj 9h30-17h30.* Vente du ***Carca Pass*** seul *(6 €)* ou avec ***visite guidée*** thématique ; nombreuses réductions en prime (visites, croisière, spectacles, activités...). Films en réalité virtuelle sur la vie quotidienne et l'histoire de la Cité *(5 € ; réduc).* Pour les enfants, 2 ***chasses au trésor*** au cœur de la Cité *(coffrets 8-13 € ; 21 € pour les 2 coffrets).* Lors des vacances scolaires, ateliers « Moyen Âge » (calligraphie, danse, cuisine, coiffe, etc.) ; *tarifs : 6-12 €.*

– ***Marchés :*** *les mar et sam.* ***Marché aux fruits, fleurs et produits locaux,*** *pl. Carnot ;* ***aux vêtements,*** *bd Barbès ;* ***aux volailles et poissons****, aux halles (mar-sam mat). Le sam,* ***marché aux fruits et légumes,*** *bd Commandant-Roumens.* ***Marché au gras,*** *en déc, le dim.*

Transports

■ ***Transports urbains RTCA*** *(plan C2,* ***2****)* ***:*** *30, rue Georges-Brassens. ☎ 04-68-47-82-22. • rtca.carcassonne-agglo.fr • Tlj sauf w-e.* Infos sur les bus de l'agglomération. ***De la bastide à la Cité, la ligne n° 4*** circule tlj sauf dim ttes les heures en moyenne (passe par la gare SNCF, le bd Jean-Jaurès et le square Gambetta). Il existe aussi le ***petit train touristique Bastide-Cité,*** tlj juin-sept ; départs ttes les heures env (10h-18h) du *jardin André-Chénier (plan B1,* ***3****),* près de la gare SNCF.

🚗 ***Taxis :*** *contacter* ***Allo Taxi Carcassonne*** *(☎ 04-68-71-50-50) ou* ***Aud'Line Taxi*** *(📱 06-14-03-03-86).*

🚴 ***Location de vélos :*** *chez* ***Évadeo Cycles*** *(hors plan par D3,* ***4****), 14, rue Jean-Monnet (à env 2,5 km du centre de la bastide). ☎ 04-34-42-88-32. • evadeocycles.com • Tlj sauf dim-lun.* Tous types de vélos, qu'ils peuvent livrer à votre hôtel. ***Alter Ride*** *(plan B2,* ***5****), 16, rue Courtejaire, 📱 06-67-16-99-10, tlj sauf dim-lun ; ou* ***Cyclolib,*** *53, bd Jean-Jaurès, ☎ 04-68-77-73-12,* vélos à assistance électrique.

Où dormir ?

Dans la bastide Saint-Louis (Ville basse)

De bon marché à prix moyens

🏠 ***Hostel Le Couvent*** *(plan B1,* ***10****)* ***:*** *31, rue du 4-Septembre. ☎ 04-68-47-50-25. • contact@au-couvent.fr • au-couvent.fr • Lit en dortoir (4-8 pers) 30 € ; doubles 80-120 € ; familiales.* Cet ancien couvent du XVIIe s a été converti en auberge de jeunesse de charme. Desservis par un pittoresque escalier de guingois, une dizaine de dortoirs avec ou sans salle de bains. Aussi des doubles avec sanitaires. Et partout, climatisation et déco simple, de bon goût : carrelage ciment, papiers peints graphiques... Au rez-de-chaussée, bar à cocktails et tapas dans l'ancien cloître. Au dernier étage, terrasse avec vue sur le clocher de l'église Saint-Vincent.

🏠 ***Hôtel de la Bastide*** *(plan B1,* ***11****)* ***:*** *81, rue de la Liberté. ☎ 04-68-71-96-89. • hoteldelabastide@wanadoo.fr • hoteldelabastide.fr • Doubles 63-72 € ; familiales.* Petit hôtel proposant des chambres climatisées, fonctionnelles, rénovées sur une note classique. Mention spéciale pour la chambre avec terrasse. Un bon rapport qualité-prix de la ville.

🏠 ***Hôtel Astoria*** *(plan C1,* ***12****)* ***:*** *18, rue Tourtel. ☎ 04-68-25-31-38. • info@astoriacarcassonne.com • astoriacarcassonne.com • Fermé 2 sem en nov. Doubles 52-95 € ; familiales. Parking* *payant (sur résa).* À 2 pas de la gare et du canal du Midi, un hôtel familial d'une vingtaine de chambres simples et plaisantes, dispatchées dans 2 bâtiments qui se font face. Toutes affichent un style contemporain, et sont climatisées. Local à vélos.

De prix moyens à chic

Chambres d'hôtes Townhouse *(plan C3, **16**) : 4, rue Bellevue. 06-88-48-59-39. • bonjour@carcassonnetownhouse.com • carcassonnetownhouse.com • Doubles 75-80 € (pas de clim) ; suites plus chères. Fermé 1 sem à Noël. Possibilité de se garer gratuitement dans la rue.* Une ravissante demeure du XIXe s, restaurée dans un esprit rustique (carreaux de ciment, parquet et tomettes), agrémentée de touches actuelles et de meubles chinés par les propriétaires venus d'outre-Manche. Les 2 suites proposent une vue de choix sur la cité. Délicieux jardinet au calme, parfait pour se poser.

Chambres d'hôtes La Maison Vintage *(plan A1, **13**) : 14, rue Crozals. 06-60-13-50-76 ou 06-65-26-78-85. • contact@lamaisonvintage.com • lamaisonvintage.com • Tte l'année. Doubles 90-140 €. Garage payant.* Proche de la gare et du canal du Midi, cette vieille maison a été revue à la sauce pop art. Warhol, Haring et Lichtenstein explosent de couleur dans les couloirs et jusque dans les chambres, spacieuses et impeccables. Vue sur la rue pour les moins chères, ou, pour les autres, sur l'immense jardin paysagé aux influences japonaises. Des soucoupes volantes ont atterri dans l'une d'elles ! Et partout, une foule d'objets cultes et design des années 1970-1980, que les propriétaires chinent depuis des lustres.

Chambres d'hôtes La Cour Carrée *(plan B2, **14**) : 18, bd Barbès. 06-16-96-58-42. • regis@la-cour-carree.com • la-cour-carree.com • Doubles 87-127 € ; familiale. Repas sur résa 29 €.* Cette maison de maître de 1810 renferme quelques jolies chambres aménagées simplement, mais avec charme et modernité, tout en magnifiant l'architecture originelle des lieux : tomettes, cheminées, vieil escalier... Agréable petit patio à l'arrière. Local à vélos.

Dans la Cité

Parking gratuit à proximité de la porte Narbonnaise pour ceux qui logent dans la Cité. Renseignez-vous auprès de votre établissement lors de la réservation.

De bon marché à prix moyens

Chambres d'hôtes Le Grand Puits *(plan D3, **17**) : 8, pl. du Grand-Puits. ☎ 04-68-25-16-67. 06-20-47-02-31. • nicole.trucco@club-internet.fr • legrandpuits.free.fr • Doubles 60-85 € ; familiale.* 3 chambres au cœur de la cité médiévale : 2 familiales, dont une avec une super terrasse donnant sur la Montagne noire et la porte Narbonnaise, avec coin cuisine. On peut aussi loger à 4 dans le grand studio du rez-de-chaussée doté d'un patio privé, et à 2 dans la plus petite chambre, à l'étage. Toutes ont leur personnalité. Dans chacune d'elles, un frigo dans lequel vous trouverez de quoi faire un petit déj.

De chic à plus chic

Best Western Plus Hôtel Le Donjon *(plan D4, **18**) : 2, rue du Comte-Roger. ☎ 04-68-11-23-00. • info@bestwestern-donjon.com • cite-hotels.com • Doubles env 110-200 €.* Chambres confortables et modernes, distribuées dans 3 vénérables bâtisses de la Cité. Charmant jardin pour le petit déj aux beaux jours. Une adresse agréable, en plein cœur historique.

À proximité de la Cité

Camping

Camping de la Cité *(hors plan par C4, **19**) : rte de Saint-Hilaire. ☎ 04-68-10-01-00. • campingdelacite@carcassonne.fr • campingcitecarcassonne.com • À 1,7 km de la Cité.*

L'AUDE, PAYS CATHARE

Ouv Pâques-oct. Forfait tente (2 pers) env 19-27 € ; tentes toilées et mobile homes. Légèrement excentré, ce camping 4 étoiles reste néanmoins assez proche de la ville médiévale grâce à son accès piéton à la Cité (10 mn). Emplacements ombragés par des pins parasols et sanitaires nickel. Piscine, jeux pour enfants, terrain de sport, bar, snack et épicerie de dépannage.

De prix moyens à chic

Chambres d'hôtes La Maison Vieille *(plan D3,* ***20****) : 8, rue Trivalle. 06-23-40-65-34. • lamaisonvieille11@gmail.com • la-maison-vieille.com • Fermé janv-fév et de début nov à mi-déc. Double 95 €.* Face au pont Vieux, cette entrée discrète s'ouvre sur une belle adresse de charme, aménagée dans les étages d'une vieille maison de caractère. Plusieurs superbes chambres spacieuses et confortables, tout droit sorties d'un magazine de déco : tons chaleureux, matériaux de qualité et déco choisie. Nos préférées donnent sur le patio planté d'un cyprès et d'un olivier, bordé par une autre maison abritant 2 appartements familiaux (jusqu'à 5-6 personnes) du même tonneau. Excellent petit déj. Très bon rapport qualité-prix-accueil (gentil et prévenant). C'est sûr, on reviendra !

Hôtel L'Aragon *(plan D3,* ***22****) : 15, montée Combéléran. ☎ 04-68-47-16-31. • accueil@hotelaragon.fr • hotelaragon.fr • Doubles 68-140 € ; familiales. Parking gratuit.* Bon rapport qualité-prix-accueil pour ce 3-étoiles, longue bâtisse plantée à seulement quelques pas de l'entrée de la Cité. Petites chambres bien tenues, confortables, agréables et aménagées sur une tonalité actuelle. Piscinette avec terrasse.

Hôtel du Pont Vieux *(plan D3,* ***23****) : 32, rue Trivalle. ☎ 04-68-25-24-99. 06-03-92-07-24. • info@hoteldupontvieux.com • hotelpontvieux.com • Doubles 69-130 €. Garage payant.* Dans la rue montant à la Cité (10 mn à pied), petit hôtel familial d'une vingtaine de chambres confortables, rénovées dans un style moderne assez coloré. Les plus chères donnent sur la Cité et le charmant patio-jardin fleuri, où le petit déj est servi aux beaux jours. Accueil adorable.

De chic à très chic

Hôtel Mercure Carcassonne La Cité *(hors plan par D3,* ***24****) : 18, rue Camille-Saint-Saëns. ☎ 04-68-11-92-82. • h1622@accor.com • mercure.accor.com • Doubles env 90-200 € ; petit déj 16 €. Parking gratuit.* Hôtel de chaîne renfermant d'agréables chambres standardisées, spacieuses et contemporaines. Aussi des familiales et une grande piscine pour défouler les enfants après la visite de la Cité, à seulement 5 mn à pied. Un bel atout pour cette bonne adresse sans mauvaise surprise.

Où manger ?

Dans la bastide Saint-Louis (Ville basse) et à proximité

Bon marché

Freaks Café & Cantine *(plan B2,* ***30****) : 30, rue de Verdun. ☎ 04-30-18-95-36. Tlj sauf dim-lun 8h-18h. Résa conseillée. Formules déj en sem 18-22 € ; carte env 22 €.* À côté de l'office de tourisme, une adresse chaleureuse et cosy, qui joue adroitement sur plusieurs registres. Le matin, on y sert de bons petits déjeuners. Puis, à midi, l'endroit prend des airs de cantine convoitée pour ses plats séduisants à l'humeur vagabonde. Le petit plaisir du chef ? Faire son marché aux aurores pour trouver les meilleurs légumes du moment. En journée, on s'y pose volontiers pour un café, un thé, un dessert maison.

Le Bis-Troquet *(plan B2,* ***31****) : 22, rue Chartran. ☎ 04-68-71-50-30. • lebistroquet11@sfr.fr • Tlj sauf* *dim-lun, plus le soir mar-mer hors saison. Tartines env 15-16 € ; carte env 23 €.* À 2 pas de la place Carnot, cœur battant du quartier, on raffole de ce petit bar à tartines, mitonnées - selon le marché - avec des ingrédients de qualité, étalés sur du bon pain Poilâne. Aussi 2 ou 3 plats du jour plus consistants. Le tout servi avec le sourire dans une longue salle sobre ou en terrasse devant les halles. Simple, goûteux et pas cher ; une adresse qui ne se la joue pas !

De prix moyens à chic

Le Jardin en Ville *(hors plan par C1, **32**) : 5, rue des Framboisiers. ☎ 04-68-47-80-91. • contact@lejardinenville.fr • Fermé dim-lun, plus le soir mar-mer hors saison. Résa conseillée. Formules déj en sem 18-22 € ; carte 35-40 €.* Si on vous pousse dans cet ancien quartier de maraîchers excentré, c'est que le jeu en vaut la chandelle ! Charmante maison aux grands volumes - à la fois boutique, galerie d'art et resto - flanquée d'une terrasse bohème sur un jardin fleuri. Un endroit séduisant, chaleureux et décalé, qui cultive le bon goût, autant sur ses murs que dans les assiettes. Les fruits et légumes viennent du potager, les viandes et fromages sont sélectionnés avec soin. Le tout pour une cuisine de saison bien ficelée et qui fait chanter les saveurs du Sud-Ouest, avec de belles touches d'originalité.

Le Rideau Rouge *(plan B2, **33**) : 5 bis, rue Courtejaire. ☎ 09-87-30-98-00. Tlj sauf dim-lun. Menu déj en sem env 15 € ; carte 28-35 €. Résa conseillée.* En face du théâtre Jean-Alary, drapé dans son rideau rouge, un resto-bistrot chaleureux où l'on croise parfois les artistes qui jouent de l'autre côté de la rue. Une adresse pour un sympathique entracte culinaire et convivial autour de bons produits du coin. Cuisine d'inspiration traditionnelle parsemée de petites touches personnelles et originales, grillades, *planchas* et tapas. Terrasse au bord de la rue piétonne.

Mr. H *(plan B2, **42**) : 8, rue de la République. ☎ 04-68-25-41-17. Tlj sauf dim soir et mer. Menus en sem 18-22 € ; carte env 30-38 €. Résa conseillée.* Il faut passer sous le grand porche pour rejoindre le patio ou la salle de ce resto qui sent bon le voyage. D'anciennes affiches d'Air France évoquent des horizons lointains, la musique transporte sous d'autres latitudes. La carte, très voyageuse aussi, pioche son inspiration du côté de l'Asie, du Maghreb, tout en restant enracinée dans le terroir. Préparations goûteuses à base de produits du coin, à accompagner de vins locaux, souvent bio.

La Table du Vatican *(hors plan par B1, **34**) : 13, quai Riquet. 06-32-92-30-11. • latableduvatican@gmail.com • Tlj sauf lun-mar, le soir seulement. Résa très conseillée. Carte 28-45 €.* D'abord une magnifique terrasse couverte d'une voile et parsemée de verdure, sur le bord du canal du Midi. Dans l'assiette, délicieuse cuisine italienne qui en met plein les papilles : pizzas, pâtes et quelques *secondi* bien menés. À arroser de vins italiens ou du pays, et d'une étonnante panoplie de *spritz* raffinés. Service prévenant. C'est sûr, on reviendra !

Dans la Cité

De bon marché à prix moyens

L'Escargot *(plan D3, **35**) : 7, rue Viollet-le-Duc. ☎ 04-68-47-12-55. • l.escargot.11@orange.fr • Tlj sauf mer. Résa conseillée. Menus 18,50-28,50 € ; carte env 25-30 €.* Sympathique bar à vins et tapas, qui trace allègrement son petit bonhomme de chemin dans cette rue animée de la Cité. Si le patron est né sous le soleil de Papeete, c'est aussi du côté de l'Espagne que la cuisine puise son inspiration. On se régale de surprenantes tapas imaginatives, généreuses et pleines de saveurs. Service efficace. Bref, une très belle adresse qui n'a rien d'une coquille vide.

L'AUDE, PAYS CATHARE

Le Saint-Jean *(plan D3,* ***36****) : 1, pl. Saint-Jean. ☎ 04-68-47-42-43. • restaurant-le-st-jean@wanadoo.fr • Tlj sauf mar, plus mer hors saison. Congés : 2 sem en déc. Résa conseillée le soir. Menu 18 € ; carte env 35-40 €. Chèques refusés.* Ce resto vaut autant pour sa cuisine traditionnelle aux accents méditerranéens, que pour la vue splendide qu'il offre sur le château comtal depuis sa terrasse. Outre le cassoulet, le canard et autres viandes de tradition, il propose tapas, salades gourmandes et petits snacks à prix doux. Le menu – servi aussi le soir – est une affaire très honnête !

Le Jardin de la Tour *(plan D4,* ***37****) : 11, rue Porte-d'Aude. ☎ 04-68-25-71-24. • lejardindelatour@club-internet.fr • Le soir seulement mar-sam. Congés : janv. Résa conseillée. Menus 24-34 €.* On adore le cadre de ce resto familial : une belle salle patinée et parsemée d'affiches vintage, doublée d'un magnifique jardin luxuriant, blotti contre les remparts illuminés en soirée. Idéal pour un dîner romantique ! Courte carte de plats traditionnels bien tournés (foie gras, cassoulet...), goûteux et servis à prix tenus.

De prix moyens à chic

Comte Roger *(plan D4,* ***38****) : 14, rue Saint-Louis. ☎ 04-68-11-93-40. • restaurant@comteroger.com • Tlj sauf dim soir-lun et le soir des j. fériés. Congés : janv. Résa conseillée. À la carte seulement, env 40-45 €. Apéritif carcassonnais offert et réduc de 20 % sur le prix du bocal de cassoulet à emporter sur présentation de ce guide.* À l'intérieur, le cadre contemporain est très agréable, mais, en été, on le boude volontiers pour la jolie terrasse ombragée, sous la treille. Côté fourneaux, on raffole de la fine cuisine fraîche et inventive, signée du chef Pierre Mesa, qui fait la part belle aux produits locaux, aux recettes du terroir et aux vins du pays. Excellent rapport qualité-prix-accueil, bravo !

Auberge des Lices *(plan D4,* ***39****) : 3, rue Raymond-Roger-Trencavel. ☎ 04-68-72-34-07. • leslices@blasco.fr • Tlj sauf mar-mer hors saison. Congés : janv. Menus 25-46 € ; carte env 35-50 €.* Une auberge cossue qui s'appuie sur des recettes de tradition sans s'empêtrer dans le classicisme convenu. Plusieurs jolies salles au cadre assez romantique et un agréable patio aux beaux jours. D'un rapport qualité-prix épatant, le 1er menu donne un bel aperçu des talents du chef, qui travaille aussi bien les poissons que le cochon de lait médiéval... Mais son dada, c'est le cassoulet, réputé dans la Cité !

La Table d'Alaïs *(plan D4,* ***40****) : 32, rue du Plô. ☎ 04-68-71-60-63. • contact@latabledalais.fr • Tlj sauf mer-jeu. Congés : janv. Menus 26 € (déj sauf dim et j. fériés), puis 36-60 € ; carte 35-55 €.* Juste à l'écart du brouhaha des restos à touche-touche, c'est une table sereine, où le chef Jeremy Thomann mitonne quelques plats frais et inventifs, sur fond de vraies bonnes saveurs du coin. Les petites fleurs qui colorent les plats ont poussé dans le jardin familial. La salle a été relookée dans un esprit sobre et actuel. Mais, à la belle saison, on a un petit faible pour la paisible courette ceinte de murs couverts de lierre.

À proximité de la Cité

De bon marché à prix moyens

FloridaBlanca *(plan D3,* ***41****) : 22, rue Trivalle. ☎ 04-30-34-58-55. 📱 06-34-29-48-74. • floridablanca22@gmail.com • Tlj sauf dim, plus lun en basse saison. Congés : vac scol sauf juil-août. Formule 18 € (sauf ven soir et sam soir) ; carte 25-28 €. Café offert sur présentation de ce guide.* C'est un formidable bar à tapas, planté dans cette pittoresque rue sinueuse qui grimpe vers la Cité. Souriant et taquin, le patron virevolte entre les tables et son piano, où il confectionne en un tour de main de succulentes tapas, sur une note très espagnole, olé ! Aussi quelques plats plus conséquents garnis de bonnes frites, à arroser de petits vins locaux. Agréable patio à l'arrière.

De chic à très chic

La Table de Franck Putelat *(hors plan par C4, **43**) : 80, chemin des Anglais. ☎ 04-68-71-80-80. • contact@franckputelat.com • Tlj sauf dim-lun. Résa obligatoire. Formules déj 70-95 € ; menu 195 €.* Au pied des remparts, un bel espace lumineux et moderne, percé de meurtrières pour rappeler l'autre forteresse qui se dresse plus haut. Le chef double étoilé Franck Putelat a choisi cette écurie pour créer l'événement gastronomique régional ! La cuisine de cet enfant prodige pourfend les traditions, qu'il s'amuse à restituer à travers d'étonnants clins d'œil « fiction » épurés et élégants. Agréable terrasse en été. Une adresse incontournable pour qui veut s'offrir un grand moment culinaire dans l'Aude. Et pour régaler à moindres frais les amateurs de bonne chère pressés, Franck Putelat a ouvert en ville sa ***Brasserie À 4 Temps*** *(2, bd Barbès ; plan B2, **44**)*, proposant une carte de saison simple et des préparations de bonne tenue *(tlj 7h-23h ; formule déj sauf dim 21,50 € ; menu 35 € ; carte env 35-50 € ; résa conseillée)*. Agréable terrasse sous les platanes.

Où dormir ? Où manger dans les environs ?

De chic à beaucoup plus chic

Chambres d'hôtes Aux Anges Gardiens : *2, rue du Barry, 11000 **Villalbe**. 06-43-33-10-22. • catherine@auxangesgardiens.com • auxangesgardiens.com • À 5 km au sud de Carcassonne. Doubles 95-120 €.* Quel charme que cette maison d'hôtes du XVIIIe s, nichée dans un délicieux hameau ! Atmosphère romantique et paisible. Dans les chambres, couleurs harmonieuses, ciels de lit, beau plancher. En prime, piscine dans le ravissant jardin.

Hôtel Château de Palaja : *7, rue Barri-del-Castel, 11570 **Palaja**. 06-63-69-88-32. • contact@chateau-palaja.fr • chateau-palaja.fr • À 5 km au sud-est de Carcassonne. Doubles env 98-170 € ; familiales. Menus 34-38 € et carte.* Dans la campagne aux portes de la Cité (10 mn en voiture), cette demeure de maître du XVIIIe s livre une douzaine de chambres tout confort et arrangées sur une note moderne, tirant sur l'indus'. Beau jardin où le petit déj est servi en été. Piscine. Sauna, fitness, et même 2 000 B.D. à lire ! Dans les anciennes écuries, resto bistronomique **S comme...** de belle tenue.

Les Cabanes dans les Bois : *domaine de Fourtou, 11600 **Villalier**. ☎ 09-70-75-99-00. • contact@lescabanesdanslesbois.fr • lescabanesdanslesbois.fr • À 10 km au nord-est de Carcassonne. Cabanes (2-7 pers) env 100-280 €. Dîner (livré en cabane) env 22-40 €.* En pleine nature, sur le versant boisé d'un domaine agricole de 112 ha, c'est une vingtaine de cabanes en bois, pour passer un séjour façon Robinson Crusoé des temps modernes ! Équipées de lits douillets, d'une salle de bains, TV, frigobar, de quoi se préparer un café, elles sont confortables, en plus d'être charmantes avec leur atmosphère nordique. L'espacement entre chacune d'elles garantit l'intimité. Grande piscine, pétanque, tir à l'arc, jeux de piste, *escape game*... Un endroit super, aussi bien en amoureux qu'en famille !

Où boire un verre ?

Dans la Cité

Le Bar à Vins *(plan D4, **50**) : 5, rue du Plô. • lebavcarca@gmail.com • Tlj sauf mer hors saison 11h-2h. Fermé janv.* Un charmant jardin presque secret, niché contre les remparts. Idéal pour siroter un verre sous les arbres. Avant que les habitués ne déboulent – dans la liesse – en soirée, pour descendre cocktails, sangria et verres de vins du cru. Quelques tapas pour éponger tout ça et, certains soirs, la musique live chauffe à blanc les convives !

Les jardins de l'Hôtel de la Cité *(plan D4,* ***51****)* **:** *pl. Auguste-Pierre-Pont. Tlj.* Sublime jardin luxuriant ancré sur une terrasse dominant la campagne alentour, par-dessus les remparts de la Cité. Un lieu aussi tranquille qu'inattendu et romantique, pour boire un verre sagement.

Dans la bastide Saint-Louis (Ville basse)

The Celt *(plan B2,* ***52****)* **:** *5, rue Armagnac. ☎ 04-68-10-96-44. • theceltpub@yahoo.co.uk • Tlj 16h (14h w-e)-2h. Commande au comptoir.* Le *Irish pub* que l'on croirait tout droit venu du Kerry ou du Connemara. Et pour faire encore plus vrai, vous y entendrez parler la langue de Shakespeare autour d'une pinte de Guinness servie à la pression. Carte de burgers. Petits concerts de temps en temps.

Sinon, il est toujours agréable de faire une pause en terrasse de l'un des bars de la place Carnot *(plan B2).*

À voir

La Cité

Au pied des remparts, on se demande comment explorer cette impressionnante Cité, encore habitée (mais oui... une cinquantaine de résistants, bon an, mal an !) et ses 2 enceintes successives de 1,5 km chacune, séparées par ce no man's land appelé « les lices » (hautes au sud, basses au nord). L'ensemble ne totalise pas moins de 3 km de murailles et 52 tours... Compter une bonne journée pour tout visiter.

– ***Stationnement :*** plusieurs parkings payants *(tlj 8h-20h)* à côté de la porte Narbonnaise *(plan D4).* Sinon, on peut se garer gratuitement au pied du rempart, près du pont Vieux, vers la rue Trivalle et la rue de la Barbacane, entre l'Aude et la Cité. Compter 10-15 mn à pied pour rejoindre la porte d'Aude *(plan D4).*

La porte Narbonnaise *(plan D4)* **:** c'est l'entrée principale de la Cité. Un véritable château fort à elle seule ! Avec ses 2 tours à éperon de 30 m de haut (fin XIIIe s), elle défend de manière autoritaire l'accès à la Cité. En levant la tête, on aperçoit des orifices qui supportaient les hourds (balcons en bois) d'où on lançait sur l'assaillant pierres, fagots enflammés, tirs verticaux de flèches...

Les lices : visite passionnante, si l'on fait jouer son imagination au gré de cet immense espace plus ou moins enherbé qui enserre la Cité, coincé entre les ***2 enceintes*** dont on apprécie ici la démesure. Commencer la découverte par les lices basses (nord) d'où l'on peut facilement comparer les différents styles architecturaux des périodes de construction successives, en particulier sur l'enceinte intérieure. Au niveau de la poterne gallo-romaine, les énormes pierres datent du IIIe s apr. J.-C. Ce sont les plus anciennes. Les couches alternées de pierres rectangulaires et de briquettes datent de la fin IIIe s et du début IVe s. Les parties d'enceinte faites de belles pierres lisses et rectangulaires ainsi que les baies géminées correspondent à la 2e campagne de construction, vers le XIIe s, l'époque des Trencavel. Notez les reprises en sous-œuvre du milieu du XIIIe s, datant de la construction du rempart extérieur qui obligea à décaisser le terrain... Cette enceinte extérieure, superbe exemple de l'art architectural militaire, appartient à une seule et même période. Philippe le Hardi et Philippe le Bel furent à l'origine de ces travaux titanesques à la fin XIIIe et au début XIVe s. On reconnaît cette période à l'emploi des pierres à bossage. Un petit conseil : allez-y le soir. Pas un chat, et l'éclairage savant des tours vous donnera l'impression de vous promener dans un décor de film... Fantastique !

Le château comtal et les remparts de la Cité *(plan D3-4)* **:** *1, rue Viollet-le-Duc. ☎ 04-68-11-70-70. • remparts-carcassonne.fr • (barbacane et cour d'honneur seulement, avec aide). Tlj 10h-18h15 (9h30-16h45 oct-mars) ; dernière admission 1h15 avt fermeture avr-sept, 1h avt oct-mars. De mi-juil à fin août, parcours nocturne à la tombée de la nuit (horaires selon période) depuis la tour Narbonnaise jusqu'à la cour d'honneur où se déroule un petit son et lumière (entrée : 12 €). Fermé certains j. fériés. La* ***visite libre*** *(45 mn ; 9,50 €, réduc, gratuit moins de 26 ans) donne accès au château et aux remparts. La* ***visite découverte*** *(1h45 ; 13 €, 7-18 ans 8 €) comprend – en plus – une visite guidée pédagogique du château, impec' en famille. La* ***visite conférence*** *(1h30 ; 17 €, 7-18 ans 6 €) est menée par un guide conférencier qui détaille l'intérieur du château ; visite libre sur les remparts comprise. Résa en ligne très conseillée en été. Audioguide (3 €).*

LES MESURES AU MOYEN ÂGE

Avant le système métrique, les mesures différaient d'une construction à l'autre. On se référait à la morphologie du maître d'œuvre pour les déterminer. Chaque mesure était inscrite sur une réglette et tous les ouvriers du chantier utilisaient la même. En revanche, les proportions entre les mesures étaient identiques (ex. : 1 pied = 12 pouces).

Initié vers 1130 par les Trencavel, puis transformé au XIIIe s, cet édifice de 80 m de long sur 40 m de large est une véritable « forteresse dans la forteresse ». Ce ***château*** était donc l'épicentre du dispositif de défense de la Cité, verrouillant la vallée de l'Aude et surveillant les alentours. Et il en vit de belles, ce château comtal : la mort de Raymond-Roger Trencavel (jeune protecteur des cathares) dans ses cachots, le statut de QG pour l'impitoyable Simon de Montfort après la victoire des croisés, possession des rois de France, prison et caserne aux XIXe-XXe s, QG des nazis pendant la Seconde Guerre mondiale, et désormais monument national !

On y pénètre par une cour semi-circulaire – ***la barbacane*** –, dernier système de défense avant d'accéder au château par un pont de pierre chevauchant un fossé sec. Plusieurs fois remaniée par ses occupants successifs, la redoutable forteresse demeure un formidable témoignage de l'architecture militaire médiévale. On en explore l'***enceinte intérieure,*** les ***tours royales,*** les ***cours d'honneur et du Midi,*** les ***2 corps de bâtiment*** (salles de l'époque féodale et d'autres moins anciennes), avant de gambader sur une partie des ***remparts.*** Seule, la visite conférence permet d'admirer les ***peintures du donjon,*** dit salle ronde bien qu'elle soit carrée ! Retrouvées en 1926 sous la chaux, elles datent de la fin du XIIe s et illustrent une scène de guerre entre chrétiens et sarrasins, peut-être la chanson de Roland...

Les 2 visites guidées donnent l'accès au ***musée,*** en fait un dépôt lapidaire présentant une rétrospective de l'histoire de la Cité à travers des vestiges mis au jour *in situ* ou dans le département. Antiquité (bornes milliaires du IIIe s, sarcophage du Ve s) ; Moyen Âge (pierres tombales, chapiteaux, stèles, sarcophage mérovingien, fontaine en marbre blanc, peintures romanes dans la salle du Donjon, gisant du XIIIe s, etc.) ; époque « moderne » (étonnante Vierge au sourire du XIVe s, petits bas-reliefs en albâtre du XVe s, original de la statue de dame Carcas du XVIe s – emblème de la ville – dont une copie se trouve devant la porte Narbonnaise...).

La basilique Saint-Nazaire-et-Saint-Celse *(plan D4)* **:** *pl. Saint-Nazaire. ☎ 04-68-25-27-65. Avr-oct : lun-sam 9h-20h (18h30 sept-oct) ; dim 9h-10h45, 12h30-18h30. Nov-mars : lun-sam 9h-17h30 ; dim 9h-10h45, 12h30-17h30.*

L'église primitive aurait été bâtie ici au VIe s, sous la domination des Wisigoths. Mais ce n'est qu'au Xe s que le siège épiscopal – anciennement dans les

faubourgs – fut transféré ici. Elle demeura cathédrale jusqu'en 1803, le siège épiscopal retournant dans la Ville basse à l'église Saint-Michel. L'édifice se compose d'une nef romane, le chœur et le transept étant gothiques. L'ensemble est surprenant et absolument superbe, les 2 styles se complétant de manière harmonieuse. Les vitraux des rosaces datent des XIIIe-XIVe s, ceux du chœur et du transept de la fin du XIIIe s (les plus bleutés) et du XVIe s (avec les grands personnages). Ils sont à juste titre considérés comme ***les plus beaux vitraux du Midi.*** Chaque heure du jour a ses atouts pour les admirer. Le soleil illumine le matin la ***rosace nord*** et sa Vierge en majesté centrale, embrasant les violets. Et on s'aperçoit que cette rosace compose une roue du temps qui tourne inexorablement... La ***rosace sud,*** elle, se pare de mille feux au couchant et là, la roue devient éternelle. La légèreté du ***chœur*** tranche avec la masse imposante de la ***nef.*** Colonnes délicates, piliers ténus et ces fenêtres remplaçant les murs font que l'on se demande comment l'ensemble peut tenir ! Les piliers sont ornés de statues taillées à même la colonne.
La cathédrale abrite de superbes mobiliers et décors : les ***fonts baptismaux*** du XIIe s, sous les ***orgues*** du XVIIe s (parmi les plus anciens du Midi), une somptueuse ***chaire*** Empire, un ***gisant d'albâtre*** dans le chœur, une saisissante ***pietà polychrome*** du XVIe s dans le transept gauche, une ***Trinité*** du XIVe s et un ***curieux bas-relief usé*** représentant le siège de Toulouse mené par Amaury de Monfort dans le transept droit. Là, remarquez aussi cette ***cloche de bronze*** du XVIe s, qui pèse plus d'une tonne...

L'AUDE, PAYS CATHARE

La porte d'Aude *(plan D4)* **:** *à droite du château (belle vue sur celui-ci).* On vous recommande d'accéder à la Cité par cette porte au moins une fois au cours de votre séjour : parcours très pittoresque dans la verdure, passant par le pont Vieux, la rue Barbacane et la petite église Saint-Gimer, construite par Viollet-le-Duc au XIXe s. Enfin, superbe point de vue sur les remparts.

Le musée de l'École *(plan D4)* **:** *3, rue du Plô. ☎ 04-68-25-95-14. Tlj 9h45-12h30, 13h30-18h15 ; oct-mars, fermé dim-lun sauf 1er dim du mois 14h-17h. Entrée : 4 € ; réduc ; gratuit moins de 12 ans.* À l'intérieur de l'ancienne école communale qui fonctionna du début XXe s à 1991, les salles de classe sont reconstituées avec leur vieux mobilier en bois, poêle de chauffage, affiches pédagogiques thématiques, vitrines renfermant une foule de curiosité, documents jaunis... Possibilité de s'essayer à l'écriture à la plume avec de l'encre violette !

La bastide Saint-Louis (Ville basse)

La « ville nouvelle » date du... XIIIe s et a été créée par Saint Louis sur le modèle des bastides, comme Aigues-Mortes, après que les forces royales aient détruit les faubourgs de la Cité et chassé les habitants qui avaient soutenu Raymond-Roger Trencavel dans sa tentative de reprendre la ville... Beaucoup moins visitée que la Cité, elle possède un certain cachet, avec son plan à damier, ses nombreux bâtiments anciens, rénovés pour certains, ses hôtels particuliers des XVIe et XIXe s toujours occupés... *Visites guidées ; infos à l'office de tourisme.*

Le pont Vieux *(plan C3)* **:** construit au XIVe s pour remplacer un pont encore plus ancien, il fut l'unique moyen de traverser l'Aude, à cet endroit, jusqu'au XIXe s. Reliant la Ville basse à la Cité, il constitua pendant longtemps une frontière symbolique plus qu'un moyen de communication. Aujourd'hui, il demeure en service pour les seuls piétons et cyclistes. Long de 210 m, sur 8 arches en plein cintre. Belle vue sur la Cité. Vraiment superbe le soir grâce aux éclairages !

La place Carnot *(plan B2)* **:** l'endroit le plus vivant de la ville, avec ses platanes bien alignés, sa fontaine Neptune en marbre de Caunes du XVIIIe s, ses terrasses de cafés et son marché *(mar et jeu 7h-13h).*

La cathédrale Saint-Michel (plan B2) : *52, rue Voltaire. Oct-mai, tlj sauf lun 10h-12h, 15h-18h (17h sam).* Construite au XIIIe s, elle supplanta celle de la Cité au début du XIXe s. De style gothique languedocien, elle fut restaurée par Viollet-le-Duc au XIXe s. À voir : vitrail du chœur du XIVe s, statue polychrome de la même époque, 3 sculptures en marbre de Carrare du XVIIIe s.

L'église Saint-Vincent (plan B1) : *79, rue du Docteur-Albert-Tomey. Sam 10h30-12h15, dim-ven 14h30-19h.* On la repère grâce à son haut clocher carré (54 m), qui servit au début du XIXe s à mesurer le méridien de Paris. Dans le carillon, 47 cloches. Nef aux belles dimensions de style gothique. Dans l'une des chapelles, adorable crèche d'automates de 1935. Depuis le sommet du clocher *(de fin juin à août seulement, sam 10h30-12h15, dim-ven 14h30-18h ; accès jusqu'à 30 mn avt fermeture ; tarif : 2,50 €),* vue imprenable sur la Ville basse et la Cité.

La chapelle des Carmes (plan B1) : *62, rue Georges-Clemenceau. • sauvons-leglise-des-carmes.com •* ***Fermé pour travaux ; impossible de préciser une date de réouverture.*** L'ordre des Carmes – qui fut fondé au XIIe s à la suite des croisades – tire son nom du mont Carmel en Israël. Ses disciples s'établirent ici au XIIIe s avec l'autorisation de Saint Louis. Vendue à la Révolution, l'église, qui fut rachetée par l'ordre avant d'être transformée en maison de jeunes et en cinéma, a retrouvé sa vocation 1re avec l'installation de l'évêché en 1981. Une atmosphère de sérénité et de bien-être habite l'endroit. Une ambiance plus qu'une œuvre d'art.

Le musée des Beaux-Arts (plan C2) : *15, bd Camille-Pelletan. ☎ 04-68-77-73-70. Tlj 9h45-12h30, 13h30-18h15 ; oct-mars, fermé dim-lun sauf 1er dim du mois 14h-17h. GRATUIT.* Dans l'ancien présidial de la sénéchaussée de Carcassonne, le musée se distingue par une remarquable collection de peintures des écoles hollandaise (XVIIe s) et française (XVIIIe s) ainsi que de céramiques du XVIIe s à nos jours. Parmi les œuvres qui font la fierté du musée : *Ferme en bord de mer* de ***Van Goyen,*** *Paysage avec personnages* de ***Brueghel le Jeune,*** *La Table d'office* de ***Chardin,*** portraits par ***Hyacinthe Rigaud,*** ou encore le fonds ***Jacques-Gamelin.*** *Portrait de Mme Astre* par le pointilliste ***Achille Laugé,*** son chef-d'œuvre. Dans la salle VI, on s'arrête sur *Les Chérifas,* longue et suave composition orientalisante de ***Benjamin Constant*** et sur *Boule-de-Suif* de ***Paul-Émile Boutigny,*** peint d'après une nouvelle de Maupassant. Sans oublier *Les Rochers d'Ornans* de ***Courbet,*** un *Paysage* de ***Corot,*** une « étude » de ***Ingres,*** etc. Le musée expose également par roulement des œuvres du fonds André-Chénier. Une salle est consacrée aux peintres et sculpteurs régionaux du XXe s. Expos temporaires.

La Maison des mémoires – Centre Joë-Bousquet et son temps (plan B2) : *53, rue de Verdun. ☎ 04-68-72-45-55. Tlj sauf dim-lun 10h-13h, 14h-18h. GRATUIT.* C'est en 1924 que le poète Joë Bousquet s'installe dans cette maison du XVIIIe s. Il y restera jusqu'à sa mort, en 1950, reclus dans une chambre aux volets clos conservée en l'état, et qu'on peut voir depuis le seuil : sanctuaire un peu sinistre, avec, posée sur le guéridon, une pipe à opium. Joë y recourait pour calmer ses douleurs. L'homme, grièvement blessé pendant la Grande Guerre, était paralysé des membres inférieurs ; il se consacra alors au monde de l'esprit, développant une œuvre saluée par les plus grands : Gide, Valéry, Aragon, Jean Paulhan, Max Ernst et d'autres, qui lui rendirent visite, ici même. Autour de la chambre, expo consacrée à l'homme et à son œuvre. Aussi des expos temporaires.

L'Atelier du livre (plan A1) : *20, av. Pierre-Sémard. ☎ 04-68-26-88-00. • cis-lamourelle.org • Juil-août et vac scol de la Toussaint, tlj sauf w-e 9h30-17h, sur résa. Atelier (1h) 5-7 €/pers ; ½ journée (12 €) et journée création*

(20 €). Installé au 1er étage de la magnifique maison Lamourelle de style Art nouveau, l'Atelier du livre propose des initiations aux techniques traditionnelles du papier, de la typographie au plomb, de l'imprimerie, de la gravure et du papier marbré.

Manifestations

– ***Festival de Carcassonne :*** *tt le mois de juil, plus quelques dates en août.* • *festivaldecarcassonne.fr* • Danse, opéra, théâtre, concerts, cirque. Une centaine de spectacles, payants et gratuits.
– ***14 juillet :*** embrasement de la Cité à 22h30 !
– ***La Feria de Carcassonne :*** *4 j. fin août.* Animations, *bandas*, bodegas, concerts gratuits.
– ***La Magie de Noël :*** *3 sem en déc-début janv.* Animations et plein d'attractions, marché de Noël.

EMBRASE-MOI

Le 14 juillet, Carcassonne célèbre la fête nationale avec un magnifique embrasement de la Cité. Voilà 100 ans que l'on vient de loin pour l'admirer. Tout a commencé le 15 août 1898 en l'honneur des Cadets de Gascogne, un prestigieux club littéraire. Pour honorer leur passage dans la Cité, la municipalité eut l'idée d'embraser les lices avec des feux de Bengale. Le spectacle eut un tel succès qu'il fut renouvelé tous les ans. Il est devenu aujourd'hui une tradition dont Carcassonne est très fière. On a juste avancé la date...

ENTRE CANAL DU MIDI ET MINERVOIS

• Carte *p. 270-271*

BALADES SUR ET AUTOUR DU CANAL

Construit au XVIIe s et aujourd'hui inscrit au Patrimoine mondial de l'Unesco, le canal du Midi – long de 240 km – paresse dans une magnifique succession de ponts, de ports fluviaux, d'écluses, etc. Bref, de vénérables ouvrages d'art le plus souvent bordés de verdure, de champs agricoles au détour de bourgs charmants. Sillonnant le département d'ouest en est sur près de 120 km, le tronçon audois du canal du Midi demeure très agréable. Entre Castelnaudary et Carcassonne, pas moins de 25 écluses s'enchaînent. Ce qui pourrait décourager certains. En revanche, à partir de Carcassonne, on peut descendre et remonter le fil de l'eau vers Trèbes, Le Somail, avant, pourquoi pas, une incursion vers Narbonne ou Béziers, voire Agde... Évidemment, la vitesse de croisière des ***bateaux*** sur le canal varie de 6 à 8 km/h, un peu plus que le pas d'un homme. Le voyage promet donc d'être délicieusement reposant et parfait pour observer la faune locale (ragondins et rats musqués nichant dans les berges, brèmes qui font des ronds dans l'eau et quelques débonnaires échassiers), même si ça bouchonne souvent aux écluses ! Car les croisières individuelles drainent un véritable engouement ces dernières années... Mais le bateau n'est pas la seule façon de suivre ce ruban d'eau. Les petites routes locales permettent souvent aux ***voitures*** de s'y coller. Alors que les plats chemins de halage demeurent le paradis d'une foule de ***randonneurs*** (compter 15-20 km/j.) et de ***cyclistes*** (30-40 km/j.).

LE CANAL DU MIDI DE TRÈBES À POILHES

TRÈBES (11800 ; 5 500 hab.)

D'origine romaine, ce village fortifié s'impose, au Moyen Âge, comme un poste avancé de Carcassonne. Belle ***église Saint-Étienne*** des XIIe-XIIIe s, intéressante pour ses 320 corbeaux en bois peint *(visites guidées payantes en saison avec l'office de tourisme).* L'Aude, l'Orbiel et le canal du Midi traversent le village ; on les franchit par des ouvrages d'art remarquables, notamment le ***pont de la Rode,*** élégante arche franchissant le canal, et l'étonnant ***pont-aqueduc de l'Orbiel,*** construit par Vauban en 1686.

Adresses utiles

Office de tourisme Grand Carcassonne – Antenne Canal du Midi : *12, av. Pierre-Curie. ☎ 04-68-78-89-50. • grand-carcassonne-tourisme.fr • Ouv avr-oct, tlj sauf dim avr et oct 9h30-13h, 14h-18h30.* Visites guidées du village, itinéraires de petites randos, infos vignobles et producteurs d'huile d'olive...

■ ***Location de bateaux :*** *chez* ***Le Boat,*** *port de plaisance ; ☎ 04-68-94-42-80 ; • leboat.fr •* Base de départ/arrivée des bateaux de croisière individuelle de cette compagnie.

Location de vélos : *chez* ***Locavelo*** *(3, rue Plô-d'Orbiel ; 06-88-06-54-26 ; • locavelo.fr •).*

– ***Marché :*** *dim mat, sur le port.*

Où dormir ? Où manger à Trèbes et dans les environs ?

Chambres d'hôtes La Belle Minervoise : *6, rue du Château, 11800* ***Saint-Frichoux.*** *☎ 04-68-78-23-65. 06-17-84-40-65. • marcombe@club-internet.fr • chambredhotecarcassonne.com • À 13 km au nord-est de Trèbes. Double 73 €. Table d'hôtes 28 €.* Au cœur du village, plaisante maison du XIXe s, dans laquelle Sophie et Jean-Claude accueillent leurs hôtes avec beaucoup d'attention. Dans les étages, plusieurs chambres – dont des familiales – aménagées sur un thème évoquant le patrimoine du Languedoc (canal du Midi, Gruissan...). Certaines avec belle vue sur les vignes et les Pyrénées, au loin. Agréable terrasse et jardinet pour laisser filer le temps. Jean-Claude, ancien pâtissier, vous régalera de ses bons petits plats. Spa.

Le Moulin de Trèbes : *2, rue du Moulin, à* ***Trèbes.*** *☎ 04-68-78-97-57. • contact@lemoulindetrebes.com • Fermé dim soir-lun. Formules déj en sem 23-25 € ; sinon, carte 32-45 €.* Le must, c'est bien sûr sa situation – dans la verdure au bord du canal – avec la terrasse ombragée pour profiter de l'animation sur l'écluse et une jolie salle aux murs blancs agrémentée de quelques tableaux contemporains. Cuisine de saison simple et pleine de saveurs, qui s'appuie sur les circuits courts.

HOMPS (11200 ; 595 hab.)

Encore un village traversé par cette belle « route liquide » qu'est le canal du Midi. Qu'on soit en bateau, à pied, à vélo ou en voiture, il est toujours plaisant de s'amarrer ici pour la nuit. C'est une agréable étape au pied de la ***tour*** et à 2 pas du ***lac de Jouarres*** *(baignade surveillée et gratuite juil-août ; activités nautiques en été : pédalos, canoë, paddle, planche à voile, etc. avec* ***ASPTT Jouarres,*** *07-52-03-10-86, et* ***Domere Fun Jouarres,*** *06-17-63-24-22).*

Adresses utiles

Point d'infos touristiques : *dans les locaux de la Maison du port – la Maison des vins du Minervois, 35, quai des Tonneliers. ☎ 04-68-91-18-98. • tourisme-corbieres-minervois.com • Tte l'année, tlj sauf dim plus sam oct-avr.*

Location de bateaux : *chez* **Le Boat** *(port Minervois ; ☎ 04-68-94-42-80 ; • leboat.fr •). Aussi chez* **Les Canalous** *(port Minervois ; ☎ 03-85-53-76-74 ; • lescanalous.com •).* Bases de départ/arrivée des bateaux de croisière individuelle de ces 2 compagnies.

Où dormir ? Où manger à Homps et dans les environs ?

B & B La Maison des Palmiers : *4, quai des Négociants, à* **Homps.** *☎ 04-68-32-57-92. • mattjacole@gmail.com • maisonpalmiers.com • Doubles 75-92 € ; familiale.* Juste au bord du canal, belle maison de 1860 précédée d'un gentil jardin planté de quelques palmiers, dans une végétation méditerranéenne. Intérieurs feutrés et cosy pour une atmosphère – *so British* – dépaysante ! Charmantes chambres de bon confort, dotées de papiers peints vintage et de meubles anciens cirés. Accueil affable, avec l'accent !

Chambres d'hôtes Château de Puichéric : *2, rue de l'Église, 11700* **Puichéric.** *☎ 04-68-75-40-95. 📱 06-02-33-74-29. • contact@chateaudepuicheric.fr • chateaudepuicheric.fr • À 10 km au sud-ouest de Homps. Doubles 90-110 €. Table d'hôtes 25 €.* Ancré sur le point haut de ce vieux bourg paisible – lui aussi bordé par le canal du Midi –, ce pittoresque château du XIIIe s révèle plusieurs chambres doubles et familiales de bon confort, toutes meublées d'ancien et dotées de papiers peints à fleur, de fresques murales, de vieilles poutres... Le grand charme de l'ancien ! Cuisine à disposition, bibliothèque et charmant jardin avec vue panoramique sur les environs.

En Bonne Compagnie : *6, quai des Négociants, à* **Homps.** *☎ 04-68-91-23-16. • info@in-good-company.com • Ouv mai-oct. Tlj sauf lun, sam midi et dim soir. Formules déj en sem 15-20 € ; menus 29-49 € ; carte env 30-45 €. Chèques refusés. Apéritif maison offert sur présentation de ce guide.* Craig a su conquérir le palais des *Frenchies* ! Il a travaillé dans de grands restaurants londoniens et à bord du paquebot *Queen Elizabeth II* avant de jeter l'ancre dans cette jolie maison sur le canal. Au menu, cuisine des plus originale, variant au fil des saisons et des produits du marché. Son dessert fétiche est le soufflé à la banane avec vodka au caramel... pour le reste, surprise ! Mezzanine avec vue et agréable terrasse ombragée au fil de l'eau.

La Guinguette d'Argens : *rue de la Fontaine-Fraîche, 11200* **Argens-Minervois.** *☎ 04-68-41-51-96. • laguinguettedargens@gmail.com • ♿ À 5 km au sud-est de Homps. Ouv de mi-avr à mi-oct ; tlj sauf mar-mer en intersaison. Formule déj (sauf dim) 15 € ; menu 29 € ; carte 28-35 €. Apéro maison offert sur présentation de ce guide.* Une vraie petite guinguette sous les frondaisons, au bord du canal. Dans l'assiette, cuisine simple aux accents régionaux (parillada de poissons, cassoulet, cuisses de grenouilles, etc.). Concert les soirs d'été en fin de semaine. Ambiance assurée !

À voir, au fil du canal du Midi

De ***Homps*** à ***Roubia*** (10 km) se succèdent sans doute les plus belles écluses du canal. Petites maisons pimpantes aux volets colorés, saules majestueux et un véritable feu d'artifice de fleurs... On peut s'amarrer pour la nuit à ***Argens*** pour profiter du village perché et de son vieux château. Les écluses se raréfient au-delà, alors que le paysage se déroule entre les méandres ; échappées belles sur les vignes et les garrigues en prime. Puis le joli village de ***Paraza*** surplombe le canal de son château du XVIIe s qui fut la résidence de Pierre-Paul de Riquet, le constructeur du canal du Midi. Aujourd'hui, il s'agit d'un domaine viticole dont les vins ont été plusieurs fois primés (*● chateau-de-paraza.com ●*)... Juste après, à mi-chemin entre Paraza et ***Ventenac,*** le pont-aqueduc de Repudre, très étroit, fut le 1er pont-canal d'Europe construit par Riquet en 1676.

À faire

Croisières du Midi : *35, quai des Tonneliers (à la capitainerie du port). ☎ 04-68-91-33-00. ● croisieres-du-midi.com ● Avr-oct, croisières de 1h15 (tlj sauf w-e juil-août ; mer seulement avr-juin et sept-oct) ou 2h (tlj sauf sam). Tarif : env 10-15 € ; réduc enfants.* Gentilles croisières à bord de la belle gabare traditionnelle *Saint-Ferreol.*

La Maison du port – la Maison des vins du Minervois : *35, quai des Tonneliers (à la capitainerie du port). ☎ 04-68-91-29-48. ● maisondesvinsduminervois.com ● Tlj sauf dim 9h (10h sam)-12h30, 14h-19h (18h ven).* Plus de 300 références de vins du Minervois, vendues à prix producteur. De mi-mai à fin août, organise les *Jeudis Vignerons* (17h-20h) durant desquels les vignerons présentent leurs vins.

Manifestation

– ***Taste en Minervois :*** *1 w-e début sept. Entrée payante.* Grande fête célébrant les vins et les vignerons du Minervois dans l'un des villages du coin. Animations, concerts, dégustations, etc. Hic !

LE SOMAIL (11120 ; 550 hab.)

Un ravissant hameau admirablement situé sur le canal du Midi. Assurément notre coup de cœur entre Carcassonne et Narbonne ! Bateaux et vedettes fluviales glissent sur l'eau douce, passent sous l'arche du vieux pont patiné et curieusement surmonté d'une chapelle du XVIIe s ! Puis ils s'éloignent, grosses puces d'eau multicolores... Le Somail vit au rythme lent et aquatique du canal, depuis plus de 3 siècles. Rien n'a changé ou presque, sauf bien sûr le château d'eau moderne qui domine le pays !

Adresses utiles

Office de tourisme du Somail – Côte du midi : *168, allée de la Glacière. ☎ 04-68-48-14-81. ● cotedumidi.com ● Ouv tte l'année : juin-sept, tlj 9h-13h, 14h-18h (19h juil-août) ; avr-mai, lun-sam 9h-13h, 14h-18h (ap-m seulement dim et j. fériés) ; oct-mars, en sem 10h-13h, 14h-17h.* Plan du hameau avec ses points d'intérêt, infos balades (1-2h) en bateau sur le canal et route des vins, expo sur le canal du Midi.

Location de vélos : *chez **Les Vélos du Somail**, 205, rue de la Bergerie. 06-03-62-93-01. ● lesvelosdusomail.com ● Ouv mai-sept. Également **Bigup Cycling** (voir « À voir. À faire dans le environs »).* Vélos électriques (possibilité de livraison sur votre lieu d'hébergement).

Location de bateaux : *chez **Nicols**, allée de la Glacière ; ☎ 04-68-46-00-97 ; ● nicols.com ●.* L'une des bases de départ/arrivée des bateaux sans permis de croisière individuelle de cette compagnie sur le canal du Midi. Sinon, pour une petite virée, location de petits bateaux électriques au restaurant *Le Comptoir Nature* (*● comptoirnature.free.fr ● ; voir « Où dormir ? Où manger ? Où boire un verre au Somail et dans les environs ? »).*

La Péniche épicière : *allée de la Glacière, au pied du pont. 06-69-53-67-18. Avr-oct, tlj 7h-14h, 15h30-19h.* Une épicerie flottante où se ravitailler (et se dépanner) en produits alimentaires et locaux. Le matin, petit déjeuner avec viennoiseries (mieux vaut réserver) à grignoter en terrasse sur la berge. Très sympa.

Librairie ancienne – Le Trouve Tout du Livre : *28, allée de la Glacière. ☎ 04-68-46-21-64. ● le-trouve-tout-du-livre.fr ● Tlj 9h-12h, 14h30-18h30 (non-stop juil-août jusqu'à 19h30 ; seulement l'ap-m déc-mars). Fermé 2de quinzaine de nov.* C'est une librairie hors du commun, montée par un ancien bouquiniste de Paris tombé amoureux du Somail et reprise par ses filles. Du sol au plafond s'étagent près de 70 000 ouvrages méticuleusement classés, dont certains sont très rares ; formidable !

Où dormir ? Où manger ? Où boire un verre au Somail et dans les environs ?

Camping

Camping L'Olivigne : *chemin de Saint-Michel, 11120* ***Bize-Minervois.*** *☎ 04-68-46-14-40. ● contact@campingolivigne.fr ● campingolivigne.fr ● À 9 km au nord du Somail. Ouv avr-oct. Forfait tente 2 pers 15-40 € ; cahute pour randonneurs (5 pers), mobile homes, écolodge et foudres (2-4 pers).* Un agréable camping dans la nature, au bord des vignes et qui sent bon les oliviers. La rivière Cesse coule tout près (on peut pêcher et s'y baigner) ! Les amateurs d'insolite passeront la nuit dans les foudres à vin équipés d'un spa. Piscine écoresponsable, petite épicerie. Location de vélos.

De bon marché à prix moyens

Chambres d'hôtes Au Jardin d'Amphora : *26, av. du Languedoc, 11120* ***Ginestas.*** *☎ 04-68-46-51-51. 06-71-93-64-03. ● aujardindamphora@gmail.com ● aujardindamphora-ginestas.fr ● À 3 km à l'ouest du Somail. Doubles 60-72 €.* Au cœur d'un paisible village minervois tout proche du canal du Midi, cette ancienne maison vigneronne en pierre apparente livre quelques chambres proprettes et bien équipées, sur une touche moderne. Mais l'autre atout des lieux se trouve à l'arrière : grand jardin-terrasse – agréable et cosy – avec son ancien lavoir pour faire trempette ! Excellent rapport qualité-prix.

Le Comptoir Nature : *1, chemin de Halage, au* ***Somail.*** *☎ 04-68-46-01-61. ● lecomptoirnature@hotmail.fr ● Ouv tlj avr-oct. Résa conseillée. Formule déj sauf dim 16 € ; menus 18-37 € et carte. Café offert sur présentation de ce guide.* Ce café-resto étale son agréable terrasse ombragée au bord du canal, en contrebas du petit pont-église. En connexion sur le terroir local, sa délicieuse cuisine est simple et « nature » – sans sophistication ni esbroufe – pour mieux valoriser la saveur des produits bruts, toujours frais. Les végétariens ne sont pas oubliés. Impec' aussi pour boire un verre (jus de fruits bio, vins...) ou un café-pâtisserie à toute heure. En été, concerts.

Prix moyens

Chambres d'hôtes Aur Blan : *135, rue de la Bergerie, au* ***Somail.*** *06-72-22-60-47. ● aurblan.somail@gmail.com ● aurblan.com ● Doubles 80-90 € ; dégressif à partir de la 3e nuit.* En marge du hameau, ce long bâtiment viticole aux pierres apparentes abrite plusieurs chambres de bon confort, élégantes et sobres. Chacune de plain-pied et avec entrée indépendante. Mon tout à 2 pas du bourg et du canal. Local à vélos. Accueil familial.

La Table du Casino : *6, av. de la Promenade 11120* ***Ginestas.*** *☎ 04-30-37-62-89. • latableducasino@gmail.com • À 3 km à l'ouest du Somail. Tlj sauf lun-mar. Plat du jour env 15 € ; menu 26 € ; carte env 28-35 €. Dîner spectacle sur résa env 35 €.* Un univers comme on n'en croise pas beaucoup dans le coin, une atmosphère et une déco qui rappellent gentiment celle des Années folles. On apprécie la cuisine d'inspiration traditionnelle préparée dans les règles de l'art à partir de produits de saison. On aime encore plus cette table conviviale lors des spectacles qui se tiennent certains soirs sur la petite scène en forme de kiosque à musique. Agréable terrasse ombragée.

Manifestations et fête au Somail et dans les environs

- ***Artistes au Somail :*** *w-e de Pâques.* Expo d'art contemporain le long du canal et chez les habitants du Somail. Sympa !
- ***Festival Convivencia :*** *1 j. mi-juil, au* ***Somail.*** *• convivencia.eu •* Musique du monde au fil du canal du Midi.
- ***Fête de l'Olivier :*** *3e w-e de juil, à* ***Bize-Minervois.*** Marché des producteurs locaux « d'or vert » – autre vieille tradition du cru – dans une ambiance conviviale et festive.
- ***Marché des Potiers :*** *1 w-e mi-août, à* ***Sallèles-d'Aude.*** Démonstration de tournage, atelier enfants, expo des producteurs locaux, honorant leur vieille tradition gallo-romaine !

À voir. À faire dans les environs

Amphoralis – Musée des Potiers gallo-romains : *allée des Potiers, 11590* ***Sallèles-d'Aude.*** *☎ 04-68-46-89-48. • narbovia.fr • À 3 km à l'est du Somail. Tlj sauf lun (plus dim oct-avr – sauf 1er dim du mois) 10h-13h (12h oct-avr), 14h-18h (17h oct-avr). Entrée : 5 € (7 € avec visite commentée) ; billet jumelé avec le musée NarboVia et l'Horreum romain (ts 2 à Narbonne) 13 € (18 € avec l'expo temporaire du musée NarboVia) ; gratuit moins de 26 ans.* Le musée domine ce qui fut une véritable cité industrielle antique où l'on fabriqua – 3 siècles durant – amphores, tuiles, briques, vaisselle, etc. On y découvre bon nombre d'amphores, notamment les « Gauloises 4 » qui servirent au transport du vin tout autour de la Méditerranée... Dans le parc du musée, reconstitution de fours, d'un habitat et d'un jardin, aux côtés d'un arboretum. Nombreuses animations dont certaines réservées aux enfants : atelier poterie, conte, démonstration de tournage gallo-romain, etc.

UN VENT AUGUSTE

Le cers est un vent qui chasse les nuages du Languedoc, lui assurant l'un des taux d'ensoleillement les plus élevés de France. L'empereur Auguste ne s'y trompa guère, en louant ce bénéfique Circius et en lui faisant ériger un temple sur la colline de Sallèles. Le temple a disparu, mais le cers demeure...

Le moulin de L'Oulibo : *4, hameau de Cabezac, 11120* ***Bize-Minervois.*** *☎ 04-68-41-88-84. • loulibo.com • À 5,5 km au nord-ouest du Somail. Visite guidée tlj ; juin-sept, à 11h, 15h, 16h et 17h (plus 18h juil-août) ; oct-mai, à 10h30, 14h30 et 16h. Entrée : 6 € ; réduc. Boutique de produits régionaux tlj 8h (9h sam,*

L'AUDE, PAYS CATHARE

10h dim et j. fériés)-12h (12h30 avr-mai, 13h juin et sept), 14h-18h30 (19h juin-sept, 18h oct-mars, 20h et en continu juil-août). Visite guidée du moulin à huile de 1942, suivie d'une projection de 20 mn *L'Odyssée de l'olivier* et d'une dégustation. On peut y acheter la « Lucques du Languedoc AOP », fameuse olive verte en forme de ballon de rugby ! Paniers pique-nique.

Virée en trottinette électrique tout terrain : *avec* ***Bigup Cycling,*** *3, rue du Champ-de-Foire, 11120* ***Bize-Minervois.*** *06-31-80-41-33 et 06-14-02-04-83. • bigupcycling.com • Compter 25-35 € selon balade (1h-1h30) ; à partir de 12 ans.* Virée nature ou balade dégustation en compagnie d'un guide. Propose également des évasions gourmandes accompagnées à VTT électrique. Très sympa.

ENTRE MINERVOIS, CABARDÈS ET MONTAGNE NOIRE

Au nord de Carcassonne commence le Cabardès, qui s'étend jusqu'au pied de la Montagne noire, début du Massif central et frontière naturelle entre l'Aude, le Tarn et l'Hérault. Un secteur très riche en sites naturels et villages typiques et retirés.

CAUNES-MINERVOIS (11160) 1 620 hab. *Carte Aude, C1*

Caunes est un bourg fortifié dont les origines remontent au VIIIe s, lorsque l'abbé Anian y fonde une abbaye. Ce plaisant village possède quelques beaux vestiges ayant résisté au passage ravageur du duc de Joyeuse, chef de la Ligue du Languedoc, dont la très belle abbatiale Saint-Pierre-et-Saint-Paul, ainsi qu'un remarquable petit centre ancien. Allez donc sur la place de la République saluer les costauds « Danton » et « Robespierre », 2 impressionnants platanes plantés à la Révolution !

Campé dans les plaines viticoles et déjà presque au pied de la Montagne noire, Caunes est traversé par le cours de l'Argent-Double, rivière qui doublerait les récoltes lorsqu'elle déborde ! En amont, ne manquez pas non plus le charmant village de Citou, capitale de l'oignon doux (et plat).

UNE CARRIÈRE DANS LES ARTS

Caunes-Minervois est connu depuis l'époque romaine pour ses carrières de marbre allant du rouge au vert. Une pierre prestigieuse employée, entre autres, au Grand Trianon de Versailles, au Louvre, à l'Opéra Garnier et au palais de Chaillot à Paris, au Capitole de Toulouse, dans la grande mosquée de Cordoue... Voilà une carrière qui a su faire son trou !

Adresse et info utiles

Office de tourisme Grand Carcassonne – Antenne Minervois : *3, ruelle du Monestier. ☎ 04-68-76-34-74. • grand-carcassonne-tourisme.fr • caunes-minervois.org • À côté de l'abbaye. Tlj (sauf dim en juin et le w-e* *nov-mars) 9h30-13h, 14h-18h (17h30 mars-avr et oct-nov). Fermé janv.* Livret jeu de piste...

➢ ***Balades vigneronnes en Grand Carcassonne :*** en été, les vignerons du Minervois font découvrir leur domaine de manière originale (balades à pied, dégustation, assiette-repas...). Infos à l'office de tourisme.

Où dormir ? Où manger ? Où boire un verre ?

Hôtel d'Alibert : *pl. de la Mairie. ☎ 04-68-78-00-54. • frederic.guiraud.dalibert@gmail.com • hotel-dalibert.com • Doubles 95-110 €. Apéritif maison offert sur présentation de ce guide.* Notre coup de cœur ! Situé au beau milieu des ruelles et des placettes anciennes, ce superbe hôtel particulier avec sa belle petite cour et son puits à baldaquin semble tout droit sorti du XVIe s ! Sur place, M. Guiraud veille sur cette perle familiale avec amour et gentillesse. Une dizaine de chambres spacieuses et confortables – dont des familiales – rénovées dans un style contemporain qui sublime le cachet originel de la demeure. Aussi plusieurs doubles « à l'ancienne », plus simples et moins chères.

La Cantine du Curé : *16, av. de l'Abbaye. 07-67-54-94-67. • lacantine ducure@gmail.com • Ouv avr-déc ; juil-août, tlj sauf lun et mar midi ; hors saison, ouv w-e et le soir jeu-ven. Résa indispensable. Formule 14 € ; carte env 20 €. Apéritif maison offert sur présentation de ce guide.* « Bois du vin, t'auras des copains ! » Tel est le brillant adage de ce bar à vins et tapas, déployé sur une grande terrasse verte, à l'ambiance fraternelle et rugissante. Ici, pas de vin de messe, mais de bons petits crus minervois bio, des bières artisanales et autres cocktails maison, qu'on accompagne de généreuses tapas classiques ou inspirées par le marché. Concerts en fin de semaine. Hors saison, on bâche les côtés pour déguster – au chaud – de bons petits plats du jour, baignés dans la tradition.

À voir

L'abbatiale Saint-Pierre-et-Saint-Paul : *pl. de l'Église. ☎ 04-68-78-09-44. • caunes-minervois.org • Juil-août, tlj 10h-19h ; hors saison, tlj 10h-12h, 14h-18h (17h nov-fév). Dernière entrée 30 mn avt. Fermé en janv. Entrée : 6 € ; réduc. Visites guidées en juil-août à 11h, 15h et 17h. Appli mobile « Pays cathare » ; et parcours enfants avec l'appli « Castrum ».* La visite commence par l'austère ***cloître*** mauriste (XVIIIe s), contemporain des bâtiments conventuels. Là, un petit escalier permet d'accéder aux ***vestiges du pavement*** en « calade » (galets posés de chant) de l'ancien ***cloître roman*** (XIIe s). Accès ensuite à l'***église*** qui abrite les reliques des martyrs de Caunes (Amand, Luce, Audalde et Alexandre). Chœur du XIe s avec de faux joints rouges (trompe-l'œil imitant la construction en pierre de taille), transept du XIIe s, le reste court du XIVe au XVIIIe s. Après avoir admiré le superbe maître-autel ciselé en marbre de Caunes et de Carrare (fin XVIIIe s), on accède aux vestiges de la 1re église du VIIIe s, dans la ***crypte.*** À l'extérieur, superbe ensemble du XIIe s avec son ***chevet*** à chapiteaux sculptés de volutes et de palmettes, le ***clocher*** et la ***tour du Trésor*** qui abritait le chartrier des moines (la chambre forte contenant les chartes et titres de propriété). Un bel ensemble qui ravira les amoureux d'art roman. ***Expos consacrées à la bande dessinée chaque été,*** en partenariat avec les musées de la B.D. de Bruxelles et d'ailleurs (B.D. en vente à la boutique de l'abbaye).

La chapelle Notre-Dame du Cros : *à 2 km au nord-est de Caunes. Tlj 10h-18h.* Assez perdue dans un site charmant, cette chapelle dédiée à la Vierge a été construite près d'une source miraculeuse. Elle demeure l'un des lieux de pèlerinage les plus importants du Minervois. À l'intérieur, grand décor de chœur et marbres polychromes (XVIIe et XVIIIe s).

Les carrières de marbre rouge :

– **Carrière du Roy** *(désaffectée) : à 3 km au nord du bourg (fléché) ; du parking gratuit, 20 mn de marche env. Accès libre et GRATUIT. Ne pas confondre avec celles à gauche du sentier, toujours exploitées (continuer le sentier tt droit).* Déjà connue des Romains, cette carrière a embelli – sous Louis XIV – le château de Versailles et le palais du Louvre... D'où son nom qui rend hommage au Roi-Soleil. Petit *sentier du Marbre* jalonné de panneaux pédagogiques. Superbe vue plongeant sur la vallée aux parois abruptes.

– ***Safari marbre :*** *avec les marbrières de Caunes. 06-33-80-71-38. • lesmarbrieresdecaunes.fr • Visites mer et dim. Participation libre.* La visite commentée des carrières de marbre de Caunes du plateau des Terralbes inclut la carrière du Grand Incarnat, la grande carrière de gris et la carrière dite « du Roy », les carrières de marbre rouge écarlate, de marbre griotte et de marbre rouge incarnat.

Manifestations

– ***Les Arts Libèrent :*** *1 sem en août. • lesartsliberent.com •* Concerts payants dans l'abbaye (musique classique, du monde et jazz).

– ***La Semaine des marbres :*** *la sem avt le w-e du Patrimoine, en sept. • lesmarbrieresdecaunes.jimdo.com •* Visite des carrières, démonstrations, sculptures d'art et expos thématiques, concert.

– ***Jazz au caveau :*** *1 fois/mois dans le caveau de l'abbaye. ☎ 04-68-76-34-74 (office de tourisme).* Concerts payants.

DANS LES ENVIRONS DE CAUNES-MINERVOIS

– ***Les Bains de Minerve :*** *5, chemin de Sainte-Marie, 11160* ***Peyriac-Minervois.*** *☎ 04-68-24-67-89. • lesbainsdeminerve.fr • À 6 km au sud-est de Caunes-Minervois. En été, lun-sam 10h-13h, 14h30-20h (19h w-e) ; le reste de l'année, horaires différents, consulter le site internet. Entrée : 6,20 € ; réduc.* Espace aquatique avec bassin extérieur en été, hammam et sauna.

RIEUX-MINERVOIS (11315 ; 1 950 hab.)

Outre le château, quelques belles maisons anciennes, un pont franchissant l'Argent-Double qui mène à la chapelle Notre-Dame-du-Bout-du-Pont (Rieux vient de *rivus,* « rivière » en latin). Mais on vient, on court, on vole ici pour la sublime *église Sainte-Marie* !

Adresse utile

Point d'information touristique : *5, rue Saint-Blaise. ☎ 04-68-78-13-98. • rieuxminervois.fr • Dans le presbytère. Mar-sam 9h30-12h30, 14h-18h ; fermé hors saison.* Organise des visites guidées payantes de l'église. Boutique de produits et d'artisanat locaux.

À voir

L'église Sainte-Marie : *au centre-bourg. Tte l'année, tlj sauf dim-lun, hors offices. À l'entrée, sur la gauche, appuyer sur le bouton pour que la lumière soit (n'oubliez pas de l'éteindre en partant).* Cette église heptagonale du XIIe s est un curieux ***joyau de l'art roman*** renommé pour son plan insolite, ***unique*** dans tout le Languedoc, voire au-delà ! L'église renferme un sanctuaire couvert d'un dôme à 7 pans qui culmine à 18 m. Le chiffre 7, directeur du plan, ne se trouve dans aucune autre construction ronde d'église. On a voulu y voir le rappel de la phrase du *Livre des proverbes* : « La Sagesse a bâti sa maison, elle a taillé ses 7 colonnes. » Romane par la construction, son ornementation est byzantine. Sur les murs du déambulatoire, 14 chapiteaux magnifiques d'influence corinthienne représentant une mémorable Assomption, la Vierge en gloire soutenue par des anges, etc. Le célèbre sculpteur maître de Cabestany a sévi ici. Une statue de saint Jacques (XVIe s) rappelle que Rieux se trouve sur l'un des chemins vers Saint-Jacques-de-Compostelle. On en sort tout *estabousi* !

LES GORGES DE LA CLAMOUX ET LA MONTAGNE NOIRE

Carte Aude, B-C1

La Clamoux dévale de la Montagne noire en passant par des gorges – jolies, faute d'être spectaculaires – que longe la D 112. Au-delà de Cabrespine culmine le pic de Nore (1 210 m), sommet de la Montagne noire.

VILLENEUVE-MINERVOIS *(11160 ; 975 hab.)*

Où dormir ? Où manger ?

La Table du Pareur : *14, av. de la Clamoux. ☎ 04-68-10-01-16. • contact@demeure-pareur.com • demeure-pareur.com • Tlj sauf dim soir et lun-mar. Formule déj en sem env 20 € ; menus 26,50-32 € et carte. Doubles 90-100 €.* Un sympathique restaurant aux robustes murs en pierre qui navigue avec aisance entre tradition et modernité, tant au niveau du cadre que de la carte. Cuisine d'inspiration régionale, plaisante et appliquée, le tout à des prix sages. Agréable terrasse entre plantes vertes et vieilles pierres. Une table bienvenue entre 2 escapades. Et dans cette grande maison bicentenaire, quelques belles et spacieuses chambres d'hôtes – dont des familiales – de style moderne ou plus classique.

À voir à Villeneuve et dans les environs

La Maison de la truffe d'Occitanie : *32, av. du Jeu-du-Mail. ☎ 04-68-72-35-47. • maisondelatruffedoccitanie.com • Attenant à la mairie de Villeneuve-Minervois. Avr-oct, tlj 10h-12h30 (13h juil-août), 14h-18h30 ; nov-mars, tlj sauf dim 10h-12h, 14h-18h. Dernière admission 1h avt fermeture. Entrée : 6,50 € ; réduc ; gratuit moins de 7 ans. Audioguide compris. Chasse au trésor pour les enfants.* Musée pour tout savoir sur la *Tuber melanosporum.* Noter que c'est à Villeneuve-Minervois qu'est née la 1re (et la seule !) confrérie languedocienne dédiée au « diamant noir ». Boutique.

Le gouffre géant de Cabrespine : *la Cresto. ☎ 04-68-26-14-20. • gouffre-de-cabrespine.com • À 6 km au nord de Villeneuve-Minervois. Fév-mars et nov-déc, tlj 14h-17h30 (dernier départ à 16h30) ; avr-juin et sept-oct, tlj 10h-12h30, 14h-18h ; juil-août, tlj 10h-19h. Visites env ttes les 30 mn en saison (hors saison, se renseigner). Ne pas oublier sa petite laine, il fait 14 °C tte l'année ! Entrée : 13,50 € ; réduc. Parcours Accro-grotte (3h ; à partir de 12 ans) : 39 €, sur résa. Navigation sur la rivière souterraine (3h ; à partir de 10 ans) : 48 €, sur* *résa.* Vraiment géant, ce gouffre extra-large et profond de 250 m : la tour Eiffel y tiendrait presque ! C'est d'ailleurs la plus grande salle d'Europe ouverte au public. Sensation forte assurée depuis le balcon de verre suspendu dans le vide (près de 200 m de vide sous vos pieds, quand même !). Vous y trouverez tout ce que le milieu souterrain offre de plus prestigieux : disques, excentriques, aragonites, draperies, colonnes, cascades... Le gouffre se découvre aussi en empruntant l'***Accro-grotte de Cabrespine,*** un parcours acrobatique exceptionnel agrémenté de ponts de singe, tyroliennes... Et tout au fond de la grotte serpente une ***rivière souterraine*** appelée « rivière secrète », qui s'explore en canoë avec un guide.

Le pic de Nore : *à 24 km au nord de Villeneuve-Minervois. Accès en voiture (par la D 87) ou à pied (env 3h) depuis la mairie de Pradelles-Cabardès.* Sommet de la Montagne noire (1 211 m). Mont pelé où se dresse la tour d'un relais hertzien, on y jouit d'un panorama formidable (table d'orientation) sur les Corbières jusqu'au Canigó. Extra ! C'est aussi un haut lieu du cyclisme, en témoigne une plaque où sont gravés les noms de plusieurs vedettes du cyclisme...

Manifestations

– ***Marchés aux truffes :*** *déc-fév.* 1 fois par mois, un marché aux truffes et produits du terroir avec différentes animations (conférences, ateliers cuisine, démonstrations de cavage...).
– ***Les Mardis de Villeneuve :*** *mar soir en juil-août.* Repas avec découverte des crus d'un viticulteur et animation musicale.

LE HAUT CABARDÈS

Carte Aude, B1

Jolies petites routes pour rejoindre les 4 châteaux de Lastours, Limousis ou le charmant village de *Mas-Cabardès*...

Adresse et info utiles

Office de tourisme de la Montagne noire : *19, pl. de la Mairie, 11310* ***Saissac.*** *☎ 04-68-76-64-90. • tourisme-montagnenoire.com • Juil-août, tlj sauf lun 9h45-13h, 13h45-17h45 ; mai-juin, tlj sauf dim ; sept-avr, lun puis mer-ven.* En été, organise les « Balades fraîcheur », de faciles randos accompagnées tous les mardis matin, plus 1 jeudi par mois.
– ***Marchés :*** *jeu mat (tte l'année) et dim mat (juil-août) à* ***Saissac*** *; mar soir à* ***Brousses-et-Villaret*** *avec animations (possibilité de repas).*

Où dormir ? Où manger dans le haut Cabardès ?

Campings

Écocamping La Porte d'Autan : *rue Boris-Vian, 11310* ***Saissac.*** *☎ 04-68-76-36-08. • laportedautan@yahoo.fr • laportedautan.fr • Ouv mai-oct. Forfait tente 2 pers 19-25 € ; mobile homes et hébergements insolites (tente trappeur, d'tente, tente évasion).* Un plaisant petit camping écoresponsable, au bord d'une zone pavillonnaire tranquille, avec des emplacements délimités par des haies et ombragés pour beaucoup ; certains bénéficient d'une belle vue sur la plaine du Lauraguais et la chaîne des Pyrénées.

Snack-bar, épicerie, jeux pour enfants et grande piscine, sans oublier les poneys qui font la joie des petits. Animations nature.

⛺ ***Camping Le Moulin de Sainte-Anne :*** *2, chemin de Sainte-Anne, 11600* ***Villegly-en-Minervois.*** *☎ 04-68-72-20-80. • contact@moulindesainteanne.com • moulindesainteanne.com • ♿ Ouv avr-sept. Forfait tente 2 pers 30-38 € (min 2 nuits en saison) ; bungalows, chalets et coco sweet.* Camping aux emplacements ombragés bien délimités, piscine chauffée avec jacuzzi, aire de jeux pour enfants, terrains multisports... Ambiance familiale. Organise des randos et des dégustations de vin, entre autres.

De bon marché à prix moyens

🏠 🍴 ***Chambres d'hôtes Domaine de Malouziès :*** *2, rue du Bois, 11390* ***Fontiers-Cabardès.*** *☎ 04-68-26-59-53. 📱 06-71-10-49-82. • jean-michel.gualde@wanadoo.fr • gite-chambre-hote-carcassonne.fr • ♿ À 300 m du village. Doubles 65-80 €. Table d'hôtes 30 €.* Dans une grande propriété où on ne se marche pas sur les pieds, une maison en pierre du XVIIIe s où se côtoie mobilier rustique et néorustique. En été, les chambres du bas, dont la baie vitrée ouvre sur le grand jardin, sont moins exposées à la chaleur que celles perchées dans le pigeonnier. L'une des chambres familiales possède même un passage secret... Environnement propice à la détente et piscine pour se mettre les orteils en éventail. Spa, sauna et fitness payants.

🍴 ***Auberge Sire de Cabaret :*** *5, rue Labastide, 11380* ***Roquefère.*** *☎ 04-68-26-31-89. • siredecabaret@wanadoo.fr • Tlj sauf mer (dim soir-mer hors saison). Menus env 16 € (déj en sem), puis 25-35 € et carte.* Au pied de l'église, une magnifique maison dans un village pittoresque, retiré sur le versant de la Montagne noire. Quelques tables dans le jardin aux beaux jours. La salle en pierre et bois, avec son imposante cheminée – pour les grillades – annonce tout de suite la couleur. Alors, sans trop hésiter, on s'assoit et on commande une assiette de charcuterie, un petit plat simple, genre sauté de lapin, blanquette de veau... C'est copieux et bon. Bref, une bonne table de campagne !

De prix moyens à très chic

🏠 ⛺ 🍴 ***Domaine de la Vitarelle :*** *La Bitarelle, 11600* ***Villanière.*** *☎ 04-68-26-59-53. 📱 06-14-35-41-13. • info@domainedelavitarelle.com • gite-chambre-hote-carcassonne.fr • ♿ À env 8 km au nord-ouest de Lastours. Ouv avr-oct. Compter 290-510 € pour 2 pers et 1 séjour de 2 nuits min ; loc à la sem au cœur de la saison estivale. Resto.* Un superbe *glamping* sur les contreforts de la Montagne noire. Une quinzaine de tentes lodges et une dizaine de cabanes en bois, disséminées sur 10 ha, dans une forêt de conifères et de feuillus. Toutes équipées de sanitaires et d'un coin cuisine. Les plus grandes peuvent accueillir jusqu'à 6 personnes. Magnifique resto en bois avec billard et grande terrasse. Piscine cachée derrière un rideau d'arbres. L'endroit est paisible, charmant. Très bien en famille.

🍴 ⛱ ***Le Puits du Trésor :*** *21, rte des Quatre-Châteaux, 11600* ***Lastours.*** *☎ 04-68-77-50-24. • contact@lepuitsdutresor.com • ♿ Bistrot ouv tlj en saison ; hors saison, fermé lun-mar, plus dim soir. Congés : vac scol d'hiver. Côté bistrot, menus 19-25 €. Côté resto, menus 60-120 €.* Les 160 âmes du village se sont trouvé un chef, et pas n'importe lequel ! Passé chez des toqués de grand renom, l'étoilé Jean-Marc Boyer a dressé ses tables dans cette ancienne usine textile, au bord de l'Orbiel et à l'entrée des célèbres châteaux du pays cathare. Soucieux de n'oublier personne, il a coupé sa cuisine en 2. D'un côté, le bistrot, ***Le Diable au Thym,*** avec sa terrasse sur la rivière et son intéressant menu du marché ; de l'autre, le grand jeu de la haute gastronomie, avec quelques tables en salle où le vrai trésor est incontestablement dans l'assiette.

À voir dans le haut Cabardès

Les châteaux de Lastours : *22, rte des Quatre-Châteaux, 11600* ***Lastours.*** *☎ 04-68-77-56-02. ● chateauxdelastours.fr ● Avr-sept, tlj 9h-18h (20h juil-août) ; fév-mars et oct-déc, seulement w-e et vac scol 9h30-17h. Fermé : janv. Entrée : 8 € (ticket donnant accès au belvédère) ; réduc ; gratuit moins de 6 ans. Appli mobile « Pays cathare » ; et parcours enfants avec l'appli « Castrum ». Compter 15-20 mn d'ascension (chaussures de marche conseillées) et env 2h de visite.* La découverte du site s'effectue depuis une usine de textile reconvertie en centre d'accueil où l'on peut voir une exposition archéologique. Le long de la rampe d'accès qui mène aux 4 châteaux (120 m de dénivelée, quand même !), panneaux sur la géologie, la faune et la flore. On passe d'un château à l'autre – Quertinheux, Cabaret, tour Régine et Surdespine – en longeant la ligne de crête. Les ruines se détachent magiquement sur le fond sombre de la Montagne noire ! Ce fut l'une des forteresses les plus audacieuses du catharisme. Les assiégés se rendirent en 1229. Au pied du château de Cabaret, jolis vestiges du village médiéval. Du centre-bourg, emprunter le sentier aménagé qui contourne l'éperon pour faire le tour de la colline des châteaux. Très sympa.

Le belvédère : *rte du Belvédère, 11600* ***Lastours.*** *À 1,5 km à l'ouest de Lastours. Mêmes horaires que les châteaux. Accès : 3 € (gratuit hors saison) ; gratuit moins de 15 ans et avec le ticket d'entrée aux châteaux.* Un site sublime, qui permet d'embrasser d'un coup d'œil les 4 châteaux dans une perspective hallucinante, mais on ne peut plus touristique !

Les grottes de Limousis : *51, chemin de la Grotte, 11600* ***Limousis.*** *☎ 04-68-76-96-63. ● grotte-de-limousis.fr ● Ouv tlj fév-nov. Juil-août, visite guidée ttes les 30 mn 10h-18h (dernier départ) ; mars-juin et sept-oct, à 10h30 et 11h30 (plus 12h30 juin et sept), et ttes les heures 14h30-17h30 ; fév et nov, à 14h30, 15h30 et 16h30. Petite laine de rigueur, même en été ! Entrée : 10,90 € ; réduc ; gratuit moins de 5 ans.* Cette grotte accueillait un ancien affluent souterrain de Cabrespine. Surprenants cristaux très colorés dans les tons ocre et rouge. Dans la dernière des 8 salles, extraordinaire lustre d'aragonite, tout à fait unique. Bel aménagement et spectacle son et lumière. Depuis le village de Limousis, les courageux pourront aussi s'offrir une jolie tranche de balade – facile, même avec des enfants – sur un sentier balisé (boucle de 3,5 km ; durée : 1h50 environ ; balisage jaune et bleu).

La cascade de Cubserviès : *hameau de Cubserviès, à 6,5 km de* ***Roquefère,*** *par une route étroite qui grimpe dans la montagne. Sinon, rando en boucle depuis le parking des randonneurs à Roquefère (compter 5h ; 700 m de dénivelée ; difficile).* Cubserviès est un hameau accroché à la pente. Plus loin, la belle chapelle romane Saint-Sernin (X^{e} s). Superbe vue sur la cascade, qui mesure 90 m et dont 35 m sont visibles. En tant que cascade la plus haute du département, elle mérite le détour...

Fête et manifestations

– **Festirando :** *w-e de Pentecôte. ☎ 04-68-76-64-90 (office de tourisme).* Randos accompagnées de tous niveaux pour découvrir la Montagne noire à pied et à vélo ; marché et dégustation de produits locaux l'après-midi du dernier jour.
– **Médiévales de Saissac :** *1er w-e d'août, à* ***Saissac.*** *Entrée payante.* Reconstitutions médiévales dans l'enceinte du château.
– **Festival Jazz sous les châtaigniers :** *1er w-e d'août, à* ***Roquefère.*** *● jazz-roquefere.com ●*

– ***Balades fraîcheur :*** *juil-août, ts les mar mat et certains jeu mat, à* ***Saissac.*** *Infos et résa : ☎ 04-68-76-64-90 (office de tourisme).* Différentes randos pédestres accompagnées, dont une de 11 km (3h30) le long de la rigole de la Montagne (alimentant le canal du Midi) et dans les sous-bois de la forêt de la Rouge.
– ***Fête de la Châtaigne, du Vin et des produits de la Montagne noire :*** *1 w-e fin oct-début nov, à* ***Villardonnel.***

MONTOLIEU (11170) 835 hab. *Carte Aude, B1*

Le village, bâti tel un amphithéâtre – accroché au flanc rocailleux de 2 ravins – surplombe les impressionnantes gorges de l'Alzeau et de la Dure. À l'origine de Montolieu, la fondation de l'abbaye bénédictine de Saint-Jean-de-Mallast en 800. Pillé et détruit à de nombreuses reprises, le village fut reconstruit par Roger de Trencavel, vicomte de Carcassonne, qui l'entoura de fortifications... Une habitude ! Au XIIIe s, la ville s'appelait poétiquement *Mount a Ouliou,* le mont des Oliviers. Au XVIIe s, Colbert y établit une manufacture royale de draps qui fit la prospérité du village jusqu'au début du XXe s. Depuis 1990, « Montolieu-en-Cabardès » est devenu l'un des 8 « villages du livre » que compte l'Hexagone. Libraires (une petite vingtaine), bouquinistes, relieurs, artistes et galeries d'art se sont installés ici sous l'impulsion de Michel Braibant, relieur à Carcassonne. Le tout dans une ambiance un poil intello-bobo...

Adresses utiles

- ***Office de tourisme Grand Carcassonne – Antenne Cabardès :*** *1, pl. Jean-Guéhenno. ☎ 04-68-24-80-80. • grand-carcassonne-tourisme.fr • Juin-sept, lun-sam (tlj juil-août) 9h30-13h, 14h-18h ; avr-mai et oct, lun-sam ; nov-mars, lun-ven jusqu'à17h30.*

- ***Location de VTT :*** *chez* ***VTT 11,*** *8, chemin du Camp-Naout, 11310* ***Saint-Denis.*** *06-03-48-87-64. • vtt11.com •.* Livraison possible à votre hébergement, moyennant supplément. Propose aussi des virées accompagnées. Location de remorques également.

Où dormir ? Où manger à Montolieu et dans les environs ?

Camping

Camping Le Martinet Rouge : *2, chemin du Lac-des-Rochers, 11390 Brousses-et-Villaret. ☎ 04-68-26-51-98. 06-19-34-41-60. • info@camping-martinet.com • camping-martinet.fr • À 6 km au nord-est de Montolieu. Ouv avr-oct. Forfait tente 2 pers env 18-28 € ; gîtes, mobile homes, chalets, lodges safari et tentes bivouac.* Un camping champêtre bien équipé. Les emplacements pour les tentes – un peu en hauteur vers les rochers – sont vraiment extra et bien ombragés. Snack-bar, épicerie, aire de jeux pour enfants, terrains multisports, piscine avec toboggan, billard...

De bon marché à prix moyens

Restaurant La Rencontre : *6, pl. des Tilleuls. ☎ 04-68-24-85-12. • larencontre@gmail.com • Tlj sauf lun (plus mar hors saison). Menus (sauf w-e) 20-23 €, sinon carte env 25-32 € ; pizzas dim soir seulement.* Un lieu de rencontres entre habitués contents de boire leur café ou leur demi en journée. Mais la rencontre se passe aussi dans les assiettes, entre une cuisine de terroir bien d'ici, et des saveurs exotiques en provenance de Nouvelle-Calédonie où le jeune couple de proprios a passé plusieurs années. Tout est bien dosé, frais. Une belle surprise. Salle un poil impersonnelle, visez plutôt l'agréable terrasse au bord de la fontaine.

De prix moyens à chic

Chambres d'hôtes La Rougeanne : *8, allée du Parc, 11170* ***Moussoulens.*** *☎ 04-68-24-46-30. • info@larougeanne.com • larougeanne.com • À 3 km au sud de Montolieu. Congés : de mi-nov à mars. Doubles 110-130 € ; min 2 nuits en été.* De vraies chambres pleines de charme et de vie tout à la fois, dont des familiales, installées dans une ancienne maison vigneronne. Calme et fraîcheur aux heures chaudes, piscine et parc face à la maison, et les Pyrénées au loin. Des teintes douces et apaisantes, des meubles de famille, des livres ; bref, tout incite à se poser pour un temps, avant d'aller visiter le Cabardès, que les proprios connaissent bien. Accueil exquis.

La Table Fermière : *2, hameau de Villelongue, 11170* ***Saint-Martin-le-Vieil.*** *☎ 04-68-79-34-58. • table.fermiere@gmail.com • À 200 m de l'abbaye de Villelongue. Ouv jeu-dim midi. Congés : 2 sem en sept, 3 sem nov-déc. Résa très conseillée. Menus 29-56 €.* Un resto dans une ancienne ferme perdue dans la nature. D'ailleurs, la route bucolique qui y mène est une véritable mise en bouche ! Cuisine inspirée par la tradition, sur fond de jolies envolées gastronomiques. Une adresse qui bénéficie d'une solide réputation.

Où boire un verre ? Où sortir ?

L'Apostrophe Bar : *12, rue des Pyrénées. • contact@apostrophe-hotel.fr • apostrophe-montolieu.com • Tlj en été ; seulement le w-e hors saison.* Un bel espace que cette manufacture réhabilitée mais restée ce qu'il faut en friche. Un cadre propice à la dégustation de vins régionaux et d'ailleurs. Aussi des cocktails à siroter entre salons, bar et patio, accompagnés de quelques tapas. Un lieu chaleureux à toute heure, où se déroulent souvent des soirées autour des arts, de la musique et de la danse (jazz, salsa, tango...).

À voir. À faire

Le musée des Arts et Métiers du livre : *39, rue de la Mairie. ☎ 04-68-24-80-04. • montolieu-livre.fr • ♿ (rdc seulement). À côté de l'office de tourisme. Tlj sauf sam mat, dim mat et mat des j. fériés 10h-12h, 14h-18h ; 11 nov-Pâques, ouv l'ap-m seulement. Entrée : 5 € ; réduc ; gratuit moins de 6 ans et demandeurs d'emploi.* Un petit musée qui évoque l'histoire de l'écriture depuis la nuit des temps, ainsi que les arts et métiers du livre (typographie, calligraphie, reliure, imprimerie, etc.). Expos temporaires, conférences et ateliers *(payants, sur résa).*

La Coopérative – Musée Cérès-Franco : *5, rte d'Alzonne. ☎ 04-68-76-12-54. • collectionceresfranco.com • ♿ (partiel).* ***Fermée pour travaux ; réouverture prévue courant 2025.*** Un haut lieu de l'art contemporain du département, époustouflant de richesse et de variété ! Installées dans l'ancienne coopérative viticole des années 1930, voici d'étonnantes et formidables peintures et sculptures, issues de la collection d'art privée de Cérès Franco, Brésilienne née en 1926 et qui fut critique d'art, commissaire d'expo et galeriste à Paris, avant de tomber amoureuse du Sud-Ouest ! Dès les années 1960, elle achète des milliers d'œuvres d'artistes internationaux – essentiellement des Sud-Américains inconnus et autodidactes – pour les aider à gagner leur place sur la scène artistique... Pour partager – de son vivant – sa passion, Cérès a fait don en 2020 de l'essentiel de sa collection à des institutions publiques.

La cactuseraie d'Escaïre Figue : *803, rte de Carcassonne (D 629). ☎ 04-68-24-86-59. • cactuseraie.net • À 1,5 km du village. Lun-mar sur rdv ; mer-ven 14h-19h ; w-e et j. fériés 9h-18h30 (plus aléatoire en hiver, grosso modo du lever au coucher du soleil). Entrée : 4,50 € ; gratuit moins de 13 ans.* Un lieu et un maître des lieux passionné et haut en couleur, pour tout savoir sur le cactus. Plus de 1 000 variétés, gare où vous mettez les doigts ! Foire aux cactus le 3e week-end de juin. Vente sur place.

Le pôle culturel de la manufacture : *20, impasse de la Manufacture. Ouv avr-oct, mar-dim 11h-19h.* Au pied du village dans l'ancienne manufacture de draps (tissus de laine), devenue en 1939 un camp de réfugiés espagnols, se tiennent désormais galeries et ateliers d'artistes, *street art*, expos temporaires, rencontres... Tous les dimanches matin en été dans la cour, *marché des Terres d'ici.*

Manifestations

- **Expositions et ateliers pédagogiques autour du livre :** *tte l'année. • montolieu-livre.fr •*
- **Salon du livre ancien et d'occasion :** *w-e de Pâques.*
- **Festival Pages de jazz :** *3 j. fin juil. • pagesdejazz.com •*
- **Aude aux arts :** *début août.* Art contemporain dans les rues.

DANS LES ENVIRONS DE MONTOLIEU

L'abbaye de Villelongue : *7-9, hameau de Villelongue, 11170* ***Saint-Martin-le-Vieil.*** *06-61-44-36-24. • abbaye-de-villelongue.com • À 4 km à l'ouest de Montolieu par la D 64. Juil-août, tlj 14h-18h30 ; avr-juin et sept, mer-dim 14h-18h. Fermé le reste de l'année. Dernière admission 30 mn avt fermeture. Entrée : 6 € ; réduc ; gratuit moins de 6 ans. Appli mobile « Pays cathare, Le Guide » ; et parcours enfants avec l'appli « Castrum, Le Jeu ».* Comme la plupart des abbayes cisterciennes, celle de Villelongue sait se faire discrète, ceinte d'un mur et bâtie en contrebas du chemin pour s'extraire du monde. Datant des XIIe-XIVe s pour l'essentiel, elle demeure magnifiquement conservée. Belle galerie de **cloître** (dont une partie serait, paraît-il, conservée dans la réserve des fameux *Cloisters,* annexe du prestigieux *MET* de New York !). **Église** largement en ruine, impressionnante par ses dimensions, et à ciel ouvert, ce qui contribue à son charme. Nombreux détails d'ornementation sur ses culots et chapiteaux, dont les sculptures représentatives du gothique méridional languedocien rompent avec la rigueur habituelle des abbayes cisterciennes. En particulier les décorations humaines et animales, rares chez cet ordre. Organise concerts et lectures.

Le Moulin à papier : *11390* ***Brousses-et-Villaret.*** *☎ 04-68-26-67-43. • moulinapapier.com • À 8 km au nord-est de Montolieu. Visite guidée seulement (45 mn), tlj sur résa (horaires variables, se renseigner). Tarif : 9,50 € ; réduc. Différents ateliers et stages payants de 30 mn à plusieurs j., sur résa (impression, fibre au séchoir, etc.).* Le dernier survivant des moulins à papier d'Occitanie (en 1845, le village en comptait une dizaine en activité) date du XVIIIe s et rappelle qu'autrefois le versant sud de la Montagne noire faisait partie des grands centres de production papetière du Languedoc. Ici, les chiffons de coton, crottins de cheval et autres fibres végétales se transforment comme par magie en papier. Accès par un joli petit sentier botanique surplombant la rivière. En fin de visite, possibilité de fabriquer ses propres feuilles de papier (petit supplément). Manifestations culturelles en été.

SAISSAC *(11310 ; 920 hab.)*

Village très pittoresque de la Montagne noire, Saissac a conservé d'importants vestiges de ses fortifications féodales : plusieurs tours, une porte à mâchicoulis et, en contrebas du village, les impressionnantes ruines du château fort !

Le château de Saissac : *rue Bertrand-de-Saissac. ☎ 04-68-24-46-01. • saissac.fr • Se garer sur le petit parking gratuit situé au bout de la rue de l'office de tourisme. Juil-août, tlj 9h-20h ; avr-juin et sept-oct, tlj 10h-18h (17h oct) ; le reste de l'année, w-e et vac scol 10h-17h. Fermé en janv. Entrée : 5 € ; réduc ; gratuit moins de 6 ans. Appli mobile « Pays cathare, Le Guide » ; et parcours enfants avec l'appli « Castrum, Le Jeu ».* Perché sur un éperon rocheux, le château de Saissac demeure l'un des plus vastes du Languedoc. Ses ruines apparaissent comme suspendues à la proue du village ! Reconstruit après la croisade contre les cathares (donjon et courtines de la fin du XIIIe s), l'édifice fut modifié au XVIe s par la famille Bernuy, puis au moment des guerres de Religion, avec l'ajout de nombreuses canonnières. Un corps de logis datant du XVIe s a été restauré avec sa charpente « en carène de bateau retournée », ses dallages de granit et ses fenêtres à meneaux. Une salle accueille une expo sur le trésor de Saissac (2 000 deniers du XIIIe s retrouvés en 1979 !). Il s'agit de copies (le vrai trésor se trouve dans le coffre d'une banque !). Du château, remarquable vue avec la chaîne des Pyrénées. Sentier pour faire le tour extérieur des remparts.

LE PAYS LAURAGAIS

À l'ouest de la Montagne noire, par-delà le Cabardès, le Lauragais déroule sa plaine fertile jusqu'au col de Naurouze. Sa vocation agricole remonte à l'Antiquité. Au XVIe s, la culture du pastel assura la fortune de la région. Aujourd'hui, l'opulente campagne autour de Castelnaudary fait son blé dans les céréales et le maïs, tandis que la culture maraîchère approvisionne les marchés en asperges, tomates et melons.
Cette région fut aussi le berceau historique du catharisme, et si saint Dominique choisit de se fixer à Fanjeaux, c'était pour ramener les brebis égarées dans le droit chemin...

CASTELNAUDARY (11400) 12 190 hab. *Carte Aude, A1*

• Plan *p. 197*

Capitale du Lauragais, Castelnaudary dominait autrefois une vallée plantée de moulins à vent, que Don Quichotte n'aurait pas reniée. Désormais, la vie de ce vieux bourg paisible tourne autour de la double image « rugby-cassoulet ». Les vestiges d'une époque où Catherine de Médicis avait élevé

la ville au rang de sénéchaussée sont encore présents. De beaux atours qui se reflètent dans le grand port-bassin (7 ha !) du canal du Midi, ouvert sur 4 écluses. Très animée le lundi à l'occasion de son grand marché, cette vieille cité aux allures méridionales demeure une étape incontournable le long du canal. Et à 13 km à l'ouest de Castelnaudary se trouve le seuil de Naurouze – le point le plus haut du canal du Midi – souligné par un obélisque dédié à Pierre-Paul de Riquet, son créateur. C'est ici qu'est acheminée l'eau alimentant le canal depuis la Montagne noire par la rigole de la Plaine. À ce point précis se trouve aussi la ligne de partage des eaux entre les bassins méditerranéen et atlantique...

LA CAPITALE DU CASSOULET

Capitale, « mondiale » même, ajoutent les Chauriens (habitants de Castelnaudary), avec un zeste de chauvinisme ! Les gastronomes reconnaissent Castelnaudary comme le père du cassoulet (né ici au XVe s), Carcassonne en étant le Fils et Toulouse le Saint-Esprit ! Ici, la tradition est stricte. La *cassole* (grand bol qui a donné son nom au plat) doit être en argile d'excellente qualité. Et les ingrédients doivent forcément provenir de la région. Le plat s'oublie auprès du four de boulanger, avec des ajoncs de la Montagne noire, pour une cuisson douce et longue, les haricots cuisant dans l'eau de la ville... non mais !

Côté haricot, on préfère le lingot qui sait rester ferme. Côté viande, la composition diffère entre les voisins rivaux : confit de canard ou d'oie, saucisses de Castelnaudary (de Toulouse à la rigueur), couennes, jarret de porc. Et avec tout ça, à quand l'invention du cassoulet light ?!

LE MARIAGE, C'EST PAS LA FIN DES HARICOTS

Tout récemment importés d'Amérique du Sud, les haricots lingots valaient de l'or au XVIe s. Alexandre de Médicis en offrit d'ailleurs un sac comme cadeau de mariage à sa sœur Catherine, qui épousait le futur roi de France Henri II. L'histoire ne dit pas si le jeune couple a placé ses lingots en Andorre...

Adresses et info utiles

Office de tourisme *(plan A1)* **:** *pl. de la République.* ☎ *04-68-23-05-73.* • *castelnaudary-tourisme.com* • *Juil-sept, tlj 9h30-13h, 14h-18h30 ; mars-juin et oct, tlj sauf sam ap-m et dim 9h30-12h (9h-13h sam), 14h-18h (17h mars et oct) ; nov-fév, tlj sauf le w-e 9h30-12h, 14h-17h.* Visites guidées payantes sur résa toute l'année, infos sur la « route du cassoulet de Castelnaudary » permettant de rencontrer les producteurs de haricots, éleveurs, viticulteurs, conserveurs et autres potiers qui réalisent les *cassoles*. À l'extérieur, écran tactile délivrant 24h/24 des infos sur les animations, services, hébergements...

Gare SNCF *(hors plan par A3)* **:** *av. de la Gare.* • *sncf-connect* • Castelnaudary se trouve sur la ligne ***Toulouse-Montpellier,*** via ***Carcassonne*** et ***Narbonne.*** Nombreux trains tlj.

Arrêt des bus *(hors plan par A3)* **:** *av. de la Gare, face à la gare SNCF.* • *mestrajets.lio.laregion.fr* • Liaisons quotidiennes avec ***Toulouse*** (1h40) et ***Revel*** (35 mn ; ligne 414) assurées par la compagnie ***Teste*** *(• autocars-teste.fr •)* ; avec ***Carcassonne*** (45 mn ; ligne 403, sauf w-e et ***Limoux*** (1h10, via ***Fanjeaux*** ; ligne 411, sauf dim) opérées par la compagnie ***Vidal*** *(• autocarsvidal.fr •).*

Location de vélos : ***La Roue qui Tourne*** *(hors plan par A3,* ***3****), 44, av. Paul-Riquet.* 📱 *07-68-13-87-23.*

L'AUDE, PAYS CATHARE

• larouequitourne011.wordpress.com • Tlj sauf dim 9h-12h, 14h-18h. En face de la gare ferroviaire. Une association d'aide à la réinsertion qui propose la location de VTC, VTT, vélos électriques, vélos enfants, remorques, etc. Également un atelier de réparation. Sinon, *chez* ***Vélos Séverac,*** *seuil de Naurouze, 11320* ***Montferrand.*** *06-88-28-64-44. • location-velo-canal-du-midi.com • À 12 km à l'ouest de Castelnaudary et à 200 m du canal du Midi. Avr-oct, tlj.*

Promenade sur le canal à bord du Saint-Roch *(plan A2-3,* ***1****)* **:** *20, quai du Port. 06-62-03-49-40. • saintroch11.com • Tlj avr-oct. Résa conseillée en été. Croisière (1-2h, avec ou sans franchissement de l'écluse) : 8-13 € ; réduc enfants.* Loue aussi des « gabarots », bateaux sans permis.

Location de bateaux : *chez* ***Le Boat*** *(plan B3,* ***2****), quai du Canelot, au sud du Grand Bassin. ☎ 04-68-94-42-80. • leboat.fr • Avr-oct.* Siège et base des départs et arrivées des bateaux de croisière individuelle de cette compagnie.

– ***Marché :*** *lun mat, pl. de la République et pl. de Verdun (plan A1) ; sam mat, cours de la République (plan A1-2).*

Où dormir ?

Camping

Camping municipal de la Giraille *(hors plan par A2,* ***10****)* **:** *chemin des Fontanilles. ☎ 04-68-94-11-28. • sports@ville-castelnaudary.fr • ville-castelnaudary.fr/fr/tourisme/camping • Ouv de mi-juin à août. Forfait tente pour 2 env 14 € ; mobile homes.* Un petit camping tout simple, tranquille et planté dans un environnement vert, juste au bord du canal du Midi. Un bel atout. Piscine municipale à 500 m.

De prix moyens à chic

Hostel Le Grand Bassin *(plan B3,* ***11****)* **:** *301, quai Edmond-Combes. 07-67-95-35-88. • legrandbassin@outlook.fr • legrandbassin.net • Ouv tte l'année (juil-août seulement pour le dortoir). Compter 30 €/pers en dortoir, petit déj compris. Double 85 €, petit déj compris ; familiales. Repas locavore (sur résa) 30 €. Possibilité de paniers pique-nique. Local à vélos. Chèques refusés.* Coup de cœur pour ce petit *hostel* écoresponsable, aménagé dans l'ancienne maison du capitaine du port de Castelnaudary, sur le Grand Bassin où la vieille ville se reflète avec délice au soleil couchant. Plusieurs chambres spacieuses, bien équipées (ventilo...) et dont la sobre déco met en valeur les vénérables parquets, les pierres apparentes, les vieilles poutres... Un dortoir de 6 lits pour les budgets plus modestes. Le tout admirablement tenu par l'adorable Sophie, aux petits soins pour ses hôtes et passionnée par l'histoire du canal. La chef mitonne un délicieux cassoulet (normal, elle est membre de la confrérie du cassoulet).

Hôtel du Centre et du Lauragais *(plan A2,* ***12****)* **:** *31, cours de la République. ☎ 04-68-23-25-95. • hcl11@live.fr • le-centre-hotel.fr • Resto tlj (sauf dim soir-lun hors saison). Doubles 74-109 €. Formules déj en sem 21-26 € ; menus 28-33 € ; carte env 30-45 €.* En plein centre, cette massive bâtisse de caractère abrite une dizaine de chambres tout confort, arrangées dans un esprit sobre et contemporain, dont les fenêtres s'ouvrent sur les luxuriants platanes du cours. La salle de resto, parée de noir et de blanc, est plus clinquante avec ses touches néo-baroques. Dans l'assiette, cuisine de terroir soignée (du cassoulet, forcément !) et osant quelques élans créatifs et raffinés, notamment avec le poisson ; ce qui n'est pas banal sur cette terre de viandards ! Bref, une table avec laquelle il faut compter à Castelnaudary.

Hôtel Le Clos Fleuri *(hors plan par B2,* ***13****)* **:** *134, av. Monseigneur-de-Langle.*

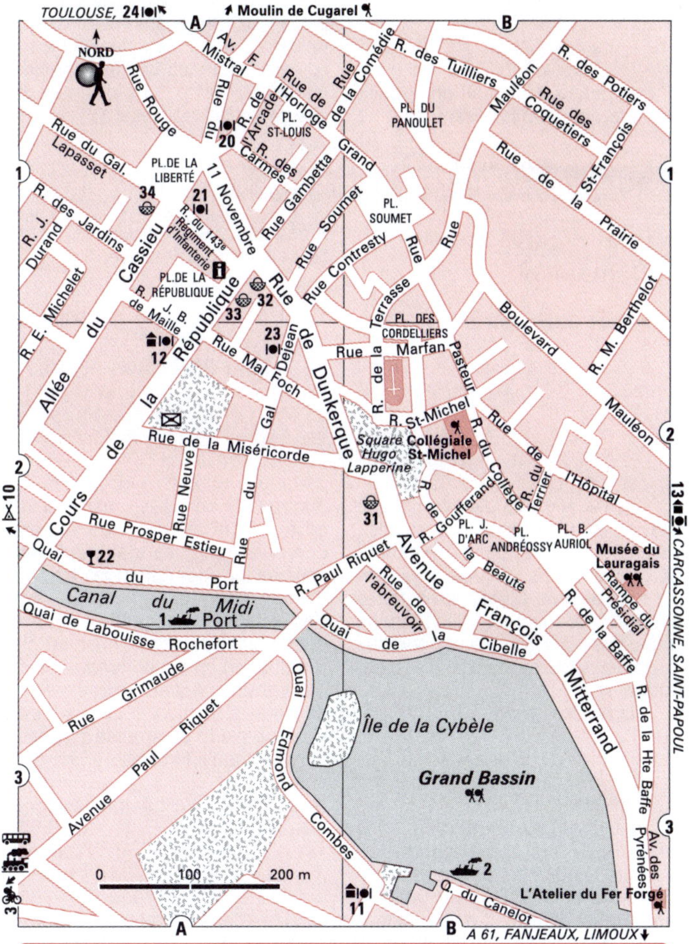

CASTELNAUDARY

Adresses utiles

- Office de tourisme (A1)
- 1 Départs du bateau *Saint-Roch* (A2-3)
- 2 Le Boat (B3)
- 3 La Roue qui Tourne (hors plan par A3)

Où dormir ?

- 10 Camping municipal de la Giraille (hors plan par A2)
- 11 Hostel Le Grand Bassin (B3)
- 12 Hôtel du Centre et du Lauragais (A2)
- 13 Hôtel Le Clos Fleuri (hors plan par B2)

Où manger ? Où boire un verre ?

- 12 Hôtel du Centre et du Lauragais (A2)
- 20 Au Petit Gazouillis (A1)
- 21 O'Bistro (A1)
- 22 Cave du Canal (A2)
- 23 Chez David (A2)
- 24 Le Moulin Vert (hors plan par A1)

Où acheter de bons produits ?

- 31 Maison Escudier (B2)
- 32 Maison Escourrou (A1)
- 33 La Ferme du Pays d'Oc (A1)
- 34 Chez Christophe (A1)

☎ 04-68-94-01-20. • info@leclosfleuri.fr • leclosfleuri.fr • Resto le soir seulement, tlj sauf dim (tlj avr-oct). Doubles 85-120 € ; carte 35-45 €. Un bel hôtel qui compense sa situation – dans une zone commerciale sans charme aux portes de la ville – par un accueil prévenant, des chambres classiques, modernes et confortables à la fois, un agréable jardin-terrasse avec piscine et un très bon resto de tradition en prise directe sur le terroir local.

Où manger ? Où boire un verre ?

De bon marché à prix moyens

Au Petit Gazouillis *(plan A1, **20**) : 5, rue de l'Arcade. ☎ 04-68-23-08-18. • germaine.dauriac@sfr.fr • Tlj sauf mer-jeu (plus mar soir hors saison). Congés : 10 j. fin juin-début juil et de mi-déc à début janv. Menus 20-27 € ; carte env 30 €. Chèques refusés. Café offert sur présentation de ce guide.* Rien de bien compliqué dans ce petit resto-cantine (cassoulet, dos de cabillaud et confit de canard aux cèpes), mais un très bon rapport qualité-prix. Même les salades sont pantagruéliques ! Un service sympa, des plats copieux et pour tous les goûts. Que demander de plus, boudiou ?!

O'Bistro *(plan A1, **21**) : 23, rue du 143e-RI. ☎ 04-68-94-77-70. • obistro.cafe/chaurien • Tlj sauf w-e. Congés : janv. Formule déj env 18 € ; menus 29,50-33,50 € ; carte env 25-30 €.* Le rendez-vous des familles pour ses appétissants burgers, que les gamins dévorent après la visite de la ville. Et pour les plus grands, voici des salades, de bonnes viandes grillées ou en tartare et un cassoulet maison qui se défend bien. Bref, une bonne adresse sans prétention. Impec' aussi en soirée pour siroter – en terrasse sur la place – un verre de vin audois, un cocktail ou une bière, accompagné de quelques tapas.

Cave du Canal *(plan A2, **22**) : 19, quai du Port. • caveducanal@gmail.com • Tlj sauf mar-mer 11h-21h.* Agréable bar à vins qui déploie sa terrasse au bord du canal. Dans les ballons, nombreux crus régionaux – servis au verre – que les gentils proprios vous aident à choisir selon vos goûts. À déguster avec quelques bonnes tapas inscrites à l'ardoise.

De prix moyens à chic

Chez David *(plan A2, **23**) : 49, rue Général-Dejean. ☎ 04-68-94-86-92. • campidavid@aol.fr • Tlj sauf dim-lun. Congés : 2 sem en juil et nov. Formules déj en sem 20-25 € ; carte env 40-45 €.* Avec son sympathique look de *biker*, c'est de l'autre côté de l'Atlantique que David va chercher quelques idées culinaires, sans renier pour autant les traditions de son cher Lauragais. Ça donne des plats francs et généreux, comme cet original poulet fermier au sirop d'érable qu'on sauce jusqu'à la dernière goutte ! Aussi l'un des meilleurs cassoulets de la ville. Jolie salle aux murs de pierre et terrasse au bord de la rue lorsqu'il fait beau, c'est-à-dire souvent.

Le Moulin Vert *(hors plan par A1, **24**) : 230, rte de Toulouse (D 6113, km 1). ☎ 04-68-60-08-58. • restaurantlemoulinvert@gmail.com • Tlj sauf lun soir, mar-mer et dim soir. Menus 25-37 € et carte.* En bord de route, ne manquez pas ce resto familial vintage – en forme de moulin aux ailes vertes – rescapé des anciens routiers qui égrainaient jadis nos routes de France. Et pour cause ! Dans l'assiette, cuisine de tradition spécialisée dans les goûteuses grillades au feu de bois. Viandes et poissons frais sont cuits avec simplicité mais justesse. Aussi un bon cassoulet du chef, des salades copieuses et de bons desserts maison. On s'est régalé !

Hôtel du Centre et du Lauragais *(plan A2, **12**) :* ne ratez pas non plus cette excellente table. Voir plus haut « Où dormir ? ».

Où dormir ? Où manger dans les environs ?

Campings

▲ ***Camping Domaine de la Capelle :*** *535, D 116, 11400* ***Saint-Martin-Lalande.*** *☎ 04-68-94-91-90. 📱 06-65-41-82-57. • lacapelle2@orange.fr • domaine-la-capelle.fr • ♿ À 6 km à l'est de Castelnaudary. Ouv avr-sept. Forfait tente 2 pers 13,60-15,60 € ; roulotte 70 €.* Camping à la ferme, dans un superbe espace boisé vraiment paisible pour camper. Cassoulet maison fait avec amour, pain et pichet de vin livrés au camping sur demande. Belle vue sur la campagne environnante.

▲ |●| ***Camping et auberge Le Bout du Monde :*** *ferme de Rhodes, 11400* ***Verdun-en-Lauragais.*** *☎ 04-68-94-95-96. • info@campingleboutdumonde.fr • leboutdumonde.fr • ♿ À 15 km au nord-est de Castelnaudary. Ouv Pâques-sept. Resto ouv en saison w-e ; hors saison sur demande (à partir de 15 pers) sam soir, et le midi dim et j. fériés. Forfait tente 2 pers 19-40 € (cuisine équipée en sus) ; cabanes, cottages et yourtes. Menus 31-39 €.* Cadre splendide – 120 ha entre bois, landes et pâturages – pour ce camping écolabellisé (refuge LPO), avec 2 piscines (dont une naturelle), étang de pêche et chemins de rando. Ferme pédagogique et activités pour les enfants (ateliers de peinture, poney, poterie, fabrication de pain, etc.). Idéal en famille. C'est aussi dans ce bout du monde que vivent les dignes héritiers de Pantagruel. Dans une salle à manger à l'ancienne, bœuf mijoté, pintade farcie... Interdit à celles et ceux qui picorent ou sont au régime ! Bar à vins avec assiettes de charcuterie et pizzas.

▲ ***Camping Domaine Saint-Laurent :*** *lieu-dit Les Touzets, 11320* ***Montferrand.*** *☎ 04-68-60-15-80. • info@camping-carcassonne-toulouse.com • camping-carcassonne-toulouse.com • ♿ À 19 km au nord-ouest de Castelnaudary et 5 km au nord de Montferrand. Ouv avr-oct. Forfait tente 2 pers 15-26 € ; bungalows toilés et mobile homes.* Un camping dans la nature, entouré de bois, au calme. Emplacements délimités par des haies touffues. Bien équipé : snack-bar en saison, piscine, tennis, sauna, pétanque, jeux pour enfants... Idéal pour de bonnes vacances au vert !

De bon marché à prix moyens

🏠 ***Chambres d'hôtes La Bonne Planque :*** *1339, chemin de la Planque, 11400* ***Mas-Saintes-Puelles.*** *📱 06-36-78-72-48. • labonneplanque11@gmail.com • labonneplanque.com • À 6 km à l'ouest de Castelnaudary. Doubles 74-94 €. Fermé en hiver. Possibilité de table d'hôtes hors saison, sur résa.* Dans une ancienne maison éclusière, au bord du canal du Midi, 3 chambres mignonnettes et colorées. Toutes disposent d'une douche, mais sanitaires extérieurs privés pour les moins chères. En été, la cour se transforme en petit resto aux airs de guinguette.

|●| ⛱ ***Hostellerie Étienne :*** *1, rue Saint-James, 11320* ***Labastide-d'Anjou.*** *☎ 04-68-60-10-08. • hostellerie.etienne@orange.fr • ♿ À 10 km à l'ouest de Castelnaudary. Tlj sauf lun, mar soir et dim soir. Congés : 3 sem en janv. Résa très conseillée. Formule déj en sem 17 € ; menus 22-32 € et carte.* Planté au beau milieu d'un superbe parc arboré et luxuriant, ce resto – plébiscité de longue date par les gens du cru – mitonne une cuisine de terroir mémorable ! En point d'orgue, ne ratez pas le « cassoulet impérial » – l'un des meilleurs de la région – servi à volonté et qui fait la renommée de cette maison familiale depuis 1956. Agréable terrasse au bord du parc en été.

|●| ⛱ ***Le Pas de Naurouze :*** *80, rte de Ségala, 11320* ***Montferrand.*** *☎ 04-68-23-31-15. • naurouze-restauration@orange.fr • ♿ À 13 km à l'ouest de Castelnaudary. Tlj sauf dim (plus le soir lun-ven hors saison). Résa conseillée. Menus 20 € (déj en sem), puis 34 € ; carte 35-45 €.* Pour ceux qui seraient en quête d'une cuisine autre que le traditionnel cassoulet, voici l'adresse qu'il leur faut ! À 2 pas du seuil de Naurouze et de son obélisque,

ce resto au cadre sobre et contemporain sert une cuisine de chef inspirée, des plats légers (alléluia !) qui suivent le rythme des saisons, des mariages de saveurs enchanteurs et toujours bien sentis. Terrasse ombragée. C'est frais et bienvenu !

Auberge La Calèche : *1, rue de la Croix, 11400* ***Peyrens.*** *☎ 04-68-60-40-13. À 4 km au nord de Castelnaudary. Tlj sauf mar-mer en été ; ouv seulement le midi jeu-lun hors saison. Formules déj 23,50-26,50 € ; carte env 35-40 €. Apéritif maison offert sur présentation de ce guide.* Un cassoulet si bon qu'on fait la route depuis Toulouse pour venir le manger ici ! Sans oublier ces quelques fameuses spécialités gourmandes qui revisitent la tradition – signées par le chef Philippe Solovieff – comme le millefeuille de légumes, la souris d'agneau braisée. Plaisante salle coquette.

Relais de Riquet : *12, esplanade du Canal, port du Ségala, 11320* ***Labastide-d'Anjou.*** *☎ 04-68-60-16-87. À 12 km à l'ouest de Castelnaudary et à 2 km du seuil de Naurouze. Tlj sauf dim soir-mar. Formules déj en sem 13-15 € ; menu 27 € et carte.* Installé en bord de canal, dans un charmant hameau portuaire, ce resto ressemble à un banal bistrot. Et pourtant ! Si le traditionnel cassoulet nous plaît, on peut aussi opter pour d'autres plats bien goûteux et agrémentés de pointes d'originalité. Le patron, sommelier de formation, saura vous conseiller des petits vins du coin à prix très raisonnables. Terrasse au fil de l'eau.

De chic à très chic

Chambres d'hôtes Au Château : *11410* ***Mézerville.*** *06-29-73-98-14 et 06-26-54-34-27. • bienvenue@chateau-de-mezerville.org • chateau-de-mezerville.org • À 20 km au sud-ouest de Castelnaudary ; au centre du village. Ouv mai-oct. Doubles 95-145 € (2 nuits min en été). Table d'hôtes 30-35 €.* Dans leur superbe château familial aux murs chargés d'histoire (les archives remontent au XIIIe s !), Anne et Stéphane réservent une aile entière pour leurs hôtes. 3 ravissantes et grandes suites (50 m² au minimum) avec cheminée. Piano à queue dans la suite Bleue ! Dans celle aux Archets, sous le lit, se cache une trappe qui mène aux oubliettes ! Le tout, dans une démarche écolo (toilettes sèches, produits locaux parfois bio à la table d'hôtes, produits d'entretien respectueux de l'environnement...). Vue sur les Pyrénées ou la Montagne noire. Un endroit qui a beaucoup d'âme, et garanti sans fantômes !

Où acheter de bons produits ?

Maison Escudier *(plan B2,* ***31****) : 11, rue de Dunkerque. Tlj sauf l'ap-m dim-lun.* On y trouve cassoulets, confits, foies gras et charcuteries maison, comme ces saucisses au magret de canard, leur autre spécialité. Et même l'authentique haricot lingot.

Maison Escourrou *(plan A1,* ***32****) : 65, rue de Dunkerque. Tlj sauf l'ap-m dim-lun.* Boudin audois à la fleur de thym, cou de canard farci au foie gras, sans oublier le cassoulet au confit de canard ou d'oie et le haricot lingot. On s'en pourlèche !

La Ferme du Pays d'Oc *(plan A1,* ***33****) : 38, cours de la République. Tlj sauf dim ap-m.* Une boutique pour remplir son cabas de bons produits régionaux : fromages, charcuteries, vins, liqueurs, miel...

Chez Christophe *(plan A1,* ***34****) : 19, pl. de la République. Tlj sauf dim.* Une épicerie fine incontournable pour ses excellents produits du terroir et d'ailleurs, triés que le volet : charcuteries, fromages... Belle cave.

À voir

Le Grand Bassin *(plan B3)* **:** l'attraction nº 1 ! Grand de 7 ha et planté d'une île verdoyante, 4 écluses y retiennent l'eau du canal du Midi, qui traverse la ville. C'est ici que fut inauguré le canal du Midi le 19 mai 1681... Base de navigation en été, c'est aussi un lieu de promenade agréable avec un point de vue superbe sur la vieille ville en fin d'après-midi.

La collégiale Saint-Michel *(plan B2)* **:** *1, pl. Montmorency. Juil-août, tlj sauf lun et dim mat (messe uniquement), 10h-12h15, 14h30-18h30. Visite commentée gratuite l'été, sinon sur rdv à l'office de tourisme.* Étonnante tour-clocher haute de 56 m, à cheval sur une petite rue et soutenue par une arcade brisée sous laquelle on passe. L'imposante église, édifiée au XIIIe s, puis remaniée jusqu'au XIXe s, est typique du gothique méridional. Nef unique longue de 40 m, orgues Cavaillé-Coll superbes du XVIIIe s, belle croix de pierre sculptée du XVIe s sous la tribune.

LES ACCORDS DE L'AUTAN

En levant le nez, on s'aperçoit que plusieurs ouvertures du clocher de la collégiale sont murées. Le coupable n'est autre que ce satané vent d'autan. Ses rafales sont parfois tellement puissantes qu'en s'engouffrant dans la tour du clocher, elles pouvaient déclencher un véritable concerto de cloches ; plus de 30 cloches qui s'affolent en même temps... imaginez le vacarme ! Une solution simple et efficace fut donc trouvée, à la demande de la population vent debout contre les cloches !

Le musée du Lauragais *(plan B2)* **:** *rampe du Présidial. ☎ 04-68-23-00-42. Ouv juil-sept, tlj sauf mar 10h-12h, 16h30-18h30. Entrée : 3 € ; réduc ; gratuit moins de 25 ans.* Ancien tribunal civil et criminel – appelé « Présidial » – créé en 1554 sur ordre de la reine Catherine de Médicis, comtesse du Lauragais, lorsque Castelnaudary devint une sénéchaussée. Une prison lui fut adjointe au XVIIe s. Ce tribunal fonctionna jusqu'en 1926, ce qui fixa de nombreux juges et avocats toulousains dans la ville, comme en témoignent encore les beaux hôtels particuliers... Aujourd'hui, il accueille l'expo « Dans les saveurs du patrimoine », qui raconte l'histoire du cassoulet. À l'origine, c'est un plat de paysan qui s'enrichit d'ingrédients plus nobles sur la table des propriétaires terriens, avant de gagner les villes... Bref, une véritable démarche ethnographique !

Le moulin de Cugarel *(hors plan par A1)* **:** *pl. du Gugarel. En été, visite commentée gratuite tlj sauf dim ap-m et lun mat, 11h-13h, 15h-17h45 ; sinon, visite guidée payante sur rdv à l'office de tourisme (☎ 04-68-23-05-73).* Construit au XVIIe s et entièrement restauré, il est parfaitement représentatif des 32 moulins à vent que comptait autrefois Castelnaudary...

L'Atelier du Fer Forgé *(plan B3)* **:** *136, av. des Pyrénées. ☎ 04-68-23-02-26. • latelierduferforge.com • Tlj sauf le w-e. GRATUIT.* Un atelier de ferronnier comme il n'en existe plus beaucoup, mené de père en fils depuis 4 générations par la famille Sabaté. Ils vous font découvrir leur passion pour le travail du métal, avec un clin d'œil à cette tête de cheval que le roi du Maroc leur a achetée. Vous avez un projet en tête ? Ils s'occupent du reste !

Fête et manifestations

– ***Marché aux truffes :*** *2e dim de fév, pl. de la République.*
– ***Marchés nocturnes :*** *juil-août, jeu 18h30-23h.* Des marchés de produits de terroir et d'artisanat d'art à Castelnaudary ou dans un des villages de la communauté de communes.
– ***Fête du Cassoulet :*** *dernier w-e d'août. • fete-du-cassoulet.com •* Diverses animations, chars fleuris, concerts gratuits, marché gourmand et artisanal, etc. Bref, du cassoulet à toute heure de la journée, partout dans la ville !

– ***Festival de la caricature et du dessin de presse :*** *10 j. fin nov-début déc. • croquignous.free.fr •* Avec l'association *Los Croquignous* !
– ***Foire au gras :*** *1ᵉʳ dim de déc, dans le gymnase Pierre-de-Coubertin.*

DANS LES ENVIRONS DE CASTELNAUDARY

L'abbaye-cathédrale de Saint-Papoul : *5, pl. Monseigneur-de-Langle, 11400* ***Saint-Papoul.*** *☎ 04-68-94-97-75. • abbaye-saint-papoul.fr • À 7 km au nord-est de Castelnaudary. Juil-août, tlj 10h-19h ; avr-juin et sept-oct, tlj 10h-12h, 14h-18h ; le reste de l'année, seulement w-e et vac scol 10h-12h, 14h-17h (sauf dim mat en fév-mars et nov-déc) ; dernière admission 30 mn avt. Fermé en janv et vac de Noël. Entrée : 5 € ; réduc ; gratuit moins de 6 ans. Appli mobile « Pays cathare » ; et parcours enfants avec l'appli « Castrum ».* Fondée au VIIIᵉ s, Saint-Papoul fut le siège d'un évêché de 1317 à la Révolution, d'où l'importance de son abbaye. Cette ancienne cathédrale possède de remarquables chapiteaux extérieurs, attribués au sculpteur roman dit le maître de Cabestany. Une expo permanente lui est d'ailleurs consacrée. Beau cloître à décor végétal du XIVᵉ s, où subsistent des monstres inspirés du bestiaire roman. Un enduit recouvre certaines colonnes, cachant la brique, visible sur d'autres. Dans l'église, remarquable chœur baroque. Depuis le chevet, noter la vue sur le toit de l'abside en grès sculpté (en écailles de poisson) : rarissime ! Petit jardin des simples. Animations culturelles en été.

Poterie Not Frères : *1851, rte de Labastide, 11400* ***Mas-Saintes-Puelles.*** *☎ 04-68-23-17-01. À 12 km à l'ouest de Castelnaudary. Lun-ven 8h-12h, 14h-18h (17h ven). Fermé en août et fêtes de fin d'année.* Les bonnes maisons n'achètent pas leurs *cassoles* n'importe où, mais ici, dans cette entreprise familiale – installée sur un gisement d'argile – qui travaille artisanalement, avec d'anciens tours à pied. Si ce n'est pas la bousculade, le proprio vous montrera l'atelier, le four à bois et vous expliquera leur passionnant savoir-faire transmis au fil des générations. Plein d'idées de cadeaux à rapporter, dont de jolis vases à 4 anses, typiques du Lauragais...

Le seuil de Naurouze : *à* ***Montferrand.*** *À 12 km à l'ouest de Castelnaudary.* C'est ici, sur le bief de partage des eaux entre les bassins méditerranéen et atlantique – à 189 m d'altitude – que la rigole de la Plaine, descendant de la Montagne noire, déverse son eau dans le canal du Midi. Un ***obélisque*** érigé en 1827 rend hommage à Pierre-Paul de Riquet, son créateur. Profitez du charme du lieu en suivant le sentier ombragé par une majestueuse allée de platanes... Riquet avait prévu grand. Son projet imaginait un port octogonal entouré d'une ville nouvelle ; une statue du Roi-Soleil surgissant des flots. Le port sera finalement construit à Castelnaudary et le projet de Naurouze abandonné...

NAUROUZE SE FEND D'UNE PROPHÉTIE

L'obélisque de Riquet se dresse au pied de 2 grosses pierres séparées par une fente, qui fascinent les hommes depuis le Moyen Âge. Souhaitons qu'elles ne viennent jamais à se toucher car – selon la légende – ce serait la fin du monde ! Même Nostradamus a confirmé la prophétie, alors... Certains petits malins jettent aujourd'hui des cailloux entre les 2 pierres pour empêcher leur dangereux rapprochement et le monde de disparaître !

Grimper ensuite jusqu'au village de ***Montferrand,*** à 2 km de là, pour aller voir l'***ancien phare de l'Aéropostale,*** construit en 1927 pour éclairer Saint-Exupéry, Mermoz et autres dieux de l'aviation dans leur périple vers Saint-Louis-du-Sénégal...

Voile sur le lac de Ganguise : *à l'**École française de voile,** base du lieu-dit En-Gaillard, à **Belflou.** ☎ 04-68-60-35-68. • ganguise.com • Fermé en hiver.* Stages d'initiation et de perfectionnement. Location de dériveurs, planches à voile, canoës, *paddle* et embarcations à pédales.

FANJEAUX

(11270) 850 hab. *Carte Aude, A1*

Hors des sentiers battus, adorable vieux village bâti sur une colline, aux ruelles authentiques et où l'on dit que chaque maison abrite un puits. Voir les halles, superbes avec leur charpente en chêne, l'hôtel Gramont du XVIIIe-XIXe s qui accueille des expos temporaires gratuites en été, l'église de style gothique méridional pour son chœur baroque, ses tableaux, son trésor... On y sonne encore manuellement le carillon. Fanjeaux est remarquable pour son superbe panorama sur les environs, depuis la place du Seignadou, à l'endroit même où saint Dominique aurait vu des boules de feu s'abattre sur le hameau voisin de Prouilhe. Pour fêter cette « vision », il y fonda sa 1re communauté en 1206. Rasé pendant la Révolution, le couvent a été remplacé par un monastère où vit une communauté internationale de moniales. Dans les environs, on peut aller jeter un œil à l'église romane des XIe et XIIe s à Cazalrenoux.

Adresse et info utiles

Office de tourisme Au Cœur des Collines Cathares : *6, pl. du Treil. ☎ 04-68-24-75-45. • collinescathares.com • En été, tlj 10h-13h, 14h30-18h30 ; le reste de l'année, lun-ven 10h-12h, 14h-17h.* Plan-dépliant du village avec ses points d'intérêt, audioguide pour découvrir le « parcours sculpturel » *(1h15 ; 4 €),* appli mobile « Au cœur des Collines cathares » pour explorer le coin, jeu de piste *(payant)* avec livret pour enfants.

– ***Marché :*** *sam mat, pl. du Treil.*

Où dormir ? Où manger à Fanjeaux et dans les environs ?

Camping Les Brugues : *les Brugues, à **Fanjeaux.** 06-72-74-85-21. • lesbrugues.fanjeaux@gmail.com • lesbrugues-camping.com • À 3 km au sud de Fanjeaux. Ouv juin-sept. Forfait tente 2 pers 15,20-16,80 €.* Posée au beau milieu des champs agricoles, une belle aire naturelle bordée par un lac. Une vingtaine d'emplacements bien ombragés et séparés par des haies d'arbres. Salle commune avec tables de pique-nique, jeux pour enfants et sentier de rando à proximité. Et ce qu'on aime ici, c'est qu'il y a plus de brebis que de campeurs ! Car on est à la ferme (visite possible), chez des éleveurs de brebis laitières. Accueil adorable et sincère.

Chambres d'hôtes Château de Fajac la Selve : *11420 **Pech-Luna.** ☎ 04-68-23-74-05. 06-23-60-55-50. • chateau.de.fajac@gmail.com • domainedefajaclaselve.com •*

À 22 km à l'ouest de Fanjeaux. Ouv de mi-mars à mi-nov. Chambres doubles et roulottes 95-125 € ; gîtes (4-12 pers). Table d'hôtes sur résa 32 €. Dans ce château du XVe s, Lola, avec son grain de folie créatif et son sens de l'esthétique, a imaginé un lieu unique. Chaque chambre rend hommage à une femme connue pour sa vie engagée et restée en marge des conventions de son époque. On peut aussi passer la nuit dans 2 vénérables et charmantes roulottes ou opter pour les gîtes, aménagés dans les dépendances. Grand parc avec piscine.

La Table Cathare « Chez Angel » : *7, rte de Mirepoix, à* ***Fanjeaux.*** *☎ 04-68-24-62-46. • latablecathare@gmail.com • Ts les midis sauf mer, plus le soir ven-sam. Formule déj en sem 17 € ; menus 28-38 €.* Le resto du village aux couleurs de la Catalogne, mais à la cuisine bien d'ici, honnête et copieuse. À dévorer avec les habitués dans plusieurs salles modernes ou en terrasse sur rue.

À voir. À faire dans les environs de Fanjeaux

Eburomagus, musée archéologique : *2, av. du Razès, 11150* ***Bram.*** *☎ 04-68-78-91-19. • villedebram.fr • À 10 km au nord-est de Fanjeaux. Avr-oct, ouv mar-dim 14h-18h, plus mer 10h-12h. Fermé lun et le reste de l'année. Entrée : 4 € ; réduc.* Intéressant musée qui expose le matériel des fouilles réalisées sur différents sites du Lauragais, de la Préhistoire au Moyen Âge. La belle collection d'amphores rappelle que le village, surnommé Eburomagus par les Romains, se situait alors sur un axe commercial important, d'où les nombreuses céramiques... La dédicace du théâtre antique de Bram gravée sur du marbre est l'une des pièces majeures du musée. Dans le hall, vestiges de l'ancienne voie Aquitaine.

Téléski nautique Bram et baignade : *lac de Buzerens, rue des Fleurs, 11150* ***Bram.*** *☎ 04-68-79-74-14. • teleskinautiquebram.net • À 10 km au nord-est de Fanjeaux par la D 4. À 2,5 km de Bram. Ouv avr-oct, 10h-20h (19h mar et jeu). À partir de 7 ans. Ride 20 €/h (loc du matériel en sus).* Outre le classique ski nautique, ce téléski permet aussi la pratique du *wakeboard,* du *handy wake...* Sans oublier le *paddle,* plus tranquille. Baignade surveillée gratuite en été *(tlj, l'ap-m seulement)* avec plage aménagée. Restauration.

Festivals

– ***Festival Bandas en Malepère :*** *w-e de Pentecôte. Bandas* dans les rues, de quoi manger et de quoi boire...
– ***Festi'Fanjeaux :*** *3e w-e de juil.* Spectacles de rue, concerts, théâtre, animations diverses, etc.

LA HAUTE VALLÉE DE L'AUDE

Le littoral se trouve à plus de 100 km et le paysage change de visage. Ici, le Languedoc perd insensiblement sa coloration méditerranéenne pour se faire paysage de piémont. Le Razès limouxin vallonné et planté de vignes n'a rien à voir avec le relief escarpé qui vous attend au-delà de Quillan où, surplombant les plateaux de la haute vallée de l'Aude, le donjon d'Arques, les châteaux de Puilaurens et Puivert, campés sur leurs promontoires, proposent un joli voyage dans le temps.

LE RAZÈS

De Limoux à Rennes-le-Château, l'Aude traverse le Razès. Aussi appelée pays de Rhedez, du nom de l'ancienne ville wisigothique *Rhedae* (l'actuel Rennes-le-Château), cette microrégion s'étendait au Moyen Âge de l'Espagne à Carcassonne et de Termenès à Foix. Limoux en est aujourd'hui sa capitale.

LIMOUX (11300) 10 010 hab. *Carte Aude, B2*

Quand on dit Limoux, les bons élèves répondent : blanquette. Et ceux qui disent blanquette de veau, c'est 1h de colle ! La blanquette qui nous intéresse ici, loin d'être une copie du champagne, lui est de loin antérieure (elle fut inventée en 1531) et demeure un vin bien différent. Élevée selon 2 méthodes, traditionnelle ou ancestrale, elle a pour petit frère le crémant-de-limoux (voir en fin de guide la rubrique « Vins et alcools » dans le chapitre « Hommes, culture, environnement »). Peut-être est-ce la raison pour laquelle la ville est si animée, si active, si... effervescente ! Et puis on vient aussi ici pour le carnaval, une tradition qui remonterait au XIVe s. Les meuniers célébraient alors – un peu comme une libération – la remise de leurs redevances au monastère de Prouilhe, succédant au dur labeur des récoltes. Ces us séculaires se perpétuent aujourd'hui dans une profusion de confettis, évoquant les nuages de farine.

L'ANCÊTRE DU CHAMPAGNE

Selon la légende, c'est en allant en pèlerinage dans l'Aude que Dom Pérignon découvrit le vin pétillant de Limoux, la fameuse blanquette. À son retour, il s'en inspira pour peaufiner un assemblage de 3 cépages. Le champagne était né ! Le brave moine concrétisa aussi l'invention du bouchon de liège. Espérons qu'il encaissa des royalties...

Adresses et infos utiles

Office de tourisme du Limouxin : *7, av. du Pont-de-France. ☎ 04-68-31-11-82. • limouxin-tourisme.fr • Juil-août, tlj sauf mer ap-m et dim 9h30-12h30, 14h-17h30 ; juin et sept, tlj sauf mar et dim ap-m 9h30-12h30, 14h-17h ; oct-mai, tlj sauf mar, jeu ap-m et dim.* Livret *Pérégrinations limouxines* pour découvrir le centre historique de Limoux, carte touristique qui répertorie les sites historiques et naturels majeurs, ainsi que les vignobles du Limouxin.

Gare SNCF : *av. de la Gare. • sncf.com •* Limoux se trouve sur la ligne ***Carcassonne-Quillan,*** via ***Alet-les-Bains, Couiza*** (Rennes-le-Château) et ***Espéraza.*** Nombreux trains tlj.

Arrêts des bus : *allée des Marronniers, à côté de l'office de tourisme ; ou face à la gare SNCF. • mestrajets.lio.laregion.fr •* Liaisons régulières avec ***Castelnaudary*** (1h10, via ***Fanjeaux*** ; ligne 411, sauf dim) opérées par la compagnie ***Vidal*** *(• autocarsvidal.fr •)* ; avec ***Carcassonne*** (1h15 ; ligne 402) assurées par la compagnie ***Teissier*** *(• teissier.fr •).* Certains bus poursuivent jusqu'à ***Axat,*** via ***Alet-les-Bains, Couiza, Espéraza*** et ***Quillan.***

Location de vélos : *Vel'Aude, à* ***Malras*** *(11300). 06-42-94-88-05. • velaude.com • Avr-oct.* Vélos électriques, remorques et sièges enfants. Proposition de circuits et visites audioguidées. Possibilité de livraison sur le lieu de domicile ou au point de départ de la balade.

– **Marché :** *ven mat, au centre-ville. En été, nocturne mar à partir de 18h.* Nombreux producteurs, maraîchers et artisans locaux.

Où dormir ? Où manger à Limoux et dans les environs ?

Prix moyens

Chambres d'hôtes L'Albane : *2, chemin de Taillebois, 11300* ***Lauraguel.*** *☎ 04-68-31-37-32. 06-12-05-67-26. • contact@lalbane.com • lalbane.com • À 6 km au nord-ouest de Limoux. Doubles 70-80 € ; familiales. Table d'hôtes selon disponibilité 25 €.* À proximité de Limoux, cet ancien bâtiment viticole aux murs de pierre a été rénové dans un style rustique et moderne à la fois. Chambres spacieuses et de bon confort, toutes donnant sur la cour-jardin plantée d'un grand tilleul. Salle commune avec billard et cuisine à disposition (il y a même quelques produits du terroir en vente). Petit déj gargantuesque !

Restaurant du Domaine Gayda : *chemin de Moscou, 11300* ***Brugairolles.*** *☎ 04-68-20-57-75. • boutique@domainegayda.com • À 11 km au nord-ouest de Limoux. Tlj sauf dim et lun midi. Formule déj en sem 22 € (vin et café compris) ; carte env 30-40 €.* Ce domaine viticole est une affaire bien ficelée. D'un côté, la production de vins, la découverte du domaine autour de l'œnotourisme, la boutique pimpante ; de l'autre, le resto au cadre moderne avec sa terrasse séduisante qui donne sur les oliviers, les rangées de vignes et même les Pyrénées. Honnête cuisine qui s'inscrit dans une tradition réconfortante. Vins du domaine exclusivement.

De prix moyens à chic

Gîtes Domaine La Monèze Basse : *domaine La Monèze Basse. ☎ 04-68-31-66-43. • info@lamoneze.com • lamoneze.com • À 2,5 km au nord-ouest du centre de Limoux. Gîtes (2-8 pers) 60-100 €/nuit (min 3 nuits juil-août). Réduc de 10 % sur présentation de ce guide.* Jérémy et Tania, les chaleureux proprios, ont admirablement rénové leur bâtisse vigneronne du XVIIIe s, plantée sur un ancien domaine limouxin. Dans leurs 4 gîtes pleins de charme, aménagés dans les dépendances, vieux matériaux nobles côtoient mobilier et tons contemporains au gré d'une déco de bon goût. Confort garanti et équipement au top (cuisine équipée avec lave-vaisselle, accès à la buanderie...). Quant au parc, il vous tend les bras pour un moment de détente. Piscine, location de vélos.

L'Odalisque : *38, rue des Cordeliers. ☎ 04-68-74-31-75, à* ***Limoux.*** *• odalisque.limoux@gmail.com • Tlj sauf dim-lun. Résa indispensable. Formules déj 20-30 € ; menus 39-65 € ; carte 30-50 €.* En plein centre-ville, LA bonne table de Limoux. Cuisine enracinée, mais qui se permet de belles variantes inspirées pour surprendre nos papilles. Courte carte qui suit les aléas du marché et des saisons. À déguster dans une coquette salle aux pierres apparentes et aux tables élégamment nappées.

Hôtel MO et Restaurant ME : *1, pl. du Général-Leclerc, à* ***Limoux.*** *☎ 04-68-31-00-25. • hotelmodernepigeon@wanadoo.fr • grandhotelmodernepigeon.com • Resto tlj sauf dim et lun soir. Doubles 85-140 €. Formule déj en sem 25 € ; menus 41-48 € et carte.* Cette superbe maison fut un couvent (XVIe s), puis l'hôtel particulier d'une grande famille et ensuite une banque, avant d'être transformée en hôtel au début du XXe s. Le vitrail du XVIIe s et les fresques d'époque dans l'escalier donnent beaucoup de cachet. Chambres de bon confort dans leur écrin un rien désuet. Le resto n'est pas en reste. Le chef mitonne une cuisine inventive qui révèle le goût brut des produits et va à l'essentiel. Les cuissons sont maîtrisées, les notes d'épices parfaitement dosées et la courte carte suit le rythme des saisons. À déguster dans une salle au décor relooké et à l'ambiance feutrée. Charmant patio aux beaux jours.

La Taverne à Bacchus : *la Monèze-Haute. ☎ 04-34-21-96-38. À 2,5 km au nord-ouest du centre de Limoux. Tlj sauf lun-mar et dim soir. Résa conseillée. Formules déj en sem 18-25 € ; menus 35-52 €.* Émergeant du vignoble limouxin, cette maison de maître révèle une table de terroir simple, authentique et gourmande. Dans l'assiette, profusion de charcuterie, de foie gras maison et de savoureuses viandes (bœuf, cochon de lait...) grillées au feu de bois. À dévorer sous d'élégantes boiseries dans une ambiance tirant sur le rustique, car la cheminée tient une position centrale ! Terrasse ombragée sous les grands arbres, avec vue sur le vignoble. Une belle adresse de campagne, plébiscitée par les gens du coin.

Où acheter du nougat ?

Maison Bor : *15, av. Fabre-d'Églantine. • maison-bor.com • Lun-sam 9h-12h, 14h-19h ; fermé dim sauf déc.* Pour goûter et, bien sûr, acheter le nougat de cette célèbre maison ouverte en 1936. LA confiserie limouxine par excellence. Également le fameux *tap*, ce chocolat en forme de bouchon de blanquette, parfumé au marc de chardonnay.

Les caves à Limoux et dans les environs

Plutôt blanquette ?

Vous êtes venu pour ça, avouez-le... L'office de tourisme diffuse la brochure *Carnet de voyage* de cette AOC.

■ **Coopérative Sieur d'Arques :** *av. du Mauzac, à* ***Limoux.*** *☎ 04-68-74-63-00. • sieurdarques.com • À 1 km à l'ouest du centre. Tlj sauf dim 9h30-12h30, 14h-18h30 (19h juil-août). En saison, organise des balades guidées (3h30) dans le vignoble avec arrêt au château de Flandry, sur résa : départ à 9h ; env 18 €, réduc.* Incontournable en matière de blanquette de Limoux – fine et élégante – et autres crémants d'exception... Film et dégustation gratuite.

■ **Domaine Delmas :** *11, rte de Couiza, 11190* ***Antugnac.*** *☎ 04-68-74-21-02. • domaine-delmas.com • À 19 km au sud de Limoux. Lun-ven 9h-12h, 14h-18h ; le w-e sur rdv. Sur résa, possibilité de visite guidée des vignes, de la cave et du chai, suivie d'une dégustation (env 6 €/pers).* Ce domaine de 30 ha appartient à la même famille depuis 4 générations et cultive en bio depuis 1986. Parmi les 5 appellations produites, l'une des meilleures blanquettes du coin !

Ou plutôt vins tranquilles ?

■ **Domaine de Matibat :** *11300* ***Saint-Martin-de-Villereglan.*** *☎ 04-68-31-15-52. • domaine-de-matibat.com • À 8 km au nord de Limoux. Tlj sauf sam ap-m et dim 8h30-12h30, 14h-18h30.* Petit domaine familial où M. Turetti produit un excellent *Malepère AOC* rouge et un blanc (chardonnay) formidable ; voilà qui est dit !

■ **Coopérative Anne de Joyeuse :** *34, promenade de Tivoli, à* ***Limoux.*** *☎ 04-68-74-79-40. • annedejoyeuse.fr • Tlj sauf dim-lun 9h-12h, 15h-19h.* LA référence locale en matière de « vins tranquilles », déclinés dans les 3 couleurs. Différentes qualités pour toutes les bourses.

■ ***Domaine du Grès Vaillant :*** *chemin du Casse, 11300* ***Saint-Polycarpe.*** *06-72-15-34-38. • gresvaillant.fr • À 5 km au sud-est de Limoux. Tlj 11h-19h. Visite du domaine sur résa.* Travaillé avec des chevaux de trait et vendangé à la main, ce vignoble de 7 ha produit des « vins bio à cheval » vifs et intenses – dans les 3 couleurs – avec une option blanquette. En été, apéro avec démonstration du travail des chevaux et dégustation des vins accompagnée de tartines de produits fermiers.

À voir. À faire

La place de la République : le poumon de la ville pendant le marché, son cœur pendant le carnaval ! Belles arcades médiévales surnommées « couverts ». Ces anciennes galeries en bois, victimes d'incendies, ont été reconstruites en pierre sur 3 côtés, surmontées de maisons à pans et colombages.

L'église Saint-Martin : *rue Saint-Martin. Tlj sauf dim.* On l'appelle aussi improprement cathédrale, l'église romane – dont il reste un beau portail – ayant été élevée à ce rang au XIVe s. Mais l'annulation des travaux stoppa l'élégant vaisseau dans son envol. À l'intérieur, grand retable du maître-autel (XVIIe s), jolies toiles françaises (XVIIIe s) et surtout, dans la sacristie, cette statue du XVe s représentant saint Martin, recouverte de vermeil et d'argent.

Au gré des ruelles voisines, ***autour de l'église et sur les bords de l'Aude,*** d'agréables surprises architecturales, comme dans la rue de la Mairie (beaux hôtels particuliers), la rue Jean-Jaurès, la rue du Palais et celle de la Blanquerie sur l'autre rive...

Le pont Neuf : appelons-le ainsi même si le pont Vieux, 200 m en amont, est le plus jeune des 2 ! Construit au début du XIVe s, le faux pont Neuf ressemble assez au vrai pont Vieux de Carcassonne avec ses belles arches « à becs ». Jolie vue sur le clocher et l'église Saint-Martin.

Le musée du Piano : *pl. du 22-Septembre, église Saint-Jacques. ☎ 04-68-31-85-03. • limoux.fr • Ouv de mi-juin à mi-sept, tlj sauf mar 10h-12h30, 15h-18h30. Entrée : 4 € ; réduc.* Collection d'une centaine de pianos du XVIIIe s à nos jours : Pleyel à ornements dorés, pianos droits à clavier basculant ou cylindre tournant, Érard « Belle Époque » et pianos mécaniques... Certains sont uniques ! Auditorium où se déroulent des concerts de musique classique toute l'année.

Le musée Petiet : *32, promenade du Tivoli. ☎ 09-63-68-34-54. • limoux.fr •* ***Fermé pour travaux ; réouverture prévue courant 2024.*** Ce musée des beaux-arts renferme – dans ce qui fut l'élégante maison-atelier de la famille Petiet – une collection de peintures françaises (XIXe et XXe s) dont celles de Marie Petiet et d'Achille Laugé, pour les plus connus...

La basilique Notre-Dame-de-Marceille : *rte de Pieusse. À 1 km au nord-est du centre. Ouv tlj.* Célèbre chapelle du XIIe s, dont la source « miraculeuse » attire de nombreux pèlerins le 7 septembre. Selon la croyance, son eau soignerait les maladies des yeux. Dans la basilique, copie d'une statue de la Vierge noire, dont l'original date du XIe s. Aussi de belles pièces d'art sacré dans le petit ***musée des Ex-voto*** *(☎ 04-68-31-19-70 ; ouv tte l'année, sur résa ; GRATUIT).* Charmant parc arboré, idéal pour un pique-nique.

■ ***Balades à cheval :*** *avec le* ***Ranch Au Petit Mas,*** *rte de Lauraguel ; 06-31-94-97-93. Compter env 22-37 € pour 1-2h.* Balades accompagnées dans les vignobles.

Manifestations

– **Carnaval :** *de mi-janv à fin mars, le w-e et Mardi gras. 3 « sorties »/j. : mat, ap-m et soir. Et durant l'avt-dernier w-e de mars, le sam est consacré aux carnavals du monde, le dim à la sortie de ttes les bandes (500 carnavaliers, 100 musiciens).* À ne manquer sous aucun prétexte, c'est le carnaval le plus long du monde ! Les « bandes » font le tour de la place des Arcades en dansant sur un rythme précis (musiques composées par des Limouxins) et les Fécos mènent la danse dans leurs somptueux costumes. En chemin, les joyeux drilles s'arrêtent dans tous les bistrots ; chaude ambiance !

– **Toques et Clochers :** *w-e avt Pâques.* Organisée depuis 1990 par la *Coopérative Sieur d'Arques* (voir « Les caves à Limoux et dans les environs », plus haut), cette grande fête du vin se tient chaque année dans l'un des villages du Limouxin. Elle réunit vignerons locaux, professionnels du vin et de la restauration du monde entier (les « Toques »), comme le grand public (le samedi). En point d'orgue, une vente aux enchères de vins se tient au profit de la sauvegarde du patrimoine architectural local (les « Clochers »).

– **Limoux Brass Festival :** *4 j. autour du 1er mai. • limouxbrass.fr •* Festival de jazz invitant des artistes de renommée internationale.

– **Festival NAVA** *(Nouveaux auteurs dans la vallée de l'Aude)* **:** *10 j. fin juil-début août. • festival-nava.com •* Un festival d'avant-premières de pièces de théâtre, de lecture de textes et de débats orchestrés des comédiens dans différents lieux (château de Flandry, cathédrale d'Alet-les-Bains...).

– **Les Bulles Sonores :** *3 j. vac de la Toussaint. • lesbullessonores.com •* Concerts de musiques du monde. Pas mal de têtes d'affiche.

L'AUDE, PAYS CATHARE

DANS LES ENVIRONS DE LIMOUX

L'abbaye de Saint-Hilaire : *rampe de l'Église, 11250* **Saint-Hilaire.** *☎ 04-68-69-62-76. • saint-hilaire-aude.fr • À 12 km au nord-est de Limoux. Tlj 10h-17h (18h avr-juin et sept-oct, 19h juil-août) ; dernière admission 30 mn avt. Fermé 1 sem en déc. Entrée : 5,50 € ; réduc. Appli mobile « Pays cathare » ; et parcours enfants avec l'appli « Castrum ».* C'est dans les celliers de cette abbaye bénédictine qu'est né, dit-on, le 1er vin effervescent du monde : la fameuse blanquette de Limoux ! Une invention – la mutation du vin tranquille en effervescent – faite par un moine en 1531... Tout aussi sérieusement, l'abbaye livre les fines colonnades de son merveilleux ***cloître gothique*** du XIVe s, le plafond peint du ***logis abbatial*** (XVe s) et pour le ***sarcophage du maître de Cabestany*** (XIIe s), dont les bas-reliefs retracent l'arrestation et le martyre de saint Sernin, 1er évêque de Toulouse au IIIe s. Le ***réfectoire*** a été restauré voici quelques années de façon très contemporaine, autour d'une ***chaire*** du XIVe s, unique en France et tout à fait originale. Creusée dans l'épaisseur du mur séparant les 2 réfectoires (celui des moines bénédictins et celui réservé aux hôtes de passage), elle permettait au récitant de faire la lecture à tous sans être vu, respectant ainsi la règle... Au fond du cloître, un escalier mène à la ***partie fortifiée*** de l'abbaye et notamment à l'ancien ***cellier*** des moines.

ATTENTION GALANTE

Le logis de l'abbaye de Saint-Hilaire possède un superbe plafond peint du XVe s sur lequel figurent différentes scènes, certaines truculentes. Dans l'une d'elles, une femme nue prend son bain. Un homme (pas un moine !) lui glisse discrètement la main entre les jambes. Ce n'est qu'en 2014 que fut traduite la phrase du phylactère (dessin avec texte). La belle susurre : « Qu'attendez-vous pour me dépouiller ? », tandis que l'homme répond : « Je n'attendais que votre invitation. » Que de délicatesse...

ALET-LES-BAINS (11580) 385 hab. *Carte Aude, B2*

Cette ancienne petite station thermale en bordure de l'Aude existait déjà au temps des Romains qui, pas fous, appréciaient les vertus de ses eaux réputées soigner les maladies du tube digestif et du système nerveux. Au lavoir, on peut d'ailleurs remplir sa gourde de cette eau minérale.
Alet fut ensuite surtout célèbre pour son évêché. La cathédrale bâtie au XIIe s fut un monument splendide, détruit par la folie des guerres de Religion en 1577. Les protestants saccagèrent l'église, aujourd'hui en ruine. Elle ne fut jamais reconstruite.
Ce petit village médiéval a gardé un joli cachet avec ses ruelles secrètes bordées de superbes demeures des XIIIe, XIVe et XVe s. Colombages, encorbellements, fenêtres géminées... Discret et séduisant !

Où dormir ? Où manger ?

Hostellerie de l'Évêché : *2, av. Nicolas-Pavillon. ☎ 04-68-69-90-25. • contact.eveche@free.fr • hotel-eveche.com • Ouv mai-oct. Doubles 85-110 €. Carte env 30-35 €.* Soyons clairs, on recommande cette adresse pour son jardin aux arbres séculaires, bordé par les berges verdoyantes de l'Aude et les ruines de l'abbaye. Dans l'énorme bâtiment qui abritait naguère le palais épiscopal, une vingtaine de chambres vieillottes et finalement pas données. Côté fourneaux, juste quelques plats de terroir tout simples, à apprécier dans une salle rustico-chic ou, mieux, en terrasse sous le grand marronnier lorsqu'il fait beau.

À voir. À faire

Les ruines de l'abbaye Notre-Dame d'Alet : *10, av. Nicolas-Pavillon. ☎ 04-68-69-93-56. • aletlesbains.com • Juin-sept, tlj 10h-12h (13h en été), 14h-18h (19h en été) ; avr et oct, tlj 14h-18h, plus w-e et j. fériés 10h-12h ; nov-mars, mar et jeu 14h-17h, plus sam 10h-12h. Dernière admission 30 mn avt fermeture. Entrée : 4 € ; réduc. Appli mobile « Pays cathare, Le Guide » ; et parcours enfants avec l'appli « Castrum, Le Jeu ».* Au cœur de la cité médiévale d'Alet, l'abbaye bénédictine fut fondée en 813 et promue cathédrale en 1318. Elle conserve des éléments d'architecture carolingienne romane avec sa superbe abside à 5 pans du IXe s, à laquelle est venue se greffer la cathédrale gothique au XIVe s.

Piscine municipale : *chemin des Eaux-Chaudes. ☎ 04-68-69-91-20. Ouv de mi-juin à août, tlj sauf jeu 11h (10h en été)-13h, 15h-19h ; ouv l'ap-m seulement en juin. Entrée : env 3,50 € ; réduc.* Piscine d'eau thermale en plein air.

Sports en eaux vives : avec **Alet Eau Vive** *(1, allée des Thermes ; ☎ 04-68-69-92-67 ; • aleteauvive.com •).* Au menu : rafting, hydrospeed, canyoning et canoë-kayak dans les gorges d'Alet.

Fête

– ***Fête des Remparts :*** *1 w-e début juil.* Grande fête médiévale : défilés costumés, danses avec initiation, joutes aquatiques à la piscine, banquet, son et lumière...

ESPÉRAZA

(11260) 1 730 hab. *Carte Aude, B2*

Installée sur un méandre de l'Aude, Espéraza fut le 2e centre mondial de la chapellerie au début du XXe s et compta jusqu'à 16 usines. Cette ville, qui « travailla du chapeau » jusque dans les années 1960, propose donc un *musée de la Chapellerie.* On y découvre aussi un autre musée inattendu, dédié à quelques intrigants reptiles préhistoriques, mais ça, c'est une autre histoire ! Et que cela ne vous empêche pas d'aller randonner autour du bourg, les tyrannosaures n'y fourmillent plus...

Infos utiles

Infos touristiques : s'adresser à l'office de tourisme de Quillan.

– ***Marché :*** *dim mat.* L'un des plus grands marchés du coin.

Où dormir ? Où manger ? Où boire un verre à Espéraza et dans les environs ?

De bon marché à prix moyens

Chambres d'hôtes Domaine de Pailhères : *chemin de Pailhères, à* ***Espéraza.*** *☎ 04-68-74-19-23. 06-14-91-35-43. • contact@domaine-de-pailheres.fr • domaine-de-pailheres.fr • À 3 km au sud-est du centre. Double env 52 €. Table d'hôtes 20 € ; panier pique-nique.* Le petit chemin qui mène à cette ferme file au milieu des prairies. Ici, on est vignerons et éleveurs depuis plusieurs générations. Dans une ancienne grange à l'écart de la maison d'habitation, quelques chambres simples, avec clim et accès indépendant. Repas du terroir dans la salle à manger, avec sa cheminée et sa vieille horloge au tic-tac imperturbable ; priorité aux produits de la ferme (vins, charcuterie et viandes fraîches...), aussi en vente.

Crêperie Le Marin d'Eau Douce : *21, av. de Chalabre, à* ***Espéraza.*** *☎ 04-68-74-16-06. Tlj sauf lun. Menus 16,50-20 € ; carte.* Pour recharger les batteries des gamins à la sortie du musée des Dinosaures, juste en face, ce resto mitonne des crêpes et galettes gourmandes. Aussi de bonnes salades et des assiettes du terroir. Grande salle accostée d'un grand bateau pirate en guise d'espace de jeu !

Pétanque et Poulet Bicyclette : *lieu-dit Luc, 11500* ***Saint-Ferriol.*** *06-48-94-71-74. À 6 km au sud d'Espéraza. Ouv mai-sept, tlj sauf lun-mar et mer midi. Résa conseillée. Menus 23-30 € ; carte env 25-28 €. CB refusées.* Perdues sur une colline boisée, voici 2 terrasses face à un étang, au beau milieu d'une clairière. Dans l'assiette, de bonnes pizzas à pâte fine et cuites au feu de bois. Aussi quelques grillades de bœuf et de canard sans chichis ; et puis ce poulet bicyclette, clin d'œil à l'engouement des proprios pour l'Afrique. On peut aussi venir y siroter un cocktail en soirée dans une ambiance de guinguette. Quel bon moment ! Service sincère.

De prix moyens à chic

Chambres d'hôtes Autour d'une Toile : *4, rue des Artisans, 11260* ***Rouvenac.*** *06-33-29-63-96. • autourdunetoile@gmail.com • autourdunetoile.com • À 2,5 km à l'ouest d'Espéraza. Doubles 80-120 €.* Olivier, artiste peintre, et Éric ont restauré cette maison de village, de manière très réussie. Atmosphère cosy, couleurs douces ou plus franches, meubles restaurés. Les tableaux d'Olivier s'affichent un peu partout. Petit faible pour la chambre avec coursive qui surplombe le patio. Sanitaires extérieurs privés pour 2 d'entre elles.

À voir

🎯🎯 👪 ***Le musée des Dinosaures :*** *av. de la Gare. ☎ 04-68-74-26-88. • dinosauria.org • ♿ Tlj 10h30-12h30, 13h30-17h30 (journée continue pdt vac scol zone C). Fermé de la fin des vac de la Toussaint au début des vac de février. Entrée : 9 € ; 5-12 ans 6,50 € ; réduc. Pdt les vac scol, ateliers pour les 5-12 ans : moulages d'empreintes, fouilles paléontologiques, etc. ; entrée : 3-6 €. Visite guidée (1h) du chantier de fouille de Bellevue (sur résa ; 4,50 €, réduc).* Dino-quiz et Dino-récré *pour les plus petits.* On pénètre d'abord dans une ***galerie*** qui illustre – à travers une foule de fossiles – l'évolution de la vie sur 4 milliards d'années : celle-ci naît sous la mer, avant d'investir les terres il y a 500 millions d'années et de poursuivre inexorablement son cycle ; malgré d'incroyables destructions, comme cette météorite qui a décimé les dinosaures de la planète voici 65 millions d'années ! Suit une ***serre*** évoquant les paysages audois de ces époques lointaines, puis des ***moulages de squelettes*** grandeur nature – le plus grand mesurant 22 m ! – dont celui d'***Eva,*** un ampelosaure découvert dans la vallée de l'Aude. La visite s'achève par un ***espace dédié au tyrannosaure,*** de sa découverte au début du XXe s à sa starification dans la culture populaire (littérature, cinéma...).

🎯 ***Le musée de la Chapellerie :*** *av. de la Gare. ☎ 04-68-74-00-75. • musee-chapellerie.fr • ♿ Mêmes horaires que le musée des Dinosaures. Fermé 3 sem en janv. Entrée : 2 € ; gratuit moins de 12 ans et pour ts les ap-m de vac scol. Possibilité de visite guidée gratuite pdt vac scol.* Musée détaillant les différentes étapes de la fabrication des chapeaux de feutre, avec une centaine de modèles exposés. Débuter la visite par un film de 20 mn, tourné à l'usine ***Mont Capel*** *(• montcapel.com •),* la seule encore en activité dans le coin, et qui détaille le procédé de fabrication : traitement de la laine, « clochage » ou moulage du chapeau, finitions... Anciennes machines dont la doyenne date de 1763 !

RENNES-LE-CHÂTEAU (11190) 90 hab. *Carte Aude, B2*

Mignon petit village perché à 582 m, Rennes fait l'objet d'un nombre impressionnant de légendes et de fantasmes autour de trésors enterrés ici... Et si l'usage des pioches est aujourd'hui interdit, c'est certainement pour profiter du très joli panorama sur les alentours.
Du temps de Charlemagne (IXe s), *Redhae* – le petit nom médiéval de Rennes – était une place forte. Certes, cet éperon rocheux s'y prêtait à merveille. Forteresse mise à mal par les troupes du roi d'Aragon en 1170, Simon de Montfort l'ignore royalement lors de la croisade anti-cathare de 1207. Et c'est en 1362 que les « routiers aragonais » (des pillards) l'assiègent puis la détruisent définitivement. Suite de l'épisode, 6 siècles plus tard...

L'INCROYABLE HISTOIRE DE L'ABBÉ SAUNIÈRE !

En 1885, l'abbé Saunière, nommé curé de Rennes-le-Château, entreprend la restauration de l'église Sainte-Madeleine. Les sommes qu'il y dépense sans compter intriguent sa hiérarchie, jusqu'au Vatican. Soupçonné de violation de sépultures, de trafic de messes, etc., il échappe cependant à toute poursuite. Saunière engloutit des sommes somptuaires, achète des terrains autour du presbytère et fait même construire une tour néogothique, une belle maison (la villa Béthania), un parc avec fontaines et un jardin d'hiver (ou orangerie). Puis il s'éteint en 1917 « avec des dettes d'épicerie », sans qu'on en sache plus sur la source de ses richesses. Malgré les nombreuses supputations qui inspirèrent tant de littérateurs et plusieurs versions, toutes plus abracadabrantes les unes que les autres, le secret de cette richesse reste entier.

PRIX NOBEL DE L'ABBÉ-TISE

En inventant la dynamite, M. Nobel n'imaginait pas qu'elle pût être utilisée pour éventrer les rues de Rennes-le-Château à la recherche d'un hypothétique trésor... Et ce fut le cas ! Le sous-sol se faisant de plus en plus gruyère sous l'appétit ravageur des chercheurs de trésor, le maire du village dut interdire formellement toute fouille souterraine dans les années 1960.

Adresse et infos utiles

Bureau d'informations touristiques : *pl. du Château-d'Eau. ☎ 04-68-31-11-82. • limouxin-tourisme.fr • Ouv mai-oct. Autre antenne de l'office de tourisme du Limouxin : 17, rte des Pyrénées, 11190* ***Couiza.*** *Ouv mar et jeu-ven (mer-sam en été) 9h-12h30, 14h-17h.* Plan-brochure de Couiza pour une intéressante balade de découverte à pied, plan-dépliant de l'itinéraire de rando facile « Entre sel et verre », à la découverte de la forêt de l'Eau-Salée (1h30)...

Parking : *à l'entrée de Rennes-le-Château. Obligatoire tte l'année et seulement payant de mi-juin à mi-sept (3 €/j.).*

Visites guidées : avec **Légendes d'Oc** *(06-72-73-81-20 ; • legendes-doc.com • ; tarif 8-20 €).* Visites guidées insolites et théâtralisées autour de Rennes-le-Château, *escape games*, jeux de piste, chasses au trésor...

Où dormir ? Où manger ?
Où boire un verre dans les environs ?

Campings

Maison de la Nature et de la Randonnée : *rue Cugurou, 11190* ***Bugarach.*** *☎ 04-68-69-83-88. 06-81-20-91-73. • maisondelanature@aol.com • maison-nature-rando.com • À 12 km au sud-est de Rennes-le-Château et 1 km du village. Ouv avr-oct. Forfait tente 2 pers 13 € ; dortoir (4-6 lits) 17 € ; double 48 € ; ½ pens 51 €/pers ; mobile homes.* Dans un charmant coin de nature juste au pied du fameux Pech de Bugarach – le point culminant des Corbières –, une grande pelouse sans vraiment d'ombre pour planter ses sardines. Superbe vue, chalet-cuisine et transats en prime. Aussi un gîte d'étape et un resto-guinguette en été. L'accueil est excellent, l'ambiance chaleureuse et conviviale. Un bon point de départ pour randonner dans le coin.

Camping La Bernède : *19, chemin de la Bernède, 11190* ***Rennes-les-Bains.*** *☎ 04-68-20-07-30. • infos@labernede.fr • camping-renneslesbains.com • À 10 km au sud-est de Rennes-le-Château. Ouv de début avr à mi-oct. Forfait tente 2 pers 18-24,50 € ; mobile homes.* En bord de rivière, un camping à taille humaine bien tranquille, aux emplacements gazonnés, ombragés et délimités par des haies de troènes. Resto-bar en été, piscine chauffée, jeux pour enfants, tennis à proximité...

De bon marché à prix moyens

Chambres d'hôtes Les Labadous : *Les Labadous, 11190* ***Rennes-le-Château.*** *☎ 04-68-74-25-16. • info@leslabadous.com • leslabadous.fr • À 1,5 km au sud du village. Double env 65 € (3 nuits min) ; réduc à partir de la 4e nuit. Également des apparts.* Dans une maison retirée, au calme, en pleine nature, on aime bien ces chambres simples et plaisantes, aux couleurs olive, lavande, citron et orange. Dans le grand jardin, les convives se retrouvent parfois le soir, autour d'un feu. Stages de yoga, méditation, etc. Possibilité de longs séjours.

Chambres d'hôtes Le Presbytère : *rue du Presbytère, 11190* ***Bugarach.*** *☎ 04-68-69-82-12. • info@presbyterebugarach.fr • presbyterebugarach.fr • À 13 km au sud-ouest de Rennes-le-Château. Ouv mars-nov. Doubles 79,50-85 € (réduc à partir de la 4e nuit) ; familiales. Table d'hôtes 31,50 €.* Ce couple néerlandais sympa a investi l'ancien presbytère pour en faire un lieu de convivialité partagée autour de la grande table de la salle à manger ou du superbe jardin pour une cuisine de produits régionaux et de légumes du jardin. Plusieurs belles et grandes chambres lumineuses, arrangées dans un style rustique (murs de pierre) et moderne à la fois, qui permettent de profiter du calme et du paysage. Une belle adresse à prix très raisonnables.

Le Jardin de Marie : *rue de l'Église, 11190* ***Rennes-le-Château.*** *☎ 04-68-20-99-71. • morganrennois@hotmail.com • Ouv avr-oct ; tlj sauf mar soir-mer (tlj en été). Formule déj en sem 16 € ; menus 23-28 € et carte.* La salle fait penser à un préau d'école qui aurait changé de vocation. En revanche, s'attabler dans l'ancien jardin du domaine de l'abbé Saunière est un moment vraiment réjouissant aux beaux jours. Dans l'assiette, rien de compliqué, mais des préparations honnêtes à choisir sur une carte qui propose principalement des grillades. On peut aussi juste y prendre un verre sagement.

Très chic

Château des Ducs de Joyeuse : *allée Georges-Roux, 11190* ***Couiza.*** *☎ 04-68-74-23-50. • reception@chateau-des-ducs.com • chateau-des-ducs.com • Fermé nov-avr. Resto ouv ts les soirs, plus sam-dim midi. Doubles 125-160 € ; petit déj 18 €. Menus 31-105 € ; carte env 60-70 €.* Construit par Jean de Joyeuse, 1er gouverneur de Narbonne, au milieu du XVIe s, ce pittoresque petit château devint hôpital militaire, gendarmerie et magasin de laine pour une fabrique de chapeaux. Désormais hôtel de charme, il compte une douzaine de belles chambres, dont certaines avec lit à baldaquin. Les plus chères se trouvent dans les tours d'angle du château. Piscine chauffée et tennis dans le jardin, au bord de l'Aude. Cuisine gastronomique pleine de fraîcheur, créative et élégante qui joue avec les épices et les aromates pour accommoder les produits de la région. À déguster aux beaux jours dans le superbe patio Renaissance, qui tranche avec l'architecture défensive de l'extérieur.

À voir. À faire à Rennes-le-Château et dans les environs

Le domaine de l'abbé Saunière : *rue de l'Église. ☎ 04-68-31-38-85. • rennes-le-chateau.fr • (partiel). Horaires très variables et régulièrement modifiés (à confirmer avt de venir) ; en gros tlj 10h30-13h, 14h-17h30 (plus tard en saison). Entrée : 5 € (8 € avec tablette) ; réduc ; gratuit moins de 10 ans.* Voici donc le domaine mystérieusement construit par l'abbé Saunière. Dans l'ancien ***presbytère,*** un petit ***musée*** retrace l'histoire du village et présente cet étonnant curé, qui vivait ici avec Marie, sa fidèle servante. La visite se poursuit par la ***villa Béthania*** et sa véranda-chapelle, construite autour de 1900 pour recevoir les hôtes de marque et donner des réceptions ; les ***jardins,*** où se trouve la tombe de Saunière ; la ***tour Magdala,*** qui fut la bibliothèque de l'abbé et offre un superbe panorama à 360° sur la campagne alentour depuis sa terrasse crénelée supérieure... Et en explorant la galerie sous le ***belvédère,*** notez ce trou qui est en fait un départ de fouille des années 1960 !

L'église Sainte-Marie-Madeleine : *rue de l'Église. Tlj.* Le secret serait confiné à l'intérieur de cette église restaurée par l'abbé Saunière durant 9 années. Tout dans cet édifice sulpicien donnerait matière à interprétation. À l'entrée, le diable Asmodée vous accueille, planqué sous le bénitier, surmonté de 4 anges qui se signent. Mais ce n'est pas l'original qu'on voit ici, dont la tête et les bras ont été volés en 1996. Le dallage constitue un échiquier. Dans le chœur, 2 statues représentant Joseph et Marie, chacun portant l'Enfant Jésus. Les statues de sainte Germaine, saint Roch, saint Antoine, saint Antoine de Padoue et saint Luc sont disposées en « M », rappelant celui de Marie-Madeleine ; les initiales des 5 saints forment le mot « Graal ». Jeux de lumière dans les vitraux le 17 janvier, chemin de croix codé (chercher la lune étrangement ajoutée sur le tableau de la station XIV...).

Le circuit des remparts : le *sentier du Ritou* (compter 3-4 h de marche) permet d'effectuer un tour complet du promontoire, avec des panoramas d'exception.

Virée en canoë-kayak : *base nautique de Couiza, allée Georges-Roux, 11190* ***Couiza.*** *06-75-21-09-87. • pommayrac.com/aufildelaude • Mai-sept (juil-août sur résa). Enfants dès 6 ans, sachant nager. Compter 20-30 €/pers, à la ½ journée ou à la journée. CB refusées.* Descente de l'Aude en canoë-kayak sur plusieurs parcours – 8 à 25 km – avec des pauses baignade. Prévoir le pique-nique.

DANS LES ENVIRONS DE RENNES-LE-CHÂTEAU

RENNES-LES-BAINS *(11190 ; 200 hab.)*

Ses eaux thermales à 33 °C soulagent les rhumatismes... On peut aussi y détendre ses muscles courbatus après l'une des multiples randonnées proposées dans le coin. D'avril à novembre, piscine d'eau thermale, hammam, jacuzzi *(• thermes-renneslesbains.fr •).* Le village vaut aussi une petite balade : perdu au cœur d'un écrin vert, il est charmant !

LA FIN D'UN MONDE

Une prophétie, un alignement des planètes, la fin du calendrier maya auguraient d'une fin du monde le 21 décembre 2012. Selon une autre croyance, plus singulière encore, le pic de Bugarach abritait des engins extraterrestres censés sauver les chanceux qui se trouveraient par là. Finalement, hormis un déploiement galactique de la maréchaussée pour prévenir suicides collectifs et autres délires, rien n'advint ! Mais pour les crédules de ce message apocalyptique, ce fut... la fin d'un monde.

Office de tourisme du Limouxin : *rue des Thermes. ☎ 04-68-31-11-82. • limouxin-tourisme.fr • Lun-ven 9h-12h, 14h-18h (13h-17h oct-mai). Fermé mar ap-m et w-e oct-mai.*

L'AUDE, PAYS CATHARE

ARQUES *(11190 ; 260 hab.)*

Un village riche en activités de pleine nature (lac de 8,5 ha, arboretum du Planel dans les environs) et célèbre pour son donjon du XIIIe s.

À voir. À faire

Le château d'Arques : *D 613. ☎ 04-68-69-84-77. • chateau-arques.fr • Tlj 10h-13h (13h30 juil-août), 14h-18h (19h juil-août, 17h mars et nov) ; dernière admission 30 mn avt. Fermé de mi-nov à fév. Entrée : 6 € ; réduc ; gratuit moins de 6 ans. Appli mobile « Pays cathare » ; et parcours enfants avec l'appli « Castrum ».* Simon de Montfort s'empara en 1210 du village fortifié d'Arques et y fit baron Pierre de Voisins, son compagnon d'armes, en 1226. Le château fut l'œuvre de ses descendants, aux XIIIe et XIVe s. Il se compose d'une enceinte rectangulaire entourant un donjon carré de 4 niveaux, célèbre chef-d'œuvre d'architecture militaire gothique.
Le billet donne aussi droit à la visite – au cœur du village – de la ***maison de Déodat Roché*** *(ouv de mi-juin à mi-sept, tlj 14h-18h),* historien du catharisme. Une expo y présente l'homme, ses travaux, ses messages...

➢ ***Promenades à cheval :*** *avec **Cheval N'Arquois,** rue de la Fontaine-Vieille. ☎ 04-68-69-86-65. Compter 15-30 € pour 1-2h de balade.* Promenade ou rando à cheval ou à poney « à hennir de plaisir », paraît-il !

LES PYRÉNÉES AUDOISES

Ce secteur offre un paysage de massif ancien, de villages de montagne, de pâturages, de gorges et de torrents. Quillan en est l'avant-poste et la capitale : on y vient au marché, on s'y rencontre aux terrasses des cafés. Vers l'ouest, le Quercorb, vieux pays au relief assez doux, d'élevage et de forêt, que dominent Puivert et son château cathare ; plus haut, plein sud, Axat et les gorges de l'Aude, haut lieu de la rando et des activités en eaux vives ; entre les 2, le plateau de Sault, de 900 à 1 200 m d'altitude, aux paysages montagnards, bordé de hauts sommets dont le pic d'Ourthizet à 1 904 m ; ça grimpe !

QUILLAN (11500) 3 210 hab. *Carte Aude, B2*

Le bourg s'étire le long de l'Aude et affiche une gentille atmosphère, avec son vieux centre et sa promenade. Dans les années 1950-1970, la ville connut un prodigieux essor grâce au développement de l'industrie du stratifié, le *Formica.* À voir, dans le centre ancien, la curieuse église (fin XIIe s, agrandie au XVIIe s) recouverte de galets de rivière !

Adresse et infos utiles

Office de tourisme des Pyrénées audoises : *sq. André-Tricoire. ☎ 04-68-20-07-78. • pyreneesaudoises.com • Face à l'ancienne gare SNCF. Juil-août, tlj sauf dim ap-m 9h30-18h30 ; avr-juin et sept, tlj sauf* *dim 9h30-12h, 14h-18h ; oct-mars, tlj sauf jeu et w-e 10h-12h, 14h-17h.* Expos temporaires gratuites. Boutique de produits de terroir. Organise des visites payantes du village.

Arrêt des bus : *pl. de la gare SNCF.* • *mestrajets.lio.laregion.fr* • Quillan se trouve sur la ligne 402, ***Carcassonne-Axat,*** opérée par la compagnie ***Teissier*** (• *teissier.fr* •) et desservant ***Limoux, Alet-les-Bains, Couiza*** *(Rennes-le-Château)* et ***Espéraza.*** Également la ligne 500 reliant ***Quillan*** et ***Perpignan.***

– ***Marchés :*** *mer et sam mat, bd Jean-Jaurès.* ***Marché nocturne*** *pl. de la République jeu soir en juil-août, avec animation musicale.*

➢ ***Sports en eaux vives :*** 12 km de rivière sportive (rafting, nage en eaux vives, hydrospeed, canoë-kayak) entre les gorges de Saint-Georges et celles de la Pierre-Lys. À pratiquer avec ***La Forge de Quillan*** (voir « Où dormir ? Où manger ? »).

Où dormir ? Où manger ?

Camping

Camping municipal de la Sapinette : *21, rue René-Delpech.* ☎ *04-68-20-13-52 ou 27-80.* • *campingsapinette@wanadoo.fr* • *camping-quillan.fr* • *À 500 m à l'ouest du centre-ville. Ouv avr-oct. Forfait tente 2 pers env 13-25 € ; chalets.* Camping au calme, en lisière de village et bordé d'une pinède. Emplacements gazonnés et séparés par de petites haies. Sanitaires : peut mieux faire ! Piscine.

Bon marché

Camping-auberge de jeunesse La Forge de Quillan : *rte de Perpignan (D 117).* ☎ *04-68-20-23-79.* • *laforge@ville-quillan.fr* • *laforgedequillan.fr* • *À 1,5 km au sud du centre-ville. Ouv mai-oct. Forfait tente 2 pers 15 € ; lit en dortoir (2-8 pers) env 23 €/pers, petit déj en sus. Repas env 15 €.* Juste en dehors de la ville, dans un gracieux méandre de l'Aude, une auberge de jeunesse rutilante qui joue la carte des activités de pleine nature (eaux vives, montagne, rando, accrobranche, tir à l'arc...). Salle TV et cuisine commune. Une excellente adresse à seulement 800 m du sentier cathare.

Crêperie Le Demi-Sel : *65, bd Charles-de-Gaulle.* ☎ *04-30-07-33-86. Tlj sauf dim soir-lun et mer soir. Carte 15-25 €.* Une crêperie de filles, plantée au pied des Pyrénées. Étonnant, non !? Dans l'assiette, délicieuses galettes préparées avec des produits locaux et servies à prix copain. Aussi des salades et des tartines, sans compter quelques viandes plus chères et mitonnées dans la tradition. Terrasse devant et derrière.

Prix moyens

Hôtel-restaurant Cartier : *31, bd Charles-de-Gaulle.* ☎ *04-68-20-05-14.* • *contact@hotelcartier.com* • *hotelcartier.com* • *Ouv avr-début nov. Doubles 59-92 €. Menu 27 € ; carte env 30-35 €.* En plein centre, une valeur sûre de tradition familiale. Chambres pratiques (dont les familiales) mais assez vieillottes. Le resto nous a davantage emballés avec sa cuisine régionale bien menée.

Manifestations

– ***Tour des Villages :*** *1 w-e en juin.* Rando autour de la découverte du patrimoine naturel ponctuée par un déjeuner.
– ***Festival de jazz :*** *1 w-e début août.* Concerts gratuits.
– ***Festival Saveurs Pyrénées Audoises :*** *1 w-e en sept.* Marché de producteurs, plats traditionnels concoctés en live par les chefs du cru.

PUIVERT

(11230) 440 hab. *Carte Aude, A2*

À 16 km au nord-ouest de Quillan, un lieu incontournable. Même Simon de Montfort y a fait une halte au temps de la croisade anti-cathares, histoire de prendre le château qui veille sur le village. Vous aussi vous pourrez le prendre... en photo !

Où dormir ?

Gîte d'étape Le Relais des Marionnettes : *19, RD 117. ☎ 04-68-20-80-69. 06-18-95-90-36. • lesmarionnettes@free.fr • gite-puivert.com • Ouv tte l'année. Lit en dortoir (6 pers) 23 €/pers (draps et serviettes en sus) ; double 51 € ; familiales. Dîner 20 € (vin compris). CB refusées.* Accueil gentil du couple de proprios qui a longtemps fabriqué des marionnettes, avant d'ouvrir ce gîte sur le sentier cathare. Chambres ou dortoirs, avec ou sans sanitaires. Cuisine et grande salle commune donnent au lieu une ambiance conviviale de gîte de montagne. Atelier-galerie d'artiste avec vente des créations.

À voir

Le musée du Quercorb : *16, rue Barry-du-Lion. ☎ 09-67-27-81-51. • museequercorb.com • Ouv de mi-avr à fin sept, mer-dim 10h-13h, 14h-18h (de mi-juil à fin août, tlj 10h-19h). Dernière admission 30 mn avt fermeture. Entrée : 5 € ; réduc. Appli mobile « Pays cathare » ; et parcours enfants avec l'appli « Castrum ».* Intéressant musée des arts et traditions populaires, avec reconstitution d'une cuisine d'antan, d'une forge, d'un atelier de tourneur sur bois et même des calorifères et autres sonnailles (cloches à vaches) des XIXe-XXe s. Dans la salle de l'*instrumentarium,* quelques instruments de musique du Moyen Âge, reconstitués d'après les sculptures du château de Puivert. Section consacrée à l'histoire dudit château et à celle des cathares. Le verger renferme un alambic et des variétés anciennes d'arbres fruitiers. Expos temporaires, parfois des spectacles, ateliers et animations (plutôt en été et sur résa).

LE PAYS DE SAULT

Carte Aude, A2-3

À l'ouest de Quillan, au sud de Puivert, on entre dans un pays servi sur un plateau... et même 2 plateaux séparés par la vallée du Rébenty ! Un coin de montagnes enrobé d'épaisses forêts (*saltus* en latin... « sault » en français), balafré par le défilé de Joucou et les gorges du Rébenty. Sauvage, la région est ignorée des touristes mais grandement appréciée des randonneurs et autres mordus de nature, sans oublier la station de ski de Camurac, à la frontière ariégeoise...

Où camper ?

Camping La Mare aux Fées : *6, rue de l'Église, 11340* ***Roquefeuil.*** *☎ 04-68-31-11-37. 06-60-55-41-83. • contact@camping-lamareauxfees.com • camping-lamareauxfees.com • Au centre du village. Ouv avr-oct.*

Forfait tente 2 pers env 15-18 € ; chalets et mobile homes. Au cœur d'un village rural perché à 900 m d'altitude, petit camping coquet, coincé entre l'ancien abreuvoir et l'église. Emplacements gazonnés, ombragés et délimités par de hautes haies. Sanitaires nickel. Piscine, bar-resto, dépôt de pain et passage de producteurs locaux en été.

AXAT

(11140) 535 hab. *Carte Aude, B3*

Modeste village, Axat est bâti à flanc de coteau dans un site pittoresque, environné de monts. Son histoire et son nom sont liés à l'Aude, dont la dénomination gauloise était *Atacine,* signifiant « fleuve audacieux ». Et c'est justement dans les environs d'Axat, sur le site de Saint-Georges, que fut mise en service l'une des 1res centrales hydroélectriques de France, le jour de Noël 1900...
Ce « fleuve audacieux » demeure l'atout principal d'Axat, point de départ de randonnées et d'activités diverses en eaux vives : canoë-kayak, rafting ou hydrospeed dans les gorges de l'Aude, où l'on trouve des rapides aux noms évocateurs *(la Triple Chute, le Flipper...).*

Adresses et info utiles

i *Bureau d'informations touristiques des Pyrénées audoises :* *rond-point du Pont-d'Aliès. ☎ 04-68-20-59-61. • pyreneesaudoises.com • Sur la D 118, avt le village. Ouv de mi-juin à début sept, tlj sauf dim juin et sept 9h-18h ; le reste de l'année, infos à l'office de tourisme de Quillan.*

➢ ***Sports en eaux vives :*** *à pratiquer avec* ***Pyrène Rafting*** *(camping Le Moulin du Pont d'Aliès ; ☎ 04-68-20-52-76 ; • pyrenerafting.com • ; à côté de l'office de tourisme) et* ***Sud Rafting*** *(Pont-d'Aliès ; ☎ 04-68-20-53-73 ; • sudrafting.com •).* Au programme : hydrospeed, canyoning, rafting, hot-dog, kayak-air, etc., encadrés par des moniteurs sympas et passionnés.

– ***Marché :*** *jeu mat.*

Où dormir à Axat ?
Où manger dans les environs ?

Camping

⛺ ***Camping La Crémade :*** *lieu-dit La Crémade, rte de Perpignan (D 117). ☎ 04-68-20-80-64. • campinglacremade@orange.fr • camping-la-cremade.com • ♿ À 2 km à l'est d'Axat. Ouv avr-oct. Forfait tente 2 pers 14-25 € ; mobile homes, chalets, lodges, tentes maories, caravanes et yourtes.* Coup de cœur pour ce camping à taille humaine, déployé sur un site naturel tranquille et superbe, au cœur d'une pinède avec une vue splendide sur les montagnes. Emplacements gazonnés spacieux, ombragés et séparés par des haies. Snack-bar, aire de jeux, soirées-concerts en été... L'un des campings les plus agréables du département !

Prix moyens

|●| ***Ferme-auberge Le Cochon du Madrès :*** *le village, 11140* ***Escouloubre.*** *📱 06-70-35-22-41 ou 06-73-14-25-22. • lecochondumadres@orange.fr • ♿ À 22 km au sud-ouest*

L'AUDE, PAYS CATHARE

d'Axat. Ouv fév-oct, tlj sauf dim midi. Résa impérative. Menu 27 € (apéro, vin et café compris). On ne vient pas par hasard dans ce croquignolet village accroché à sa montagne ! C'est sur ces pentes herbeuses que Patricia et Christian ont lâché leurs veaux, vaches et cochons, pour produire viandes, jambon, charcuterie et fromages, qu'ils vendent dans leur boutique ou servent sur la table de cette auberge improvisée. S'y ajoutent d'autres productions fermières locales (jus de fruits, pain de campagne, miel...), bienvenues pour un pique-nique, si on n'a pas choisi le pantagruélique menu du midi ! Accueil chaleureux dans un environnement joliment désordonné et un rien bohème. Aussi des chambres à louer pour un séjour au vert.

DANS LES ENVIRONS D'AXAT

Le défilé de la Pierre-Lys : la route de Quillan à Axat (D 117) longe l'Aude dans ce spectaculaire défilé. On emprunte 3 tunnels, dont le dernier, appelé *Trou du Curé,* est l'œuvre d'une figure locale, le père Félix Armand (1742-1823). Cet homme extraordinaire le perça de ses propres coups de pioche, avec l'aide de quelques paroissiens quand même !

La grotte de l'Aguzou : *rte de Font-Romeu (D 118), 11140* ***Escouloubre.*** *☎ 04-68-20-45-38. • grotte-aguzou.fr • À 15 km au sud-ouest d'Axat. Sur résa seulement. Visite à la journée (9h-17h ; 12 pers max) avec repas à 600 m sous terre. Entrée : 40 €/pers la ½ journée et 60 €/pers la journée (matériel, guide et assurances compris ; apporter son pique-nique) ; réduc.* En tout, 8h d'exploration à la Jules Verne ! On visite, en autres, la salle de la Découverte, celle du Minaret, la galerie des Fleurs. Un peu cher, mais un sacré moment dans cette grotte classée et protégée. Également un parcours exploration pour découvrir davantage de salles *(80 €).*

Les gorges de l'Aude : *parcourues par la rte D 118 à l'extrême sud-ouest du département, à la limite de l'Ariège...* Espèce d'intestin grêle d'une vingtaine de kilomètres qui débute près d'Axat et longe la frontière départementale pour conduire à Mont-Louis (Pyrénées-Orientales). Sur la route D 118, 2 km après Axat, on longe les gorges Saint-Georges, peu étendues mais étroitement bordées de hautes falaises. Suit un décor montagneux enrobé par la forêt de Gesse, puis apparaissent dans la végétation luxuriante des blocs de pierre aux formes rebondies. On entre dans les gorges de l'Aude, pas si impressionnantes mais tout de même assez sauvages, au fur et à mesure que la route se fait plus étroite...

Virée en train rouge ou à vélorail : *départs de la gare d'Axat. ☎ 04-68-20-04-00. • letrainrouge.fr • Tte l'année ; horaires sur le site internet. Tarifs : 13-28 € l'A/R selon trajet ; réduc ; possibilité de trajet simple. Compter de 2h30 (parcours des viaducs jusqu'à Caudiès) à la journée (jusqu'à Rivesaltes). Possibilité de prendre le vélo sans supplément.* Entre Axat et Rivesaltes, le petit ***train rouge*** emprunte l'ancienne voie de chemin de fer qui reliait Carcassonne à Perpignan, en traversant de superbes paysages : défilé de la Pierre-Lys, perspective sur le château de Puylaurens, vallée de l'Agly et vignobles de Maury. 2 types de trains : wagons fermés pour le train qui rejoint Rivesaltes, ouverts pour les trajets les plus courts (plus sympa, mais prévoir de quoi se couvrir la tête).

– Autre possibilité : grimper sur un ***vélorail*** avec 2 courageux qui pédalent pendant que 2 autres regardent ! *(• veloraildutrainrouge.fr • ; Pâques-Toussaint seulement ; compter 12-16 €/pers ; réduc ; 10 € supplémentaires pour le vélorail à assistance électrique ; résa conseillée).* 2 circuits : celui des Radeliers (2,2 km A/R) et celui des Bûcherons (4,4 km A/R). Très sympa en famille !

LE CHÂTEAU DE PUILAURENS

Carte Aude, B3

C'est dans cette citadelle vertigineuse, remarquable par son état de conservation, que se réfugièrent les cathares à la chute de Montségur ; là qu'ils survécurent, avec la complicité du peuple, avant d'être exterminés jusqu'au dernier...

Où dormir ? Où manger dans les environs ?

Hostellerie du Grand Duc : *2, rte de Boucheville, 11140* **Gincla.** *☎ 04-68-20-55-02. • hotelgranduc@wanadoo.fr • hostelleriedugrandduc.com • À 5 km au sud du château de Puilaurens. Ouv avr-oct. Resto ouv ts les soirs, plus le midi jeu-lun (ven-dim seulement hors saison). Doubles 92-130 €. Carte seulement, env 30-45 €.* Ancienne maison de maître de 1780, agréable et pleine de charme, dans un joli jardin agrémenté d'un bassin. Chambres confortables et d'allure classique. On a un gros faible pour la table qui joue le raffinement et l'inventivité au fil des saisons. Les épices sont subtilement dosées, les desserts, savoureusement mitonnés... Une très belle adresse cosy qui fait de ce lieu une étape reposante.

À voir

Le château de Puilaurens : *pl. du Château, 11140* **Puilaurens.** *☎ 04-68-20-65-26. • chateau-puilaurens.com • Ouv de fin mars à mi-nov, tlj 10h (9h juil-août)-17h (18h mai-juin et sept, 19h juil-août). Dernière admission 20 mn avt fermeture. Entrée : 7 € ; gratuit moins de 6 ans. Depuis le parking, compter 20 mn de grimpette (bien se chausser ; chemin glissant par temps de pluie) ; fermé en cas d'orage. Visites guidées possibles (se renseigner). Appli mobile « Pays cathare » ; et parcours enfants avec l'appli « Castrum ».* Posée sur un piédestal sauvage à 700 m d'altitude, la silhouette féodale de cette « citadelle du vertige » découpe sur le ciel ses gros donjons et remparts épais. Puilaurens verrouillait la haute vallée du Fenouillèdes, dont la seule route passait juste à son pied. Puilaurens est un modèle d'architecture militaire, dont chaque élément avait une logique de défense rendant sa prise pratiquement impossible. Maîtres des lieux, les seigneurs occitans y protégèrent les ***cathares.*** Cette forteresse fut l'un de leurs derniers refuges. Plutôt sûr comme refuge ! D'ailleurs, le château résista bien aux croisés, après que Montségur fut vaincu. Passé sous contrôle royal, en 1255, il voit ses fortifications renforcées par ***Saint Louis face à l'Aragon,*** ce qui en fit la citadelle la plus méridionale du royaume. Mais, à la signature en 1659 du traité des Pyrénées, repoussant les frontières, le château perdit sa vocation et en même temps de sa

CHÂTEAUX CATHOS

Alignée comme à la parade, l'escouade de châteaux qui ponctue les crêtes du sud de l'Aude n'a pas vraiment été bâtie par les cathares, pacifistes convaincus. Pour se défendre contre les croisés, ils y ont juste trouvé refuge. Le roi de France fit ensuite établir ici une ligne de fortification pour défendre la frontière du royaume des invasions aragonaises : les « 5 fils de Carcassonne », Aguilar, Quéribus, Termes, Peyrepertuse et Puilaurens. Le credo de ces châteaux est donc plus catho que cathare !

superbe. Transformé un temps en prison, il fut abandonné, avant d'être restauré et de s'ouvrir aux touristes. Depuis le sommet, vue sur le pic de Bugarach, point culminant des Corbières.

LE PAYS CORBIÈRES-MINERVOIS

• Carte *p. 223*

En plein cœur du pays cathare, les Corbières sont d'abord connus pour leurs vins classés AOC, produits sur près de 15 000 ha, dans des paysages insensés : chaos de monts rocailleux, vallons étroits et torturés, coteaux escarpés... Derrière une apparence rude, cette région – bercée par le climat méditerranéen – montre une belle unité sous la clarté lumineuse du ciel et dans le charme presque magnétique des couleurs délicates et des paysages accidentés. Dans chacune des garrigues parfumées, derrière tous les cyprès ballottés par les vents, on s'attend à trouver quelque chose d'encore plus sublime !
Certes, la terre est rude, mais la vigne récompense amplement ceux qui l'aiment. Les vins élevés dans ces vignobles reflètent parfaitement les paysages. Tendres et veloutés dans la partie maritime, ils deviennent charpentés et tanniques dans les hautes Corbières. Dans les monts d'Alaric (entre Narbonne et Carcassonne), où l'influence atlantique se fait aussi sentir, ils prennent des arômes et une fraîcheur bien agréables. Dans le centre, où les variations de température sont importantes, les vins sont très complets et de grande classe. D'autant que l'époque des productions intensives est passée ; la qualité primant largement sur la quantité. Qui s'en plaindra ?!
Cette nature sauvage, ces escarpements abrupts, ces vallées de terre rouge, ces collines dénudées frisant l'ascétisme constituèrent l'un des terreaux du catharisme. Dans les Corbières, l'histoire se confond avec la géographie et les vertigineuses citadelles de pierre fusionnées dans la roche scandent le pays cathare...
C'est pour préserver la beauté de ce patrimoine naturel et sa biodiversité extraordinaire que le parc naturel régional Corbières-Fenouillèdes a été créé en 2021. Il s'étend à cheval sur l'Aude et les Pyrénées-Orientales.

LES GORGES DE GALAMUS

Carte Aude, B2

Ces gorges somptueuses griffent profondément la limite entre l'Aude et les Pyrénées-Orientales, leur plus belle partie se trouvant sans conteste dans l'Aude... que les P.-O. nous pardonnent ! En les descendant, du nord au sud, on découvre à quel point la rivière Agly a creusé ici l'une des plus belles cluses de la région. Sur 4 km, ce ne sont qu'escarpements où seuls quelques genêts, arbousiers et chênes kermès parviennent à se cramponner. Au fond de ce ravin par endroits proprement vertigineux, le torrent tumultueux fait courir ses eaux turquoise. Quelques marmites géantes font office de bassins naturels. On ne peut rêver piscines plus agréables, mais sans surveillance ! La pratique de la rando, du canyoning et de l'escalade sont aussi possibles. Infos sur : • *gorgesdegalamus.fr* •
On est frappé par la blancheur de la roche. Après un tunnel creusé dans la falaise, un parking-belvédère surplombe les gorges. Bien observer les parois

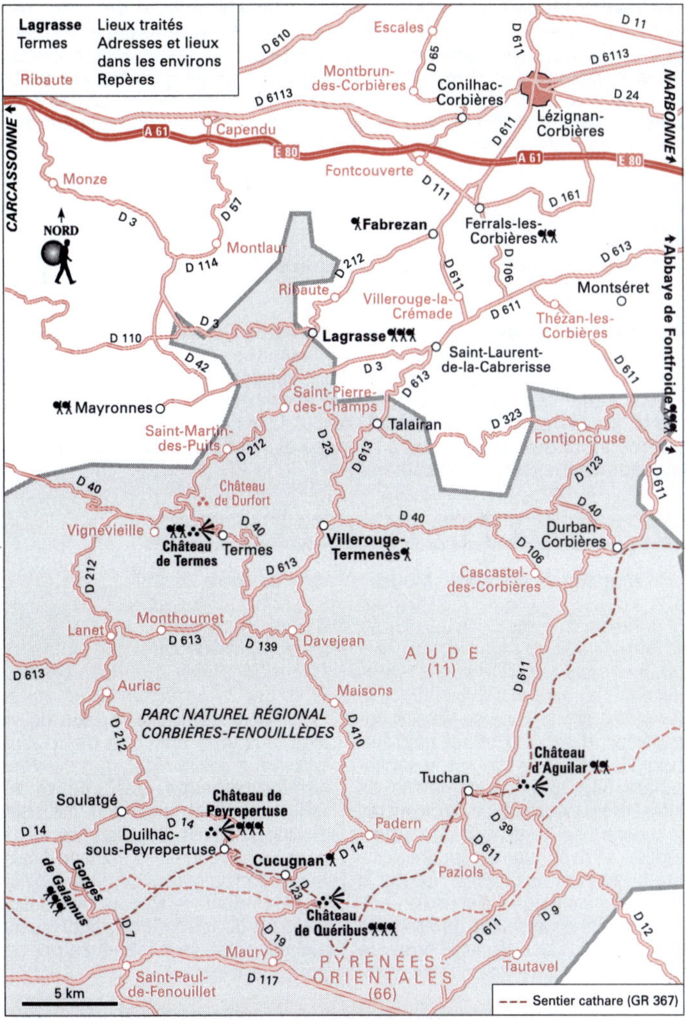

LES CORBIÈRES

rocheuses : là, en face, de minuscules façades de maisons épousent la couleur du rocher, reconnaissables aux tuiles mordorées de leurs toits... On se demande comment la foi a permis un tel prodige. Est-ce l'homme qui soulève les montagnes ? Ou l'inverse ? En descendant le sentier qui part de l'aire de stationnement, on aboutit à cet *ermitage* créé au VIe s. Planquée dans la paroi rocheuse, une incroyable chapelle...

Pour revenir un peu sur terre, autant être clair. L'étroitesse des voies rend délicate la traversée des gorges en voiture. L'arrêt y est interdit, tout comme la circulation des caravanes et des camping-cars. En juillet-août, la circulation est alternée par 2 feux : l'un à l'entrée des gorges, l'autre à la sortie. Alors, pour vous éviter tout stress, laissez plutôt la voiture sur l'un des 2 parkings et hardi le mollet ! Sinon, prenez la petite *diabline,* une navette électrique qui circule gratuitement entre les 2 parkings.

LE CHÂTEAU DE PEYREPERTUSE

Carte Aude, C2

Une des plus fascinantes « citadelles du vertige », élevée au XIe s par les comtes catalans en guerre contre Carcassonne. Ce n'est pas seulement l'amour de l'Histoire qui pousse aujourd'hui des milliers de nos contemporains à aller se perdre sur ces chemins escarpés. C'est un rêve étrange, un rêve de pureté, se jouant de la stricte réalité, la majorité des vestiges que l'on aperçoit étant bien postérieurs à l'époque qui vit se propager sur les terres languedociennes la religion cathare...

Où dormir ? Où manger dans le coin ?

Hostellerie du Vieux Moulin : *24, rue de la Fontaine, 11350* ***Duilhac-sous-Peyrepertuse.*** *☎ 04-68-45-02-00. • restaurantpeyrepertuse@gmail.com • hostellerie-du-vieux-moulin.com • Ouv avr-oct. Doubles 65-82 €. Chèques refusés.* Face au vieux moulin oléicole d'un vieux village médiéval tranquille situé pile-poil sur le sentier cathare (GR 367), cette maison en pierre abrite une quinzaine de chambres fonctionnelles. Celles de l'étage – mansardées et avec pierres apparentes – ont un rien plus de charme. Vue sur la ruelle ou la campagne, à vous de choisir ; murmure de la source du village en prime. Juste en face, le resto l'***Auberge du Moulin*** propose une cuisine traditionnelle *(menus 29-38 € ; carte).*

Mon Grain de Sel : *23, rue Neuve, 11330* ***Soulatgé.*** *☎ 04-68-27-06-34. • joelle.casties@orange.fr • Ouv tlj sauf dim soir-lun ; résa conseillée. Menus 22-28 € ; carte. Apéritif maison offert sur présentation de ce guide.* C'est dans sa vieille maison du village, à la salle rafraîchie de couleurs vives, que Joëlle régale ses convives. Femme-orchestre, elle s'active aux fourneaux et au service d'une petite dizaine de tables. Des plats sincères et copieux, qui servent la tradition locale ; le tout conclu par les desserts maison. Les ingrédients – bio pour beaucoup – viennent du terroir local, et jusqu'aux pichets et salières fabriqués par son potier de voisin !

À voir

Le château de Peyrepertuse : *lieu-dit Le Château, 11350* ***Duilhac-sous-Peyrepertuse.*** *☎ 04-30-37-00-77. • peyrepertuse.com • Depuis la billetterie, 20 mn à pied jusqu'au château (sentier escarpé, chaussures de marche de rigueur) ; fermé en cas d'orage. Avr-sept, 9h-19h (20h juil-août) ; oct-mars, 10h-18h (17h fév et nov, 16h30 déc-janv). Dernière admission 20 mn avt fermeture. Entrée : 7 € ; réduc. Audioguide : 4 € (le 2e gratuit). Appli mobile « Pays cathare » ; et parcours enfants avec l'appli « Castrum ». Visites théâtralisées en été (sur résa).* Perchées à 800 m d'altitude, les ruines de cette énorme construction militaire médiévale sont fabuleuses, sur fond de paysages époustouflants !

Depuis la route, les remparts blanchis par le temps se confondent avec l'arête rocheuse de la montagne. Plus on s'approche, plus l'émerveillement monte : il y a bien 2,5 km de murs de pierre, enserrant ce qui fut presque une ville ! Édifiée au début du XIe s, la citadelle est renforcée sous Saint Louis d'un 2d château, auquel on accède, depuis l'enceinte du 1er, par un escalier taillé dans le roc. Animations en été.

Les gorges du Verdouble : *lieu-dit Verdouble, 11350* ***Duilhac-sous-Peyrepertuse.*** *Parking payant. Baignade surveillée en été ;* ***le reste de l'année à vos risques et périls !*** En été, après la visite du château, on apprécie de se rafraîchir dans les superbes gorges du Verdouble, où l'eau s'écoule gentiment en une succession de petits lacs, de cascades et de marmites taillées dans le roc.

CUCUGNAN (11350) 115 hab. Carte Aude, C2

« L'abbé Martin était curé... de Cucugnan. Bon comme le pain, franc comme l'or, il aimait paternellement ses Cucugnanais ; pour lui, son Cucugnan aurait été le paradis sur terre, si les Cucugnanais lui avaient donné un peu de satisfaction... » Tirée des *Lettres de mon moulin,* l'édifiante histoire du curé de Cucugnan – narrée par Alphonse Daudet – allait immortaliser ce charmant village que presque tout le monde croit facilement imaginaire !
Joliment posé sur une butte au pied couvert de vignes, Cucugnan est l'archétype même du village pittoresque : ruelles anciennes, maisons aux couleurs chaudes, échoppes d'artisans, population débonnaire... Laisser la voiture à l'entrée du village.

Adresses utiles

Office de tourisme Corbières Salanque Méditerranée : *2, rte de Duilhac. ☎ 04-68-45-69-40. • corbieresroussillontourisme.com • cucugnan.fr • D'avr à mi-nov, tlj sauf dim (tlj juil-août) 10h-18h (17h avr et d'oct à mi-nov) ; de mi-nov à mars, ven-sam 10h-17h. Fermé de mi-déc à janv.* Plan du village avec ses points d'intérêt, liste des vignerons et des caves des Corbières...

Épicerie : *5, rue Alphonse-Daudet. Tlj sauf dim ap-m et lun.* On y trouve la quintessence des petits producteurs du terroir local : fromages de chèvre, charcuterie, vins, confitures, miel, conserves de qualité... De quoi se constituer un bon pique-nique, en ayant pris soin d'acheter le pain chez *Les Maîtres de mon Moulin* (voir plus bas).

Où dormir ? Où manger ? Où boire un verre ?

Camping

Camping de Cucugnan : *9, Pla de l'Oum. 📱 06-79-38-48-14. • campingcucugnan@gmail.com • campingcucugnan.com • À 1 km du village. Ouv mai-oct. Forfait tente 2 pers env 10-12 € ; yourte, roulotte, tente lodge et caravane vintage.* Un petit écocamping d'une poignée d'emplacements en pleine nature, face au village de Cucugnan. On plante la tente sous de beaux oliviers, en laissant la voiture dans le champ, à l'extérieur du camping. Énergie solaire dans les parties communes, mais pas de branchement électrique sur les emplacements. Cuisine d'été sous un hangar. Sanitaires peu nombreux. Un camping très nature, on vous dit.

De bon marché à prix moyens

Les Maîtres de mon Moulin : *3, rue du Moulin. ☎ 04-68-33-55-03. • roland.feuillas@gmail.com • Congés : Noël-janv. Tlj sauf lun (tlj Pâques-oct) 9h-19h. Env 12 €.* L'excellente boulangerie du village, qui travaille avec des farines issues de variétés anciennes de céréales bio et moulues ici sur des meules en pierre. On se régale des « pains gastronomiques », mais aussi des *focacce,* biscuits, gâteaux, brioches... Tables de pique-nique à l'extérieur pour ceux qui ne souhaitent pas emporter le casse-croûte en rando.

Chambres d'hôtes Écurie de Cucugnan : *18, rue Achille-Mir. ☎ 04-68-33-37-42. 06-76-86-38-52. • ecurie.cucugnan@orange.fr • ecuriedecucugnan.fr • Doubles 66-76 € ; familiale.* Vous serez agréablement surpris par la qualité de la rénovation de cette ancienne écurie, qui abritait jadis les chevaux travaillant dans les vignes. Voici d'agréables chambres climatisées, dont certaines avec terrasse privée, meubles anciens et lit en fer forgé. Jardin avec superbe piscine et jolie vue sur la campagne alentour.

De prix moyens à chic

L'Auberge du Vigneron : *2, rue Achille-Mir. ☎ 04-68-45-03-00. 06-77-09-65-39. • contact@auberge-vigneron.com • auberge-vigneron.com • Ouv d'avr à mi-nov. Resto tlj sauf dim soir-lun. Doubles 90-130 €. Menus 28 € (sauf dim midi)-40 € ; carte. Chèques refusés.* Posée sur le rebord du village, cette ancienne maison vigneronne propose des chambres confortables arrangées sur une note discrètement moderne qui valorise les vieilles pierres. La plupart disposent d'une vue sur les montagnes et le château de Quéribus. L'autre point fort de la maison, c'est son resto, situé dans l'ancien chai : une belle salle rustique, flanquée d'une terrasse panoramique. Cuisine régionale de marché, à la fois simple et savoureuse, en prise directe sur les petits producteurs et les vignerons locaux. Une belle affaire, que le fiston a enrichie de son ***Bar du Vigneron,*** juste en face, servant salades et assiettes à prix doux, accompagnés de crus locaux...

Maison d'hôtes La Tourette : *4, passage de la Vierge. 06-09-64-60-47. • perriercorinne@sfr.fr • latourette.eu • ♿ Tte l'année. Doubles 100-120 € ; familiales.* Une belle adresse, accueillante et reposante, sur les hauteurs du village, près du moulin et de l'église. Corinne Perrier aime voyager, ça se sent, et elle sait faire plaisir à ceux qui, au bout de leur périple, trouvent ici une maison confortable où se poser. Quelques jolies grandes chambres bien équipées, à la déco chaleureuse, soignée et de bon goût. Charmant micro-patio verdoyant et cosy, avec jacuzzi, chaises longues et hamac.

Où dormir ? Où manger dans les environs ?

Camping

Camping Domaine de la Peirière : *rte de Paziols, 11350* ***Tuchan.*** *☎ 04-68-45-46-50. 07-69-79-34-55. • pierrepeiriere@gmail.com • camping-la-peiriere.com • ♿ À 13 km au nord-est de Cucugnan. Ouv de mi-mars à début nov ; resto fermé lun hors juil-août. Forfait tente 2 pers 15-18 € ; mobile homes, chalets, lodges et tentes lodges. Formule déj en sem env 17 € ; carte env 20-35 €.* Petit camping bien ombragé, implanté dans une végétation méditerranéenne dense et préservée. On plante sa tente dans la garrigue, sous les arbustes. Sanitaires impeccables. Grande piscine avec jacuzzi. VRAI resto de terroir, étang de pêche, jeux pour enfants et même quelques animaux de la ferme... Ambiance familiale bien agréable.

Bon marché

Gîte Saint-Roch : *rte de Faste, 11350* ***Tuchan.*** *☎ 04-68-45-47-91. 06-77-61-30-52. • gitesaintroch.tuchan@gmail.com • gitesaintroch.fr • À 15 km au nord-est de Cucugnan et* *à 2 km de Tuchan par une petite route qui file dans la nature. Tte l'année. Lit en dortoir 18 € ; double 49 € ; yourte 69 € pour 2. Table d'hôtes 20 € (vin compris) ; panier pique-nique.* À proximité du sentier cathare et perdue sur les pentes du mont Tauch dans un bel environnement de garrigues et de vignes, cette ancienne bergerie livre des chambres simples, toutes avec salle de bains. Aussi de vraies yourtes mongoles ! Sanitaires séparés mais privés et cuisine d'été. Électricité solaire, terrasse panoramique avec vue formidable et massages ayurvédiques. À la table d'hôtes, un maximum de produits bio et locaux. Accueil adorable.

Où déguster et acheter du vin des Corbières ?

Terroirs du Vertige : *31, rue Alphonse-Daudet. ☎ 04-68-45-41-61. • terroirsduvertige.fr •* La cave coopérative locale, dont les vins – vifs, gourmands et déclinés dans les 3 couleurs – affichent un excellent rapport qualité-prix, notamment la Cuvée du curé de Cucugnan, efficace et sans détour !

Domaine Peter Sichel : *10, rte de Duilhac. ☎ 04-68-45-01-13. • domainepetersichel.com •* Domaine familial de 45 ha où grandissent des crus de caractère, distingués régulièrement dans les concours agricoles. Des « vins plaisirs » aux cuvées prestige, il y en a pour toutes les bourses !

À voir. À faire

L'Espace audiovisuel Achille-Mir : *1, rue Achille-Mir. ☎ 04-68-45-03-69. • cucugnan.fr • Horaires variables, se renseigner. Entrée (1-2 films) : 4-5 € ; billet jumelé avec le château de Quéribus 7,50-9,50 €.* Au cœur du village, un cinéma-théâtre de poche dédié à Achille Mir, écrivain audois et auteur d'une version en occitan, et en vers, du sermon du curé de Cucugnan d'Alphonse Daudet. 2 « spectacles » de 25 mn chacun proposés en alternance sur l'histoire du château de Quéribus et le sermon du curé de Cucugnan.

L'église Saint-Julien-et-Sainte-Basilisse : *passage de la Vierge.* Elle mérite le détour pour sa petite chaire d'où l'on sermonnerait volontiers les Cucugnanais, mais surtout pour sa statue d'une Vierge... enceinte !

Le moulin d'Omer : *3, rue du Moulin. ☎ 04-68-33-55-03. • lesmaitresdemonmoulin.com • Possibilité de visite gratuite en demandant la clé à la boulangerie* Les Maîtres de mon Moulin *(voir plus haut).* Beau retour à la vie pour ce moulin à vent perché au-dessus du village, resté en sommeil depuis 1810 avant d'être restauré par la commune et remis en activité. Toit-ailes orientables selon le vent, avec charpente tournante, mécanisme des meules à grain, etc. Si vous avez la chance de le croiser, le meunier-boulanger est un sacré personnage qui vous surprendra par ses créations gourmandes !

Le château de Quéribus : *☎ 04-68-45-03-69. 📱 06-71-72-64-01. • cucugnan.fr • À 3 km au sud-est de Cucugnan. Accès en 10 mn de marche facile depuis le parking ; fermé en cas d'orage ou de grand vent. Ouv tlj : juil-août, 8h30-20h ; mars-juin et sept-oct, 9h30-19h (18h30 mars-avr et oct) ; nov-fév, 10h-17h. Dernière admission 15 mn avt fermeture. Tarif : 7,50 € ; réduc ; entrée à l'espace audiovisuel Achille-Mir compris (1 seule projection). Audioguide : 4 € (le 2e gratuit). Plan du parcours ludique et pédagogique en famille. Appli mobile « Pays cathare, Le Guide » ; et parcours enfants avec l'appli « Castrum, Le Jeu ».* Du haut de ses 728 m, cette citadelle surveille la plaine du Roussillon, à la limite départementale des Pyrénées-Orientales. Édifiée au XIe s, la forteresse de Quéribus est l'un des derniers bastions de la résistance cathare. Situé sur l'ancienne ligne de défense avec l'Aragon, Quéribus devient au XIIIe s forteresse royale de frontière sous le règne de Saint Louis. Transformé aux XIIIe et XIVe s, son imposant donjon présente une belle salle voûtée de style gothique. La visite permet aussi de réviser tous les éléments d'architecture militaire : mâchicoulis, échauguette, assommoir, etc. La grimpette est récompensée par un superbe panorama à 360° sur les Corbières et les Pyrénées.

La boucle de Quéribus : *fiche détaillée disponible à l'office de tourisme ou téléchargeable. Réservée aux randonneurs en bonne condition physique ; à déconseiller avec de jeunes enfants ; éviter l'ap-m en été (pas d'ombre). Départ de l'espace audiovisuel Achille-Mir.* Un sentier balisé de 10 km qui traverse vignoble, rocaille et garrigue, prévu en 3h30... et un peu plus en comptant la visite du château. Près de 350 m de dénivelée, quelques passages peu évidents et de superbes vues panoramiques sur le village. Et le château, bien sûr !

Fête

– ***Fête du Conte :*** *3-4 j. après le 14 juil.* Animations gratuites et payantes pour petits et grands, spectacles de marionnettes et soirées contes.

DANS LES ENVIRONS DE CUCUGNAN

Le château d'Aguilar : *11350* ***Tuchan.*** *☎ 04-68-45-51-00 (mairie). 06-80-44-64-25. • tuchan.fr • À 13 km au nord-est de Cucugnan et 3 km à l'est de Tuchan. Accès en 5 mn à pied depuis le parking. Juil-août, tlj 10h-19h ; avr-oct, tlj 10h30-17h30 (11h-17h avr et oct) ; de mi-fév à mars et 1re quinzaine de nov, le w-e seulement 11h-16h. Dernière admission 15 mn avt. Fermé de mi-nov à mi-fév. Entrée : 4 € ; réduc. Appli mobile « Pays cathare, Le Guide » ; et parcours enfants avec l'appli « Castrum, Le Jeu ».* Fièrement campé du haut de ses 400 m, Aguilar est de ces citadelles qui marquent le profil des crêtes audoises. C'est un site fortifié en ruine qui contrôlait l'accès aux Corbières centrales. Il compte 2 enceintes polygonales couronnées de 6 tours. Légué à la famille de Termes, vassale des Trencavel, il fut occupé en 1210 par les troupes de Simon de Montfort, lors de la croisade contre les albigeois. Puis, devenu forteresse royale sous le règne de Saint Louis, le château fut fortifié pour surveiller la frontière aragonaise, puis peu à peu abandonné après la signature en 1659 par Louis XIV du traité des Pyrénées, repoussant la frontière... Beau panorama sur les Corbières.

Manifestation

– ***Animations médiévales d'Aguilar :*** *2 dates en août.* Reconstitutions, jeux médiévaux et visites guidées du site.

VILLEROUGE-TERMENÈS

(11330) 155 hab. *Carte Aude, C2*

Dans un décor sauvage de collines rouges, de maquis et de vignes, un pittoresque village médiéval blotti autour de son imposante forteresse sauvée des ruines. Le château de Villerouge est connu pour avoir été le théâtre de la fin officielle du catharisme languedocien. Le dernier des « parfaits », Guilhem

Bélibaste, y fut brûlé en 1321. L'appli mobile « Pays cathare, Le Guide » propose une balade commentée dans le village.

Adresse utile

Esprit de Garrigue *: au bord du parking du village, en saison. ☎ 04-30-64-70-32. Tlj en saison ; horaires variables le reste de l'année.* Boutique qui rassemble une dizaine de producteurs locaux.

Où dormir ? Où manger à Villerouge-Termenès et dans les environs ?

Gîte d'étape Habitation Occitania *: 93, av. des Corbières, 11360* ***Durban-Corbières.*** *☎ 04-30-16-10-77. 📱 06-87-92-91-46. • habitation.occitania@gmail.com • habitationoccitania.sitew.fr • À 20 km à l'est de Villerouge. Ouv tte l'année. Compter 25 €/pers, petit déj et draps compris. Repas 20 €.* Au cœur du village, un gîte d'étape tenu par Alexia et sa maman qui ont vécu en Guadeloupe, dans une autre vie. Chambres de 1 à 2 lits, sanitaires communs, frigo et micro-ondes à disposition. Simple et suffisant. À table, dans le salon familial, on reprend des forces autour d'une cuisine créole faite maison.

La Rôtisserie Médiévale *: le château. ☎ 09-81-64-09-11. • contact@restaurant-medieval.com • Juil-août, tlj le midi, plus le soir lun et sam ; hors saison, tlj sauf lun, le midi seulement. Congés : janv-fév. Menus 35-44 € (boissons comprises).* Enfant, vous rêviez de tours et de châteaux ? Vous voilà en plein dedans, mais cornegidouille, laissez vos dagues et votre destrier au vestiaire ! On y ripaille, costumé, à l'aide d'un tranchoir et d'une pince-monseigneur, autour de longues tablées, sur fond musical de troubadours. Au menu, une jolie brochette de plats typiquement médiévaux, remis au goût du jour par des historiens. Plutôt épicé car, à l'époque, c'était un signe de richesse ! Au final, pas de quoi grimper aux lourdes tentures moyenâgeuses ni sauter au plafond barré de superbes voûtes en pierre, mais c'est plutôt bon, copieux et original.

À voir

Le château de Villerouge-Termenès *: caleda del Castel. ☎ 04-68-70-09-11. • villerouge.fr • Juil-août, tlj 10h-19h30 ; avr-juin et sept-oct, tlj 10h-13h, 14h-18h (en continu w-e et j. fériés) ; mars et de nov à mi-déc, seulement w-e et j. fériés 10h-17h (tlj pdt vac de la Toussaint, avec coupure déj). Dernière admission 1h avt. Fermé de mi-déc à fév. Entrée (audioguide compris) : 6 € ; 8 € avec visite de l'église Saint-Étienne (de mi-juil à mi-août) ; réduc.* Protégé par de massives tours circulaires, c'est un gros quadrilatère qui a retrouvé son éclat d'antan après restauration. Intéressant parcours scénographique avec audioguide qui permet de découvrir l'histoire de Villerouge au XIVe s. Au rez-de-chaussée, la vie du dernier des cathares, Bélibaste, un « parfait » pas si parfait, car auteur de quelques menus larcins avant d'être ordonné prêtre cathare ! Au 1er étage, présentation de l'archevêque de Narbonne et du pouvoir de l'Église catholique au XIVe s. Le 2e étage est consacré à la vie quotidienne au Moyen Âge... La visite s'achève sur le chemin de ronde, offrant une vue superbe sur le donjon, le village et ses alentours.

L'église Saint-Étienne *: à côté du château. Ouv de mi-juil à mi-août, tlj 15h30-17h30. Visite commentée : 8 € ; entrée au château incluse.* Construite au XIIe s, elle abrite un étonnant retable espagnol du XVIe s composé de 8 panneaux en bois peint.

DANS LES ENVIRONS DE VILLEROUGE-TERMENÈS

Le château de Termes : *2, Camin dal Castel. ☎ 04-68-70-09-20. 06-47-66-20-77. • chateau-termes.com • À 12 km à l'ouest de Villerouge ; compter 15 mn d'ascension à pied sans difficulté depuis le parking. Avr-oct, tlj 10h-18h (19h30 juil-août) ; 1re quinzaine de mars et nov, ouv w-e et j. fériés et vac de la Toussaint 10h-17h. Fermé déc-fév et 2de quinzaine de mars. Entrée : 5 € ; réduc. Appli mobile « Pays cathare, Le Guide » ; et parcours enfants avec l'appli « Castrum, Le Jeu ».* Véritable nid d'aigle, cette citadelle cathare du XIe s se rendit après un siège de 4 mois, ses courageux occupants ayant été vaincus par la soif et la dysenterie ! Mais les vestiges bien pittoresques de la double enceinte, qu'on peut arpenter, dateraient du XIVe s. On peut poursuivre avec une balade agréable dans le village de Termes : belle église du XIIe s ouverte aux horaires du château.

Juste sous le château, les spectaculaires ***gorges du Termenet,*** qui constituent sa défense naturelle, demeurent un site naturel d'exception et aussi l'un des spots de ***canyoning*** les plus prisés du département ! Contacter *Eaurizon (☎ 04-68-49-99-82 ; • eaurizon.eu •).*

– ***Balades avec des ânes :*** ***Les Âneries Cathares,*** *ferme équestre du Mont-Auriol, 11320* ***Villerouge-Termenès.*** *06-10-97-08-95. • lesaneriescathares@gmail.com • Compter 45 €/âne la ½ journée ; 60 €/j. Sur résa.* Balades à la demi-journée ou à la journée, rando-bivouac ou itinérance. Très sympa pour découvrir les coins reculés des hautes Corbières.

LAGRASSE

(11220) 540 hab. Carte Aude, C2

Lagrasse s'impose comme l'un des « Plus Beaux Villages de France » pour son superbe patrimoine médiéval : vieux pont, ruelles, vieilles halles de toute beauté... sans compter sa fameuse abbaye. Nombreux ateliers et boutiques d'artisans. Une halte charmante et incontournable lors d'un périple au cœur des Corbières !

Adresses et infos utiles

Bureau d'informations touristiques : *16, rue Paul-Vergnes. ☎ 04-68-27-57-57. • tourisme-corbieres-minervois.com • En plein centre, dans la Maison du patrimoine. Juin-sept, tlj 10h15-13h, 14h-17h45 ; le reste de l'année, tlj sauf le w-e, 9h45-13h, 13h30-16h45.* Plan du village avec ses principaux monuments. Expo sur les plafonds peints du Languedoc-Roussillon, au Moyen Âge. Certains dessins sont particulièrement truculents... Contacts de guide-conférencier pour une visite du village et de l'abbaye. *Autre bureau à* ***Lézignan-Corbières,*** *2 pl. des Vosges (même n° de tél ; tlj sauf w-e 9h-12h, 13h30-17h30).*

Arrêt des bus : *bd de la Promenade. • mestrajets.lio.laregion.fr •* Compter 1-2 bus/j. sauf dim et j. fériés avec ***Carcassonne*** (1h05 ; ligne I ; *• rtca.carcassonne-agglo.fr •*) et 1 bus/j. sauf dim et j. fériés (plus sam en période scolaire) avec ***Narbonne*** (55 mn, via ***Fabrezan*** ; ligne 406 ; *• voyagesrubio.com •*).

– ***Stationnement :*** *payant tte l'année, tlj 10h-18h. Forfait journalier pas trop élevé.* Attention, les parkings dans le village même sont réservés aux résidents munis d'une autorisation.

– ***Marché :*** *sam mat, pl. de la Halle.*

Où dormir ? Où manger ? Où boire un verre ?

Camping

Camping municipal Boucocers : *rte de Ribaute. ☎ 04-68-43-15-18. • camping-de-lagrasse@orange.fr • lagrasse.fr • À 1,5 km au nord du bourg. Juin-sept. Forfait tente 2 pers env 15 €. CB refusées.* Petit camping tout simple, aux emplacements dispatchés sur une pelouse plus ou moins ombragée (les arbres sont encore petiots), mais au calme et avec vue imprenable sur le village. Sanitaires pas jeunes mais propres.

De bon marché à prix moyens

Chambres d'hôtes et gîtes Les Glycines : *bd Charles-Cros. ☎ 04-68-43-14-54. 📱 06-42-45-10-30. • jh.guillot@wanadoo.fr • gites-les-glycines.fr • Doubles 70-90 €.* Une adresse de charme et de quiétude, au cœur du village. Le patio, aussi fleuri et verdoyant que la façade, contribue à faire de ce lieu un havre de paix. Chambres harmonieuses et 2 beaux gîtes (4-6 personnes) tout équipés complètent l'offre des chaleureux proprios. Un coup de cœur !

La Petite Maison : *12, bd de la Promenade. ☎ 04-68-91-34-09. • lapetitemaison.david@gmail.com • ♿ Ouv tlj sauf mer 9h-21h. Fermé de mi-déc à mi-fév. Compter 18-25 €.* Un p'tit bistrot à la déco pleine de fraîcheur. Rien qu'en parcourant le tableau noir qui énumère les préparations du jour, les papilles commencent à s'agiter : savoureuses tartes accompagnées d'une salade colorée, originales lasagnes, desserts auxquels on ne peut résister. Des recettes simples et mitonnées avec les bons produits du cru. Fait aussi salon de thé jusque sur l'agréable terrasse, où l'on sirote aussi verres de vin, bières...

Le Recantou : *12, rue Lafayette. ☎ 04-68-49-94-73. Ouv mai-sept, tlj sauf mar.* Agréable petite terrasse ombragée par un platane, dressée en surplomb de la rivière et juste en face de la massive silhouette de l'abbaye. Bien pour boire un verre, lécher une glace et même grignoter quelques tapas.

De prix moyens à chic

Hostellerie des Corbières : *9, bd de la Promenade. ☎ 04-68-43-15-22. 📱 06-42-45-10-30. • hostellerierecorbieres@free.fr • hostellerie-des-corbieres.com • Resto tlj sauf jeu, plus mer hors saison. Congés : 1 sem en fév et 2 sem à Noël. Doubles 90-115 €. Menus 29 € (sauf dim et j. fériés)-35 € ; carte env 50 €. Apéritif maison offert sur présentation de ce guide.* En bordure du village, cette demeure de caractère livre de belles chambres spacieuses et confortables, au charme de l'ancien : vieux parquets, cheminées, meubles de style... Savoureuse cuisine traditionnelle, revisitée avec élégance et sans esbroufe par un chef talentueux et intraitable sur le choix de ses produits frais locaux. Mon tout servit à prix justes sur une agréable terrasse avec vue sur la campagne. Une belle adresse tenue par un couple dynamique et sympa. Bravo !

La Basse-Cour : *11, bd de la Promenade. ☎ 04-68-49-58-64. ♿ Tlj sauf dim soir-lun. Formule midi en sem env 23 € ; menu 34 € ; carte.* C'est au fond d'une cour que se loge ce resto qui s'inspire avec brio des recettes d'autrefois, pour composer des plats aux goûts d'aujourd'hui. Au gré de la carte, poireau vinaigrette, blanquette de veau, riz au lait, etc., comme vous n'en avez peut-être jamais savouré. Le tout préparé à base de produits locaux travaillés par un jeune chef plein d'idées. Cadre dans le même tempo, rustique et moderne, alliant béton ciré et pierres centenaires.

Où acheter de bons produits ?

Boutique Kina Karo : *6, bd de la Promenade. ☎ 04-68-49-58-71. • kinakaro.fr • Tlj sauf lun 10h-18h.* Un apéritif *made in* Lagrasse, inventé tout près d'ici, à Fabrezan, en 1928, et relancé par un jeune vigneron du coin. Il s'agit d'un breuvage à base de vin blanc sec, quinquina, orange amère, plantes aromatiques, épices... garanti sans arôme artificiel, colorant, ni conservateur. Ajoutez-y glaçons et tranche de citron, et vous voilà paré pour l'apéro ! Fait aussi épicerie fine.

Vinaigrerie Cyril Codina : *16, bd de la Promenade. ☎ 04-68-75-83-66. • vinaigrescodina.com • Tlj sauf lun 10h-18h.* Cyril Codina est un créateur de vinaigres. Une cinquantaine à son compteur, élaborés à partir de son propre vignoble. Vinaigres balsamiques et vinaigres de vins aromatisés à la châtaigne, à la figue, à la truffe, etc. Dégustation en boutique. Testez donc le balsamique aphrodisiaque ! Également une gamme d'huiles d'olive et autres produits de grande qualité. Sur résa, possibilité de visiter la vinaigrerie qui se trouve tout près, boulevard de la Promenade. On apprend plein de choses !

À voir

L'abbaye de Lagrasse – Sainte-Marie-d'Orbieu : *4 et 6, rive Gauche.* On ne devinerait pas son âge en découvrant son aspect extérieur. Pourtant, cette abbaye bénédictine a plus de 13 siècles ! Fondée sous la protection de Charlemagne, elle connut un développement rapide qui en fit longtemps l'une des abbayes les plus prospères du Midi de la France. Du VIIIe au XVIIIe s, pas moins de 64 abbés s'y sont succédé, participant activement à la vie politique et religieuse du Languedoc et de la Catalogne. Divisé en 2 et vendue aux enchères à la Révolution – les moines quittant les lieux –, ce Monument historique est aujourd'hui encore séparé en 2 lots distincts : l'un appartient au département de l'Aude ; et l'autre à une communauté de chanoines réguliers, venus s'installer dans l'abbaye en 2004. Pour visiter l'intégralité du bâtiment – offrant un formidable catalogue architectural, de l'époque préromane au XVIIIe s – il convient d'emprunter 2 entrées distinctes et d'acquitter chaque fois un droit de visite.

– ***L'abbaye médiévale (partie publique) :*** *4, rive Gauche (1re porte d'entrée). ☎ 04-68-43-15-99. • abbayedelagrasse.aude.fr • ♿ (visite partielle). Tlj 10h-19h (17h oct-mars) ; fermé 1 j./sem oct-mars (consulter le site internet), et de Noël à mi-janv ; dernière admission 45 mn avt. Fermé de Noël à mi-janv. Entrée : 7,50 € ; réduc. Appli mobile « Pays cathare, Le Guide » ; et parcours enfants avec l'appli « Castrum, Le Jeu ». Nombreuses animations tte l'année (rencontres, conférences, concerts, expos, etc.).*

Après avoir franchi la 1re porte à gauche, on accède à la partie médiévale, fraction la plus ancienne de l'abbaye. Dans l'ordre, la ***cour du logis*** (XIIIe s) avec sa colonnade, dont un chapiteau en marbre blanc figurant « la luxure » ; et une étonnante clé de voûte en dents de scie. Juste après, précédé d'un ***vestibule*** au plafond en bois peint de 144 blasons (XIIIe s) à la gloire de l'abbé Auger (un rien mégalo !), on pénètre dans la longue salle voûtée du ***cellier,*** puis dans la ***boulangerie*** et son reste de four. La visite se poursuit par la ***chapelle basse*** dans laquelle est projeté un film (12 mn) ; la ***sacristie*** puis le ***transept nord de l'église*** (VIIIe s), une ***tour préromane*** (VIIIe s) partiellement éventrée pour construire ce grand ***escalier Charlemagne.***

À l'étage, grand ***dortoir*** (XIIIe s) aux arcs magnifiquement conservés, en forme de vaisseau renversé. Enfin, la ***chapelle privée de l'abbé,*** dédiée à saint Barthélemy, au somptueux décor polychrome et au tapis de terre cuite vernissée qu'on observe à travers une vitre depuis le vestibule, doté lui aussi d'un magnifique décor polychrome de la fin du XIIIe s. Dans la ***salle du Maître de Cabestany,*** notez le gisant de l'abbé Auger qui servit de canal d'adduction d'eau de l'abbaye (ô sacrilège !). Enfin, belle ***salle d'apparat*** avec son imposante cheminée en stuc Renaissance.

Dans le jardin, un café-librairie prolonge agréablement la visite *(de mi-juin à mi-sept et vac scol zone C, tlj sauf mar 11h-19h ; le reste de l'année, seulement le w-e).* Tenu par l'association *Le Marque-Page,* qui organise le festival Le Banquet du livre et autres rendez-vous littéraires... Agréable terrasse ombragée.

– ***Le monastère des chanoines (partie privée) :*** *6, rive Gauche (accès par le portail en grès rose à droite de l'entrée précédente). ☎ 04-68-58-11-58. • lagrasse.org • asmval.fr • D'avr à mi-nov, tlj sauf jeu 15h15-18h ; hors saison, seulement w-e et j. fériés. Dernière admission 35 mn (précises !) avt. Fermé 1 sem en sept. Entrée : 4 € ; visite commentée (1h) estivale (tlj sauf jeu) 5 € ; réduc selon les travaux de restauration rendant certaines parties inaccessibles. Tlj à 18h30, accès gratuit aux vêpres bercées de chants grégoriens.* En restauration constante par les chanoines réguliers de la Mère de Dieu, les bâtiments conventuels se déploient autour de la ***cour d'honneur,*** d'un sobre classicisme auquel le grès rose donne un éclat presque joyeux. Du même style, le ***cloître*** de 1760 rayonne de majesté avec son jardin. L'***église abbatiale*** gothique (XIIIe s), bâtie sur les fondations d'une basilique carolingienne, impressionne par son austérité et son acoustique. Elle s'ouvre sur un transept roman du XIe s. La ***tour-clocher*** s'élève à 42 m. Et 3 absidioles romanes déploient leur charme sur un ***jardin biblique,*** d'inspiration Renaissance. Curiosités à ne pas manquer : le chapiteau du maître de Cabestany et un couvercle de sarcophage du VIe s.

👥 ***Le village médiéval :*** superbe ***halle*** du XIVe s aux imposants piliers, surmontés d'une charpente en bois. Quelques ***vestiges des anciens remparts*** disséminés, comme la porte de l'Eau, la tour de Plaisance, etc. Cheminant dans le lacis des ruelles, bordées d'un harmonieux ensemble de ***maisons du XIIIe au XVIIIe s,*** voir aussi l'***église Saint-Michel*** du XIVe s, à nef unique. Et Installée juste à côté, dans l'ancien presbytère du XVe s, la ***Maison du patrimoine,*** qui abrite l'office de tourisme (voir plus haut « Adresses et infos utiles »), accueille une intéressante expo gratuite sur les plafonds peints à caissons à la française (XIIIe s-début du XVIe s).

👥 ***Le pont Vieux :*** superbe et élégante arche légèrement cambrée du XIVe s, reliant – par-dessus l'Orrieu – la rive de l'abbaye au village.

Manifestations

– ***Le Banquet du livre :*** *3 j. en mai et nov, et 1 sem en août à l'abbaye. • lamaisondubanquet.fr •* Balades, rencontres, conférences, lectures, concerts, expo, une librairie, un bistrot... pour les amoureux de littérature, de philosophie et de musique classique.
– ***Festival de piano :*** *1re sem de juil. • enblancetnoir.com •*
– ***Les Ptibals Festival folk :*** *dernière sem d'août. • ptibals.wixsite.com/lesptibals •*
– ***Marché des potiers :*** *3e w-e d'août, pl. des Halles.*
– ***Les Pages musicales :*** *1re sem de sept. • festival-lagrasse.fr •* Festival de musique de chambre.
– ***Festival des Abra Raccourcies :*** *avt-dernier w-e de juil, pl. des Halles.* Musiques actuelles autour du monde. Concerts et animations.

DANS LES ENVIRONS DE LAGRASSE

👥 ***Le sentier des Orchidées – Chemin des Planètes :*** *domaine Serres-Mazard, 11220* ***Talairan.*** *☎ 04-68-44-02-22. • serres-mazard.com • ♿ À 8 km au sud-est de Lagrasse ; et 2,5 km de Talairan, sur la hauteur. Résa impérative. Tarif : 10 € avec la visite du cellier et du sentier. Visites guidées sur rdv. Compter 2-3h min (voire la journée...).* Jean-Pierre Mazard est un vigneron passionné d'histoire de *soun pais,* de sa terre, de sa vigne et de son vin. Cette visite est l'occasion d'aborder tous ces sujets au cellier du domaine, puis au gré d'un original chemin de 1,5 km en boucle, ponctué de panneaux explicatifs. Une quinzaine d'espèces d'orchidées, dont certaines endémiques, fleurissent de mi-mars à fin juin. Le parcours peut se faire seul, mais on recommande la visite accompagnée, pour déceler les bonnes orchidées parmi les triviaux pissenlits !

Mayronnes (11220) : à 10 km au sud-ouest de Lagrasse. Expo de sculptures (d'avril à septembre) sur une boucle de 5 km empruntant en partie le sentier GR 36 à travers la garrigue. Compter 2h30 de balade pour parcourir ce « sentier sculpturel » qui allie art et nature. On peut aussi prendre le chemin panoramique (16 km et 6h de marche) des crêtes, qui emprunte le sentier sculpturel au retour...

FABREZAN

(11200) 1 255 hab. *Carte Aude, C2*

Un gros village qui doit son nom à une lointaine villa, cadeau de César à un certain Fabricius. Puis le temps coula et on retrouve aujourd'hui ce patelin viticole en pleine forme, au cœur duquel est venue se planter une tour médiévale. Fabrezan est la patrie de Charles Cros, poète et figure du Montmartre du XIXe s.

Où manger ?

Les Calicots : *17, rue du Commerce. ☎ 04-68-49-18-54. • lescalicots@orange.fr • Tlj sauf mar. Congés : de mi-oct à avr. Résa conseillée. Formule déj en sem 22 € ; menus 28-35 € ; carte 32-45 €.* Caché dans une ruelle du village, ce resto fait la part belle aux classiques régionaux comme le cassoulet, mais aussi à des créations plus folles comme les nems au confit de canard... Beaucoup d'originalité donc, pour un résultat délicieux et haut en saveur. Le tout servi dans une salle lumineuse et délicieusement vintage, donnant sur un charmant patio fleuri.

Où dormir ? Où manger dans les environs ?

Camping

Camping La Pinède : *rue des Roussillous, 11200* ***Lézignan-Corbières.*** *☎ 04-68-27-05-08. • lapinede.aude@gmail.com • campinglapinede.fr • À 10 km au nord-est de Fabrezan et 5 km au sud du canal du Midi. Ouv avr-oct. Forfait tente 2 pers 18,50-36 € ; écolodges et mobile homes.* À la lisière de la ville mais déjà à la campagne, un agréable camping familial et paysager (labellisé Sites et Paysages), bien ombragé par une pinède, comme son nom le laisse supposer. Accès gratuit à la piscine municipale voisine, tennis, jeux pour enfants et resto traditionnel alimenté par le potager maison.

De bon marché à prix moyens

Le Tournedos : *rond-point de Lattre-de-Tassigny, 11200* ***Lézignan-Corbières.*** *☎ 04-68-70-29-19. • letournedos@orange.fr • Tlj sauf dim-lun. Résa conseillée. Formule déj (en sem) 18 € ; menus 20-30 € ; carte env 35-42 €.* L'une des institutions du coin ! Cette excellente maison traditionnelle et familiale est spécialisée dans les goûteuses grillades au feu de bois. Tout est frais, bon et généreux, les produits locaux, les charcuteries excellentes, le foie gras maison et le cassoulet extra.

De prix moyens à chic

Chambres d'hôtes Château La Sabine : *11220* ***Saint-Laurent-de-la-Cabrerisse.*** *☎ 04-68-44-09-64. 06-71-65-05-11. • contact@lasabine.com • lasabine.com • À 7 km au sud de Fabrezan. Ouv avr-oct. Double env 140 €.* C'est la maison de maître d'un ancien domaine viticole, plantée au beau milieu des vignes. Un cadre superbe et paisible pour des chambres vastes et claires, joliment colorées et tout confort, avec de grands lits. Piscine, et plein de conseils pour visiter les caveaux du coin.

Auberge Côté Jardin : *7, av. 113 (D 6113), 11200* ***Conilhac-Corbières.*** *☎ 04-68-27-08-19. • contact@auberge-cotejardin.com • À 7,5 km au nord de Fabrezan. Mai-sept, tlj sauf midi lun-mar ; le reste de l'année, tlj le soir seulement (sauf dim), plus le midi w-e. Formules déj en sem 19,50-26,50 € ; menus 28-70 € ; carte.* Au bord de la passante départementale, cet ancien relais de poste compte parmi les bonnes tables audoises. Cuisine régionale aux envolées originales, concoctée avec les bons ingrédients frais du terroir local. Goûtez donc au cassoulet « revisité » !

À voir. À faire à Fabrezan et dans les environs

Le musée Charles-Cros : *av. de la Mairie, à* ***Fabrezan.*** *☎ 04-68-27-81-44. Au 1er étage de la mairie (clés à retirer au secrétariat du rdc). Lun-ven 9h-12h, 15h-18h (17h ven). GRATUIT.* Cette modeste collection évoque qui était ce Fabrezanais. Un poète qui sévit dans les cabarets parisiens à la fin du XIXe s : il est de ceux qui feront du cabaret *Le Chat Noir* un lieu célèbre et à la mode. Mais Charles Cros est aussi inventeur. On lui doit le procédé de la trichromie pour donner de la couleur à la toute jeune photographie. Mais son œuvre majeure, ancêtre de l'iPod, demeure le phonographe. D'où le prix Charles-Cros ; mais c'est bien sûr !

Spi-K-tri Street Art Universe : *25, av. des Vignerons, 11200* ***Ferrals-les-Corbières.*** *☎ 04-68-90-76-01. • spiktri.com • À 3,5 km au nord-est de Farbezan. Avr-oct, mer-dim (tlj pdt vac scol d'été) 10h-19h ; dernière entrée à 16h. Entrée : 20 € ; réduc ; forfait famille. Compter 2-3h de visite, voire plus si grande affinité.* L'entrée peut paraître chère, mais il s'agit d'un lieu hors du commun, incontournable pour les amateurs de *street art.* Dans les anciens bâtiments d'une cave coopérative désaffectée, puisant dans une énergie qui bouscule les codes, l'artiste Spi-K-tri a créé un univers « spiktrien » constitué de 18 planètes. La graffeuse Azba a aussi donné quelques coups de bombe. Chaque planète, peuplée de créatures et d'œuvres issues de nos déchets terrestres, illustre – si besoin est – que « Rien ne se perd, rien ne se crée, tout se transforme ». Tout est basé sur le recyclage et la récup' à l'état pur. L'itinéraire débute sur *Earthrum,* une terre ravagée par de multiples fléaux. Un cheminement de 2 km mène ensuite de planète en planète. L'*Agressive Art* liste les 26 lots qui ne devraient pas exister (!), la *Love Revolution* est dédiée à l'amour dans tous ses états, sur *Orchestrum,* hommage aux grandes légendes du rock... Au cours du voyage, on croise le vaisseau spiktronien chargé de récupérer les déchets qui donneront vie aux différentes créatures. Sur 14 000 m², l'art s'immisce dans les moindres recoins, jusque dans l'intérieur des cuves ! Le parcours s'achève par une cathédrale de *street art* ! Le message dénonçant la société de surconsommation, l'obsolescence programmée... saute au visage de manière puissante. Bluffant !

La miellerie des Clauses : *hameau des Clauses, 8, pech de la Garrigue, 11200* ***Montséret.*** *☎ 04-68-43-30-17. • miellerie-des-clauses.com • À 15 km au sud-est de Fabrezan ; et 1 km au sud de Montséret. Tlj 9h-12h, 14h-18h. Visite* *guidée (1h15) juil-août lun-ven à 10h30, 14h30, 16h et 17h30, w-e et j. fériés à 10h30, 15h et 16h30 ; de mi-avr à juin et sept tlj à 14h30 et 16h. Entrée : 6 € ; gratuit moins de 12 ans.* Tout, tout, tout, vous saurez tout sur l'*Apis mellifera* ! Visite guidée complète et passionnée sur l'environnement de butinage des abeilles, la vie d'une ruche avec, à la clé, l'ouverture de ladite ruche. En été, possibilité pour les adultes de vivre la *Bzzz Experience,* de se glisser dans la peau d'un apiculteur en petit groupe et habillé en conséquence *(mer 9h-11h30 sur résa ; tarif : 18 €/pers).* Boutique.

LE PAYS DE LA NARBONNAISE – LA CÔTE DU MIDI

De Narbonne à la frontière séparant l'Aude des Pyrénées-Orientales se déroule une côte préservée. Hormis les stations balnéaires de Port-la-Nouvelle ou de Port-Leucate, circonscrites à quelque 5 ou 10 km de littoral, s'étirent de vastes étendues de plages de sable fin, bordées de pinèdes et de vignes, de rocailles couvertes de garrigue, de lagunes reliées à la mer par des chenaux (des *graus* en occitan).
Aux portes de vieux villages de pêcheurs pleins de cachet s'étendent des étangs dans lesquels des colonies de flamants roses trempent leurs gambettes. La faune et la flore y sont exceptionnelles. Dans la partie nord, les magnifiques paysages du massif de la Clape complètent cette jolie palette.
Et pour finir, on est ravi d'apprendre qu'il s'agit de la partie du littoral méditerranéen français la moins urbanisée après la Camargue et la Corse ! C'est pour préserver ces richesses naturelles et cette biodiversité rare qu'a été créé le parc naturel régional de la Narbonnaise en Méditerranée.
*– **Maison du parc :** 1, rue Jean-Cocteau, 11130 **Sigean.** ☎ 04-68-42-23-70.*
• parc-naturel-narbonnaise.fr •

NARBONNE (11100) 55 515 hab. *Carte Aude, D1*

• Plan *p. 238-239*

Environ 500 ans avant notre ère, Narbonne était une halte bienvenue sur la route entre Marseille et l'Espagne. Les Romains en firent leur 1re capitale en Gaule, commandant toute la région. D'ailleurs, comme disait Pline, « la Narbonnaise n'est pas une province : c'est l'Italie » ! D'une ville grise, triste, aux maisons de torchis, le génie architectural de la Rome toute-puissante en fit un port magnifique. Place commerciale de 1er ordre (les canaux y transportaient le fromage de Lozère, les conserves d'huîtres de la côte et le vin du Languedoc), port important, industrie drapière florissante, l'âge d'or dura du VIIIe au XIVe s. Les événements du XIVe s (peste, guerre de Cent Ans, piraterie) entraînèrent le déclin économique de la ville. Puis Louis XII en fit une place forte, édifiant remparts et tours avec les pierres des monuments romains et détruisant ainsi un témoignage unique de la période la plus faste de la ville. Son rôle militaire s'acheva à la signature du traité des Pyrénées en 1659. La frontière s'éloignait, la menace aussi.
Aujourd'hui, le voyageur prend plaisir à flâner dans son vieux centre et le long du romantique canal de la Robine, classé au Patrimoine mondial de l'Unesco. La richesse patrimoniale de Narbonne lui vaut le label « Ville d'art et d'histoire ».

Adresses et infos utiles

🛈 ***Office de tourisme Côte du Midi*** *(plan B2)* **:** *31, rue Jean-Jaurès. ☎ 04-68-48-14-81. • cotedumidi.com • D'avr à mi-sept, tlj 9h-19h.* Plans touristiques de Narbonne, de la Côte du Midi, guides de séjours, épicuriens, enfants... Visites guidées payantes. Vente de box « chasse au trésor » et de billets pour différentes activités. Aussi une ***annexe à Narbonne-Plage*** *(☎ 04-68-49-84-86 ; à 17 km de Narbonne).*

Gare SNCF *(plan C1)* **:** *av. Carnot. • sncf.com •* Narbonne se situe sur la ligne ***Bordeaux-Marseille,*** via ***Toulouse, Castelnaudary, Carcassonne, Montpellier...*** Nombreux trains tlj.

Gare routière *(plan B1,* ***1****)* **:** *bd Georges-Séguy. • mestrajets.lio.laregion.fr •* Compter 1 bus/j. sauf dim, j. fériés (pas de bus sam pdt vac scol) sur la ***ligne 406*** desservant ***Lagrasse*** (1h) via ***Fabrezan.*** Aussi 5-8 bus/j. sauf w-e et j. fériés sur la ***ligne 401,*** avec la compagnie ***Kéolis*** *(• keolissuddefrance.com •),* pour ***Carcassonne*** (1h40) via ***Trèbes*** et ***Lézignan-Corbières.***

Citibus – Grand Narbonne – Gare routière *(plan B1,* ***1****)* **:** *bd Georges-Séguy. ☎ 04-68-90-18-18. • citibus.fr •* Les tickets s'achètent dans le bus. Les bus pour ***Narbonne-Plage*** se prennent en face de la gare SNCF, angle bd Mistral et Condorcet *(plan C1,* ***2****)* ou bd du Docteur-Ferroul, au niveau des halles *(plan C3,* ***2****).* Plages accessibles pour moins de 1,50 € !

Location de vélos : *chez* ***Languedoc VTT Évasion,*** *📱 06-74-89-75-98. • languedocvttevasion.over-blog.com • Tte l'année, tlj.* Pas d'agence à proprement parler, il s'agit d'un moniteur sportif qui livre les vélos sur le lieu de votre hébergement ou au point de départ de la balade. Location de VTT et VTC, vélos électriques. Matériel au top et conseils en prime ! Mêmes prestations chez **Paulette** *(11, bd Condorcet ; ☎ 05-82-28-05-10 ; • paulette.bike •),* et **Pub Cycles** *(pl. de la Méditerranée, à Narbonne-Plage ; 📱 06-01-81-73-86 ; • pubcycle-narbonne.fr •),* qui loue aussi rosalies, karts à pédales et *overboards.*

– ***Marchés :*** *aux halles (plan C3), tlj 7h-13h.* ***Marché bio :*** *pl. du Forum (plan B1-2), sam mat.* ***Marchés ts produits :*** *promenade des Barques et cours Mirabeau (plan C3), jeu et dim mat.* ***Marché aux fleurs :*** *cours République (plan C2-3), jeu 7h-13h.* ***Marché aux fripes :*** *pl. Voltaire (plan A-B2), mar mat.*

Où dormir ?

De bon marché à prix moyens

Centre international de séjour – Ethic Étapes *(plan B2,* ***11****)* **:** *pl. Roger-Salengro. ☎ 04-68-32-01-00. • contact@cis-narbonne.com • cis-narbonne.com • ♿ Résa obligatoire (ouv seulement s'il y a un minimum de pers). Lit en dortoir (4-6 pers) env 26 € et doubles env 60-72 €, petit déj compris. Possibilité de repas.* En plein cœur historique, couleurs pêchues pour cet établissement moderne, fonctionnel et bien tenu, dont l'offre se rapproche d'une auberge de jeunesse. Une centaine de lits répartis dans des dortoirs et des doubles, avec ou sans sanitaires complets. Salle TV et resto, mais pas de cuisine commune. L'atout, c'est l'agréable petit jardin public attenant, qui devient privatif en fin de journée.

Hôtel de France *(plan C3,* ***13****)* **:** *6, rue Rossini. ☎ 04-30-37-01-47. • accueil@hotelnarbonne.com • hotelnarbonne.com • Doubles 78-88 € (un peu chérot tt de même). Possibilité de se garer gratuitement dans les rues du coin.* Dans une rue calme à 2 pas des halles, petit hôtel installé dans une maison bourgeoise du XIXe s. Une quinzaine de chambres qui commencent un peu à dater. Pour autant, l'atmosphère reste agréable et l'accueil est attentionné. Il n'y a plus qu'à souhaiter que vos voisins de chambre soient discrets.

Adresses utiles

- Office de tourisme (B2)
- 1 Citibus – Grand Narbonne – Gare routière (B1)
- 2 Bus pour Narbonne-Plage (C1 et C3)

Où dormir ?

- 10 Camping Les Mimosas (hors plan par A3)
- 11 Centre international de séjour – Ethic Étapes (B2)
- 12 Le C Boutique Hôtel (D2)
- 13 Hôtel de France (C3)
- 14 Hôtel La Résidence (B2)
- 15 Hôtel Galla Placidia (C1)
- 16 Hôtel Douce France (hors plan par C1)
- 17 Hôtel Château L'Hospitalet (hors plan par D2)

Où manger ? Où boire un verre ?

- 20 Chez Lulu (C2)
- 21 Chez Bébelle, Maison Bébelle et Les Tapas de la Clape (C3)
- 22 Le Mallicolo (C2)
- 23 En Face (C3)
- 24 Le Petit Comptoir (B2)
- 25 La Table Cuisinier Caviste (B3)
- 26 La Cave à Manger & Cave à Vin – Maison Saint-Crescent (hors plan par A3)

Où acheter du vin dans les environs ?

- 17 Château L'Hospitalet (hors plan par D2)

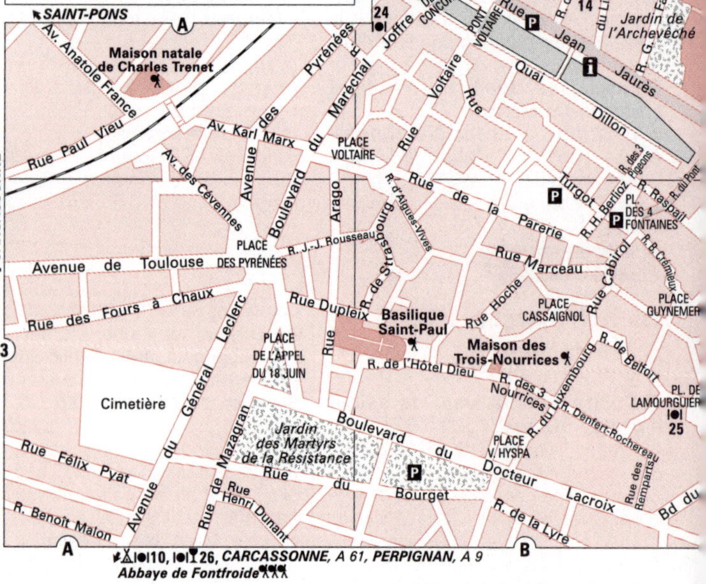

BÉZIERS 16
BÉZIERS
0
100
200 m
Square Thérèse Léon Blum
PL. DU FORUM
COUR DE JANOTE
Saint-Sébastien
Station œnologique
20
Horreum romain
PLACE DE LAPEYRADE
PLAN SAINT-FRANÇOIS
Cathédrale Saint-Just-et-Saint-Pasteur
Palais-musée des Archevêques
Donjon Gilles Aycelin
PLACE DE L'HÔTEL DE VILLE
Palais de justice
Sous-préfecture
12
22
PLACE DE VERDUN
23
PL. DES JACOBINS
PONT DE LA LIBERTÉ
Les halles
21
N.-D.-de-Lamourguier
2
13
15
Canal de la Robine
Avenue Pierre Sémard
R. Papin
Avenue du Maréchal de Lattre de Tassigny
Rue de l'Indépendance
Rue Chanzy
Rue Valentin
Edmond
Calixte
Rue Lakanal
Rue Viala
Avenue Élie Sermet
Rue Pierre
Rue Edmond
R. de Barcelone
Rue Rochambeau
Rue d'Alger
Avenue Paul Tournal
Mistral
Boulevard Sembat Marcel
Rue des Colonnes
Rue Romain
Rue de Blida
Condorcet
Frédéric
Avenue du Maréchal Foch
Boulevard Neuve
R. des 3 Moulins
R. de l'Ancienne Porte de Béziers
Rue du Capitole
Rue de l'Isle
R. du Lieutenant-Colonel Deymes
Rue Rougé
Rue Droite
Rue Michelet
Rue Garibaldi
Avenue de Gaulle
Boulevard du Général
Rue Cuvier
R. du Dr Roux
Rue Marcero
Rue Gabriel
Rue Pelouze
Rue Francis
Rue d'Isly
Valmy
Avenue du Président Kennedy
R. A. Gauthier
R. Viollet-le-Duc
Rue Corneille
Rue Louis Blanc
Rue Auber
R. Brisson
Rue Littré
Boulevard Gambetta
Rue Mosaïque
R. V. Renard
R. E. Billières
Rue Jacquard
Rue d'Églantine
Rue Suffren
R. de l'Ancien Courrier
R. P. Lafforgue
R. de la Major
R. Niquet
Cours de la République
Rue des Marchands
Rue de la Rue
Rue Félix Fabre
Rue Lobet
Rue de Paul
Rue Rouzaud
Aldy
Rue Henri
Louis
Courier
Quai Victor Hugo
Cours Mirabeau
R. É. Zola
Docteur Ferroul
R. Baptiste Limouzy
R. Guiraut Riquier
Rue de l'Alcazar
Rue Mazzini
Quai Vallière
Rossini
17
A 9, NARBONNE-PLAGE, PERPIGNAN, BÉZIERS
Musée Narbo Via
GRUISSAN, A 9
Site inscrit au Patrimoine mondial de l'Unesco
Rues piétonnes
C
D
1
2
3

NARBONNE

De chic à très chic

Hôtel La Résidence (plan B2, **14**) : *6, rue du 1er-Mai. ☎ 04-68-32-19-41. • contact@hotelresidence.fr • hotelresidence.fr • Doubles 90-155 €. Parking payant sur résa.* Dans une petite rue calme du vieux centre, un ancien hôtel particulier du XIXe s, à la déco et au mobilier d'époque, de hauts plafonds. Du charme donc, jusque dans les chambres, confortables et avec vue sur la cathédrale pour certaines. Atmosphère agréable et cosy. Accueil cordial et pro.

Hôtel Galla Placidia (plan C1, **15**) : *21, rue des Colonnes (à 2 pas de la gare). 06-22-63-18-96. • contact@galla-placidia.fr • galla-placidia.fr • Doubles 90-115 €.* Seulement 8 chambres dans cet hôtel format maison d'hôtes, qui rend autant hommage aux femmes qui ont fait l'histoire de la ville (Galla Placidia fut impératrice romaine), qu'à celles qui font vivre aujourd'hui l'art ou la viticulture régionales. Les œuvres des unes parsèment les murs crème, tandis que les crus des autres (et de leurs confrères masculins) garnissent le cellier. De la personnalité donc, que vient encore relever le mobilier chiné, dans des chambres à la fois sobres et glamour, la plupart avec salle d'eau ouverte. À moins de craquer pour la suite, et sa baignoire lovée dans un bow-window. À partager, un grand patio et une terrasse citadine, avec son petit bassin.

Le C Boutique Hôtel (plan D2, **12**) : *15, rue Suffren. 06-40-20-99-97. • contact@cboutiquehotel.fr • hotel-le-c.com • Doubles 99-129 € ; suites plus chères. Parking payant sinon, possibilité de se garer gratuitement dans la rue.* À quelques enjambées du centre, dans un coin tranquille, un sympathique hôtel familial aux chambres aménagées dans un esprit actuel. Confortable et plaisant. On aime bien la suite avec sa cour privée. Sauna. Possibilité de massages.

Où dormir dans les environs ?

Camping

Camping Les Mimosas (hors plan par A3, **10**) : *chaussée de Mandirac, à* ***Narbonne.*** *☎ 04-68-49-03-72. • mimosas@capfun.com • lesmimosas.com • À 6 km au sud-est du centre-ville. Ouv de début avr à mi-sept. Forfait tente 2 pers env 22-50 € ; chalets et cottages. 268 empl.* À proximité immédiate de l'étang de Bages, en pleine nature ; plus qu'un camping, c'est un village-camping pour la détente, le sport (3 piscines, parc aquatique avec toboggans, tennis, minigolf, jeux pour enfants, terrains multisports, location de vélos, etc.), avec une foule de services (resto, supérette...) et des animations. Peu d'emplacements « nus » pour planter sa tente. Surtout des locatifs.

De prix moyens à beaucoup plus chic

Hôtel Douce France (hors plan par C1, **16**) : *2 bis, rue des Vignerons, 11590* ***Cuxac-d'Aude.*** *☎ 04-68-93-75-09. • douce-france@anxi.fr • douce-france-cuxac-d-aude.jimdofree.com • À 8 km au nord de Narbonne. Resto le midi en sem seulement sauf j. fériés. Doubles 65-85 €. Menu 17 € (vin et café compris). En basse saison, réduc de 10 % sur le prix de la chambre sur présentation de ce guide.* Un hôtel pas tout à fait comme les autres. Il est en effet géré par l'Association narbonnaise pour le soutien, l'épanouissement et l'insertion (ANSEI), qui a pour vocation d'accompagner de jeunes gens confrontés aux petites difficultés dans la vie... Modernes, spacieuses et confortables, les chambres n'ont rien à envier aux établissements classiques. Bon resto traditionnel, servant entrées et desserts en buffet. Un excellent rapport qualité-prix général et aussi une démarche à soutenir !

Hôtel Château L'Hospitalet (hors plan par D2, **17**) : *rte de Narbonne-Plage, à* ***Narbonne.*** *☎ 04-68-45-28-50. • reception.hotel@gerard-bertrand.com • chateau-hospitalet.com • À 10 km à l'est de Narbonne. Resto tlj sauf lun.*

Doubles 240-450 €. Menus 69-119 € ; carte env 45-60 €. Au cœur du superbe massif de la Clape – en plein parc naturel régional –, ce domaine viticole biodynamique appartient au célèbre vigneron Gérard Bertrand. Ses anciens bâtiments agricoles comptent d'élégantes chambres – dont des familiales – confortables et contemporaines, décorées avec des matériaux nobles et des photos noir et blanc illustrant la vie à la propriété. Piscine chauffée ouverte sur la nature, tennis, resto de chef, dégustation au caveau et festival de jazz en été. Bref, la belle adresse pour ceux qui ont des sous !

Où manger ? Où boire un verre ?

De bon marché à prix moyens

Chez Lulu (plan C2, **20**) : *30, rue Gambetta. ☎ 04-68-32-24-87. • bistrotchezlulu@gmail.com • ♿ (1 salle). Tlj dim, plus lun soir et le soir des j. fériés hors saison. Congés : fév. Menus env 14 € (déj en sem), puis 35 € ; carte env 25-30 €. Digestif maison offert sur présentation de ce guide.* À 2 pas du palais des Archevêques, petit bistrot aux allures d'antan, où l'on mijote une belle cuisine du sud – généreuse et colorée – oscillant entre tradition et modernité. Les quelques plats de l'ardoise dépendent des produits frais du terroir dégotés au marché. Gentille carte des vins régionaux et quelques cocktails maison à siroter en terrasse dans la rue piétonne. Une bonne adresse pour ne pas se ruiner, bravo !

Chez Bébelle (plan C3, **21**) : *les halles, 1, bd Docteur-Ferroul. 📱 06-85-40-09-01. • gilles@chez-bebelle.fr • Tlj sauf lun 8h-14h. Plats 13-26 €. Le dim, uniquement planches de charcuterie ou plateau de fruits de mer. CB refusées.* Ancien joueur de rugby, Bébelle tient son resto-bar en famille. On lui commande une viande, il interpelle le boucher en face avec un mégaphone pour une livraison immédiate par voie aérienne ! Frites maison et verre de vin de pays accompagnent les grillades, à même le zinc. Mais il faut arriver tôt, c'est pris d'assaut ! Et pour contenir son succès, la fine équipe a ouvert – face aux halles – la ***Maison Bébelle*** *(2, rue Émile-Zola ; ☎ 04-68-49-90-18 ; • contact@maison-bebelle.fr • ; tlj sauf lun 10h-16h),* avec quasi la même carte dans une ambiance néo-indus'. Sinon, plus « tranquille » et toujours dans les halles, le bar à vins ***Les Tapas de la Clape*** *(📱 06-23-47-06-41 ; • firat.abbas@sfr.fr • ; tlj 11h-15h ; carte env 20 €)* sert *ensaladas, planchas* et tapas, concoctés avec de bons produits frais.

Le Mallicolo (plan C2, **22**) : *43, rue de l'Ancien-Courrier. ☎ 04-68-49-78-99. • yanateric@free.fr • Tlj sauf dim-lun, au déj seulement, 12h-15h. Formule déj 17 € ; carte env 25 €.* Une cuisine simple et ouverte sur le monde d'un couple voyageur. « Mallicolo » ? Demandez-leur ! Un nom de rêve pour un petit resto hyper sympa. Une salade, une copieuse tartine ou une « assiette du monde » qui jouent avec les épices et les saveurs. Sans oublier les options végétariennes et véganes. Un vrai plaisir, pour déjeuner ou prendre un thé, en terrasse dans la rue piétonne.

En Face (plan C3, **23**) : *27, cours de la République. ☎ 04-68-75-16-17. • james.wickenden@wanadoo.fr • Tlj sauf mar-mer. Formule déj (sauf dim) 13 € ; menus 19-25 €.* Ce resto aux allures de bistrot, avec son comptoir, sa longue salle et ses tables en terrasse sur le cours, propose une cuisine simple, mitonnée avec les produits frais du marché et servie à prix doux.

De prix moyens à chic

Le Petit Comptoir (plan B2, **24**) : *4, bd Maréchal-Joffre. ☎ 04-68-42-30-35. • camille@petitcomptoir.com • Tlj sauf dim-lun. Résa conseillée. Formules déj en sem 19-24 € ; menu env 35 € ; carte env 35-40 €.* Ce « resto bistronomique » est très couru car son patron enjoué ne transige pas sur le choix de ses produits. La carte change tous les mois et la cuisine créative évolue selon les arrivages et l'humeur du chef. C'est ce qu'il appelle « la cuisine spontanée » ! Belle carte des vins régionaux. Une bonne adresse, et surtout, un excellent rapport qualité-prix à midi.

|●| *La Table Cuisinier Caviste* *(plan B3,* ***25****) : 4, pl. Lamourguier. ☎ 04-68-32-96-45. • reservation@table-cuisiniercaviste.com • Tlj sauf dim-lun et midi mar-mer. Résa conseillée. Menus 20-24 € (déj en sem), puis 34 € et carte.* À l'ombre de l'église Notre-Dame-de-Lamourguier, loin des regards, Marc, Nicolas et Mégane (MNM pour les intimes) composent une trilogie culinaire remarquée à Narbonne. Un pur moment de plaisirs à partager autour d'une cuisine qui explore les produits de saison et les saveurs ensoleillées du Languedoc, avec finesse, créativité et modernité. Bref, avec talent ! Ceux qui veulent juste découvrir la sélection de vins s'installeront au *wine bar* en grignotant quelques tapas. Terrasse à l'écart de la circulation.

|●| *La Cave à Manger & Cave à Vin – Maison Saint-Crescent* *(hors plan par A3,* ***26****) : 68, av. Général-Leclerc. ☎ 04-68-42-74-40. • lacave@saintcrescent.com • À env 2 km du centre-ville. Tlj sauf dim soir-lun. Menus 25 € (déj en sem), puis 35 € ; carte env 30-45 €.* À côté de son prestigieux restaurant *La Table de la Maison Saint-Crescent,* le chef double étoilé Lionel Giraud a eu la bonne idée d'ouvrir cette 2de table plus décontractée, aux prix plus sages. Mais toujours avec autant de sérieux. Que l'on choisisse plats ou tapas, c'est un festival de gourmandises, de préparations goûteuses, de viandes succulentes... Tous les produits, de grande qualité, viennent d'Occitanie. Et que dire de la cave, l'une des plus fournies de Narbonne avec près de 2 500 références ?! N'hésitez pas d'ailleurs à aller choisir vous-même la bouteille qui vous tente ! Quelques tonneaux en terrasse.

Où acheter du vin dans les environs ?

Château L'Hospitalet *(hors plan par D2,* ***17****) : rte de Narbonne-Plage, à* ***Narbonne.*** *☎ 04-68-45-28-50. • chateau-hospitalet.com • À 10 km à l'est de Narbonne. Boutique tlj 9h-19h (20h juil-août). Visite guidée payante – à pied ou à trottinette électrique – et dégustation.* C'est ici, au cœur du massif de la Clape – bordé par la Méditerranée – que sont élevés les prestigieux crus de ce domaine en biodynamie, appartenant au célèbre vigneron Gérard Bertrand. Incontournables, déclinés dans les 3 couleurs et finalement pour toutes les bourses.

Château Pech-Celeyran : *11110* ***Salles-d'Aude.*** *☎ 04-68-33-50-04. • pech-celeyran.com • À 15 km au nord-est de Narbonne. Juil-août, tlj 10h-19h ; le reste de l'année, tlj sauf dim 10h-12h30, 14h-18h.* Presque 100 ha de vignes sur ce domaine où Toulouse-Lautrec venait jouer enfant. Sur des toiles exposées au musée d'Albi, on retrouve d'ailleurs le château de Celeyran, qui appartenait aux grands-parents du peintre ! Ici, Nicolas de Saint-Exupéry élabore des vins AOC la clape et IGP pays d'oc. L'occasion de découvrir une belle propriété et l'activité viticole d'un vigneron sympa.

À voir. À faire

– Pour découvrir le patrimoine narbonnais, ***visites commentées et animations jeune public*** (6-12 ans) sont organisées par la direction du Patrimoine avec des guides-conférenciers municipaux en semaine pendant les vacances scolaires *(résa : ☎ 04-68-90-30-66 ; tarif 6,50 €/pers, réduc).*

– Le ***billet Palais-musée des Archevêques-Cathédrale*** *(6 € ; réduc)* donne accès à l'ensemble du palais et de ses collections, au donjon et au trésor de la cathédrale. Aussi le **pass *Monumentale Narbonne*** *(10 € ; réduc),* qui inclut le billet Palais-musée des Archevêques-Cathédrale, la maison natale de Charles Trenet, ainsi qu'une visite guidée.

– ***Important :*** les sites municipaux sont ***gratuits le 1er dimanche du mois.***

☙☙ ***La place de l'Hôtel-de-Ville*** *(plan C2)* **:** le ***palais-musée des Archevêques*** abrite aussi l'hôtel de ville. La façade du ***palais Neuf*** (actuelle mairie) entre les 2 tours a été rebâtie au XIXe s par Viollet-le-Duc. À droite du très joli ***passage de l'Ancre*** s'élève le ***palais Vieux.*** En face, le beau bâtiment néobaroque « Aux Dames de France » abrite le Monoprix. Et pour finir... par le commencement, une micro-portion de l'ancienne ***via Domitia*** romaine a été dégagée au centre de la place.

☙☙ ***Le palais-musée des Archevêques*** *(plan B-C2)* **:** *pl. de l'Hôtel-de-Ville. ☎ 04-68-90-31-34. ● musees-narbonne.fr ● Juin-sept, tlj 10h-18h ; le reste de l'année, tlj sauf mar 10h-12h45, 14h-18h (17h nov-mars). Fermé 1er janv, 1er mai, 1er et 11 nov, et 25 déc. Entrée : 6 € ; réduc ; accès au donjon et au trésor de la cathédrale compris. Pass Monumentale Narbonne accepté. Ce pass donne droit à une visite guidée qui permet d'accéder à la cour de la Madeleine (superbe vue sur le chevet de la cathédrale), la salle des Consuls (vestiges des remparts de l'Antiquité) et à la salle des Synodes.*

La visite libre explore 2 parties distinctes :

– le ***palais Neuf*** (XIVe s) et ses riches collections d'art, présentées dans les anciens appartements où séjournèrent Louis XIII – pendant le siège de Perpignan –, puis Louis XIV. La chambre du roi possède un magnifique plafond à caissons. Au sol, une belle mosaïque romaine et, aux murs, de très académiques tableaux du XVIIe s. La grande galerie expose une collection de pots à pharmacie en faïence de Montpellier. Remarquable salle à manger avec foisonnement de stucs et couleur d'origine. Un peu partout, des tableaux italiens et flamands. Ne pas rater *La Danse de noces* de Brueghel. Dans les 2 dernières salles, riche collection de peinture orientaliste, l'une des plus remarquables de France. Noter la *Casbah de Tinghir* de Majorelle.

– Le ***palais Vieux*** (XIIe s) ***– en restauration jusqu'en 2025 –*** est bien connu pour son remarquable plafond peint du XIIIe s. Un vrai chef-d'œuvre ! À terme, il devrait accueillir un intéressant parcours d'archéologie médiévale...

– L'ancienne ***chapelle Saint-Martial*** (XIVe s) accueille régulièrement des expos temporaires *(GRATUIT).*

– Dans le ***jardin de l'Archevêché*** *(accès par la rue Gustave-Fabre ou par le cloître),* un étonnant *Banc public,* de Lilian Bourgeat, nous transforme en vrai Lilliputien !

☙☙ ***Le donjon Gilles-Aycelin :*** *accès par la boutique du palais-musée des Archevêques. Tlj 10h-12h45, 14h-18h (sans interruption juin-sept ; jusqu'à 17h nov-mars). Même billet d'accès.* Belle tour défensive de la fin du XIIIe s érigée – avec des murs de 4 m d'épaisseur – par un archevêque soucieux d'affirmer son pouvoir. Culminant à 42 m, sa terrasse panoramique plonge sur la ville et la vue s'étire jusqu'aux Pyrénées.

☙ ***Le passage de l'Ancre*** *(plan B-C2)* **:** superbe retour 6 siècles en arrière dans cet admirable bout de ruelle pavée, enchâssé entre le palais Neuf et le palais Vieux.

☙ ***Le cloître*** *(plan B-C2)* **:** *accès par le passage de l'Ancre, ou la cathédrale, ou le jardin de l'archevêché (rue Fabre) ; mêmes horaires que la cathédrale. GRATUIT.* Construit dans la 2de moitié du XIVe s et restauré, il affiche de remarquables gargouilles sculptées, surplombant une petite roseraie.

☙☙ ***La cathédrale Saint-Just-et-Saint-Pasteur*** *(plan B-C2)* **:** *accès rue Armand-Gautier ou cloître. ● musees-narbonne.fr ● ♿ Juin-sept, tlj 10h-18h ; le reste de l'année, tlj 10h-12h45, 14h-18h. Fermé 1er janv, 1er mai, 1er et 11 nov, et 25 déc. Festival d'orgues en été.*

Au XIIIe s, seul son chœur fut construit, ce qui explique sa forme atypique et ramassée. Les consuls de la ville s'opposèrent à la poursuite des travaux au XIVe s (au niveau de l'actuelle rue Fabre) pour éviter la destruction d'un rempart d'origine romaine. L'histoire leur donna raison d'une certaine manière, le rempart ayant, par la suite, protégé Narbonne des Anglais en 1355, pendant la guerre de Cent Ans...

D'un style gothique rayonnant à tendance flamboyante, c'est la toute 1re cathédrale du genre construite dans le Midi, influencée par celles du Nord du pays. Avec ses pinacles, l'édifice est une formidable réussite, à commencer par sa voûte, l'une des plus hautes de France ! Dans le chœur : orgue somptueux orné d'anges musiciens, maître-autel dessiné par Hardouin-Mansart et superbes stalles...
Dans les ***chapelles,*** vitraux des XIIIe et XIVe s et riche mobilier. Au centre, dans l'axe du chœur, ne manquez pas la chapelle Notre-Dame-de-Bethléem et son superbe retable de pierre polychrome du XIVe s. Et à la clôture du chœur, des tombeaux d'archevêques révèlent le prestige de ces grands prélats...
Du même côté, accès à la ***salle du trésor*** : *tlj sauf dim mat et cérémonies ; dernière entrée 15 mn avt fermeture de la cathédrale. Accès avec le billet Palais-musée des Archevêques-Cathédrale ou le pass Monumentale Narbonne.* Sa voûte ellipsoïdale en brique lui donne une curieuse résonance acoustique... On trouve dans cette ancienne salle capitulaire l'un des plus riches trésors de France ; d'admirables raretés, comme cette couverture de reliquaire en ivoire du IXe s, des pièces d'orfèvrerie, des livres enluminés, un coffret en cristal, etc.

★★ ***L'Horreum romain*** *(plan C2)* **:** *7, rue Rouget-de-Lisle. ☎ 04-68-32-45-30. Tlj sauf lun : mai-sept, 10h-13h, 14h-18h ; oct-avr, 10h-12h, 14h-17h. Entrée : 5 € (7 € avec la visite commentée) ; billet jumelé avec le musée Narbo Via (Narbonne) et le musée de potiers Amphoralis (Sallèles-d'Aude) 13 € (18 € avec l'expo temporaire du musée Narbo Via) ; gratuit moins de 26 ans.* Ce sont les fondations d'un entrepôt romain et l'un des rares monuments antiques visibles en centre-ville, ce qui est tout de même un comble quand on sait l'importance de la ville romaine. Longtemps ignorées, les longues galeries de l'*horreum* (« magasin » en latin) ne furent explorées qu'au début du XXe s. Les recherches ne sont d'ailleurs pas terminées, car les constructions antiques servent aussi de fondations et de caves aux maisons modernes. Visite intéressante et fraîchement agréable en été.

★★ ***Les halles*** *(plan C3)* : *1, bd Docteur-Ferroul. Tlj 7h-14h (service min lun).* Ce pavillon de l'époque Baltard est l'un des plus beaux de France ! Magnifique structure métallique étayée par des piliers en pierre. À l'intérieur, les commerces de bouche sont tous plus appétissants les uns que les autres. On s'y retrouve, on discute et on partage des tapas aux différents stands. L'influence espagnole n'est pas loin, mais la vraie vie narbonnaise est bien là ! Pour y manger, la réponse est *Chez Bébelle* (voir « Où manger ? »).

★ ***La maison natale de Charles Trenet*** *(plan A2)* **:** *13, av. Charles-Trenet. ☎ 04-68-58-19-13. • musees-narbonne.fr • Juin-sept, tlj 10h-13h, 13h30-18h ; le reste de l'année, tlj sauf mar 10h-12h45, 14h-18h (17h nov-mars). Fermé j. fériés. Entrée : 4 €. Pass Monumentale Narbonne accepté.* Pour une immersion dans l'univers du « Fou chantant », la maison où est né le 18 mai 1913 et où a grandi le chanteur-compositeur de *Y a d'la joie, Douce France* et de tant d'autres tubes qui tournent en tête durant la visite. Beaucoup de souvenirs drôles, émouvants, dans cette maison familiale où rien n'a changé depuis les années 1950-1960 et cédée à la Ville en 1991.

★ ***La basilique Saint-Paul*** *(plan A-B3)* **:** *rue de l'Hôtel-Dieu. Tlj sauf dim 10h-12h, 14h-18h (17h oct-mars). Pour visiter la crypte paléochrétienne, demander au gardien.* D'un style gothique méridional précoce, cet édifice a été construit sur le tombeau du 1er évêque évangélisateur de Narbonne. Selon un poète local, « le vieux clocher de Saint-Paul est l'âme de Narbonne ». Le chœur du XIIIe s impressionne par ses dimensions. Riche mobilier : tapisseries d'Aubusson, retables, reliques, tableaux, grandes orgues, etc. Son célèbre ***bénitier à la Grenouille*** s'accompagne d'une amusante légende : troublant une messe de ses coassements hérétiques, la pauvre bête aurait été pétrifiée sur place ! Quant au cimetière paléochrétien, il recèle d'intéressants sarcophages, dont l'un, sculpté, serait le plus vieux de la Gaule chrétienne.

La maison des Trois-Nourrices *(plan B3)* **:** *rue des Trois-Nourrices. Visite guidée sur rdv : ☎ 04-68-90-30-66.* Une exceptionnelle façade du XVIe s, au décor foisonnant constitué notamment de cariatides aux formes généreuses (...) qui valurent son surnom à la maison ! À l'intérieur, magnifique salle décorée par Pierre Carron, artiste contemporain inspiré par la Renaissance.

Musée Narbo Via *(hors plan par D3)* **:** *50, av. de Gruissan. ☎ 04-68-93-31-82. • narbovia.fr • À l'entrée est de Narbonne. Tlj sauf lun 10h-19h (oct-avr, 11h-18h). Entrée : 8 € (10 € avec visite commentée) ; billet jumelé avec l'Horreum romain (Narbonne) et le village des potiers Amphoralis (Sallèles-d'Aude) 13 € (+ 2 € avec visites commentées sur chaque site) ; gratuit moins de 26 ans.* Implanté dans un jardin de 3 ha au bord du canal de la Robine, ce bâtiment bas et design abrite un nouveau musée qui fait revivre la prestigieuse cité *Narbo Martius,* 1re capitale romaine en Gaule, dont paradoxalement les vestiges sont aujourd'hui quasi invisibles dans l'espace urbain narbonnais. Sur près de 3 000 m², « la fille de Rome » se dévoile sur un parcours agrémenté d'outils multimédias, qui donnent vie à 15 000 objets archéologiques, couvrant 6 siècles, du IIe s av. J.-C. à l'époque paléochrétienne. Véritable colonne vertébrale du musée, sa ***spectaculaire galerie lapidaire*** – mur monumental de plus de 70 m de long sur 10 m de hauteur – présente par un jeu de roulement automatisé quelque 1 700 blocs et fragments de pierre, inscriptions, bas-reliefs, décors architecturaux... Aussi une belle collection de fresques murales et de mosaïques, ajoutée au riche mobilier archéologique découvert dans les fouilles *in situ.* Le tout évoquant l'urbanisme, les monuments, l'organisation sociale, politique et religieuse, la vie portuaire et économique de l'incontournable capitale romaine et son empreinte sur la Méditerranée antique.

Promenade en bateau sur le canal de la Robine : *avec* **Les Petits Bateaux du Canal** *(32, cours de la République ; 📱 07-67-57-36-96 ; avr-oct, tlj 10h-19h ; loc de bateaux électriques sans permis 5-7 pers 30-35 €/h, puis 20-25 € l'heure supplémentaire), ou à bord de la* **gabare** Le Solal *(cours de la République, près de la passerelle ; 📱 06-79-55-93-43 ; • petittrain-narbonne.fr • ; avr-sept, 2-5 départs/j. sauf jeu ; durée : 1h ; tarif : 10 €/pers, réduc), avec passage d'une écluse.* Construit aux XVIIe-XVIIIe s, dans la foulée du canal du Midi auquel il est connecté, le canal de la Robine est, lui aussi, classé au Patrimoine mondial de l'Unesco. Long de 32 km et ponctué de 6 écluses, il relie Port-la-Robine à Port-la-Nouvelle, via Narbonne.

Manifestations

– ***Clap d'été :*** *juil-août.* Différents concerts, spectacles durant tout l'été. Se termine le dernier week-end d'août, par le festival *Barques en Scène.*
– ***Jazz in l'Hospitalet :*** *dernier w-e de juil, au domaine viticole de l'Hospitalet, dans le massif de la Clape. • jazzhospitalet.com •* Régulièrement, de grandes figures. Le reste de l'année, dîner-concert le vendredi.
– ***Féeries de Noël :*** marché de Noël, spectacles, animations de rue, ateliers et jeux pour enfants.

DANS LES ENVIRONS DE NARBONNE

Le massif de la Clape : temps fort dans l'exploration du ***parc régional de la Narbonnaise en Méditerranée,*** le massif de la Clape – situé entre Narbonne et la mer – est un magnifique espace naturel, en bord de Méditerranée. Il se parcourt à pied, à cheval ou à vélo ; des routes secondaires le sillonnent aussi, entre gorges, falaises, rocailles et vignes, traversant quelques vieux villages dans leur jus. Et partout, la flore méditerranéenne est resplendissante : pin d'Alep, pin parasol, quelques chênes verts ou kermès, genêts et pistachiers ; sans parler des orchidées, tulipes sauvages, genévriers... Et puis cette centaurée acaule unique au monde : la *Corym bosa,* qui semble faire bon ménage avec les criquets – dont 3 espèces, uniques au monde aussi, vivent ici... *(infos auprès de la **Maison de la Clape,** 24, rue Jean-Jaurès, 11110 **Vinassan** ; ☎ 04-68-45-25-47 ; • maisondelaclape.com •).*

L'ABBAYE DE FONTFROIDE

Carte Aude, C2

L'une des plus belles abbayes de la région, dans un site enchanteur et sauvage, propice au recueillement, au cœur du parc naturel régional de la Narbonnaise en Méditerranée. Fondée au XIe s, elle prospéra pendant les XIIe et XIIIe s, donnant un pape, quelques cardinaux et aussi naissance à d'autres abbayes. Ses biens furent vendus à la Révolution, puis la propriété fut rachetée par Gustave Fayet, artiste et mécène, ami de Gauguin, au début du XXe s.

À voir

🍴🍴🍴 ***L'abbaye de Fontfroide :*** *D 613. ☎ 04-68-45-11-08. • fontfroide.com • ♿ (sauf à l'étage et dans les jardins en terrasse). Ouv tlj : juil-août, 9h30-19h ; avr-juin et sept-oct, 10h-18h ; nov-mars, 10h-12h30, 13h30-17h. Dernière admission 30 mn avt fermeture. Juil-août, nocturnes à 21h45 (dates variables). Entrée : 12,50 € (15 € avec visite guidée ; 1h30) ; réduc. Billet famille (2 adultes + 2-3 enfants) : 34 € (41 € avec visite guidée). Son et lumière : 15 € ; réduc. Appli mobile « Pays cathare, Le Guide », téléchargeable gratuitement ; parcours enfants avec l'appli « Castrum, Le Jeu ».*

Au programme de cette visite :
- ***la cour d'honneur :*** construite au XVIIe s, elle donne un air de château ;
- ***l'ancien réfectoire :*** avec sa superbe voûte et des ajouts décoratifs du XXe s (cheminée, grilles en fer forgé) ;
- ***la cour Louis-XIV :*** bâtiment du XIIIe s, fronton du XVIIe ;
- ***le cloître :*** de la 2de moitié du XIIe s. D'une élégance rare avec ses colonnettes géminées en grès et en marbre de Caunes, finement sculptées. Voûte du XIIIe s. Les larges oculi des arcades permettent un meilleur éclairage des galeries ;
- ***la salle capitulaire :*** salle de réunion des moines construite entre 1180 et 1280, qui allie sobriété et majesté ;
- ***l'église abbatiale :*** édifiée au XIIe s. La grâce touchante des proportions parfaites et la chaude couleur de ses pierres contrastent avec la nudité austère des lieux. La voûte en berceau brisé de 20 m de haut en fait l'une des plus hautes abbayes cisterciennes de France. Des messes y sont encore dites et des chorales viennent y chanter ;
- ***la chapelle Saint-Bernard :*** *accès par la droite du chœur de l'église abbatiale.* Les vitraux contemporains du père Kim En Joong illuminent cette petite chapelle du XIIIe s ;
- ***le dortoir des frères convers :*** splendide grâce à ses tons ocre, orangés, roses. Le silence y était obligatoire. Les frères dormaient sur de simples paillasses, à même le sol ;
- ***le cellier :*** construit en partie dans la roche. Ses dimensions rappellent qu'il y avait 300 bouches à nourrir ;
- ***la roseraie :*** elle contient près de 1 500 rosiers disposés autour d'un bassin, dont la rose de Fontfroide ;

– ***les jardins en terrasses :*** un voyage à travers l'histoire de l'art des jardins, depuis le Moyen Âge jusqu'à nos jours. Classés Jardins remarquables et refuge LPO. Magnifiques vues sur l'abbaye.

Le Restaurant de Fontfroide : *☎ 04-68-41-02-26. • restaurant@fontfroide.com • Ouv le midi tlj, plus le soir mar-sam juil-août. Fermé de mi-déc à mi-fév. Menus 29 € (déj tlj), puis 39 € ; carte env 35-45 €.* Une bonne table aux accents méditerranéens, arrosée des vins de l'abbaye. Le tout dans un cadre de vieilles pierres, avec agréable terrasse.

Fête et manifestations

– ***Concert de chants grégoriens :*** *dim de Pâques.* Avec le Centre international des musiques anciennes de Montpellier.
– ***Fête des Plantes et du Massif :*** *3e w-e d'avr.* Vente, expo, artisanat, conférences, ateliers, etc.
– ***Rendez-vous au jardin :*** *1 w-e début juin.* Visites, conférences et musique autour des jardins, des oiseaux et de la biodiversité.
– ***Arts et métiers d'antan :*** *dernier w-e de mai.* Pour découvrir les métiers du Moyen Âge : démonstrations, animations.
– ***Concert de violoncelle à Fontefroide :*** *1 j. début juil.* Concert de clôture d'une *masterclass* qui réunit des élèves du monde entier, sous la houlette de Louis Claret.
– ***Festival Musique et Histoire :*** *3-5 j. mi-juil.* Concerts dans l'abbaye dirigés par Jordi Savall.
– ***Orchidées à Fontfroide :*** *1 w-e fin sept-début oct.* Vente, expo, conférences, ateliers.

GRUISSAN

(11430) 5 085 hab. *Carte Aude, D2*

À 10 km au sud de Narbonne-Plage, en plein cœur du parc naturel régional de la Narbonnaise en Méditerranée, entre lagune et bord de mer, Gruissan se mire dans les eaux des étangs peuplés de flamants roses. Le vieux village possède un vrai cachet avec ses maisons couleur de terre brûlée par le soleil, aux toits rouges. Bâti sur un plan circulaire, il semble encore sous la protection du château de Barberousse. Tout près, le port de plaisance conçu par l'architecte Raymond Gleize au début des années 1970, et surtout, les paysages extraordinaires des salins, entre le massif de la Clape et l'historique plage des Chalets, creuset du tourisme balnéaire local.

UN PEU D'HISTOIRE

Dans les années 1960, Gruissan est l'un des sites retenus dans le cadre de la *mission Racine*. Il s'agit de créer 8 stations balnéaires le long de la côte languedocienne (se reporter à la rubrique « Histoire » dans « Hommes, culture, environnement »). Confié à l'architecte Raymond Gleize, le projet imagine marinas et quartiers futuristes à quelques encablures de la tour Barberousse. Mais sacrilège, il est question de raser les pittoresques chalets de la plage ! Levée de boucliers. Puis, c'est le 1er choc pétrolier et les complications économiques qui vont avec. Dans la foulée, le Conservatoire du littoral, un nouveau-né dont l'objectif est de préserver les milieux naturels, met son grain de... sable. Le projet est repensé. L'architecte ira même jusqu'à poser les maquettes des bâtiments au sol pour évaluer l'impact visuel du projet sur le vieux village et la tour Barberousse ! Finalement, Gruissan ne sombrera pas dans le gigantisme. Seul le *port de plaisance* voit le jour en 1974. Il est entouré d'immeubles de taille modeste. Ses toitures arrondies rappellent l'architecture du Maghreb. D'autres y voient l'ondulation des vagues...

Adresses et infos utiles

Office de tourisme : *bd du Pech-Maynaud. ☎ 04-68-49-09-00. • gruissan-mediterranee.com • En été, tlj 9h-13h, 14h30-19h30 ; hors saison, tlj 9h-12h, 14h-18h (10h-12h et 14h-16h le w-e) ; fermé le w-e nov-fév.* Organise des visites guidées payantes *(avr-sept)* à pied, à vélo électrique, des balades vigneronnes et des rencontres avec les pêcheurs.

Les ***bus urbains Citibus n° 8*** *(• citibus.fr •)* assurent la liaison **Narbonne-Gruissan** tlj sauf dim (tlj en été).

Location de vélos : *chez* ***Cycle Aventure*** *(118, rue du Loch, 07-82-30-02-33, • cycleaventure.wixsite.com/cycle-aventure •) ;* ***Les vélos de Maxime*** *(av. de la Jonque, 06-10-77-83-40) ; et* ***Vacances Confort*** *(rue de l'Artimon, ☎ 04-68-49-13-35, • vacancesconfort.wixsite.com/vacancesconfort •).* Location de VTC, VTT, vélos électriques...

École de voile Akila : *• akila-centers.com/nautique-gruissan • Dispose d'un* ***pôle étang*** *(étang de Mateille ; ☎ 04-68-49-88-31) et d'un* ***pôle mer*** *(50, av. de la Jetée ; ☎ 04-68-49-33-33). Ouv début avr-nov.* Location et stages de *kitesurf*, planche à voile, catamaran, Optimist, *paddle* et canoë-kayak.

Ligue pour la protection des oiseaux (LPO) : *☎ 04-68-49-12-12. • aude.lpo.fr •* Sorties nature gratuites autour des salins et de l'île Saint-Martin, principalement en périodes de migration.

– ***Marché :*** *lun, mer et sam, pl. Gibert.*

Où dormir ?

Camping

Camping LVL : *av. de la Jonque, Les Ayguades. ☎ 04-68-49-81-59. • infos@loisirs-vacances-languedoc.com • campinglvl.com • Ouv fin mars-début nov. Forfait tente 2 pers 22,50-40,50 € ; mobile homes et chalets.* Sur 6 ha, un camping écoresponsable soigné, entre Gruissan et Narbonne-Plage, avec un accès direct à la mer. Tamaris et lauriers-roses délimitent les emplacements sablonneux. Et une foule de services : jeux pour enfants, piscine chauffée, bar-snack...

De prix moyens à chic

Chambres d'hôtes La Planque : *10, rue Passenaud, à* ***Gruissan-Village.*** *☎ 04-68-49-71-02. 06-58-05-60-82. • matettisou@gmail.com • planque.blogspot.com • Doubles 80-90 €.* Dans cette belle et ancienne maison de pêcheur, au cœur du charmant vieux village, voici plusieurs chambres auxquelles on accède par un escalier étroit. Spacieuses, bien équipées et toutes blanches, du parquet au plafond, dans un adorable style balnéaire.

La Maison de Gruissan : *16, av. du Général-Azibert, à* ***Gruissan-Village.*** *06-58-55-89-44. • lamaisondegruissan@gmail.com • chambre-hote-gruissan.fr • Doubles 80-120 € ; suites plus chères.* Une ancienne maison de maître du XIXe s, restaurée avec goût et caractère : tomettes et beaux carreaux de ciment d'origine, anciens meubles de famille ou chinés. Il y a même du mobilier signé par un architecte. Les couleurs sont apaisantes et l'endroit est empreint d'une douce atmosphère. En famille, demander la suite avec les 2 chambres qui communiquent par un passage secret... les enfants adorent ! Cuisine pour se faire réchauffer un plat, une pizza. Terrasse. Accueil à la hauteur des lieux.

Hôtel de la Plage : *13, rue du Bernard-l'Hermite, à* ***Gruissan-Plage des Chalets.*** *☎ 04-68-49-00-75. • contact@hotelplagegruissan.fr •*

hotelplagegruissan.fr • Ouv fin mars-début oct. Doubles 80-118 € ; familiales. À 2 pas de la plage des Chalets, on est séduit par ce petit 2-étoiles familial d'une vingtaine de chambres climatisées, modernes et fonctionnelles ; certaines avec terrasse ou balcon. Le plus ici, c'est l'accueil adorable et sincère. Une belle petite adresse !

De chic à beaucoup plus chic

Les Îlots de Gruissan : *au port de* ***Gruissan.*** *06-13-08-32-51. • contact@allianceplaisance.com • allianceplaisance.com • Ouv mars-nov. Compter 90-180 € pour 2, petit déj en sus. De mi-juil à mi-août, min 2 nuits exigées. Possibilité de loc à la sem.* Un ensemble de *lodgeboats,* de bateaux-cabanes, amarrés au quai et qui flottent sur l'eau, comme de vrais bateaux (pas de pilotis) ! On sent légèrement le clapot de l'eau. C'est aussi ce qui fait le charme. Mais pas d'inquiétude, aucun risque d'attraper le mal de mer ! Chaque *lodgeboat* dispose de 1 ou 2 chambres, cuisine équipée, salle de bains, clim, terrasse au ras des flots. Vue sur le bassin, le Canigou ou la plage des chalets. Plein de petits services (en supplément) pour agrémenter le séjour : pédalos, kayaks de mer, bateaux électriques, etc. Insolite !

Château Le Bouïs : *à 4 km au nord de* ***Gruissan-Village.*** *☎ 04-68-75-25-25. • contact@chateaulebouis.com • chateaulebouis.com • Resto tlj sauf lun, plus mar-mer, jeu midi et sam soir hors saison. Doubles 89-204 €, petit déj compris. Menus 29-55 € ; carte. Réduc de 10 % sur le prix de la chambre, hors vac scol, sur présentation de ce guide.* Dans le massif de la Clape, au sein d'un domaine viticole, des chambres de caractère avec vieilles tomettes pour la plupart, réparties dans la maison du Vendangeur (notre préférée) ou des Demoiselles. Mention spéciale pour la suite d'« Hortense » avec sa terrasse panoramique et vue sur la mer, s'il vous plaît. On prend le petit déj sous les pins. Piscine. Bon resto avec terrasse panoramique, là encore, d'où l'on a du mal à repartir... La vie de château !

L'AUDE, PAYS CATHARE

Où manger ? Où prendre un verre ?

Plan B : *5, rue de la République, à* ***Gruissan-Village.*** *☎ 04-68-49-14-26. • idem11@gmx.fr • Tlj sauf mer (tlj en saison). Résa conseillée. Menus 33-39 € ; carte 30-45 €.* Belle cuisine de saison, fraîche, inventive et colorée, qui jongle avec le terroir et la marée locale. À déguster aux beaux jours en terrasse dans l'agréable zone piétonne du vieux Gruissan. Plus qu'un plan B, c'est sûr !

Les Chalets : *44, av. de la Jetée, à* ***Gruissan-Plage des Chalets.*** *☎ 04-68-91-14-42. • restaurantleschalets@gmail.com • Ouv avr-sept, tlj sauf lun-mer et dim soir (tlj en saison). Résa conseillée. Carte 25-35 €.* On est séduit par l'élégante cuisine méditerranéenne, généreuse, colorée et relevée de quelques saveurs inattendues, provenant d'horizons lointains. Agréable salle moderne, aux larges baies vitrées ouvertes sur la terrasse et sa vue superbe sur la mer. On aime !

Les 2 Oliviers : *1, bd de la Corderie, à* ***Gruissan-Port.*** *☎ 04-68-75-85-53. • aux2oliviers@orange.fr • Le soir seulement mer-sam et dim midi. Résa conseillée. Menus 34-46 € ; carte.* Un resto familial à l'atmosphère marine, où l'on savoure une cuisine maison préparée dans le plus grand respect des produits du moment. Touches personnelles, associations de saveurs réussies et fraîcheur, il y a de l'idée ! La maison est très fière de sa bouillabaisse languedocienne.

Où trouver de bons produits du cru ?

La Cave de Gruissan : *19, bd de la Corderie, à* ***Gruissan-Village.*** *☎ 04-68-49-01-17. • vin-gruissan.fr • Tlj sauf dim ap-m.* La cave viticole coopérative de Gruissan, qui perpétue une tradition vieille de plus de 2 000 ans ! Déclinés dans les 3 couleurs, avec une option apéritive, ses vins présentent un excellent rapport qualité-prix.

Domaine de l'Évêque : *rte des Salins, sur l'**île Saint-Martin.** ☎ 04-68-75-00-48. • vinspierrerichard.com • Tlj sauf dim et j. fériés. À 4 km au sud-ouest de Gruissan-Village.* Le domaine de l'acteur Pierre Richard est constitué de 50 ha de garrigue et de vigne, cultivée avec les cépages traditionnels des Corbières, en agriculture raisonnée.

Château Le Bouïs : *voir « Où dormir ? ». Avr-oct, tlj 10h-13h, 15h-19h30 ; le reste de l'année, tlj sauf dim (plus lun hors vac scol) 10h-12h, 15h-19h.* Un domaine d'une cinquantaine d'hectares au pied du massif de la Clape. Un espace muséographique bien fait *(entrée : 5 €)* permet de découvrir les vins du château, en terminant par une dégustation dans une salle voûtée aux jolis jeux de lumière.

La Perle Gruissanaise : *6, av. de l'Aiguille, base conchylicole, à **Gruissan-Plage des Chalets.** ☎ 04-68-49-23-24. • laperlegruissanaise.fr • Au bout de la jetée, à 500 m au-delà de la plage des Chalets. Tlj 9h-19h (21h juil-août).* Huîtres, moules et palourdes de pleine mer. Épicerie de produits régionaux dont ceux de la conserverie *Gruissanaise* qui met en boîte des produits de la mer 100 % locaux. Formule dégustation très sympa à l'heure de l'apéro, mais aussi poissons grillés *a la plancha* ; à dévorer en terrasse au bord de l'eau.

À voir. À faire

La tour de Barberousse : *au sommet de **Gruissan-Village** ; accès par un escalier qui monte derrière l'église. De juin à mi-sept, tlj 7h-19h30 ; le reste de l'année, tlj 8h-18h. GRATUIT. Visite guidée possible (infos à l'office de tourisme).* Vestige d'un château médiéval du XIIIe s. Panorama admirable sur les étangs, le massif de la Clape, la plage des Chalets sur pilotis. On y remarque l'étonnante construction en circulade (coquille d'escargot) du village et la belle couleur des toits de tuiles.

Les chalets sur pilotis : *plage des Chalets, à 2 km à l'est de Gruissan-Village.* Vers 1850, les bains de mer devenant un phénomène de société, les Narbonnais aisés construisent à Gruissan des chalets en bois, sans eau ni électricité, mais profitant de la fraîcheur maritime. Ces habitations de vacances n'ont jamais été des maisons de pêcheurs, ces derniers habitant le vieux village : chacun chez soi et les huîtres étaient bien gardées ! Dans les années 1960, pas moins de 1 300 chalets s'alignaient sur 10 rangs. Charles Trenet, l'enfant du pays, y traînait en culottes courtes. Aujourd'hui, ils sont dotés du confort moderne et leur rénovation – pas toujours heureuse – casse un peu la belle uniformité de ces corons du loisir... L'endroit servit de décor au film de Jean-Jacques Beineix, *37°2 le matin,* tourné en 1986.

La chapelle Notre-Dame des Auzils et le cimetière marin : *à 6 km au nord de Gruissan-Village ; parking au cimetière marin, puis 20 mn à pied. En principe, ouv avr-oct ; rens auprès de l'office de tourisme pour les horaires.* Un sentier monte vers ce sanctuaire bordé de cénotaphes érigés à la mémoire de marins disparus en mer. À l'intérieur, d'étonnants ex-voto en trompe l'œil représentent des bateaux affrontant des flots déchaînés. À l'origine, il s'agissait de vrais tableaux, mais ils ont été volés en 1967. Les ex-voto ont été peints conformément aux tableaux originaux, grâce à l'abbé de l'époque qui avait pris soin de les photographier ! 2 d'entre eux ont été retrouvés et figurent en doublon. Amusez-vous à les chercher ! Une figure de proue et quelques maquettes complètent l'ambiance des lieux. Beau panorama sur la mer.

Les salins de l'île Saint-Martin : *rte de l'Ayrolle. ☎ 04-82-53-10-61. • lesalindegruissan.fr • À 1 km au sud de Gruissan-Village. Pâques-Toussaint, visite guidée (1h15) ; départs à 11h, 15h et 16h30 (plus 10h30 et 18h en été) ; tarif : 11,50 €, réduc.* Parcours de 2 km sillonnant le salin de l'île Saint-Martin, où la fleur de sel est toujours produite selon les techniques ancestrales. Une balade guidée avec présentation des différentes phases de production et usages du sel, récolte « muséale ». En fin d'après-midi, on a plus de chances d'apercevoir de multiples oiseaux... au soleil presque couchant ! L'***écomusée*** *(tlj ; GRATUIT)* témoigne de la récolte du sel, activité millénaire qui a façonné les hommes et les paysages de cette partie du littoral, et présente la faune et la flore des milieux salés. Aussi une ***boutique*** vendant les récoltes locales.

Sur place, on peut prendre un verre à ***La Cambuse du Saunier*** *(tlj 10h30-18h – jusqu'à 22h en saison).* Une cahute en bois, dotée d'une formidable terrasse couverte au bord du salin. Assiettes d'huîtres et de fruits de mer.

Le roc de Conilhac : *à 4 km de Gruissan ; suivre la direction de Narbonne par la D 32 ; parking sur la gauche, puis 200 m à pied.* Un promontoire rocheux qui surplombe les étangs de Campignol et de l'Ayrolle, en offrant une vue à 360°. Un site réputé pour les observations ornithologiques lors des migrations.

Virée à trott' électrique tout terrain : *avec* ***Trottup,*** *07-68-50-95-07. • trottup.com • Compter 29-49 € selon balade (1h-1h30) ; à partir de 12 ans. Également des escapades depuis Leucate et La Franqui, 07-49-34-90-82.* En compagnie d'un guide, balades salines, vigneronnes et escapades dans les vallons sauvages, pauses panoramiques... sans se fatiguer ni dépasser les 25 km/h. La prise en main est très rapide. Idéal pour découvrir le coin, les engins ne font pas de bruit !

Fêtes et manifestations

– ***Rencontres autour de la B.D. :*** *1 w-e en oct.*
– ***Défi kite, Défi wing et Défi wind :*** *débute la sem avt le w-e de l'Ascension, plage des Chalets.* Le plus grand rassemblement de pros et d'amateurs de windsurf, kitesurf et *wingfoil* du monde !
– ***Les Festejades :*** *à la Pentecôte.* 3 jours de fête occitane dans les rues du village avec musiques, bodegas...
– ***Fête des Pêcheurs :*** *à la Saint-Pierre, les 28 et 29 juin.* Messe spéciale, où l'on danse la *scottish,* procession et bénédiction des flots !
– ***Gruissan Beach Rugby :*** *dernier w-e de juil, plage des Chalets.* Le plus grand tournoi de beach rugby en France. Rassemble près de 1 000 joueurs et joueuses.

BAGES (11100) 785 hab. *Carte Aude, D2*

À 10 km au sud de Narbonne et déjà si loin du monde. On se faufile parmi les étangs d'où émerge ce rocher couvert d'habitations. Un lieu touchant, pittoresque et préservé, en plein parc naturel régional de la Narbonnaise en Méditerranée. Son histoire se lit au gré d'un sentier du patrimoine intitulé « Dans le sillage de l'anguille », qui serpente dans les vieilles ruelles... Des étendues sauvages d'étangs, par-delà les toits des vieilles maisons de pêcheurs et de paysans, dont certaines sont aujourd'hui reconverties en ateliers d'artistes. À visiter par un petit matin ensoleillé...

Info utile

Le ***bus urbain Citibus n° 10*** *(• citibus.fr •)* assure la liaison ***Narbonne-Bages*** tlj sauf dim (tlj en été).

Où manger ?

Le Portanel : *la Placette. ☎ 04-68-42-81-66. • leportanel@orange.fr • Tlj sauf lun, mer soir et dim soir. Résa conseillée. Menus 23 € (en sem), puis 33-43 €. Apéritif maison offert sur présentation de ce guide.* Une référence locale en matière de cuisine de tradition et dont la spécialité demeure l'anguille, fraîchement pêchée dans l'étang. À déguster sous la véranda panoramique qui domine le village et ledit étang, ou dans l'agréable salle un rien rustique. Carte des vins à la hauteur.

DE BAGES À LA RÉSERVE AFRICAINE PAR LES ÉTANGS

Prendre la D 105, direction Peyriac-de-Mer. On ne vous le conseille même pas ! On vous l'impose... On chemine alors sur une étroite bande de terre bordée à droite par les marais salants, à gauche par les étangs de Bages et Sigean. Magnifique, surtout quand les colonies de flamants sont de la partie. Nature sauvage splendide !

SIGEAN

(11130) 5 535 hab. *Carte Aude, D2*

Tranquille et pas trop envahie de touristes, l'ancienne ville-étape de la voie romaine *via Domitia* possède de vieilles rues pittoresques... Et aussi des girafes et des fauves, presque en liberté ! Au centre du village, prenez-donc un café à *La Rotonde* pour admirer son magnifique plafond !

Adresses et infos utiles

Office de tourisme Côte du Midi : *11, pl. de la Libération. ☎ 04-68-48-14-81. • cotedumidi.com • Juil-août, tlj sauf dim ; le reste de l'année, mar-mer et ven 9h30-12h30, 13h30-17h.* Guides de découverte du coin. Billetterie.

Les ***bus urbains Citibus nº 15*** *(• citibus.fr •)* relient ***Narbonne*** à ***Port-Leucate,*** via ***Sigean, Leucate-Village, Leucate-Plage*** et ***La Franqui*** ; à Sigean, le ***bus nº 14*** dessert ***Port-la-Nouvelle*** tlj sauf dim (tlj en été).

Maison du parc naturel régional de la Narbonnaise en Méditerranée : *1, rue Jean-Cocteau. ☎ 04-68-42-23-70. • parc-naturel-narbonnaise.fr • Tlj sauf w-e 9h-17h.* Centre d'informations du parc naturel régional.

– ***Marchés :*** *mai-sept, av. de Perpignan mar et ven ; oct-avr, pl. de la Libération, mar et ven mat.*

Où dormir ? Où manger à Sigean et dans les environs ?

Maison d'hôtes Abitarela : *7, rue Nationale. ☎ 04-68-41-53-19. • sigean@abitarela.fr • abitarela.fr • Doubles 70-95 €.* Dans le vieux bourg, belle demeure authentique de 1700 – restaurée avec goût – et livrant plusieurs chambres et suites familiales confortables et cosy ; entre pierres apparentes et mobilier scandinave discret. Accueil charmant.

Les Terrasses de la Berre : *106, av. des Corbières, 11490* ***Portel-des-Corbières.*** *☎ 04-68-41-92-43.*

• lesterrassesdelaberre@orange.fr • ♿ Tlj sauf dim soir-mar hors saison. Résa conseillée. Formule déj en sem env 16 € ; carte 30-45 €. Si la visite de la proche réserve de Sigean vous a donné un appétit de lion, vous pourrez l'assouvir ici ! Dans l'assiette, cuisine de terroir généreuse et bien menée, servie dans une salle un rien rustique, où mijotent les soupes dans la cheminée en hiver. Aux beaux jours, optez plutôt pour la vertigineuse terrasse en encorbellement sur une « gorgette » où court la Berre. Vue sur la savane alentour : pas de girafe au loin ?!

Le Potager : *28, av. de Perpignan. ☎ 04-68-48-42-76. • restaurant lepotager@gmail.com • ♿ Ouv avr-sept, tlj sauf lun. Résa conseillée. Formule déj en sem env 16 € ; carte 32-45 €.* Dans une demeure vigneronne patinée par 300 ans d'histoire, Dominique Macquart a trouvé l'accord parfait pour conjuguer ses 2 passions : la vigne et la bonne bouffe ! Les vins bio du domaine ou de petits producteurs de la région accompagnent salades parfumées à l'huile d'olive, entrecôte, magret, boudin catalan et autres viandes grillées dans le foyer, un p'tit ballon de rouge à la main. Les soirs d'été, au bord du potager, on est vraiment bien !

À voir. À faire

Le musée des Corbières : *pl. de la Libération. ☎ 04-68-41-59-89. • sigean.fr • Face à l'office de tourisme. Juil-août, lun-ven 9h-12h, 15h-18h (fermé mer ap-m) ; le reste de l'année, lun-mar et jeu-ven 14h-17h, plus mer 9h-12h (nov-mars). Entrée : 3,20 € ; réduc. Visite guidée (3h ; musée + oppidum) mer mat avr-oct et sam mat nov-mars : 6,40 €, réduc.* Installé dans une maison bourgeoise du XVIIIe s, ce ***musée d'archéologie*** présente urnes funéraires, céramiques, amphores, outils et bijoux divers ; autant de témoignages anciens (phéniciens, grecs, étrusques, romains et gallo-romains), trouvés lors des fouilles du proche emporium Pech Maho (VIe-IIIe s av. J.-C.), situé aux confins de plusieurs voies de communication. On y produisait du sel, des outils et des armes en fer, et des céréales, qui étaient échangées contre des céramiques fines attiques, des amphores de vins romains... Parmi les pièces les plus remarquables, des tablettes en plomb sur lesquelles figurent des textes non déchiffrés, en ibère et en étrusque. Aussi une ***section ethnographique*** présentant les métiers séculaires du coin (pêche, viticulture, salins, agriculture...) à travers vieilles photos, objets et outils du quotidien.

La réserve africaine de Sigean : *☎ 04-68-48-20-20. • reserveafricainesigean.fr • ♿ Tte l'année, tlj. Juil-août, 8h30-19h30 ; le reste de l'année, 9h-19h (18h30 oct, 17h30 fin oct-mars). Dernière admission 2h avt fermeture. Entrée : 33 € ; enfants (4-14 ans) 24 € ; réduc pour pers à mobilité réduite. Achat sur Internet conseillé. Visites guidées en minibus ou à pied sur résa. Respecter scrupuleusement les consignes de sécurité. Compter 2-3 h de promenade. Cafétéria et aires de pique-nique.*

L'un des rares « espaces de liberté » pour animaux en France, sur plus de 350 ha de garrigue et d'étangs. La réserve accueille aujourd'hui plusieurs milliers d'animaux, dont de nombreuses espèces en voie de disparition : lycaon, girafe du Kordofan, zèbre de Hartmann, chimpanzé, gazelle de Cuvier, âne de Somalie, rhinocéros blanc, ours du Tibet... L'intérêt de la réserve réside aussi dans ses paysages, sa végétation de type quasi africain et son vaste étang peuplé de flamants roses, de hérons, de pélicans, d'oies sauvages...

À voir, sur le circuit à pied et le chemin panoramique qui domine les différents parcs bordant l'étang : la ***plaine africaine*** et l'***île des chimpanzés...*** On y trouve dromadaires, grands koudous, zèbres, suricates, girafes, impalas, wallabies, cochons du Vietnam... Aussi un ***vivarium*** abritant toutes sortes de reptiles : varans, caméléons, crocodiles nains, geckos, boas, etc. Et une ***volière*** pour déambuler au milieu des piafs ! À découvrir enfin en voiture : le ***parc des lions,*** le ***parc des ours,*** la ***brousse*** et de la ***savane*** qui abritent aussi les autruches, les buffles de forêt, les rhinocéros blancs, une flopée d'antilopes...

L'étang de Berre à Port-Mahon : *à 4,5 km au nord de Sigean.* Un cap rocheux qui s'avance au bord de l'étang de Berre, un petit bout du monde planqué (même si vous ne serez pas seul au cœur de la saison). La beauté du site, percé du cri des mouettes et du chant des cigales dans les pins, ajoute une touche poétique. Itinéraire en boucle pour profiter du coin (environ 12 km ; 3h-3h30 sans difficulté). On y pratique plusieurs activités nautiques :

■ ***Base nautique Port-Mahon – Sigean :*** *1089, Port-Mahon. ☎ 09-60-18-13-70. 06-06-66-78-42. • portmahonsigean.fr •* Location et stage de canoë-kayak, catamaran, planche à voile, *paddle...* Une balade en kayak le matin ou en fin de journée, vers un lieu secret, au cours de laquelle on fait une halte pour déguster un vin local : un must !

DANS LES ENVIRONS DE SIGEAN

Terra Vinea : *15, chemin des Plâtrières, 11490* ***Portel-des-Corbières.*** *☎ 04-68-45-87-68. • terra-vinea.com • Tte l'année sauf 25 déc-janv, tlj ; visites guidées régulières 10h30-16h30 en juil-août (horaires fluctuants le reste de l'année, voir sur le site). Entrée : 13,50 € ; réduc.* Une ancienne mine de gypse, à 80 m sous terre, transformée en espace muséographique sur la vigne. Près de 800 m de larges et fraîches galeries bordées de fûts millésimés, plus de 1 500 barriques ! Quelques mises en scène : spectacle son et lumière, villa gallo-romaine modestement reconstituée, banquet médiéval, lac souterrain, expo de vieux outils viticoles... Une visite qui se termine, côté boutique, par une dégustation.

LEUCATE

(11370) 4 610 hab. *Carte Aude, D2*

À 15 km au sud-ouest de Sigean et toujours dans le parc naturel régional de la Narbonnaise en Méditerranée, voici Leucate, village d'un certain charme, et Leucate-Plage, offrant – vent quasi permanent oblige – l'un des meilleurs spots de planche à voile et de kitesurf d'Europe ! Avec ses eaux turquoise et cristallines, la plage de La Franqui demeure la plus belle du coin ! Et puis, la longue plage de sable – quasi vierge – qui s'étend de Leucate-Plage à Port-Leucate, reste bien moins courue que celle de Narbonne en saison.

Adresses et infos utiles

Office de tourisme : *espace Henry-de-Monfreid, à* ***Port-Leucate.*** *☎ 04-68-40-91-31. • tourisme-leucate.fr • Juil-août, tlj 9h-20h ; le reste de l'année, lun-sam 10h-12h, 14h-18h (17h oct-mars), fermé le mar ap-m.* ***2 bureaux annexes :*** *à* ***Leucate-Village*** *(pl. Gonzalès) et à* ***La Franqui*** *(rue Henry-de-Monfreid) ; ouv de mi-juin à mi-sept, tlj 9h30-12h30, 15h-18h.* Infos loisirs, notamment sur les spots de kitesurf, planche à voile, char à voile, *stand up paddle...*

Les ***bus urbains Citibus n° 15*** *(• citibus.fr •)* relient ***Narbonne*** à ***Port-Leucate,*** via ***Sigean, Leucate-Village, Leucate-Plage*** et ***La Franqui*** tlj sauf dim (tlj en été).

Location de vélos : *chez* ***Loca Détente*** *(quai du Paurel, à*

Port-Leucate, face à l'office de tourisme, ☎ 04-68-40-89-73, • locadetente.fr •, ouv avr-sept) et ***Roue Libre & Sports*** *(rue du Levant, à* ***Port-Leucate,*** *☎ 09-74-56-95-28, • rouelibre-sports.com •, tte l'année).* Location de VTC, VTT, vélos électriques, *fat bikes,* etc.

– ***Marchés :*** *mer et dim, rue de la Vixiège à* ***Port-Leucate*** *; mar et sam, pl. de la République à* ***Leucate-Village.***

■ ***Base nautique L'Île aux loisirs :*** *av. des Roseaux, à* ***Port-Leucate.*** *06-20-37-65-19. • lileauxloisirs.fr • Ouv avr-sept.* Sur l'étang de Leucate, location de canoës, de *paddle,* d'embarcations à pédales et de bateaux sans permis. Explorations guidées du lac et animations familiales. Café-snack.

■ ***Cercle de voile du Cap Leucate :*** *la Marina, av. de la Pinède, à* ***Port-Leucate.*** *☎ 04-68-40-72-66. • cercledevoile.com • Ouv avr-nov.* Sur le vaste plan d'eau de l'étang de Leucate, location et stages de planche à voile, catamaran, Optimist, *paddle,* pirogue ; également char à voile sur la plage de La Franqui.

Où dormir ? Où manger ? Où boire un verre à Leucate et dans le coin ?

Camping

Camping Viglamo : *rte des Coussoules, à* ***La Franqui.*** *☎ 04-68-45-74-93. • lafranqui@viglamo.com • viglamo.com • À 5,5 km au nord de Leucate-Village, sur la presqu'île de La Franqui. Tte l'année. Forfait tente 2 pers 22-42 € ; écolodges.* Un camping dans une nature préservée (le coin est répertorié en zone Natura 2000), au bord d'une longue plage déserte (accès direct) où se pratique le kitesurf. Emplacements plus ou moins ombragés, et pas mal de lodges en bois. Piscines, espace bien-être, club enfants, animations sportives (char à voile), agréable resto ***Le VB*** fait de bois flotté, de bric et de broc. Un camping garanti sans voiture !

Bon marché

Centre conchylicole : *sur la D 627, entre* ***Leucate-Plage*** *et* ***Port-Leucate.*** *Ouv tte l'année, tlj (mais hors saison, moins de restos ouv dim soir). Plateaux de fruits de mer 6-18 €.* Bordant le petit port ostréicole, une enfilade de petits restos aux terrasses colorées et ornées d'un bric-à-brac de bois flotté, de vieilles bouées, de filets de pêche... On y déguste les huîtres locales ou autres coquillages ultrafrais, en toute simplicité. Très fréquentés les soirs d'été !

De prix moyens à chic

Hôtel La Côte Rêvée : *55, bd du Front-de-Mer, à* ***Leucate-Plage.*** *☎ 04-68-40-72-72. Doubles 70-140 €. Resto ouv tlj sauf dim soir-lun hors saison. Formule déj en sem 20 € ; carte 30-45 €.* Derrière sa façade blanche, l'hôtel de Leucate-Plage a fait peau neuve. Une dizaine de petites chambres au style balnéaire assez plaisant. Les plus chères ont vue sur la mer, alors que les autres donnent sur la falaise à l'arrière. C'est aussi une bonne table, avec sa terrasse face à la plage.

Le Calamar en Folie : *chemin de Las Pitchinos, rte des Coussoules, à* ***La Franqui.*** *☎ 04-68-45-63-66. • contact@lecalamarenfolie.com • À 5 km au nord de Leucate-Village. Ouv de mi-mars à fin oct, tlj sauf midi lun-mar (plus le soir lun-mar hors saison). Carte 28-42 €.* Ici, le calamar a trouvé son asile, cuisiné de toutes les façons possibles... parfois surprenantes ! Aussi des huîtres et moules du cru, et des plats de poisson frais bien ficelés. De belles saveurs pour nous chouchouter, en admirant le reflet des trains, au loin, dans le miroir de l'étang sur lequel s'ouvre la salle...

Ginette : *37, av. de la Côte-Rêvée, à* ***Leucate-Plage.*** *06-08-65-17-76. • hello@ginetteleucate.fr • Ouv mai-sept, tlj. Plats à midi 15-30 € ;*

tapas le soir 11-22 €. Cette terrasse, au bord du petit parking face à la plage, est une institution qui rugit des conversations de ses habitués, un rien branchés. À l'ardoise, goûteuse cuisine méditerranéenne, mitonnée avec des produits frais locaux et déclinée en plats classiques à midi, puis en tapas en soirée. On y sirote alors des cocktails maison sur quelques notes de musique distillées par un DJ.

Biquet Plage : *chemin de Mouret, à* ***Leucate-Plage.*** *07-69-60-83-63. • biquetplage@yahoo.com • Au sud de la plage ; accès en direction de Port-Leucate. Ouv fin mai-sept, tlj sauf dim soir (le reste de l'année, la paillote est démontée !). Menu env 27 € ; carte 35-50 €.* C'est l'autre institution, elle aussi un peu branchée ! Isolée sur cette immense plage sauvage, séduisante cabane bohème, faite de bric et de broc et flanquée d'une terrasse au ras du sable. Le menu change selon le marché et la pêche locale, pour des plats simples, bien tournés, cuits au feu de bois et pleins de goût. Certains à partager pour accompagner les cocktails au soleil couchant. L'endroit est apprécié des clubbeurs en tongs le dimanche après-midi.

Beaucoup plus chic

Hôtel 19/21 : *19, av. Francis-Vals, à* ***Leucate-Village.*** *☎ 04-68-27-68-44. • info@hotel19-21.com • hotel19-21.com • Doubles 135-250 €.* Au cœur du vieux Leucate, bel hôtel de charme, aménagé dans une ancienne maison vigneronne, rénovée avec des matériaux nobles. Une vingtaine de chambres tout confort, aux lignes à la fois design et vintage, discrètes et chaleureuses. Vue sur le patio ou le village.

Où acheter de bons vins ?

Mas des Caprices : *8, rue du Boulodrome, à* ***Leucate-Village.*** *06-76-99-80-24. • mas-des-caprices.com • De mi-juil à août, cave tlj sauf lun 18h-20h (11h-13h dim) ; sinon, sur rdv.* Mireille et Pierre Mann-Meyer, un couple alsacien sympa et passionné, travaillent ce domaine viticole en bio et biodynamie. Une palette de prix très abordables avec quelques vins d'exception.

Manifestations

– ***Mondial du vent :*** *1 sem pdt vac de Pâques, à* ***La Franqui.*** *• mondialduvent.fr •* Coupe du monde de *wingfoil.* Compétition de kitesurf, de windsurf et de *paddle.*
– ***Sol y Fiesta :*** *w-e de l'Ascension, à* ***Leucate-Village.*** *• solyfiesta.fr •* Festival international de spectacles de rue, fanfares, *bandas,* concerts, etc.
– ***Notes d'Écume :*** *les w-e de sept à* ***Port-Leucate.*** *• notesdecume.com •* Festival de musique classique, mais ouvert à d'autres genres musicaux (soul, claquettes, etc.).
– ***Voix d'Étoiles :*** *4 j. pdt vac de la Toussaint, à* ***Port-Leucate.*** *• voixdetoiles.com •* Festival dédié aux voix du cinéma d'animation. Courts et moyens-métrages, avant-premières et ateliers découverte.

FITOU

(11510) 1 070 hab. *Carte Aude, D2*

Vieux village vigneron aux toits devenus ocre jaune sous l'action conjuguée du lichen et du soleil... célèbre pour son vin et ses champs... d'éoliennes ! Au nord du bourg, au lieu-dit la Joncasse, la tour carrée de l'ancien télégraphe

de Chappe domine encore le paysage. Et dans les environs, près de 200 capitelles, ces petits abris pastoraux en pierre, certains retapés.

Adresse utile

Office de tourisme : *6, rue de la Mairie. ☎ 04-68-70-28-43. ● fitou.fr ● Ouv mar-sam 10h-13h, 14h-18h ; horaires variables hors saison, se renseigner à la mairie (☎ 04-68-45-71-65).* Plan du village avec ses points d'intérêt et balades en boucle dans les environs. Organise aussi des visites guidées du village.

Où manger ? Où goûter du vin ?

Lou Courtal des Vidals : *13, rue des Courtals. ☎ 04-68-45-62-58. 06-09-14-80-91. ● jean-luc.vidal13@orange.fr ● Tlj sauf lun tte l'année, plus mar midi en basse saison. Fermé de mi-déc à début fév. Résa conseillée. Carte env 30-35 €.* LA bonne table du coin ! Au pays, on dit qu'on va « Chez Vidal », au resto du domaine viticole, pour la cargolade (escargots par centaines), les grillades au feu de bois ou les grands buffets servis dans une ambiance pleine de bonhomie familiale. Et le dimanche, dans les salles ou en terrasse verdoyante, « Papy Vidal » vous joue un air de saxo. Avé l'accent !

Les vignerons de Fitou tiennent boutique dans la rue principale du village. L'occasion de goûter à ces vins rouges puissants et sauvages – classés AOC – qui se marient bien avec charcuteries, viandes et gibier.

À voir

Le château féodal : *privé, ne se visite pas.* Monument imposant, dominant les collines, les étangs et la mer du haut de ses 1 000 ans. Le château a été pillé et brûlé en 1843, pour servir ensuite de carrière au village. En 1972, il a été vendu à des privés qui ont entrepris sa restauration...

La chapelle Saint-Joseph (XIXᵉ s) **:** *à proximité des ruines du château.* Soirées musicales (musique occitane, flamenco, guitare...) et expos gratuites en été *(infos à l'office de tourisme).* Et en haut du village, aussi la très belle petite église paroissiale fortifiée, ***Saint-Julien-et-Sainte-Basilisse,*** datée du XIIᵉ s et joliment restaurée (accessible lors des visites guidées de l'office de tourisme).

Fête

– ***Fête du Vin :*** *3ᵉ ven de juil.* Apéro, danses folkloriques, animations de rue et surtout... dégustations !

HOMMES, CULTURE, ENVIRONNEMENT

ARCHITECTURE

À lui seul, le Roussillon compte 220 édifices romans, 750 retables baroques et des centaines de vierges romanes ! Les églises, magnifiques, dressent de gros clochers carrés à toits plats et, dans leur obscurité douce aux parfums d'encens, on voit des saints blêmes aux joues rosâtres se convulser dans les souffrances. À l'ombre du Canigó, montagne sacrée où se dresse la plus belle de ses abbayes, Saint-Martin, vous trouverez des cloîtres extraordinaires avec des colonnes en torsades et des chapiteaux ornés de bêtes horribles ou de fleurs maléfiques (Elne, Saint-Michel-de-Cuxa, Serrabone).
L'architecture romane des abbayes a laissé quelques exemples exceptionnels (abbatiale Saint-Pierre-et-Saint-Paul à Caunes-Minervois, Fontfroide, Saint-Martin-du-Canigou pour ne citer que les plus célèbres) tandis que le ***gothique*** lui a emboîté le pas dès le XIIIe s : la cathédrale de Narbonne au style gothique rayonnant et la basilique de Carcassonne, où roman et gothique s'entrecroisent. Le gothique catalan est tout en sobriété avec une nef unique voûtée d'ogives qui ouvre sur des chapelles comme dans la cathédrale Saint-Jean-Baptiste à Perpignan.
Côté ***architecture militaire,*** n'oublions pas que ***la frontière entre France et Espagne a longtemps fluctué*** pour se stabiliser en 1659, lors du traité des Pyrénées, sous Louis XIV. Il en résulte une ***pléiade de fortifications,*** qui espagnoles (Salses en tête), qui françaises. ***Vauban*** a aussi beaucoup laissé sa trace ici (Villefranche-de-Conflent, Prats-de-Mollo...).

CATHARES

« Deux forces se partagent l'univers : le bien et le mal, l'ombre et la lumière. Il faut choisir son camp. » Ainsi parlait Manès, disciple de Zarathoustra dans la Perse du IIIe s. Il fut entendu : le roi de Perse le fit écorcher vif. Ce qui avait mal commencé ne finira pas mieux. 1 000 ans plus tard et 6 000 km plus loin, ses adeptes (les manichéens) sont toujours là. On crée pour eux l'Inquisition et les bûchers.
Entre-temps, nos manichéens ont pris le nom de pauliciens pour s'installer en Anatolie. Les empereurs byzantins les persécutent, puis les expédient dans les Balkans. Et là, tout va très vite. En Bosnie, le bogomilisme, mouvement spirituel et religieux né en Bulgarie des bogomiles, devient quasiment religion officielle, avec un antipape qui envoie ses messagers jusqu'à Toulouse. Bogomiles, vaudois, cathares, albigeois... D'Allemagne en Italie, des Flandres au Languedoc, l'***hérésie*** a ses saints ***(les parfaits),*** son au-delà (la réincarnation), son sacrement (le *consolamentum,* accordé aux mourants) et des exigences d'égalité, de chasteté et de pureté totale (interdiction de manger de la viande) que ne devait guère incarner la société de l'époque. Partout, évêques et princes répriment.
Partout, sauf dans le Languedoc. Là, beaucoup d'entre eux ont rejoint la cause. Les cathares y ont des châteaux, des hommes d'armes, leurs évêques tiennent des conciles internationaux. En 1208, Pierre de Castelnau, légat du pape, est assassiné par un écuyer du comte de Toulouse. Innocent III n'hésite

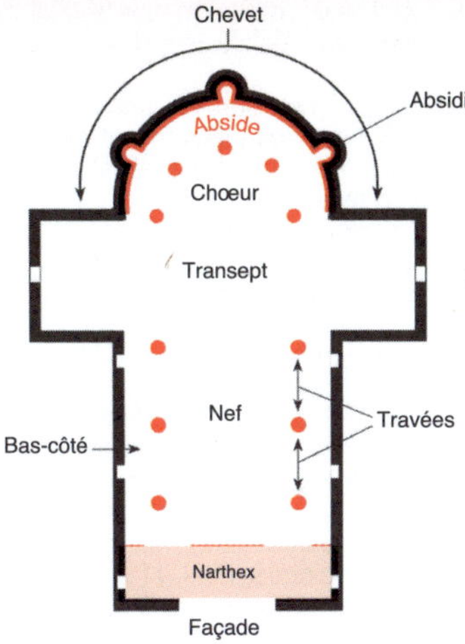

PLAN D'UNE ÉGLISE ROMANE

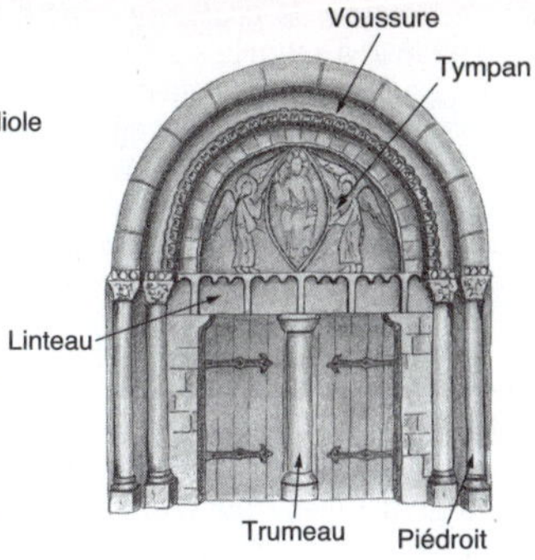

PORTAIL D'ÉGLISE ROMANE

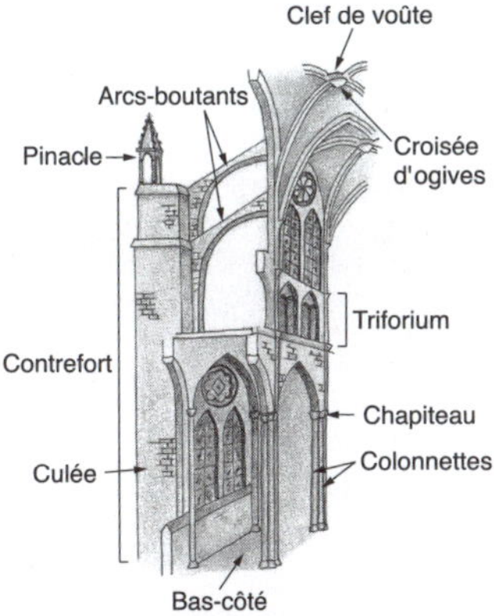

COUPE TRANSVERSALE D'UNE ÉGLISE GOTHIQUE

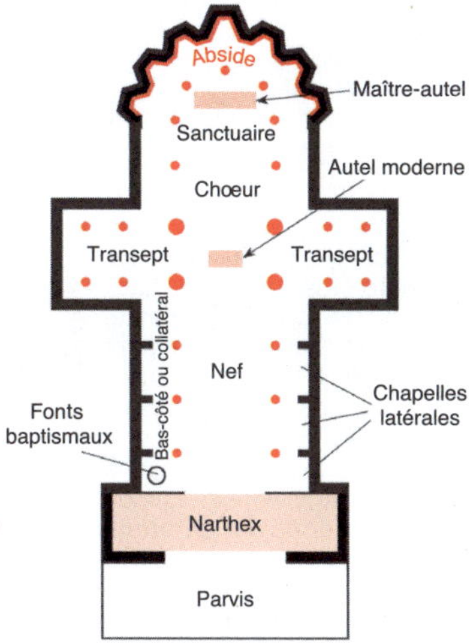

PLAN D'UNE ÉGLISE GOTHIQUE

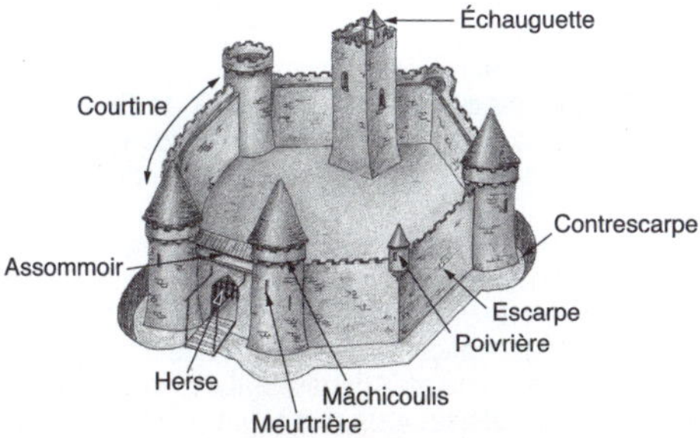

CHÂTEAU FORT

plus à proclamer la ***croisade contre les albigeois,*** qui va mettre le Midi toulousain à feu et à sang. Les seigneurs hérétiques sont déchus, leurs biens déclarés « proie ». Le 1er qui passe n'a qu'à se servir.
En France du Nord, le message est reçu 5 sur 5. Les bonnes âmes s'arment. En 1209, 1re proie : Béziers. Il faut donner le ton. Les habitants refusent de dénoncer les cathares ? « ***Tuez-les tous !*** », conseille aimablement le légat du pape, « Dieu reconnaîtra les siens ». Terrorisée par ce massacre, Carcassonne tombe à son tour ainsi que les forteresses hérétiques voisines (voir aussi l'introduction au chapitre « L'Aude, pays cathare »). Pour remplacer son seigneur, les croisés choisissent un chevalier sans peur et sans scrupules, ***Simon de Montfort.*** En 1213, le Languedoc est conquis par l'orthodoxie. Mais pas soumis car, sans cesse, des révoltes éclatent. Le roi de France devra venir en personne rafler la mise en confisquant tout le Midi.
Les cathares ? Ceux qui n'ont pas été brûlés ont pris la route des Corbières. Là-haut, de petits seigneurs mènent toujours la guérilla. Les croisés devront réduire un à un leurs nids d'aigle. ***Puylaurens, Peyrepertuse*** et surtout ***Montségur,*** la « Synagogue de Satan », où les cathares tenaient leurs conciles. Pour fêter sa prise en 1244, on allume un grand bûcher. Nobles, bourgeois et gens d'armes confondus, 315 cathares s'y jettent plutôt que de se renier. Puis, 11 ans plus tard, ***Quéribus*** est pris. Tout est fini, le pape est content. Mais plus de 700 ans après, on en parle encore...

CUISINE

Comme chacun l'ignore, cette grande région disparate est un 2e Sud-Ouest gourmand. À chaque province, son roi.
Plat emblématique du Lauragais et de toute l'Occitanie, le ***cassoulet*** serait né pendant la guerre de Cent Ans et aurait permis aux Chauriens (habitants de Castelnaudary) d'échapper à la famine pendant le siège de la ville par les Anglais. La légende attribuerait donc la paternité du cassoulet à Castelnaudary. Chaque recette est confectionnée avec des variantes mais la base reste la même : haricots lingots, cuisses de canard confites, jarret et échine de porc, saucisse dite « de Toulouse », le tout cuit dans une cassole, le plat en terre vernissée qui a donné son nom à la préparation. Le cassoulet est pris très au sérieux : d'ailleurs, la Grande Confrérie du Cassoulet de Castelnaudary veille au grain...

LE CULTE DU CASSOULET

Si l'on se dispute l'origine du cassoulet, le chef Prosper Montagné qui régnait sur la cuisine française au début du XXe s a habilement résumé la situation : « Le cassoulet est le Dieu de la cuisine occitane, un Dieu en 3 personnes : Dieu le père qui est le cassoulet de Castelnaudary, Dieu le Fils celui de Carcassonne et le Saint-Esprit qui est celui de Toulouse. »

Sur la côte, on se délecte de cigales de mer, d'***huîtres*** de Gruissan et de Leucate, de ***moules*** et de ***poissons.*** La ***bourride d'anguilles*** (mijotée avec des pommes de terre et des crabes) est prisée vers Leucate et Gruissan, où l'anguille est pêchée dans les étangs.
Concernant le poisson, parlons-en sans le noyer. On a le sentiment que les restos de la côte servent plus de poissons qu'il n'y en a dans toute la Méditerranée. Alors, à ce sujet, 2 mots... La région ne produit pas de poissons plats (soles, turbots), pas de coquillages non plus, à l'exception des huîtres et des moules des étangs, et les saisons ne sont pas les mêmes qu'en Atlantique. Le bon poisson, sauvage, frais et pêché à la ligne, est cher. Méfiez-vous des prix d'appel. Sachez qu'il n'y a de petites seiches qu'au printemps et au tout début de l'été, que les anchois migrent

à l'automne (c'est même pour ça qu'on les sale, pour en avoir en hiver) et, bien entendu, qu'il n'y a pas de morue en Méditerranée malgré ce que nous a affirmé un restaurateur de Collioure !

En Roussillon (Pyrénées-Orientales), en s'éloignant du littoral, l'Espagne est là, noble et réjouissante. Les plus beaux vergers du monde y ont fait du sucré-salé (canard aux pêches) l'un des maîtres mots de la cuisine catalane. Parmi les spécialités, on se régale de ***boles de picolat,*** des boulettes de viande mijotées dans une sauce épaisse et parfumée, d'***ollada*** (prononcez « ouillade »), potée de porc et légumes, bien roborative... ou encore de ***fuet,*** fine saucisse sèche qui se laisse croquer comme un sucre d'orge. Quant à la ***roussillonnade,*** elle est constituée de champignons grillés avec de la saucisse sur un feu de pommes de pin.

Au large de Collioure, la mer est aussi étoilée que le ciel. Ce sont des barques qui, chaque nuit d'été, s'en vont par dizaines attirer puis pêcher les ***anchois*** grâce à un puissant fanal (le *lamparo*). Après 3 mois de saumure, ils iront farcir les olives ou voyager en bocal. Malgré le déclin des conserveries de Collioure – il en reste 2 –, aucun Catalan ne commence un repas sans émulsionner cette friandise onctueuse et délicate avec un trait d'huile d'olive. En Languedoc aussi, on consomme ces poissons, à l'apéro : broyés avec ail, oignon, basilic et huile, ils donnent une pâte à tartiner, apéritive et très corsée, l'***anchoïade.*** En grillade, la saison de l'anchois, c'est l'été.

En dessert, la ***crème catalane*** (parfums d'anis et de cannelle sous une carapace de caramel) est un aller simple pour le paradis ! Pas léger mais tellement bon, le ***touron*** est le nom générique pour toutes sortes de nougats à base d'amandes et de miel, mous ou croquants, vendus en tablette. Ne manquez pas celui de Perpignan. Dans le Vallespir, goûtez la ***rousquille,*** un petit gâteau en forme de roue recouvert d'une fine couche blanche, sucrée et légèrement anisée. Du Languedoc au Roussillon (et même au-delà), le ***millas,*** gâteau de farine de maïs et de saindoux, se mange en dessert.

Et si vous passez en Roussillon pendant les vendanges, sacrifiez au culte de la ***cargolade*** où les escargots, cuits sur des braises de sarments, sont flambés au lard dans une pluie d'étincelles. Agrémentés d'un aïoli, cette émulsion d'huile d'olive, de jaunes d'œufs et d'ail, c'est un régal.

ÉCONOMIE

Labourage et pâturage...

Le grand Sully ne nous démentirait pas ! L'***agriculture*** constitue l'un des piliers économiques des 2 départements. Précisons-le d'entrée : la viticulture se tire la part du lion en ces terres gorgées de soleil. Il faut dire que la tradition bachique remonte ici à plus de 2 000 ans, et que les 1res grappes de raisin sont arrivées accrochées aux sandalettes des légionnaires romains.

Les vins de l'Aude et du Roussillon étaient autrefois du genre « un peu râpeux au palais », à l'exception de quelques crus. Ce temps est révolu, les viticulteurs ayant massivement opté pour une baisse des rendements au profit d'une qualité croissante, dans le cadre d'AOC-AOP. Et nos papilles ne peuvent que s'en réjouir !

Autre production agricole d'importance, les fruits et légumes, avec une ***part accrue du bio.*** La filière bio dans son ensemble dépasse maintenant ***30 % des surfaces cultivées dans l'Aude, 42 % dans les Pyrénées-Orientales,*** chiffres en constante augmentation. Et cela concerne toutes les branches, élevage, vigne et même grandes cultures, pourtant longtemps incompatibles avec la notion de développement durable.

Le tourisme, pilier de l'économie

Le tourisme est l'autre grand pourvoyeur d'emplois et de revenus. Environ 600 000 visiteurs se pressent chaque année vers la Cité médiévale de

Carcassonne, 250 000 dans le cadre idyllique de Port-Vendres et Collioure. Sur le littoral, réputé pour ses plages donnant un petit avant-goût de paradis ou à l'intérieur des terres, on compte des centaines d'hôtels, de campings, de résidences de tourisme ou de gîtes. Sans même parler des innombrables restos. Heureusement, nous sommes là pour vous aider à vous y retrouver ! Les rivages de la Grande Bleue ne sont pas les seuls à attirer les vacanciers, puisque les Pyrénées-Orientales disposent de 8 stations de sports d'hiver, ainsi que de 5 stations thermales.

Énergie propre et industrie

À côté de ces 2 pôles essentiels, d'autres secteurs d'activité tirent leur épingle du jeu, à l'image des ***transports.*** Par les aéroports de Carcassonne et de Perpignan transitent environ 900 000 passagers chaque année. On produit aussi de l'***énergie*** grâce à des ***barrages hydroélectriques*** construits dans la chaîne des Pyrénées : zéro émission de CO_2 et 100 % renouvelable. Par ailleurs, le ***four solaire*** d'Odeillo, le plus performant du monde, abrite un laboratoire du CNRS qui cherche des solutions aux besoins énergétiques avec comme matière 1re le soleil de Cerdagne. Dans un autre domaine, parmi les pépites industrielles, la ***filière agroalimentaire*** et l'usine de la Conserverie du Languedoc, à Castelnaudary, qui produit les cassoulets de la marque La Belle Chaurienne. On aime aussi les ateliers Cémoi, à Perpignan, réputés pour leur maîtrise de la transformation du cacao et la fabrication de confiseries, dont les indémodables oursons en guimauve enrobés de chocolat.

ENVIRONNEMENT

Entre plaines et hauts plateaux, littoral et montagne, l'Aude et les Pyrénées-Orientales se situent au ***carrefour des zones biogéographiques méditerranéenne et montagnarde.*** À l'ouest, les collines du Lauragais reçoivent déjà les ***influences atlantiques.*** C'est en effet sur la commune de Montferrand, près de Castelnaudary, que se trouve le seuil de Naurouze, la ligne de partage des eaux entre bassins méditerranéen et atlantique. Cette situation géographique assez unique est à l'origine d'une ***grande richesse de milieux naturels, de paysages et d'une biodiversité remarquable.*** Parmi les espèces rares et « emblématiques », on citera la centaurée de la Clape qui pousse dans le massif du même nom, entre Narbonne et la mer, une fleur endémique que l'on ne trouve nulle part ailleurs sur la planète, ou encore la rarissime alysson des Pyrénées. Le discret desman, espèce endémique des Pyrénées, ressemble à une petite taupe de ruisseau au museau effilé. Les flamants roses font le planton dans les étangs du littoral tandis que les vautours fauves survolent les falaises calcaires à l'intérieur du pays. Et la liste est longue...

Une trilogie de parcs naturels régionaux

L'Aude et les Pyrénées-Orientales comptent 3 parcs naturels régionaux, ce qui, là encore, est exceptionnel ! Et c'est sans parler des réserves naturelles pyrénéennes du Vallespir et du Capcir. Vastes zones rurales habitées par l'homme, les parcs régionaux n'ont rien d'un parc d'attractions ni d'un jardin à la française ! Ils visent à protéger un patrimoine naturel remarquable, à valoriser le territoire au travers de mesures de développement respectueuses de l'environnement et une approche économique durable.

– ***Le parc naturel régional de la Narbonnaise :*** • *parc-naturel-narbonnaise.fr* • Créé en 2003, il regroupe un vaste ensemble de lagunes reliées à la mer par des *graus* (chenal). Le tout, bordé par des massifs calcaires formant un amphithéâtre grandeur nature, tourné vers la Grande Bleue et des plages sauvages ! Une mosaïque de milieux hors du commun sur une vingtaine de communes. Il s'agit de la partie du littoral méditerranéen français la moins urbanisée après la Camargue et de la Corse !

– ***Le parc naturel régional des Pyrénées catalanes :*** • parc-pyrenees-catalanes.fr • Créé en 2004 et adossé aux frontières de l'Espagne et de l'Andorre, il s'étend sur une soixantaine de communes et plus de 139 000 ha. Remarquable pour son climat montagnard adouci par les influences méditerranéennes, ses pics acérés (l'emblématique Canigó qui culmine à 2 921 m d'altitude), ses lacs de hauts plateaux, ses sources d'eau chaude... Et plein de superbes randos !
– ***Le parc naturel régional Corbières-Fenouillèdes :*** • parc.corbieres-fenouilledes.fr • Le petit dernier qui a vu le jour en 2021. Il couvre une centaine de communes, à cheval sur l'Aude et les Pyrénées-Orientales. Il se caractérise par une très faible densité de population et une biodiversité exceptionnelle. Près de 75 espèces d'orchidées y ont été recensées ! Dans les airs, ce n'est pas mal non plus : aigle de Bonelli, vautour fauve, grand-duc, aigle royal...

Un axe de migration d'intérêt européen

On ne parle pas des accros de la bronzette estivale sur les plages du littoral, mais de la migration d'oiseaux qui, au printemps et à l'automne, empruntent l'étroit couloir délimité par la mer et les 1ers soubresauts des Pyrénées. Il s'agit de l'***une des plus grandes voies migratoires pour l'avifaune*** entre l'Europe et l'Afrique ! Ceux qui veulent profiter du spectacle dégaineront leurs jumelles au bord des lagunes qui ponctuent le littoral, ou grimperont sur le roc de Conilhac, promontoire naturel qui surplombe les étangs de Campignol et de l'Ayrolle près de Gruissan, haut lieu de l'observation ornithologique. Au printemps et à l'automne, hirondelles, guêpiers, martinets, rolliers, cigognes fendent l'air... par centaines et milliers.

Des énergies renouvelables

Le Languedoc et le Roussillon sont l'un et l'autre des moteurs de l'énergie propre. Dans l'Aude, depuis le début des années 1990, on capte la puissance motrice de la tramontane. Le département produit aujourd'hui près de 30 % de l'***énergie éolienne*** de l'Occitanie et sa part dans le mix énergétique devrait augmenter dans les prochaines années. Une ferme offshore de 3 éoliennes est d'ailleurs prévue au large de Leucate. Mais les projets d'installation de nouveaux parcs ont leurs détracteurs : certains dénoncent des pertes d'oiseaux, d'autres les effets dommageables sur le paysage. Alors, énergie propre ou futur vent de discorde ? Au-delà des passions, les études d'impacts sont aussi là pour nous apporter un éclairage... Concernant l'***énergie solaire*** dans les Pyrénées-Orientales où mûrissent les 1res cerises de l'année : évidence ou utopie ? À Mont-Louis comme à Odeillo, on capte l'énergie thermique du soleil à l'aide de miroirs. Côté centrale électrique, pas de production par panneaux solaires (ou photovoltaïques) à grande échelle, mais des projets qui se développent. Mention spéciale pour le 1er parc ***photovoltaïque citoyen et participatif*** de France (!), inauguré à Luc-sur-Aude en 2018. Grâce à ce projet autofinancé en partie par les habitants, le village est aujourd'hui autonome et de petits dividendes sont même distribués à tous ceux qui ont participé ! Côté entretien, les brebis font une grosse partie du boulot ! Une initiative novatrice qui mériterait de faire des émules...

Un chancre sournois

Autrefois ombragées tout du long par de majestueux platanes, les berges du canal du Midi présentent aujourd'hui plusieurs tronçons bien déplumés. ***Les platanes sont victimes d'une maladie incurable*** causée par le ***chancre coloré,*** un champignon microscopique débarqué en 1944 avec les GI's américains et leurs caisses de munitions en bois. À la faveur d'une blessure, le satané champignon pénètre dans l'arbre et bloque la circulation de la sève. L'issue est fatale et il n'existe pas de traitement. Seule solution, l'abattage. Une vraie tuile sur le plan paysager et patrimonial ! Des replantations d'arbres résistant au chancre coloré ont eu lieu et se poursuivent toujours (chênes, micocouliers, tilleuls, érables, etc.), mais les arbres sont encore petiots...

GÉOGRAPHIE

Si les visiteurs n'ont longtemps vu dans le Languedoc-Roussillon que ses stations balnéaires, ils ont maintenant découvert ses montagnes – qui occupent environ la moitié du territoire – et ses garrigues. Et pourquoi se priver, car la région s'efforce de protéger sa nature (4 vastes parcs naturels, dont un parc naturel marin, un parc national – des Pyrénées – et aucune construction sur 60 % de son littoral) ?
Au-delà des 2 départements se dessine une autre unité, d'ordre géographique. La région tout entière est orientée vers la mer Méditerranée et constitue ainsi un gigantesque amphithéâtre à 3 niveaux : les montagnes, les garrigues et la plaine.
Caractéristiques de la zone montagnarde, les massifs des Pyrénées-Orientales, au sud du département, s'étendent jusqu'à la mer, formant ainsi des falaises. Plus au nord apparaissent des plages de sable fin et des criques.
Difficile d'évoquer l'***Aude*** sans penser aux vignobles qui s'étendent à perte de vue, pour le plus grand plaisir des amateurs de vin. Mais ce ne sont pas ses seules richesses : au nord de l'Aude se trouve la Montagne noire – haute de 800 m – et ses profonds canyons et lacs aux rives ocre et rouge. Quant à son littoral, il est bordé d'une cinquantaine de kilomètres de plages de sable fin, semées de plusieurs grosses stations balnéaires. Sans oublier le vaste *parc régional naturel de la Narbonnaise* en Méditerranée, qui offre des paysages pittoresques, variés et abritant une formidable biodiversité, entre montagnes des Corbières, larges lagunes littorales et 50 km de côtes sablonneuses préservées !

HISTOIRE TRISTE

Pyrène était la fille d'un souverain qui hébergea Hercule. Elle tomba amoureuse du dieu musclé. Hercule préféra partir, certainement pour terminer ses 12 travaux. Pyrène s'enfuit et mourut dévorée par un ours. Catastrophé, Hercule érigea un mausolée en amassant d'énormes rochers, donnant naissance aux... Pyrénées !

HABITAT

Architecture robuste des zones montagneuses, maisons basses du littoral : à chacun son chez-soi ! Les matériaux de construction sont divers, même si l'élément de prédilection reste la pierre.

En plaine et dans les collines

Parce que dans la région le vin coule à flots, les maisons de vignerons sont presque légion. Au « pays des ***toits de lauzes*** », ces habitations aux murs ocre ou roses présentent la singularité d'avoir des ***toits de tuiles.*** Même sort pour le ***mazet,*** voisin des maisons vigneronnes, sorte de remise pour le matériel ou d'abri aux murs de pierre de forme rectangulaire, qui ne comporte qu'une pièce. Quant au ***magasi,*** souvent dans le prolongement de la cave, il sert d'atelier de travail. Rien à voir avec l'opulence des grands domaines viticoles de la plaine de l'Aude et du Narbonnais édifiés fin XIXe s avec un château et des bâtiments d'exploitation qui abritent les chais.

Sur le littoral

Il n'y a guère qu'une partie de la Camargue qui peut se vanter d'avoir conservé son habitat traditionnel. Les authentiques cabanes de pêcheurs se font rares et laissent place à des bungalows souvent sans charme. Parfois, ils s'organisent harmonieusement en véritables petits villages sur pilotis comme à Gruissan.

Et dans les montagnes

Traditionnellement en ***pierre,*** avec ***toit de schiste ou de lauzes,*** les habitations sont regroupées en hameaux, dispersées dans la nature, accrochées aux versants des montagnes ou nichées au fond des vallons. On en trouve de beaux exemples sur les contreforts du plateau de Cerdagne et au fond de quelques vallées perdues du haut Vallespir ou du haut Conflent. Chaque territoire, de la Montagne noire au nord de la Catalogne, a développé sa maison type en fonction des matériaux disponibles. Toutes doivent cependant résister aux éléments et avoir des murs épais, couverts de ***solides toitures en lauzes ou en ardoise,*** toujours en pente pour supporter et évacuer le poids de la neige.
Comme la lauze ne se fendille pas, elle est l'adversaire de choc des hivers longs et rudes, des étés chauds et secs. Cette feuille de schiste, de calcaire ou de grès couvre depuis des siècles fermes et bergeries de tout le sud-ouest de la France, même si ses teintes diffèrent d'un terroir à l'autre.

HISTOIRE

Si vous cherchiez le doyen des « Français », n'allez pas plus loin : une dent de lait humaine découverte en 2018 à Tautavel a prouvé que des hommes – et des femmes ! – galopaient ici derrière des troupeaux de rennes ou de rhinocéros laineux il y a au moins 560 000 ans, dans un climat glacial et un décor de steppe.

Une Antiquité mouvementée...

Bien plus près de nous, à compter de 125 av. J.-C., les Romains se lancent à la conquête de la basse vallée du Rhône et de la côte méditerranéenne, entre l'Italie et leurs provinces ibériques. Ils soumettent plusieurs peuples celtes, parmi lesquels les Sardones et les Élysiques, installés aux pieds des Pyrénées. Sur le territoire de ces derniers, ils fondent en 118 av. J.-C. la 1re colonie romaine de Gaule, *Narbo Martius* (Narbonne), chef-lieu de la province de Gaule narbonnaise.
Au Ve s apr. J.-C., l'Empire romain s'effondre sous les coups de boutoir d'envahisseurs le plus souvent germaniques : Suèves et autres Vandales font un passage remarqué dans ce secteur – en gros, ils saccagent tout –, mais les Wisigoths trouvent les lieux plutôt à leur goût et s'y installent. Ils demeurent maîtres de la Septimanie (du Rhône aux Pyrénées) jusqu'à la conquête arabe de 719 et la prise de Narbonne. C'est Pépin le Bref et ses Francs qui repoussent les envahisseurs de l'autre côté des Pyrénées en 759.

De la tragédie cathare au royaume de Majorque

Au début du XIIIe s, le catharisme, une autre conception du christianisme, s'est diffusé au sein des populations. En 1209, le pape – mal nommé – Innocent III déclenche une croisade contre ceux qu'il considère comme des hérétiques. Répondant à son appel, des guerriers du nord de la France déferlent en nombre, massacrent la population de Béziers et s'emparent de Carcassonne. C'est le début d'un demi-siècle de combats, qui s'achève en 1255 par la prise de Quéribus et de Niort-de-Sault (Aude), dernières places fortes aux mains de seigneurs faydits (rebelles). L'Inquisition dominicaine mènera longtemps encore des persécutions.
Le traité de Corbeil (1258) fixe la frontière entre les royaumes de France et d'Aragon dans les Corbières. Un royaume de Majorque, réunissant sous un même sceptre comtés de Cerdagne et de Roussillon, ainsi que les îles Baléares, voit le jour en 1276. Ses souverains se font élever un somptueux palais à Perpignan, laissant

des souvenirs d'opulence que la ville ne parviendra jamais à oublier. En 1344, ce brillant État éphémère est dévoré par l'Aragon.

Les temps modernes

Au nord de Perpignan passe désormais la frontière franco-aragonaise, puis franco-espagnole. La forteresse de Salses, construite sur ordre du roi Ferdinand II d'Aragon entre 1497 et 1503, symbolise à elle seule les tensions entre les 2 pays. Assiégée vainement dès son achèvement, changeant de mains à 2 reprises en 1639 et 1640, elle est définitivement enlevée par les Français en 1642. ***En 1659, le traité des Pyrénées consacre l'annexion du Roussillon par la France.***
Se basant sur des particularités géographiques et non plus historiques, la Révolution découpe en 1789-1790 les départements de l'Aude et des Pyrénées-Orientales sur ces marches si longtemps disputées. Ce sont les frontières actuelles.

La mission Racine

Dans les années 1960, le Languedoc-Roussillon est une voie de passage pour les vacanciers qui rejoignent les rivages de l'Espagne. Le long de son littoral s'étendent plages désertes, étangs et lagunes. Les autorités de l'époque, Charles de Gaulle en tête, veulent retenir les vacanciers et développer l'économie locale. Pour cela, un seul moyen : reconfigurer le littoral et le rendre attractif. À Paris, les esprits cogitent alors pour planifier une Floride à la française. C'est la ***mission Racine.*** Entre la Camargue et la côte catalane, 8 ***stations balnéaires*** doivent sortir des marécages à grands coups de pelleteuses et de démoustications. Les préoccupations environnementales ne sont guère d'actualité...
C'est l'avènement du ***tourisme de masse,*** et un changement radical pour de nombreux espaces naturels de la côte ! À la Grande-Motte, des constructions futuristes sortent des marais. Au Cap-d'Agde, on pense aux naturistes : un quartier leur est réservé. Dans le département de l'Aude, on aménage Gruissan et Port-Leucate ; Port-Bacarès et Saint-Cyprien dans les Pyrénées-Orientales. Seul le projet à l'embouchure de l'Aude ne verra pas le jour. Nombre de villes et de villages ont en effet été revigorés... Mais adieu aux plages désertes, et bonjour aux stations balnéaires surpeuplées en saison.

Un héritage catalan fort

Aux portes de Perpignan, l'autoroute frôle l'ancienne place de Salses, réputée indestructible, ce rêve de pierre ocre du roi Ferdinand d'Aragon. Si la frontière a reculé il y a près de 4 siècles, la Catalogne, elle, est restée. Et cela saute aux yeux : comme en Alsace, on est ailleurs !
C'est ici, entre la plaine du Roussillon, les coteaux des Aspres et du Conflent, les hautes vallées du Vallespir, de Cerdagne et du Capcir, qu'est née l'une des puissances les plus dynamiques de la péninsule Ibérique. Ces petits royaumes pyrénéens, où l'on parlait une langue ayant des traits caractéristiques communs aux langues ibéro-romaine et gallo-romaine – le catalan –, ont conquis sur les Sarrasins le comté de Barcelone, puis le royaume de Valence et l'Aragon. Leur zone d'influence englobait Toulouse et Nîmes et, sans la guerre albigeoise, il est imaginable que le Languedoc et le Roussillon seraient aujourd'hui espagnols.
De Gaudí à Tàpies en passant par Miró, la renaissance de l'art catalan ignore les frontières. Dalí et Picasso arpentent le Roussillon, et lorsque Pau Casals s'installe à Prades pour fuir le franquisme – à l'exemple de milliers de ses compatriotes –, il est chez lui. Autant dire que ce n'est pas pour le folklore qu'***un tiers des Roussillonnais parlent le catalan.*** La prospérité retrouvée de Barcelone fait de leur langue un passeport précieux. Un lien supplémentaire entre « Catalans du Nord » (côté français) et « Catalans du Sud » (côté espagnol)...

Quelques dates :

– ***450 000 av. J.-C. :*** à Tautavel, dans le Roussillon, il y avait un homme qui chassait le renne et le rhinocéros avec des pierres. Gros sourcils, front fuyant, œil enfoncé : une vraie tête de gangster ! C'est l'un des plus vieux Européens connus.
– ***Vers 120 av. J.-C. :*** les Romains annexent la Provence gauloise et son allié, le Languedoc. Fondation de Saint-Bertrand-de-Comminges, de Béziers et surtout de Narbonne qui régit, de Toulouse à Grenoble, la toute 1re et la plus grosse province des Gaules : la Narbonnaise.
– ***413 :*** les Vandales et les Alamans n'avaient fait que passer. Plus éduqués, les Wisigoths s'installent à Narbonne. Leur royaume, qui couvre toute l'Espagne et la France du Sud, laissera de bons souvenirs. Ce sont les Wisigoths qui arrêtent Attila. On ne saurait leur en vouloir.
– ***720 :*** l'émir al-Samh, conquérant de l'Espagne, s'empare de Narbonne. Les Wisigoths continuent d'administrer le pays.
– ***759 :*** les Francs prennent Narbonne.
– ***778 :*** Roncevaux. Les Carolingiens font de la Catalogne un avant-poste anti-mu : la marche d'Espagne. Afflux de réfugiés chrétiens en Languedoc.
– ***1002 :*** la culture hispano-musulmane enrichit la province, qui participera activement à la *Reconquista* et aux croisades.
– ***1209-1255 :*** croisade contre les cathares. Le Languedoc échappe à l'orbite catalane pour tomber dans le domaine royal.
– ***1276-1344 :*** naissance et mort du royaume de Majorque. La Catalogne reste rattachée au comté de Barcelone ; la frontière passe à Salses.
– ***XIVe s :*** malgré les corsaires arabes, le Languedoc donne au roi ses grands ports méditerranéens. En 1481, le rattachement de Marseille porte un coup fatal à sa prospérité.
– ***XVIe s :*** le Languedoc oriental passe au calvinisme. Un choix qui pèsera lourd dans les guerres de Religion.
– ***1659 :*** le traité des Pyrénées (Louis XIV) donne le Roussillon et la Catalogne à la France, en même temps qu'il repousse la frontière avec l'Aragon et rend obsolètes les châteaux cathares.
– ***1685 :*** la révocation de l'édit de Nantes interdit aux protestants de célébrer leur culte. La révolte des camisards tiendra 2 ans en échec l'élite des troupes royales.
– ***1790 :*** les protestants prennent part à la Révolution, les catholiques demeurent fidèles au roi.
– ***1907 :*** insurrection des vignerons contre le gouvernement Clemenceau.
– ***2016 :*** dans le cadre de la grande réforme territoriale, le Languedoc-Roussillon fusionne avec la région Midi-Pyrénées ; la région s'appelle Occitanie.
– ***2021 :*** création du parc naturel régional Cornières-Fenouillèdes, à cheval entre l'Aude et les Pyrénées-Orientales.

LANGUES RÉGIONALES

À force de servir de l'« oc » à toutes les sauces, on en a oublié la signification. Le rapprochement est facile avec les vins du pays d'Oc, évident avec la région Languedoc, un peu moins flagrant avec l'occitan. Petit cours d'histoire, donc !
Descendue tout droit du bas latin, la ***langue d'oc*** appartient à l'ensemble des langues romanes (comme le français, l'espagnol, l'italien...). Au cours de l'histoire, la latinisation s'est opérée peu à peu.
L'***occitan*** désigne l'ensemble des parlers de langue d'oc (on distingue les parlers du Nord, limousin, auvergnat... des parlers méridionaux, le languedocien – particulièrement fidèle à la langue d'oc telle qu'elle était parlée au Moyen Âge –, le provençal...). Ce n'est guère qu'une autre manière d'appeler la langue d'oc, encore parlée dans le Grand Sud de la France. Et les troubadours ne sont plus les seuls à causer cette belle langue. On estime qu'à l'heure actuelle l'occitan est compris par

un tiers des habitants du Languedoc ! Dans l'Aude, les plaques avec le nom des villes est écrit en français comme en occitan !
Concrètement, on parle aujourd'hui, en Languedoc et Roussillon, 3 langues de racine latine : le français, l'occitan et le ***catalan.*** Toutes 3 sont des langues vivantes, parlées, mais aussi enseignées (les écoles occitanes accueillent 10 % de la population scolarisée). Elles constituent des véhicules de communication remarquables ; alors, à vos dicos !

PERSONNAGES

– ***Saint Dominique*** *(1170-1221)* **:** Dominique mena une croisade soft. Il sermonnait les cathares en prêchant « à pied, sans or ni argent ». Il y eut de grands débats et quelques miracles. Installés à Fanjeaux, près de Limoux, les convertis formèrent les 1ers dominicains.
– ***Trencavel*** *(XIIe-XIIIe s)* **:** rivale des comtes de Toulouse, la dynastie symbole du Languedoc de l'âge d'or. Les Trencavel possédaient Nîmes, Albi, Agde, Béziers, Razès et surtout Carcassonne, siège d'une cour brillante. Après les troubadours, ils protégèrent activement les cathares. Le dernier Trencavel fut emprisonné, puis dépossédé par Simon de Montfort.
– ***Arnaud de Villeneuve*** *(1240-1311)* **:** au XIIIe s, ce médecin-chimiste de Rivesaltes, prof à la fac de Montpellier, inventa le moyen d'arrêter la fermentation naturelle des vins par un ajout d'alcool qui empêche tout le sucre de se transformer. Les vins doux naturels venaient de naître : rivesaltes, banyuls, maury, muscats de toutes origines ont fait la gloire de la région. Merci docteur !
– ***Joseph Jacques Césaire Joffre*** *(1852-1931)* **:** son titre de vainqueur de la Marne est plus contesté que ses moustaches, les plus célèbres de la guerre de 1914-1918. Fils d'un tonnelier de Rivesaltes, il dirigea les armées du Nord et du Nord-Est (bataille de la Somme) pour finir maréchal de France.
– ***Aristide Maillol*** *(1861-1944)* **:** Aristide aimait les femmes girondes ! De celles qui allient la solidité de la terre et la maternité de la mer. Il en a doté presque tous les villages du Roussillon, à commencer par le sien, Banyuls. Pour leur mémorial aux morts de l'Aviation, les Toulousains étaient venus le supplier : « S'il vous plaît, monsieur Maillol, pas de femme nue... » Il leur répondit de ne pas s'inquiéter. Et ils eurent leur femme nue !
– ***Charles Trenet*** *(1913-2001)* **:** le « Fou chantant » aurait eu 100 ans en 2013. On peut visiter sa maison natale à Narbonne. Il est enterré au cimetière de l'ouest de Narbonne.
– ***Pierre Richard*** *(né en 1934)* **:** nouveau rôle pour ce comédien né à Valenciennes et tombé fou amoureux de l'Aude et des plaisirs du vin. Installé depuis 1984 au sud de Gruissan, il possède le Domaine de l'Évêque, un vignoble de haute tradition situé sur l'un des meilleurs terroirs des Corbières maritimes.
– ***Cali*** *(né en 1968)* **:** natif de Perpignan, ce Catalan a sorti en 2012 un album intitulé *Vernet-les-Bains,* la ville de ses racines et de ses « premières fois ». Dernier album : *Cavale* en 2020.
– ***Olivia Ruiz*** *(née en 1980)* **:** auteure-compositrice-interprète audoise, la « femme chocolat » – née à Carcassonne – a raflé Disque d'or et Victoires de la musique.
– ***The Limiñanas :*** nul n'est prophète en son pays, dit-on. C'est le cas de ce duo très rock fondé en 2009 à Cabestany et qui s'est fait connaître aux États-Unis avant que la France ne le découvre.
– ***Martin Fourcade :*** né à Céret en 1988. Quintuple champion olympique et 13 fois champion du monde de biathlon, il est surnommé « l'Ogre catalan ». C'est au centre d'entraînement de Font-Romeu qu'il parfait sa formation en ski nordique et en biathlon avant de devenir l'athlète que l'on connaît aujourd'hui. Jeune retraité, il est le président de la commission des athlètes en vue des J.O. de Paris 2024.

RIQUET ET LE CANAL DU MIDI : HISTOIRE D'EAUX

De Toulouse à l'étang de Thau en passant par l'Aude, serpente une voie verte coupée de 64 écluses, 55 aqueducs, 7 ponts-canaux et 126 ponts en dos d'âne. Un ouvrage si remarquable et unique qu'il est, depuis 1996, classé au Patrimoine mondial de l'Unesco ! Imaginez 240 km d'une route liquide sous un frais tunnel de platanes (enfin, façon de parler, car la plupart sont malades et ont déjà été abattus !), sillonnant parmi les vergers et les vignes, traversant des cités 3 étoiles, enjambant les fleuves d'un jet d'aqueduc et se haussant du col par des accolades d'écluses (jusqu'à 9 à la fois) aux ovales gracieux... Détail : tout le canal du Midi est dessiné Grand Siècle. « On y voit le pays autant et mieux qu'en diligence », s'exclamait Stendhal dans son coche d'eau, tiré par 3 chevaux. Un demi-siècle avant, l'agronome anglais Arthur Young en était resté éberlué : « C'est là le plus beau spectacle qu'il m'ait été donné de voir en France. Louis XIV, tu es vraiment un grand roi ! »

UNE OMBRE SUR LE CANAL

Les 42 000 platanes bicentenaires qui longent le canal du Midi sont condamnés à être abattus. Ils souffrent d'une maladie incurable, un champignon débarqué en Provence en 1944 avec les GI's américains et leurs caisses de munitions en bois contaminé. Des opérations de replantation de variétés résistantes sont en cours. Une vraie catastrophe d'un point de vue patrimonial, économique (coût de l'opération : 200 millions d'euros) et touristique. Toutefois, une suspension des abattages a été préconisée dans certaines communes de l'Aude : seuls les arbres morts sont abattus. Les mairies veulent tout tenter pour sauver leurs arbres et des traitements expérimentaux sont en cours de test...

Lorsque ***Pierre-Paul de Riquet,*** surintendant des gabelles, vient présenter le projet, c'est tout juste si Colbert ne le traite pas de farfelu. En revanche, le Roi-Soleil, qu'aucun travail colossal ne fait sourciller, trouve l'idée séduisante ; 12 000 hommes sont engagés pour creuser à la pelle le canal, pendant 14 ans. Ils capteront les ruisseaux de la Montagne noire (idée géniale et pari de Riquet qui, enfant du pays, en avait remarqué le débit constant et pensé, envers et contre tous, qu'ils suffiraient à alimenter le canal) et bichonneront des ouvrages de titan. Le Trésor royal est asséché par Versailles et les guerres ? Riquet, ce collecteur d'impôts enrichi par la gabelle, qui lutta toute sa vie contre les contrebandiers (c'est à 58 ans qu'il se lance dans l'œuvre de sa vie) va devoir mettre la main à la poche, puis dans celle de sa femme : leurs descendants mettront 40 ans à rembourser les créanciers !

Dès l'ouverture, en 1681, c'est la ruée. La 1re liaison Atlantique-Méditerranée va transformer la région. De Toulouse à Sète (ville née du canal), on ne voyage plus qu'en bateau. Le fameux coche d'eau. Relais, chapelles et maisons closes s'agglutinent le long du canal. Riquet avait vu grand. Surtout pour sa ville natale, Béziers, qu'il dotera d'une œuvre au cœur du futur projet Grand Site : les 9 écluses de Fonséranes.

FORTUNE EN LIQUIDE

En ne finançant que 20 % du chantier, Riquet obtint de Louis XIV l'entière propriété du canal, pour lui et ses héritiers. Tous les bateaux payaient un octroi. Ce patrimoine inouï fut confisqué à la Révolution française.

Pour plus d'infos sur la navigation, voir en début de guide la rubrique « Canal du Midi » dans le chapitre « Bon à savoir avant le départ ». Sinon, reportez-vous au chapitre le concernant dans le département de l'Aude ainsi que dans le guide *Languedoc.*

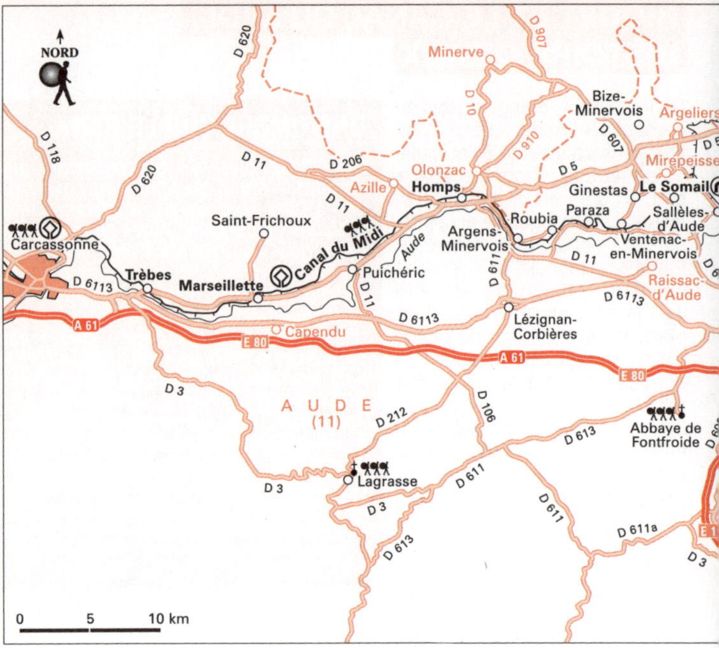

SITES INSCRITS AU PATRIMOINE MONDIAL DE L'UNESCO

UNESCO
Organisation des Nations Unies pour l'éducation, la science et la culture
En coopération avec le Centre du patrimoine mondial

Pour figurer sur la liste du Patrimoine mondial, les sites doivent avoir une valeur universelle exceptionnelle. Ces sites appartiennent à tous les peuples du monde, sans tenir compte du territoire sur lequel ils sont situés. Pour plus d'informations : • *whc.unesco.org* •

– Pour le Languedoc et le Roussillon sont concernés, le ***canal du Midi*** (1996), la ***ville fortifiée historique de Carcassonne*** (1997), les ***fortifications Vauban des villes de Mont-Louis et Villefranche-de-Conflent,*** toutes 2 dans les Pyrénées-Orientales (2008), ainsi que les ***chemins de Saint-Jacques-de-Compostelle*** (1998).

VINS ET ALCOOLS

Pour potasser la question, n'hésitez pas à jeter un œil au site du Conseil interprofessionnel des vins du Languedoc : • *languedoc-wines.com* • Idéal pour découvrir la diversité des crus régionaux depuis les portes de Nîmes jusqu'aux contreforts de l'Espagne. Dans l'Aude, la tradition viticole ne date pas d'hier ; le

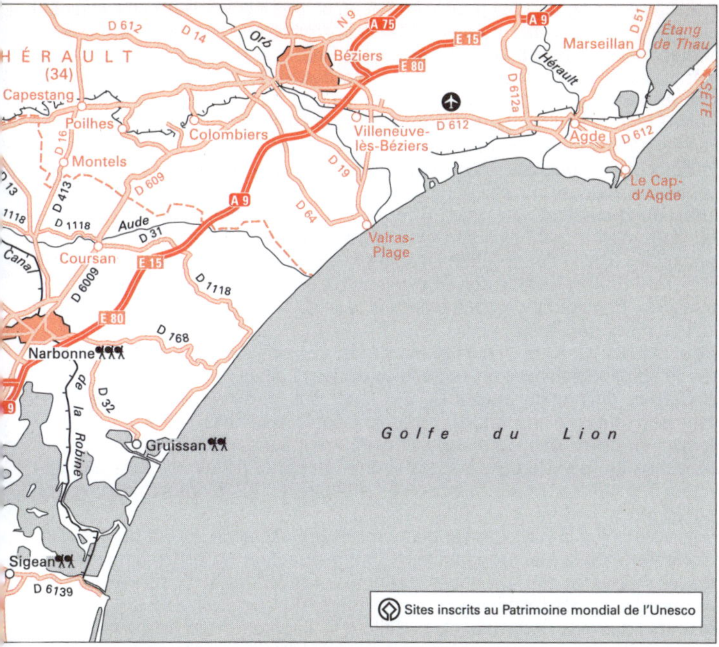

LE CANAL DU MIDI

vignoble a été planté à Narbonne il y a 2 000 ans par les Romains et ne cesse de gagner en qualité : on compte une dizaine d'AOC dans l'Aude et autant dans le Roussillon.

– ***Banyuls :*** sombre, dense, corsé, un vrai catalan que ce « porto français ». Le banyuls est un nectar rare, issu de coteaux abrupts et radins. Son passage en fût dure de 2 ans et demi à... plusieurs siècles (système de la *solera*), évoluant du rouge cerise (arômes de fruits rouges) au tuilé (arômes de prune, café, banane, cacao) ou topaze (arômes d'épices).

– ***Blanquette(s)-de-limoux :*** cette aïeule de tous les pétillants est produite exclusivement sur base du cépage mauzac (celui du gaillac blanc) selon 2 méthodes différentes, *traditionnelle* (ex-méthode champenoise) et *ancestrale* (sur base de ses sucres naturels, de la vieille lune de mars et des conditions climatiques). Il existe aussi un ***crémant-de-limoux,*** autre méthode traditionnelle issue du chardonnay et du chenin (mauzac et pinot noir pour compléter)...

– ***Byrrh :*** apéro de Thuir dans les Pyrénées-Orientales, obtenu par macérations diverses (quinquina, écorces d'orange, etc.) dans du vin doux. Les vieux flacons peuvent être grandioses.

– ***Collioure :*** vins blancs ou rouges de soleil issus de grenache noir, blanc et gris. Leur terroir est celui du banyuls, un voisinage dont les meilleurs se rendent tout à fait dignes.

– ***Corbières :*** depuis que le carignan a laissé de la place au mourvèdre et à la syrah, leur rapport qualité-prix est encore meilleur. Dans ce gros massif à garrigue, aride et caniculaire, la vigne est omniprésente mais elle donne peu. D'où ces vins de soleil, assez « bordeaux » pour la structure, un peu « côtes-du-rhône » au goût et en définitive tout à fait corbières ! Mais le 4e vignoble français d'appellation contrôlée est un monde à lui seul. Les hautes Corbières donnent les vins les plus corsés, souvent élevés en barriques. En montagne d'Alaric, ils sont plus frais, acides et parfumés. Les Corbières maritimes font dans le goût primeur, assez velouté. Et les Corbières centrales mixent ces influences. Un conseil ? La cave. Même les bouteilles modestes se sentent mieux après un coup de vieux.

– ***Coteaux-du-languedoc :*** nom générique d'un vaste puzzle de vignobles, où chaque producteur est un cas particulier.

– ***Côtes-du-roussillon :*** au moins 6 cépages et une infinité de microzones. Les côtes-du-roussillon sont plus souvent bons que mauvais. Et quand ils sont bons – ne vous fiez pas à l'appellation « villages » –, c'est pour leur onctuosité et leur goût de raisin, allant jusqu'à des arômes complexes de réglisse et de viande rôtie, genre porto. Également de bons blancs à base de macabeo pour accompagner les charcuteries catalanes.

– ***Fitou :*** élevés dans les Corbières maritimes, ces vins rouges puissants et sauvages se marient bien avec charcuteries, viandes et gibier.

– ***La Clape :*** un cru du massif de la Clape, aux portes des Corbières, très recommandable pour ses rouges épicés, puissants mais fins.

– ***Maury :*** en lisière des Corbières, un concurrent sérieux du banyuls. Avec les années, ses arômes de fruits rouges virent à la prune *(vintages),* puis aux épices pour finir sur le cuir, si la garde s'est effectuée en fût. Extraordinaire rapport qualité-prix.

– ***Minervois :*** plus le paysage est beau, meilleur y est le vin ! C'est donc sur les 1ers contreforts de la Montagne noire, notamment autour de Minerve, qu'on rencontre les rouges les plus distingués, parfumés mais solides et moins « expansifs » que leurs cousins des Corbières.

– ***Muscats :*** ces vins doux naturels parfaits pour l'apéro est produit à Frontignan, Lunel, Mireval, Saint-Jean-de-Minervois dans l'Hérault voisin, quoique les plus réputés viennent de Rivesaltes, en Roussillon. À boire jeune, pour leurs arômes de miel, de rose et de citron. Certains propriétaires font de vrais nectars.

PETITS TRUCS ET ASTUCES POUR ÉVITER LES ABUS ET MAUVAISES SURPRISES

Un routard informé en vaut deux ! Pour éviter les désagréments en tous genres, voici un petit pense-bête destiné à parer aux (mauvais) coûts et coups de bambous.

Bien sûr, nos enquêteurs veillent au grain, et les établissements qui ne répondent plus à nos critères ou abusent de la promo qu'on leur fait gratuitement sont vite supprimés de nos guides. Mais la réciproque est aussi valable. N'oublions pas que les hôteliers et restaurateurs font un métier difficile. La pandémie liée au Covid suivie d'une reprise « impactée » par la pénurie de personnel n'a certainement pas amélioré le tableau. Soyons indulgents en cas de service longuet.

À L'HÔTEL

1 – Arrhes ou acompte ? : dans les 2 cas, il s'agit de sommes versées au moment de la réservation, à titre d'avance sur l'occupation d'une chambre ou d'une location saisonnière, et faisant office de garantie réciproque. On préfère parler d'arrhes plutôt que d'acompte considéré comme définitif, c'est-à-dire sans dédit possible. Légalement, aucune règle ne précise le montant des arrhes, mais il est d'usage de verser ***25 à 30 % du prix total au moment de la réservation.*** Cette somme ne pourra pas être remboursée en cas d'annulation de la réservation, sauf cas de force majeure qu'il vous faudra justifier (maladie ou accident) ou en accord avec l'hôtelier si l'annulation est faite dans des délais jugés raisonnables. Si, au contraire, l'annulation est le fait de l'hôtelier, il doit vous rembourser le double des arrhes versées. Enfin, si vous avez réservé une chambre (sans avoir rien versé) et que vous avez un empêchement, ***passez un coup de téléphone pour annuler,*** c'est la moindre des politesses.

2 – Numéro de carte demandé lors de la réservation : que vous réserviez sur Internet ou par téléphone, il est courant de fournir son numéro de carte bancaire pour garantir la réservation de la chambre. Le client peut alors annuler sa réservation jusqu'à 24h avant l'arrivée dans l'hôtel. Au-delà, l'hôtelier est en droit de débiter la totalité du montant de la 1re nuit. Cette pratique commence aussi à apparaître dans certains restaurants chics. Trop de réservations ne sont pas honorées.

3 – Subordination de vente : les hôteliers ont interdiction de pratiquer la subordination de vente. C'est-à-dire qu'***ils ne peuvent pas vous obliger à réserver plusieurs nuits d'hôtel si vous n'en souhaitez qu'une.*** Dans le même ordre d'idées, on ne peut vous obliger à prendre votre petit déjeuner ou vos repas dans l'hôtel. Ce principe, illégal, est cependant toléré en pratique, surtout en haute saison, dans les zones touristiques où la demande est bien plus importante que l'offre.

4 – Les réservations en ligne : elles se sont généralisées. Si les centrales de réservation en ligne sont devenues incontournables, sachez qu'elles garantissent rarement de meilleurs prix qu'en direct, sauf promos exceptionnelles, évidemment. C'est d'ailleurs souvent l'inverse. En effet, la plupart des établissements font payer la commission versée aux sites internet à leurs clients, en augmentant leurs tarifs d'autant. ***N'hésitez donc pas à réserver en direct auprès de l'hôtel, de bonnes surprises vous attendent.*** Autre avantage de la résa en direct, vous pouvez préciser le type de chambre souhaité (sur mer, sur jardin) et obtenir de votre interlocuteur des renseignements fiables sur l'établissement.

5 – Responsabilité en cas de vol : un hôtelier ne peut en aucun cas dégager sa responsabilité pour des objets volés dans la chambre d'un de ses clients. En d'autres termes, les éventuels panonceaux dégageant la responsabilité de l'hôtelier n'ont aucun fondement juridique. Quand il y a des coffres, utilisez-les pour mettre à l'abri vos effets de valeur.

AU RESTO

1 – Les prix : ils sont libres, mais ***l'affichage est obligatoire*** à l'extérieur de l'établissement, de manière visible. Tous les menus doivent être affichés, même le moins cher. Ils doivent être identiques à ceux que l'on vous présente à l'intérieur.

2 – Formule ou menu ? Généralement, la formule est une proposition écourtée comprenant entrée + plat ou plat + dessert. Avec parfois un verre de vin et/ou le café. De fait, elle est moins chère que le menu, en principe complet (entrée + plat + dessert). Très souvent, les formules et les 1ers menus (les moins chers) ne sont ***servis qu'en semaine et/ou seulement au déjeuner,*** et plus rarement avant certaines heures (12h30 et 20h environ). C'est parfaitement légal, à condition toujours que ce soit clairement indiqué sur le panneau extérieur et sur le menu que l'on vous présente à table. Il arrive qu'il disparaisse comme par enchantement (humm, mauvais signe…). Vous êtes en droit de le demander.

3 – Le « fait maison » : pour valoriser le travail de restaurateurs scrupuleux, au détriment du tout surgelé ou sous-vide, le « fait maison » (logo d'une casserole surmontée d'un toit de maison avec cheminée) apparaît comme un faire-valoir évident et rassurant. Même s'il ne garantit pas le 100 % maison (la loi est un peu tordue sur le sujet et il n'y a pas de contrôle), ni la qualité du chef ! Cela dit, c'est un bon début.

4 – La carte en dit long ! Voici, foi d'enquêteur, quelques trucs très simples pour analyser un menu : tout d'abord la ***brièveté de la carte*** est un gage de fraîcheur ; quand les produits sont locaux et de saison, c'est encore mieux ! On peut aussi questionner le serveur. Sa franchise (ou son embarras) vous renseignera (le bar, sauvage ou d'élevage ?). Autre indice : si la carte n'est composée que de plats passe-partout dont certains peuvent nécessiter des cuissons très longues (parmentier de canard, suprêmes de volaille en sauce, souris d'agneau, bourguignon...), ce n'est pas forcément bon signe, surtout s'ils sont servis trop rapidement. Même topo avec les desserts bistrotiers type tarte Tatin, mi-cuit ou mousse au chocolat, crème brûlée, panna cotta, tiramisù qui sortent soit du congélateur, soit d'une brique ! Tout comme les mignardises qui accompagnent le café gourmand souvent surfacturé. Un bon chef n'est pas forcément un bon pâtissier. Et il a rarement le temps de préparer 36 desserts ! Enfin, en dehors des zones côtières, on évite les poissons et fruits de mer le lundi… les livraisons ayant rarement lieu le week-end.

5 – *Doggy bag :* la lutte anti-gaspi a du bon. Depuis le 1er juillet 2021, les restaurateurs ne peuvent vous refuser de partir avec ce que vous avez laissé dans votre assiette. Alors, n'hésitez pas à le demander, c'est une bonne occasion de terminer votre repas… à la maison.

6 – Eau : une carafe d'***eau du robinet*** est ***gratuite*** à condition qu'elle accompagne un repas. On ne peut pas vous la refuser, sauf si elle est jugée impropre à la consommation par décret. Dans certains restos, on vous l'apporte d'office en guise de bienvenue. Un vrai bon point ! La bouteille d'***eau minérale*** doit, quant à elle, comme le vin, être ouverte devant vous. L'arnaque consiste parfois à proposer d'emblée une eau minérale, facturée au prix fort. À la question du serveur : « Et pour l'eau, plate ou gazeuse ? », vous pouvez répondre sans rougir : « Une carafe me conviendra ».

7 – Vins (et autres alcools) : la marge la plus importante des restaurateurs ! Et certains en abusent… Le vin au verre s'est généralisé. Tant mieux. Sinon, au-delà de 2 verres (gare aux prix exorbitants et à l'interdiction de conduire), il peut être plus intéressant de commander une bouteille, quitte à l'emporter en fin de repas si elle n'est pas terminée. Sinon, ne pas hésiter à demander un ***petit vin de pays en pichet,*** l'occasion de découvrir ainsi des petites cuvées locales et bon marché.

les ROUTARDS sur la FRANCE 2023-2024

(dates de parution sur • **routard.com** •)

Découpage de la FRANCE par le ROUTARD

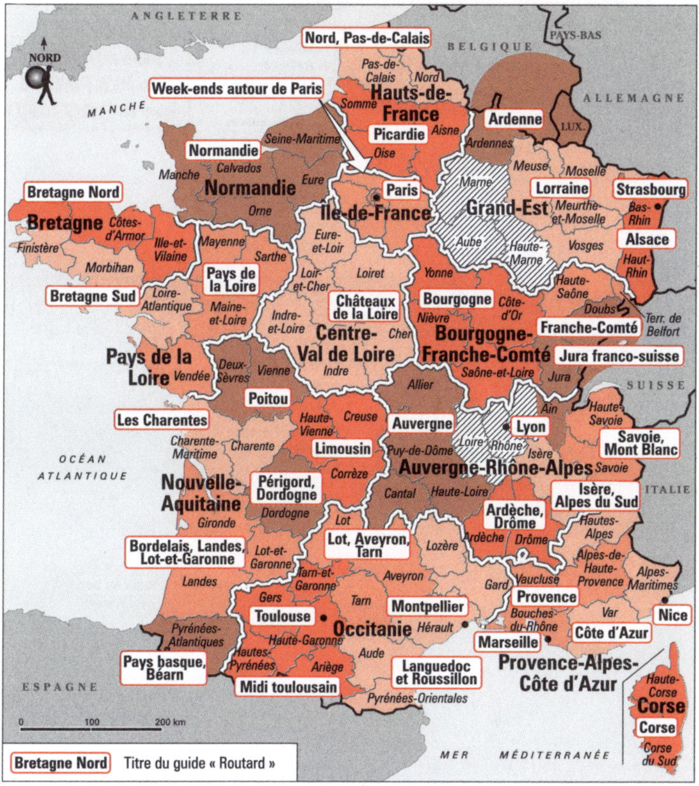

Autres guides sur la France

- Nos meilleurs campings en France
- Nos meilleures chambres d'hôtes en France

Autres guides sur Paris

- Paris
- Paris balades
- Restos et bistrots de Paris
- Le Routard des amoureux à Paris
- Week-ends autour de Paris

Le Routard à vélo

- EuroVelo6
- La Bourgogne du Sud à vélo
- La Flow Vélo
- La Loire à Vélo
- La Vélo Francette
- La Vélodyssée (Roscoff-Hendaye)
- Le Canal des 2 mers à vélo
- Paris Île-de-France à vélo
- ViaRhôna
- Les plus belles escapades à vélo en France

les ROUTARDS sur l'ÉTRANGER 2023-2024

(dates de parution sur • ***routard.com*** •)

Découpage de l'ESPAGNE par le ROUTARD

Découpage de l'ITALIE par le ROUTARD

Autres pays européens

- Allemagne
- Angleterre, Pays de Galles
- Autriche
- Belgique
- Bulgarie
- Crète
- Croatie
- Danemark, Suède
- Écosse
- Finlande
- Grèce continentale
- Hongrie
- Îles grecques et Athènes
- Irlande
- Islande
- Madère
- Malte
- Norvège
- Pays baltes : Tallinn, Riga, Vilnius
- Pologne
- Portugal
- République tchèque, Slovaquie
- Roumanie
- Suisse

Villes européennes

- Amsterdam
- Berlin
- Bruxelles
- Budapest
- Copenhague
- Dublin
- Lisbonne
- Londres
- Moscou
- Naples
- Porto
- Prague
- Saint-Pétersbourg
- Stockholm
- Vienne

les ROUTARDS sur l'ÉTRANGER 2023-2024

(dates de parution sur • *routard.com* •)

Découpage des ÉTATS-UNIS par le ROUTARD

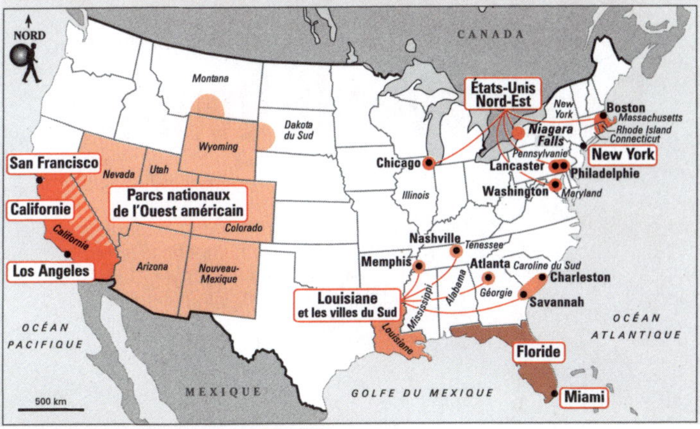

Autres pays d'Amérique

- Argentine
- Brésil
- Canada Ouest
- Chili et île de Pâques
- Colombie
- Costa Rica
- Équateur et les îles Galápagos
- Guatemala, Belize
- Mexique
- Montréal
- Pérou, Bolivie
- Québec et Ontario

Asie et Océanie

- Australie côtes est et nord + Red Centre
- Bali, Lombok
- Bangkok
- Birmanie (Myanmar)
- Cambodge, Laos
- Chine
- Hong Kong, Macao, Canton
- Inde du Nord
- Inde du Sud
- Israël et Palestine
- Istanbul
- Jordanie
- Malaisie, Singapour
- Népal
- Shanghai
- Sri Lanka (Ceylan)
- Thaïlande
- Tokyo, Kyoto et environs
- Turquie
- Vietnam

Afrique

- Afrique du Sud
- Égypte
- Kenya, Tanzanie et Zanzibar
- Maroc
- Marrakech
- Sénégal
- Tunisie

Îles Caraïbes et océan Indien

- Cuba
- Guadeloupe, Saint-Martin, Saint-Barth
- Île Maurice, Rodrigues
- Madagascar
- Martinique
- République dominicaine (Saint-Domingue)
- Réunion

Guides de conversation

- Allemand
- Anglais
- Arabe du Maghreb
- Arabe du Proche-Orient
- Chinois
- Croate
- Espagnol
- Grec
- Italien
- Japonais
- Portugais
- Russe
- G'palémo (conversation par l'image)

Livres-photos/Livres-cadeaux

- 50 voyages à faire dans sa vie **(nouveauté)**
- 52 escapades nature en France
- 52 villes coups de cœur en Europe (city trips)
- 52 week-ends coups de cœur en France
- 120 coins secrets en Europe
- 1 200 coups de cœur en France
- 1 200 coups de cœur dans le monde
- Cahier de vacances du Routard
- Expériences et micro-aventures en France **(nouveauté)**
- La France de Stéphane Bern
- La France à vélo **(nouveauté)**
- Nos plus belles balades et randos en France
- Road Trips Monde
- Road Trips en France
- Sacré : les 100 plus beaux sites de la planète
- Voyages
- Voyages : États-Unis
- Voyages : France
- Voyages : Italie

INDEX GÉNÉRAL

INDEX GÉNÉRAL

LISTE DES CARTES ET PLANS

« OSONS LE PAS DE CÔTÉ »

Le surtourisme ? Tous concernés. Et pourtant, à l'écart des grands flux touristiques, il existe plein de pépites méconnues, souvent oubliées des circuits trop encombrés. Ici un site ignoré ; là un quartier secret ; plus loin un village caché au charme discret, avec un troquet d'une autre époque. Il existe une infinité de lieux peinards que l'on a envie de mettre en avant avec ce pictogramme. Un vagabondage enfin calme favorisé aussi par les **visites aux heures creuses.** Vive le *slow trip* !

#osonslepasdecote

Remarque importante aux hôteliers et restaurateurs

Les enquêteurs du *Routard* travaillent dans le plus strict anonymat. Aucune réduction, aucun avantage quelconque, aucune rétribution n'est jamais demandé en contrepartie. Face aux aigrefins, la loi autorise les hôteliers et restaurateurs à porter plainte.

Avis aux lecteurs

Le Routard, ce n'est pas comme le bon vin, il vieillit mal. On ne veut pas pousser à la consommation, mais évitez de partir avec une édition ancienne. Les modifications sont souvent importantes.

Les réductions accordées à nos lecteurs ne sont jamais demandées par nos rédacteurs afin de préserver leur indépendance. Les hôteliers et restaurateurs sont sollicités par une société de mailing, totalement indépendante de la rédaction, qui reste donc libre de ses choix. De même pour les autocollants et plaques émaillées.

Avec routard.com, choisissez, organisez, réservez et partagez vos voyages !

✓ Rejoignez la plus grande communauté francophone de voyageurs : **plusieurs millions d'internautes.**

✓ Échangez avec les routarnautes : forums, photos, avis d'hôtels.

✓ Retrouvez aussi toutes les informations actualisées pour choisir et préparer vos voyages : près de 300 guides destinations, une centaine de dossiers pratiques et un magazine en ligne pour découvrir tous les secrets de votre destination.

✓ Enfin, comparez les offres pour organiser et réserver votre voyage au meilleur prix.

Les **Routards** *parlent aux* **Routards**

Faites-nous part de vos expériences, de vos découvertes, de vos tuyaux et de vos coups de cœur. Aidez-nous à remettre l'ouvrage à jour. Indiquez-nous les renseignements périmés. Faites profiter les autres de vos adresses nouvelles, combines géniales... On adresse un exemplaire gratuit de la prochaine édition à ceux qui nous envoient les meilleurs courriers, pour la qualité et la pertinence des informations.

Quelques conseils cependant :

– Envoyez-nous votre courrier le plus tôt possible afin que l'on puisse insérer vos tuyaux sur la prochaine édition.

– N'oubliez pas de préciser l'ouvrage que vous désirez recevoir, ainsi que votre adresse postale.

– Vérifiez que vos remarques concernent l'édition en cours et notez les pages du guide concernées par vos observations.

– Quand vous indiquez des hôtels ou des restaurants, pensez à signaler leur adresse précise et, pour les grandes villes, les moyens de transport pour y aller.

Si vous le pouvez, joignez la carte de visite de l'hôtel ou du resto décrit.

En tout état de cause, merci pour vos nombreux mails.

122, rue du Moulin-des-Prés, 75013 Paris

● *guide@routard.com* ● *routard.com* ●

Routard Assurance *2023*

Édité par Hachette Livre (58, rue Jean-Bleuzen, CS 70007, 92178 Vanves Cedex, France)
Photocomposé par Luminess SAS (561, rue Saint-Léonard – CS 40003 – 53101 Mayenne Cedex, France)
Imprimé par Dupliprint (Quai n° 2, 733, rue Saint-Léonard, BP 3, 53101 Mayenne Cedex, France)
Achevé d'imprimer : avril 2023
Collection n° 15 - Édition n° 01
27/9855/2
I.S.B.N. 978-2-01-722835-6
Dépôt légal : mai 2023

PAPIER À BASE DE FIBRES CERTIFIÉES